przyroda się też na nas uśmiecha.
wiosna tego roku
zaczynamy się już
tego roku do tego jest różnica. Pre
my jeszcze trochę zakonserwowani i
tą fatigue wytrzymać, a teraz jesteśmy
pani i trudno nam wytrzymać. Kai
ogarnia zmużenie, jakby po wykona
ciężkiej pracy. Spać także źle, pchły
dają. Dobrze się pi tylko nad ranem
lufcikie, ale jeżeli ktoś zachrapie, zost
miast przez dyżurnego zbudzony.
Doprawdy, najgorszy czas byśię już
skończyły. Lecz niestety nie widać je
końca, jeżeli Niemcy są w stanie
ofensywę, to źle z nami. Nie przy
że są tacy silni.
Jeszcze jedno: kolejak wrócił ze Li
pu nic dostał. Trudno i ż tym. Tre
godzin. I tak, jeden byłby został.

Eine Handbreit Hoffnung

© privat

Die Autorin

Clara Kramer, geb. 1927 in Zólkiew (damals Polen, heute Ukraine), wanderte nach dem Krieg mit den anderen Überlebenden ihrer Familie nach Israel aus. Heute lebt sie in New Jersey und bereist trotz ihres hohen Alters Schulen und Universitäten, wo sie über den Holocaust spricht. Ihr Tagebuch ist im Holocaust-Museum, Washington, D. C., ausgestellt.

Clara Kramer
mit Stephen Glantz

Eine Handbreit Hoffnung

Die Geschichte meiner wunder-
baren Rettung vor den Nazis

Aus dem Amerikanischen
von Ursula Pesch

Weltbild

Die Originalausgabe erschien 2008 unter dem Titel
Clara`s War
bei Ebury Press.

Besuchen Sie uns im Internet:
www.weltbild.de

Genehmigte Lizenzausgabe für Verlagsgruppe Weltbild GmbH,
Steinerne Furt, 86167 Augsburg
Copyright der Originalausgabe © 2008 by Ebury Press
Copyright der deutschsprachigen Ausgabe © 2009 by Droemer Verlag.
Ein Unternehmen der Droemerschen Verlagsanstalt Th. Knaur
Nachf. GmbH & Co. KG, München.
Übersetzung: Ursula Pesch
Umschlaggestaltung: Zero Werbeagentur, München
Umschlagmotiv: Corbis, Düsseldorf / Finepic®, München
Fotos: Alle Innenteilbilder stammen aus dem Privatbesitz der Autorin.
Gesamtherstellung: CPI – Clausen & Bosse, Leck
Printed in the EU
ISBN 978-3-86800-387-1

2013 2012 2011 2010
Die letzte Jahreszahl gibt die aktuelle Lizenzausgabe an.

Du sollst sie deinen Söhnen wiederholen.
Du sollst von ihnen reden, wenn du zu Hause sitzt
und wenn du auf der Straße gehst,
wenn du dich schlafen legst und wenn du aufstehst.

DEUTERONOMIUM 6,7

*

*Für meine Eltern,
die mich Mitgefühl und Anstand lehrten;
für meine kleine Schwester,
die mir zeigte, was wahrer Mut ist;
und für die Becks,
die mir das Leben retteten und mir den
Glauben an die Menschheit zurückgaben.*

Inhalt

Familie Reizfeld

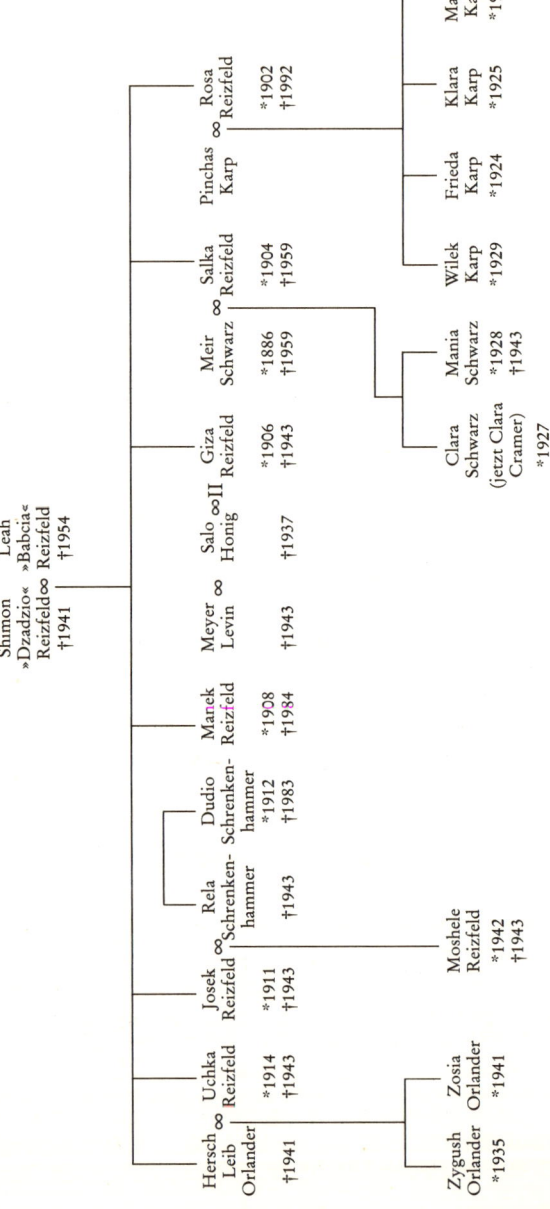

Das Haus

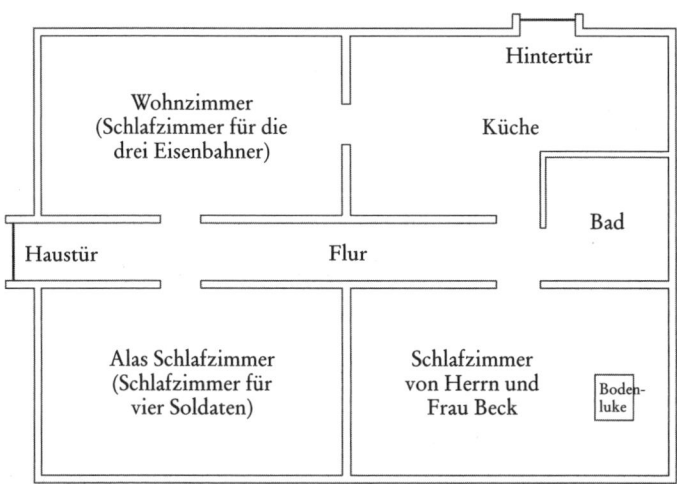

Unter dem Haus

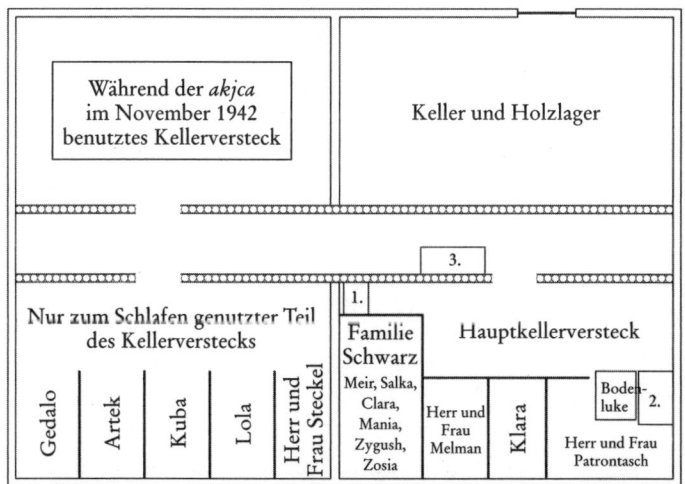

1. Kochplatten
2. Tisch als Lagerplatz und für Nahrungsmittel
3. Toiletteneimer

Nicht maßstabsgetreu

An den Leser

Dieses Buch zu schreiben war so, als würde ich aus meiner Küchentür in Elizabeth, New Jersey, hinaus- und direkt in mein Haus in Zólkiew hineingehen. Die Ereignisse, um die es geht, liegen zwar über sechzig Jahre zurück, sind aber noch heute lebendig in mir. Wie viele meiner Schicksalsgefährten durchlebe ich sie immer wieder.

Ich bin einundachtzig Jahre alt, und ich gehöre zu denen, die Glück hatten. Seit dem Tag, an dem ich das Kellerversteck verließ, habe ich mein Bestes getan, um ein gutes Leben zu führen. Ich habe mich der Aufgabe gewidmet, über den Holocaust zu berichten. Das Privileg, überlebt zu haben, geht einher mit der Verantwortung, die Geschichte derer zu erzählen, denen das Überleben nicht vergönnt war.

Ich habe alles so wiedergegeben, wie ich es erlebt und im Gedächtnis habe, und die Dialoge, so gut ich konnte, rekonstruiert. Ich habe auch die Schreibweisen und Namen verwendet, die mir am vertrautesten sind. Während der achtzehn Monate, die ich im Kellerversteck verbrachte, habe ich ein Tagebuch geführt, das sich heute im Holocaust Memorial Museum in Washington D. C. befindet. Es gab in diesem Versteck wenig Licht, noch weniger Papier und nur einen winzigen Bleistift. Ich hielt in meinem Tagebuch so viel wie möglich fest, doch auch wenn ich oft über mein Leben gesprochen habe, ist mir nie der Gedanke gekommen, darüber zu schreiben. Danke, Stephen Glantz, dass Sie mich dazu ermutigt und mit mir diese Reise zurück nach Zólkiew unternommen haben. Und danke dafür, dass Sie mein Leben so wunderbar auf Papier gebannt haben. Ich bin so froh, dass meine Ururenkel die Möglichkeit haben werden, ihre Vorfahren kennenzulernen.

Mögen meine Erinnerungen in ihnen und dem Leser weiterleben.

Ist der Beginn eines Kapitels kursiv gedruckt, handelt es sich um einen Auszug aus meinem Tagebuch.

Clara Kramer

Prolog

Meine gesamte Familie kampierte auf Decken und Daunenbetten in der Apfelplantage hinter Tante Uchkas kleinem Haus. Von all meinen Tanten mochte ich Uchka am liebsten. Sie war nicht einmal zehn Jahre älter und kaum größer als ich und eher wie eine beste Freundin. Zygush, ihr dreijähriger Sohn, tollte auf der Plantage herum und hob heruntergefallene grüne Äpfel auf. Sein Vater Hersch Leib war ihm auf den Fersen, kriegte ihn aber nicht zu fassen. Nach etwa zwanzig Minuten griff Uchka schließlich ein: Sie reichte Babcia, meiner Großmutter, die kleine Zosia und schnappte sich den lachenden Jungen, als er an ihr vorbeilief.

Zygush verstand nicht, dass er nicht lachen oder herumlaufen oder Spaß haben sollte, und ließ sich nur mit einem Keks, dem üblichen Bestechungsmittel, zur Ruhe bringen. Für ihn war das Ganze lediglich ein nächtliches Picknick wie diejenigen, die wir auf dem Paradieshügel veranstalteten. Er wusste nicht, dass die Nazis an diesem Morgen, während wir noch geschlafen hatten, in Polen einmarschiert waren. Das am Stadtrand gelegene und nur von reifenden Roggen- und Weizenfeldern umgebene Haus der Gorskis war bombardiert worden. Noch immer flogen Flugzeuge über unsere Köpfe hinweg, unterwegs zum fünfunddreißig Kilometer entfernten Lemberg. Obwohl die Motoren einen ohrenbetäubenden Lärm machten, sagte keiner von uns ein Wort. Nie zuvor in meinem zwölfjährigen Leben hatte meine Familie schweigend beisammengesessen. Aber wir hatten

13

alle Angst, dass die Piloten uns hören und dann angreifen würden. Als meine ruhelose kleine Schwester Mania ihren Platz unter dem Apfelbaum verließ, um besser sehen zu können, hatte Mama es nicht gewagt, die Stimme zu heben. Stattdessen hatte sie wild gestikuliert, um Mania dazu zu bringen, sich wieder hinzusetzen.

Ich wusste nicht, wer auf den Gedanken gekommen war, wir sollten alle draußen schlafen, doch die Idee hatte sich in Windeseile in unseren Straßen verbreitet. Nach dem, was den Gorskis passiert war, hatten wir Angst, in unseren Häusern zu bleiben. Wir hatten die Wandschränke nach den alten Federbetten durchwühlt, die, wie Mama und Babcia entschieden, ruhig dreckig werden konnten, und etwas Brot, Obst und Käse eingepackt. Und dann waren wir neun, die alle zusammen im selben Haus wohnten, einen Kilometer weiter zu Uchka gewandert. Zólkiew schien zweigeteilt zu sein. Die eine Hälfte zog, mit Decken und Lebensmitteln beladen, aus der Stadt, die andere Hälfte starrte uns wie gelähmt hinterher und fragte sich, ob sie uns nicht folgen sollte. Als wir fast beim Haus der Gorskis waren, erfasste mich eine makabere Neugier. Ich hatte noch nie ein ausgebombtes Haus gesehen und wollte hingehen und es mir anschauen, doch Mama ließ mich nicht. Sie wollte, dass wir alle zusammenblieben. Mania hatte Mama wie üblich ignoriert und war schon zu Uchka vorausgelaufen, während ich im Schneckentempo mit den anderen mitgehen musste. Babcia und Dzadzio, meine Großeltern, die beleibt waren und denen längeres Gehen beträchtliche Schmerzen bereitete, beteuerten immer wieder, dass wir uns um sie keine Sorgen machen und vorausgehen sollten. Doch Mama wollte nicht, dass ihre Eltern im Fall eines weiteren Bombenangriffs alleine waren.

Mamas Spitzname war Salka, die Kosakin, weil sie durchs Leben ging, als säße sie auf einem Pferd und stelle sich jedem Problem mit gezogenem Schwert. Sie regelte alles von ihrem

Küchentisch aus. Doch so viel wir diesmal auch redeten, redeten und redeten, um die neue Realität zu verstehen, dies war ein Tag, an dem es auf unsere Fragen keine Antworten gab.

Auf allen Feldern, Weiden und Bauernhöfen, die unsere kleine Stadt Zólkiew umgaben, schlugen Dutzende anderer Familien unter den Sternen ihr Nachtlager auf. Obwohl es eine warme Septembernacht war und es nach frisch gemähtem Heu duftete, konnte niemand schlafen. Schließlich hatte die Erschöpfung doch über die Angst gesiegt, und nach und nach erlagen alle außer mir der Müdigkeit. Ich war nie ein nervöses, ängstliches Mädchen gewesen, sondern die ruhige, fleißige Tochter. Aber als ich nach weiteren Flugzeugen Ausschau hielt und auf das Geräusch ihrer Motoren wartete, hatte ich das Gefühl, nie wieder schlafen zu können.

In der Ferne konnte ich die Silhouetten von Zólkiews barocken Kirchtürmen mit ihren Zwiebelhauben und goldenen Kuppeln erkennen. Kein einziges Licht brannte, und die mir vertraute Stadt sah auf unheimliche Weise verlassen aus, ja fast wie eine Geisterstadt. Es war, als habe der Schatten des Krieges unsere Stadt verdunkelt. Unsere Familie lebte seit eh und je in dieser Ecke Galiziens im Südosten Polens. Ich konnte mir nicht vorstellen, irgendwo anders zu leben. Wir waren hier schon länger verwurzelt als die meisten Weißbirken und russischen Kiefern, die die Waldinseln in der Steppe bildeten. Ich hatte Dzadzio und Babcia im Zusammenhang mit unserer Familiengeschichte noch nie von einem anderen Ort sprechen hören.

Solange ich zurückdenken konnte, lebte meine Familie immer auf engstem Raum zusammen. Man konnte sich in unserem kleinen Steinhaus nicht umdrehen, ohne mit jemandem zusammenzustoßen. Als wir nun auf den Federbetten zusammengedrängt unter den Apfelbäumen lagen und einander als Kopfkissen benutzten, ähnelten wir mehr denn je einem Rudel. Die Einzige, die fehlte, war Tante Rosa, die in den dichten Wäldern Zentralpolens lebte. Als Tante Rosa sich mit Pinchas, ihrem zukünftigen Mann, verlobte, hatte Babcia getrauert. Rosa war die hübscheste der Schwestern, und Babcia hatte immer gesagt, sie hätte jeden Mann in der Stadt haben können. Nicht dass Pinchas, ein Holzhändler, keine gute Partie gewesen wäre, mit der jede Mutter gerne geprahlt hätte. Doch Pinchas lebte auf der anderen Seite Polens in Josefow, und Rosa würde Zólkiew verlassen müssen.

Neben mir lag meine kleine, von der Sommersonne gebräunte Schwester Mania. Sie war als Erste eingeschlafen, sogar noch vor den Kleinen. Nur im Schlaf war sie still. Mit zehn lief sie schneller als die meisten Jungen ihres Alters, und ihre dünnen Arme und Beine waren so stark wie die Litze, mit der die Bauern ihr Heu bündelten. Das Springseil, das sie immer wie eine Kette um den Hals trug, lag neben ihr. Neben Mania lag Tante Giza, Mamas zweitjüngste Schwester. Sie war Laienschauspielerin und sah aus wie ein Stummfilmstar. Wenn Giza auf der Bühne stand und eine tragische Figur spielte, umrandete sie ihre schwarzen Augen mit Khol und malte sich die Lippen rot. Doch die wahre Tragödie hatte sich abseits der Bühne ereignet. Giza war mit dreiunddreißig Jahren Witwe geworden. Zur *Yahrzeit*, dem Todestag ihres Mannes, besuchte sie dessen Geburtsstadt Wien und blieb dort schließlich ein ganzes Jahr.

Als sie endlich nach Zólkiew zurückkehrte und zu meinen Großeltern auf die andere Seite des Hauses zog, das wir mit ihnen teilten, wünschte meine Großmutter sich nur eins: dass Giza einen anderen Ehemann fand. Doch statt Enkelkinder zur Welt zu bringen, eröffnete Giza ein Geschäft für Unterbekleidung. »Was für eine verrückte Idee!«, hatte Babcia gesagt. »Das wird dir nur den Kopf verdrehen und ist für mich wie ein Schlag ins Gesicht! Wenn das neue Kleid dann nicht passt, werden sie dir die Schuld dafür geben!« Besonders entsetzt und peinlich berührt war Babcia, als Giza ein Schild in unser Vorderfenster hängte. Die Frauen kamen nicht nur, um einen Hüfthalter zu kaufen. Sie setzten sich. Sie tranken Tee. Sie aßen Gebäck. Sie redeten. Dann kauften sie. Und saßen noch ein Weilchen länger da. Unser Haus war zu Gizas Fabrik, zum Ausstellungsraum und Café geworden. Damals war im Schloss von Zólkiew ein großes Regiment polnischer Kavallerie stationiert, und schon bald füllte sich unser Wohnzimmer mit den Ehefrauen der Offiziere. Sobald sich herumgesprochen hatte, dass sogar der polnische Adel Gizas Produkte unter seinen Gewändern trug, konnte sie mit dem Nähen gar nicht mehr schnell genug nachkommen. Natürlich wurde Babcia trotz der Schimpferei Gizas beste Kundin, eng gefolgt von ihren Schwestern. Und schon bald prahlte sie damit, dass alles, was in Zólkiew Rang und Namen hatte, einen Hüfthalter von Jizela trug, wie Giza eigentlich hieß, ein viel vornehmerer Name als die Kurzform, die jeder verwendete.

Neben Babcia hatte sich Dzadzio breitgemacht und schnarchte laut. Obwohl ich wusste, dass mein Dzadzio sehr alt war, kam er mir gesund und kräftig vor. Ich bewunderte ihn. Wenn ich mein Zeugnis bekam, rannte ich nach Hause und zeigte es zuerst ihm. Er nahm mich dann auf den Schoß, schüttelte den Kopf und sagte: »Clarutschka, Clarutschka, was soll ich nur mit dir machen? Schon wieder lauter Sechsen?« Ich hatte nie etwas anderes als Einsen, und ich wusste, dass dies seine Art war, mich zu loben. Dzadzio ging noch immer Tag für Tag zum Gottesdienst in die Synagoge, saß jedoch die restliche Zeit in seinem großen Sessel am Fenster und ließ die Welt an sich vorbeiziehen.

Dzadzio hatte seinen Anteil am Besitz der Ölmühle, die uns zusammen mit den Melmans und den Patrontaschs, zwei Nachbarfamilien, gehörte, meinem Vater überantwortet. Die Frauen dieser Familien, Fanka Melman und Sabina Patrontasch, waren mit Mama befreundet. Die drei teilten sich alles, einschließlich einer Haushälterin namens Julia Beck, die so gut jüdisch kochen konnte wie Mama. Herrn Patrontaschs verwitwete jüngere Schwester Klara und Mama waren als Kinder sogar beide von Julias Mutter, ihrer gemeinsamen Amme und der Haushälterin unserer Großeltern, gestillt worden. Klara und Julia waren wie Schwestern aufgewachsen und beste Freundinnen.

Unter dem Baum neben Dzadzio lagen meine Onkel Manek und Josek, die auch bei uns lebten. Beide betete ich an. Mama sagte, mit seinen tiefblauen Augen und dem goldenen Haar, das im Lampenlicht seidig schimmerte, sei Josek der Don Juan der Familie. Dzadzio folgte Josek überallhin, als sei er dessen Gewissen. Herr Patrontasch hatte eine wunderschöne siebzehnjährige Tochter namens Pepka, mit der Josek stundenlang über den Zaun hinweg plauderte. In unserer kleinen Stadt brauchte ein Junge nur mehr als zweimal mit einem Mädchen zu sprechen, und schon liefen deren Eltern zum *Shadkhyn*, dem Ehestifter, um einen Ehevertrag auszuarbeiten. Wenn Dzadzio, der an seinem üblichen Platz vor dem Fenster saß, es nicht länger aushielt, ging er nach draußen, zog Josek vom Zaun weg und schrie ihn an: »Du wirst das Mädchen in Ruhe lassen oder heiraten!« Er wollte nicht, dass sein Sohn den Ruf der Tochter seines Nachbarn ruinierte.

Manek war genau das Gegenteil von Josek, ein begeisterter Zionist, der einen kleinen Kibbuz unterstützte, den ein paar junge Leute in Zólkiew gegründet hatten. Mania ging gerne überall mit ihm hin und begleitete ihn zu vielen Treffen der Kibbuzniks. Sie war so oft im Kibbuz, dass jemand sie einmal fragte, ob sie eine Kibbuznik werden wolle, wenn sie groß sei. Meine kleine Schwester lachte über die Absurdität der Frage: »Bist du verrückt? Es gibt eine weite Welt, die erforscht werden will!« Manek war es, der uns das Tanzen beigebracht hatte. Wann immer eine Hochzeit stattfand, konnten Mama, ihre Schwestern und all die Mädchen in Zólkiew von Glück reden, wenn Manek einmal mit ihnen tanzte, denn wir versuchten immer, ihn für uns zu behalten.

Uchkas Hochzeit war wunderschön gewesen. Da sie die jüngste der Reizfeld-Schwestern war, gab es traditionsgemäß ein großes Fest. Meine Großeltern knauserten nicht. Rosa kam mit ihrem Mann Pinchas Karp und ihren vier Kindern Wilek, Frieda, Klara und Mania. Es war Brauch, dass Eltern ihre Kinder nach verstorbenen Eltern und Großeltern benannten, was oft dazu führte, dass Cousinen oder Cousins dieselben Namen hatten. In unserer Familie hatten wir zwei Zygushs, zwei Wileks, zwei Gizas und sogar drei Manias. Doch das brachte niemanden in der Familie durcheinander, und wir Kinder hatten nie das Gefühl, abgelegte Kleider zu tragen. Wie alles andere in meinem Leben vor dem Krieg erschien mir auch das völlig richtig.

Uchka und Hersch Leib sahen kaum älter als sechzehn aus, als sie unter der *Chuppah*, dem Traubaldachin, standen. Wann immer eine jüdische Hochzeit stattfand, wussten die Armen in Zólkiew oder jeder anderen Stadt Polens, dass sie willkommen waren. Auf einer Seite des Saals stand ein langer Tisch, der für alle reserviert war, die eine gute Mahlzeit haben wollten. Mama hatte eine moderne Band aus Lemberg engagiert, die Tango und Walzer spielte. Ich tanzte mit all meinen Onkeln und Cousins. Doch den größten Teil des Abends nahmen Maria und ich Manek in Beschlag. Vielleicht ließen wir ihn ein- oder zweimal mit der Braut und mit seinen Schwestern tanzen.

Bevor der Abend zu Ende war, hoben Uchkas Brüder und einige der anderen jungen Männer die Braut, die auf einem aus Korb geflochtenen Thron saß, auf ihre Schultern und tanzten mit ihr. Dann verließ das frisch vermählte Paar lange vor den anderen Gästen das Fest. Uchka und Hersch verreisten nicht, sondern gingen nach Hause, um die Hochzeitsnacht in Dzadzios und Babcias Zimmer zu verbringen, in dem Mama und Papa und alle anderen Schwestern mit ihren Ehemännern die erste gemeinsame Nacht verbracht hatten. Meine Großeltern hatten ein riesiges Bett aus dunklem Mahagoni, in dem wir alle zur Welt gekommen waren – Mama, ihre Brüder und Schwestern, Mania und ich, und in jüngster Zeit Zygush und Zosia. Pünktlich neun Monate nach der Hochzeit kam Zygush zur Welt.

Das war erst drei Jahre her. Doch statt mich jetzt auf das kommende Schuljahr vorzubereiten und mit meinen Freundinnen zu klönen, bereiteten wir uns auf den Krieg vor.

Dieser Krieg hatte sich schon seit langem abgezeichnet. Seit Jahren hatten wir in Dzadzios Radio Hitlers pathetische Reden gehört. Aber Mama und Papa gingen davon aus, dass jemand, der so extrem war, nicht lange an der Macht bleiben könne. Sie waren davon überzeugt, dass die Deutschen sich erheben und Hitler stürzen würden. Entgegen ihren Erwartungen gewann Hitler jedoch weiterhin an Macht, und überall in Europa nahm der Antisemitismus zu. Dennoch glaubten meine Eltern nicht, dass die Tragödie, die sich in Nazideutschland abspielte, auch uns in Zólkiew erreichen würde. In unserer Stadt herrschte Toleranz, eine Tradition, die auf Johann III. Sobieski zurückging, den legendären König von Polen, den Retter Europas, der die Türken, die Wien belagerten, in der Schlacht am Kahlenberg besiegt hatte. Seine Familie hatte Zólkiew im 16. Jahrhundert zu ihrer offiziellen Residenz erkoren.

Ich war stolz, Teil der Sobieski-Tradition zu sein, und der Gedanke, seine Aufklärungsideale seien in unserer Stadt noch lebendig, gefiel mir. Es gab in Zólkiew Dutzende von politischen und religiösen Organisationen: zionistische, chassidische, orthodoxe, kommunistische, bundistische, sozialistische und andere. Das Leben der Juden von Zólkiew spielte sich im *Schtetl* ab mit vielen jüdischen Schulen, Synagogen, Wohltätigkeitsorganisationen, Clubs und Bruderschaften. Unsere Bräuche und Traditionen nährten uns, bereiteten uns aber auch Bauchschmerzen. Papa sagte immer, wir seien fünftausend Juden mit zehntausend Meinungen! Wir befanden uns stets wegen der ein oder anderen Sache im Kriegszustand, und dennoch glich unsere Stadt im antisemitischen Osteuropa einer Art Oase.

Kurz nach dem Anschluss Österreichs an das Deutsche Reich vor über einem Jahr hatte der Zustrom von Flüchtlingen in unsere Stadt begonnen. Es gab kaum ein Zimmer oder eine Wohnung, die nicht belegt waren. Das Wohlfahrtskomitee unterstützte über zweihundert Flüchtlingsfamilien. Mehr als 640 Kinder bekamen zwei Mahlzeiten am Tag. Auch wir leisteten unseren Beitrag. Jeden Mittwoch kamen die Herzbergs, ein sehr nettes Flüchtlingspaar aus Wien, zu uns zum Mittagessen. Während wir Mamas Hühnersuppe aßen, die in unserem guten Porzellan serviert wurde, erzählten die Herzbergs von dem Alptraum, den sie hinter sich gelassen hatten. Davon, dass ihre Synagogen zerstört, dass Juden in den Straßen zusammengeschlagen und ihre Geschäfte und Unternehmen geplündert wurden. Sie machten nur allzu deutlich, was Hitler für die Juden bedeutete.

Im vergangenen Jahr hatte Onkel Manek vorgeschlagen, wir sollten alle nach Palästina auswandern. Die Welt brenne, sagte er. Als eine große ukrainische Firma die Fabrik kaufen wollte, hatte er Papa und Dzadzio gebeten, sie zu verkaufen. Dies sei unsere letzte Chance, sagte er, doch die beiden weigerten sich. Dzadzio war so böse, dass Manek sein Lebenswerk verkaufen wollte, dass mein Onkel für eine Weile auf unserer Seite des Hauses leben musste. Manek brachte das Thema nie wieder zur Sprache. Das brauchte er auch nicht.

Vor nicht einmal einer Woche hatten die Russen und die Nazis den Hitler-Stalin-Pakt, einen Nichtangriffspakt, unterzeichnet. Papa hatte mir erklärt, dass Nazideutschland nun in Polen einmarschieren und eine Ostfront eröffnen könne, ohne dass die Russen irgendetwas dagegen unternehmen würden. Dieser Pakt machte ganz Polen fassungslos. Niemand konnte verstehen, warum Russland die Ansprüche, die es im Verlauf der Geschichte immer wieder auf Polen gestellt hatte, nun aufgab. Stalin, so kam es uns vor, überreichte Hitler unser Land wie eine für den Ofen gestopfte Gans. Nachdem Polen beinahe zweihundert Jahre lang immer wieder von den Zaren und dem Russischen Reich auf brutale Weise besetzt worden war, hatten wir die Russen mehr gefürchtet als die Deutschen. Doch das änderte sich mit Hitler. Polens Verteidigungsmaßnahmen waren vor allem auf die Ostgrenze zu Russland gerichtet. Wir hatten weder die Zeit noch die Mittel, unsere Westgrenze zu verteidigen.

Irgendwann muss ich eingenickt sein. Als ich am nächsten Morgen aufwachte, dauerte es einen Moment, bis ich wieder wusste, warum wir dort waren. Wir packten unsere Decken zusammen und machten uns auf den langen Heimweg. Zu Hause scharten wir uns in der Hoffnung, von einem polnischen Gegenangriff zu hören, um Dzadzios Radio. Aber es gab nur schlechte Nachrichten. Die Deutschen rückten so schnell vor, wie ihre Panzer fahren konnten. Die polnische Kavallerie kämpfte tapfer um jeden Meter des polnischen Territoriums, war jedoch unterlegen. Polen besaß nicht viele Panzer oder Flugzeuge, und die meisten modernen Waffen, die wir produziert hatten, waren an andere Länder verkauft worden.

Jeder weitere Tag schien nur noch mehr schlechte Nachrichten zu bringen. Jeden Abend wanderten wir zur Obstplantage und beobachteten die Flugzeuge der Nazis, die über unsere Köpfe hinwegflogen und den Himmel wie Heuschrecken verdunkelten. Jeden Morgen gingen wir wieder nach Hause, um Radio zu hören. Am 4. September schlossen die Nazitruppen Warschau ein. Am 5. September überquerten sie die Weichsel und drangen nach Ostpolen vor. Und am 6. September kapitulierte Krakau. Mit neuen Flüchtlingen trafen auch neue Gerüchte ein. Die Nazis rückten vor. In einigen polnischen Städten begrüßten die Volksdeutschen, ethnische Deutsche, die im 17. und 18. Jahrhundert Polen besiedelt hatten, die Deutschen mit Fahnen und Blumen. Das taten auch viele Polen und die ukrainischen Nationalisten. Es gab keine Opposition mehr.

Am 18. September 1939 trafen die Nazis in Zólkiew ein. Es war jedoch nur die Wehrmacht, und es fiel nicht ein einziger Schuss. Die deutschen Soldaten waren höflich, während sie wie Touristen durch die Stadt schlenderten, die Holztreppen an den Schlossmauern erklommen, Fotos von den Kirchen machten, Birkenkästchen mit Einlegearbeiten sowie Tischtücher und Servietten aus Spitze kauften, um sie ihren Ehefrauen, Freundinnen und Müttern als Geschenk zu schicken. Sie führten neugierigen Jungen ihre Waffen vor und flirteten mit den Mädchen. Ich wusste davon nur aus zweiter Hand, aus Erzählungen von Manek, Josek und Papa. Mania und ich hatten schreckliche Angst und trauten uns nicht, die sicheren Hinterhöfe in unserer Straße zu verlassen.

Nur eine knappe Woche später hörten wir von einer geheimen Änderung des ursprünglichen Hitler-Stalin-Pakts. Hitler würde nun den Westen Polens kontrollieren, Stalin den Osten behalten. Zólkiew lag keine hundert Kilometer von der russischen Grenze entfernt. Alle jüdischen Familien in Zólkiew knieten nieder und dankten Gott für sein Erbarmen.

Schon wenige Tage später marschierten junge russische Soldaten aus der Krim mit Wangen wie Aprikosen in die

Stadt und lösten die Deutschen ab. Jahrhundertelang hatten die Russen Dissidenten in die riesigen eisigen Gebiete am äußersten Ende ihres Landes deportiert, so dass man nie wieder von ihnen hörte. Der Zar hatte so viele Polen nach Sibirien deportieren lassen, dass es dort ganze Städte gab, die größer als Zólkiew waren, in denen nur Polnisch gesprochen wurde. Doch wenn wir unter uns blieben, die Sowjets nicht reizten und uns ihnen nicht widersetzten, würden sie uns in Ruhe lassen. Wir glaubten, das Leben unter den Kommunisten ertragen zu können. Wir müssten unsere Religion sicherlich im Privaten ausüben und vielleicht unser Unternehmen aufgeben, aber wir würden der Verfolgung durch die Nazis entgehen.

Nur Dzadzio schrie wie ein Prophet: »Ihr wisst nicht, wer hierherkommt! Ihr wisst es nicht!« Er verachtete die Russen. Er hatte die Zaristen gehasst, und nun hasste er die Kommunisten. 1914 war er als Offizier der polnischen Armee gefangen genommen worden und hatte sechs Jahre in einem russischen Konzentrationslager verbracht, vier Jahre unter dem Zaren und zwei unter den Kommunisten. Er hatte Stalins Hölle erlebt. Dzadzio wusste, dass die Russen Zauberer waren, die die Welt allein mit Worten ändern konnten – Einladungen in Drohungen verwandeln konnten, Überfluss in Hunger, Loyalität in Angst, Lächeln in Lügen. Er sprach nie darüber, was er im russischen Konzentrationslager durchgemacht hatte. Nicht einmal mit seiner Frau. Aber Mama erzählte mir, dass er noch immer Alpträume hatte. Er wachte schreiend auf und war so in Schweiß gebadet, dass Babcia die Bettlaken wechseln musste.

Wenige Tage nach Ankunft der Russen tauchten Tante Rosa, ihr Mann und ihre vier Kinder nur mit ihren Kleidungsstücken auf dem Rücken vor unserer Haustür auf. Unsere Familie war wiedervereint. Was immer auch geschehen mochte, wir würden zusammenbleiben. So hofften wir.

I

Mein Großvater

Denjenigen von uns, die nicht nach Sibirien verbannt wurden, hatten die Russen Sibirien mitgebracht. Jedes bisschen Brennmaterial, alles, was nur irgendwie brannte, selbst winzige Vogelnester, wurde an die Front geschickt. Ich lebte gewissermaßen in meinem schweren grauen, mit Kaninchenfell gefütterten Afghan. Dieser Mantel war meine Rettung. Gott sei Dank hatte Tante Uchka einen Kürschner geheiratet. Hersch Leib ließ für alle Familienmitglieder Mäntel nähen. Wir hätten jeden Pelz dafür wählen können, selbst den berühmten Zólkiew-Pelz, der in Paris so beliebt war. Doch bei dem bitterkalten Wind, der von der Steppe her wehte, wärmte nichts besser als ein Afghan. Und den trug meine Familie dann.

Sechs Monate nach der Einnahme Zólkiews durch die Sowjets hielt uns der erste Besatzungswinter noch immer in seinem eisigen Griff. Und die Nachrichten im Radio meiner Großeltern waren beängstigend. Wir verzweifelten, als die Vereinigten Staaten ihre Neutralität verkündeten. Und obwohl England und Frankreich Deutschland den Krieg erklärt hatten, unternahmen sie nichts gegen die Okkupation Polens. Die Franzosen marschierten lediglich in ein Gebiet Deutschlands ein, in dem kaum Truppen stationiert waren, und kehrten nach zwölf Kilometern wieder um. Man hatte uns im Stich gelassen.

Nach der Schule ging ich auf dem Nachhauseweg meistens bei Uchka vorbei. Ich freute mich auf die Zuckerplätzchen, den Tee und darauf, mit Zygush und Zosia zu spielen – vor allem mit Zosia. Mit sechs hatte ich Puppen gegen Bücher eingetauscht, doch von Zosia konnte ich nicht genug kriegen. Hatte ich sie auf dem Arm, legte sie gern ihre Wange an meine und umklammerte mein Gesicht. Wenn sie das tat, war ich wunschlos glücklich. Uchka sagte immer, ich sei Zosias kleine Mutter, ihr *mammeleh*.

Eines Tages fand ich Tante Uchkas Haus leer vor. Früher hätte ich mir nichts dabei gedacht, doch nun nahm ich sofort das Schlimmste an. Ich rannte durch die Straßen in Uchkas Viertel – einen schneebedeckten Irrgarten hinter der Ölfabrik unserer Familie – und durch die kleine Gasse hinter den rosafarbenen Mauern des Klosters zurück zu unserem Haus und betete, Uchka und die Kinder dort vorzufinden. Ich stürmte die Treppe hoch in die Diele, die unsere Wohnung von der meiner Großeltern trennte, und trat mir den Schnee von den Schuhen. Trotz der Pelzmütze, die noch immer meine Ohren bedeckte, dem hochgeschlagenen Mantelkragen und dem fest darum gewickelten Schal hörte ich bereits den Lärm aus dem Zimmer nebenan. Irgendetwas war passiert. Alle redeten durcheinander. Niemand bemerkte, dass ich das Zimmer betreten hatte. Ich war erleichtert, Uchka mit den Kindern auf dem Schoß dasitzen zu sehen. Es dauerte eine Weile, bis mir auffiel, dass alle übers ganze Gesicht strahlten.

Schließlich entdeckte mich Mama und kam mit ausgebreiteten Armen auf mich zu. »Wer hätte das gedacht? Wer hätte das gedacht?«

»Wer hätte was gedacht?«, fragte ich. Ich konnte mir nicht vorstellen, was dieses Lächeln auf ihre Gesichter gezaubert hatte. Aber sie sahen alle glücklich aus, was sicherlich hieß, dass niemand gestorben oder deportiert worden war. Mama begriff schließlich, dass ich wirklich nicht wusste, wovon sie redete.

»Willst du damit sagen, es hat sich noch nicht in der ganzen Stadt herumgesprochen, Clarutschka?«, fragte sie voller Stolz. »Von allen Kindern der Stadt wurde deine kleine Schwester nicht nur ausgewählt, die Hauptarie beim Frühjahrskonzert zu singen, sie war auch noch die Jüngste! Kannst du dir das vorstellen? Mania! Die Jüngste! Und die Hauptarie! Wer hätte das gedacht?«

Nie im Leben hätte ich erwartet, Mama einmal damit angeben zu hören. Nie und nimmer! Doch Mania zauberte immer Kaninchen aus dem Hut. Wir hatten nicht einmal gewusst, dass sie zum Vorsingen eingeladen worden war! Ich war so begeistert wie die anderen. Wer hätte gedacht, dass meine kleine, dünne Schwester wirklich singen konnte? Wir sangen an Feiertagen. Wir sangen unsere Kinderlieder in der Schule. Aber eine Arie? Aus einer echten Oper? Was für ein Segen, ein solches Talent in der Familie zu haben! Wir vergaßen vorübergehend sogar, dass das Konzert die Überlegenheit des sowjetischen Systems feiern würde. Selbst Dzadzio, mein Großvater, der nie ein gutes Wort für die Russen übrig hatte, sagte: »Wenigstens das haben sie hinbekommen!« Offensichtlich wussten die Russen etwas von meiner kleinen Schwester, was wir nicht wussten. Mania saß am anderen Ende des Zimmers auf ihrem Kinderbett. Ihr Gesichtsausdruck verriet mir, was sie dachte: dass sie jetzt viel lieber rausgehen und Schlitten fahren würde, solange noch Schnee lag, und es bereute, das Konzert überhaupt erwähnt zu haben. Aber wie immer war es besser gewesen, die Sache hinter sich zu bringen und Mama davon zu erzählen. Früher oder später hätte die es sowieso aus ihr herausgequetscht. Aber Mania verstand nicht, was an der Sache so großartig war. Man hatte ihr gesagt, sie solle singen. Also würde sie singen.

In den nächsten drei Monaten hörten wir Mania lediglich summen. Sie summte beim Seilspringen. Sie summte, während sie ins Haus hinein- und wieder hinauslief. Sie summte, wenn Mama sie dazu anhielt, die verhassten Hausaufgaben zu machen. Ein einziges Mal bat Mama sie, zu singen, doch Mania weigerte sich. Sie war so eigensinnig wie Mama, Babcia und Dzadzio. Wir würden bis zum Konzert warten müssen.

Das Konzert lenkte die ganze Stadt für eine Weile davon ab, dass sie unter russischer Besatzung stand. Während sie in langen Schlangen vor den Geschäften unter den Kolonnaden warteten, prahlten die Mütter mit den ukrainischen und russischen Volksliedern, die ihre Kinder singen würden. Nirgendwo war ein Laib Brot zu bekommen, doch die Luft schwirrte förmlich von dem Geschwätz. Ich wusste, dass die Frauen insgeheim Punkte verteilten: Welches Lied war länger? Wessen Kind sang die beliebtesten Lieder? Wer hatte ein Solo, und wer sang im Chor mit? Was würden die Mütter tragen?

Es spielte keine Rolle, dass Zólkiew nur ein kleiner Punkt auf der Weltkarte war und dass unser Haus an einer Schotterstraße lag, die im Sommer staubig und im Winter matschig oder schneebedeckt war. Mama und ihre Schwestern kleideten sich immer so, als lebten sie in einer Hauptstadt wie Warschau oder Wien. Tante Giza war die Einzige, die tatsächlich in Wien gewohnt hatte, und das auch nur für ein Jahr. Obwohl Giza die Königin der Unterkleider war, wurde Mama sogar von Dzadzio als die wahre Coco Chanel der Familie anerkannt. Wann immer die Ellbogen an seinem einzigen Pullover verschlissen waren, ließ er meine Mutter einen neuen aussuchen, obwohl es sich doch nur um einen *mispucha* – einen angeheirateten Verwandten – desselben schwarzgrauen Pullovers handelte, den er alle fünf Jahre kaufte. Der September brachte *Jom Kippur* und *Rosch ha-Schanah* mit sich, aber auch die Kataloge, die per Post aus Paris, Berlin und Wien eintrafen. Dann saßen wir, mit

Scheren bewaffnet, an dem großen, mit Modemagazinen übersäten Küchentisch. Mama ließ mich aus dem einen ein Mieder ausschneiden, aus einem anderen den Stoffvorschlag, aus einem dritten den Rock, aus einem vierten den Kragen, aus einem fünften die Bänder und das Ganze dann zusammensetzen. Sie und ihre zierliche Schneiderin, Frau Hirschorn, waren die dicksten Freundinnen. Bei Hochzeiten planten sie die Garderobe der Familie, als handelte es sich um einen Feldzug. Wann immer Mania und ich im Gemeindesaal in einem neuen Kleid auftauchten, trugen unsere Freundinnen wenige Wochen später eine Kopie davon. Mama verlor nie ein Wort darüber, wie sehr sie das freute.

Aber das war, bevor die Sowjets kamen. Seide, Satin, Taft, Pailletten, Federn und Spitze, all das waren One-Way-Tickets nach Sibirien. Rauhe, olivgrüne Uniformwolle war der Stoff jener Saison. Sich bäuerlich zu kleiden war mehr als nur eine Modeerscheinung: Es war eine Frage des Überlebens. Einige von Mamas Freundinnen begannen sogar, Kleider zu tragen, die früher einmal ihren Putzfrauen gehört hatten. Mamas wunderschöne Seidenkleider hingen nun ungetragen in dem massiven Mahagonischrank, der die meisten Regierungen Europas überdauert hatte. Aber wie jede Mutter, deren Tochter ihr Debüt gibt, wollte Mama so stolz aussehen, wie sie sich fühlte. Nach vielen Stunden und vielen Tassen Tee waren die Reizfeld-Schwestern deswegen zu dem Schluss gekommen, dass es »koscher« sei, die hübschesten ihrer *Schmatas*, Lumpen, zu tragen.

Wir Kinder hatten sowieso keine Wahl. Hauptarie hin oder her, Mania musste den marineblauen Matrosenanzug, unsere Schuluniform, anziehen. Dasselbe galt für mich. Und für jedes andere Mädchen in Zólkiew. Als Entschädigung bügelte Mama so viel Stärke in die Uniformen, dass sie alleine zum Konzert hätten gehen können. Unsere Haare erhielten die entsprechende Behandlung. Mama wusch Manias dunkles Haar so oft, bis sich in dessen Schein fast mein Gesicht widerspiegelte. Es war eine Sache, sich mit Stalin anzulegen. Eine andere, sich mit Mama anzulegen.

Als der Tag, an dem das Konzert stattfand, schließlich gekommen war, glich unser kleines Haus einer randvoll mit kochendem Wasser gefüllten Teekanne. Die Tür flog auf. Der kleine Zygush war eingetroffen, gefolgt von Zosia. Keiner hatte ihm je beigebracht, anzuklopfen. Anzuklopfen war eine Beleidigung. Anzuklopfen bedeutete, dass irgendein Familienmitglied mit einem anderen nicht mehr redete. Uchka sah noch, wie ihre Kinder wie immer an mir hochsprangen. Doch dies war nicht der richtige Moment für Spaß und Spiele. Bevor ich ihnen auch nur einen Kuss geben konnte, schrie meine Mutter mir schon vom anderen Ende des Zimmers zu: »Was ist los? Brauchst du eine schriftliche Einladung? Und nimm die Kinder mit.« Sie wollte mir sagen, dass ich mich gefälligst anziehen und dann Zygush und Zosia mitnehmen sollte. Ich war jedoch schon seit Stunden angezogen.

Die kleine Zosia mit den blonden Locken, den schwarzen Augen und ihrer niedlichen Art machte einem nicht mehr Mühe als eine kleine Puppe, die man sich aufs Bett setzte. Doch für Zygush, klein und dunkelhaarig wie sein Vater, brauchte ich einen Stuhl, eine Peitsche, einen Käfig und eine Leine. Er kletterte bereits an mir hoch wie an seinem Lieblingswalnussbaum im Garten.

Dzadzio, der einen schwarzen Anzug und ein weißes Hemd anhatte, die Tracht der orthodoxen Juden, die er an jedem Tag seines Lebens trug, war die einzige ruhige Person im Raum. So stolz er auch auf meine Schwester war, er weigerte sich, zu diesem Konzert zu gehen. Er und Babcia würden zu Hause bleiben. Ich sah Bedauern in seinen Augen, doch seine schweren schwarzen Schuhe waren wie festgenagelt auf dem Perserteppich, und er bewegte sich nicht von

30

der Stelle. Seit die Russen ihn 1918 festgenommen hatten, weigerte er sich, dieselbe Luft zu atmen wie sie. Mama kannte ihren Vater gut genug, um zu wissen, dass es sinnlos war, mit ihm über seine Prinzipien zu streiten. Sie respektierte ihn und wusste, dass er sich selbst immer treu blieb.

Alle paar Minuten unterbrach Mama das, was sie gerade tat, um Mania zu bemuttern. Sie strich ihr mit den Fingern den Kragen glatt und ließ ihre Hand dann auf ihrer Schulter verweilen. Ich konnte Mamas Gedanken lesen. Sie hoffte, durch diese Liebkosung all ihre Willenskraft auf Mania zu übertragen, wenn so etwas überhaupt möglich war. Heute würde Mania nämlich zum ersten Mal in ihrem Leben ganz auf sich gestellt sein. Mania wusste, was auf dem Spiel stand. Mit dieser Aufführung sollte die Fähigkeit der Russen demonstriert werden, uns, die Kinder korrupter Kapitalisten und religiöser Fanatiker, in richtige kleine Stalins und Lenins zu verwandeln. Und wenn wir richtig gute Schüler waren, sogar in Spione, Informanten und Parteimitglieder. Mania wusste, dass ihre Lehrer sich über die Wahl der Sänger den Kopf zerbrochen hatten. Sie wusste, dass sie mit weißen Fingerknöcheln und zusammengebissenen Zähnen zusehen würden. Sie wusste all das. Selbst mit ihren elf Jahren. Niemand brauchte ein Wort zu sagen.

Mania musste zuerst unzählige Umarmungen, Küsse und Kniffe in die Wangen über sich ergehen lassen, bevor sie loszielen konnte. Mama hatte sich vor die Haustür gepflanzt. Ein letztes Mal strich sie Manias Kleid glatt. Sie vergewisserte sich, dass Manias rotes Halstuch richtig gebunden war, und zupfte die Enden zurecht. »Jetzt halt doch mal still«, stöhnte sie. Mania war wie ein Rennpferd in der Startmaschine. Sie musste früh in der Oper sein. »Es reicht! Hör auf herumzunörgeln!« Babcia nahm Mamas Hände von Manias Schultern und verabschiedete meine Schwester mit einem Kuss.

Ich sah Mania nach, als sie die Straße hinabging. Das Gehen hielt sie aber nur bis zum Waisenhaus für jüdische Mädchen durch, das nur zwei Türen weiter lag. Dann sah sie sich um, lächelte, winkte und sprintete los. An jedem anderen Tag wäre Mama mit einem alten Lappen und einer Dose Schuhcreme hinter Mania hergerannt. Mama blieb der Mund offen, doch anstelle von Worten kam nur ein Seufzer heraus. An jenem Abend stand sie einfach nur da und beobachtete, wie ihre Tochter die Straße hinab- und außer Sichtweite lief.

Eine Stunde später machten wir uns an diesem herrlichen Frühlingsabend als Gruppe von etwa fünfundzwanzig zum Opernhaus auf. Den Russen war es nicht gelungen, mit all den anderen Dingen auch den Duft der Lilien an die Front zu schicken. Wären Mania und ich alleine gewesen, hätten wir für den Weg nicht mehr als zwölf Minuten gebraucht. Doch jetzt zogen wir wie eine Viehherde ganz langsam dahin. Ich schaute mich um und sah, dass Mama und ihre drei Schwestern wie üblich Arm in Arm gingen. Meine Familie konnte nicht gleichzeitig gehen und reden. Wir gingen ein paar Schritte, einer von uns begrüßte einen Freund, und alle fünfundzwanzig blieben stehen. In einer Viertelstunde schafften wir lediglich einen halben Kilometer.

Als wir die Sportplätze erreichten, sahen wir ein Meer von Mädchen in blauen Matrosenanzügen und roten Halstüchern, der Uniform der russischen Pfadfinderinnenbewegung, zu deren stolzen Mitgliedern jedes gesunde und kräftige Mädchen in Zólkiew gehörte, ob es ihm passte oder nicht. Die ganze Stadt schien wie ein Fluss durch die Straße und zu den Türen des Opernhauses zu strömen. Alle hatten dieselbe Idee gehabt: früh da zu sein, um gute Sitzplätze zu ergattern.

Unser Opernhaus, der »Adler«, war frisch gestrichen worden. Große Transparente, auf denen das Konzert angekündigt wurde, hingen vom Fries herab. Ich hatte noch nie so viele Autos auf einmal gesehen. Die Straße war voller Wagen, die gründlich gewachst worden waren. Bei jedem befand sich eine Abordnung von Soldaten, die sicherstellten, dass kleine Jungs wie Zygush keine Sabotageakte begingen und den Hochglanz nicht durch ihre Fingerabdrücke ruinierten. Die Autos gehörten den Kommissaren, die sich in den großen Häusern der Eisenbahnstraße eingenistet hatten, direkt außerhalb der Schlossmauern gegenüber dem Park. Die vorherigen Besitzer waren tot oder in Sibirien. Wäre ich nicht um Zygushs Sicherheit besorgt gewesen, hätte ich ihn nicht davon abgehalten, auf den Wagen seine Fingerabdrücke zu hinterlassen.

Papa begrüßte Freunde, denen man nicht länger vertrauen konnte. Freunde, die andere Freunde denunzierten. Juden, die andere Juden anzeigten und dafür verantwortlich waren, dass Kinder zum Sterben nach Sibirien geschickt wurden. Es gab sogar Kinder, die ihre Eltern denunzierten. Mein Vater schüttelte diesen Menschen die Hände und lachte über ihre Witze, als sie sich über diesen glanzvollen Abend ausließen. Papa sagte, es komme einem Selbstmord gleich, diese »alten« Freunde vor den Kopf zu stoßen. Mein Großvater hätte sie geohrfeigt und sie zum Teufel geschickt. Unter den Bannern standen die politischen Offiziere, die sonst in Korridoren unserer Schule herumwanderten, und rauchten mit ihren Kameraden Zigaretten. Ich wusste, dass selbst über Kinder Akten angefertigt wurden. Wenn wir »Die Internationale«, »Das Lied zum ersten Mai« oder »Das Partisanenlied« sangen, versuchte ich mir einzureden, es seien doch nur Lieder. Aber ich hatte das Gefühl, meinen Glauben in einer Weise zu verleugnen, wie ich es nicht tat, wenn ich Weihnachtslieder sang.

All meine Schulfreundinnen und ihre Familien waren da, und ich wollte zu meinen drei besten Freundinnen laufen,

zu Giza Lindau, einer Cousine zweiten Grades, zu Genya
Astman und Klara Letzer, doch Mama befahl mir, bei Zygush und Zosia zu bleiben. Auch wenn Mama mir immer
sagte, wie klug ich sei, behandelte sie mich im nächsten Moment doch oft wie ein Kleinkind. Die Offiziere winkten uns
Schülerinnen zu und warfen gedankenlos ihre Zigaretten
auf die Steinstufen, die von einer Schar armer Bäuerinnen
gefegt, geputzt und poliert worden waren.

Draußen spielte eine Militärkapelle, während wir uns
durch die Menge schoben und versuchten, zusammenzu-
bleiben. Drinnen spielte eine weitere Militärkapelle. Zygush
und Zosia waren von den Kronleuchtern mit ihrem tanzenden Licht wie hypnotisiert. Die besten Plätze waren bereits
für die Offiziere und die Beamten der russischen Armee
samt deren Familien, für die kommunistische Partei und das
gefürchtete NKWD – das Volkskommissariat des Inneren,
dem Stalins Gulag unterstand – reserviert. Wir kämpften
uns die Treppe hoch und fanden eine Sitzreihe auf dem Balkon. Zygush konnte es nicht lassen, auf dem Weg dorthin
jeden roten Samtstuhl zu berühren. Von unseren Plätzen aus
hatten wir direkte Sicht auf das Orchester und die Logen.
Einige der russischen Frauen trugen Damenwäsche. Sie
kannten nicht einmal den Unterschied zwischen einem
Nachthemd und einem Kleid. Diese armen Frauen, die
größtenteils von jenseits des Urals aus Dörfern ohne Telefon oder auch nur einer Straße stammten, glaubten, die mo-
dischen Seidengewänder, verziert mit einem Spitzendekolle-
té, würden auf den Straßen von Paris, Budapest oder Berlin
getragen. Da saß ich nun, auf diesem Balkon, und schaute
sprichwörtlich hinab auf diese Frauen, die vor Stolz glüh-
ten. Ich wünschte, ich könnte behaupten, mir hätten vor
Scham die Wangen gebrannt. Der Kommunismus hatte diesen Frauen ein besseres Leben beschert. Viele von ihnen waren freundlich. Ich ging mit ihren Kindern zur Schule. Doch

wir hatten so große Angst vor ihren Ehemännern, dass keine Menschenseele in Zólkiew sich traute, ihnen zu sagen, dass sie Unterwäsche trugen.

Bevor die Musik begann, mussten wir die Reden über uns ergehen lassen. Die Generäle und Kommissare gaben vor, das Gesagte ernst zu meinen, und wir gaben vor, ihnen zu glauben. »Wir müssen uns in unserer einmütigen Opposition gegen Reaktionäre zusammenschließen.« – »Revolutionen sind die Lokomotiven der Geschichte!« – »Fröhlichkeit ist das hervorstechendste Merkmal der Sowjetunion.« – »Gebt uns für zehn Jahre eure Kinder, und wir werden euch wahre Bolschewiken geben.«

Mama, Rosa, Uchka und Giza trugen alle dieses idiotische aufgesetzte Lächeln zur Schau. Alle auf dem Balkon wirkten wie eine Ansammlung von Statuen auf einem Friedhof. Zosia rutschte hin und her, und Zygush maulte. Alle paar Minuten stupste er mich an und fragte, wann Mania endlich singen würde.

Doch als Mania endlich die Bühne betrat, waren sie vor Ehrfurcht ganz still. Mania sah so dünn und zerbrechlich aus wie eine Weide. Sie war längst nicht so groß wie die Sängerinnen, die vor ihr an der Reihe gewesen waren. Ich merkte, dass Mama, die ein paar Sitze von mir entfernt saß, Probleme mit ihrem Asthma hatte. Sie platzte fast vor Stolz und kriegte kaum Luft. Und dann öffnete dieser kleine Wildfang den Mund, und heraus kam eine so kräftige und klare Stimme, dass es mir kalt über den Rücken lief. *Der Wind heult. Die Bäume neigen sich. Mir tut das Herz weh. Und die Tränen laufen wie von selbst.* Ich konnte förmlich hören, wie ich mich fragte: »Das ist meine Schwester? Ist das meine Schwester?«

Einen Moment lang war alles perfekt. Niemand wollte an einem anderen Ort sein oder über etwas anderes nachdenken. Wenn sie nur hätte weitersingen können. Ich wusste, dass wir in Sicherheit waren, solange ihre Stimme, so klar wie das Sonnenlicht und durchtränkt von unverfälschten Emotionen, diesen Saal füllte. Doch gleichzeitig war mir bewusst, dass die Herzen unserer sowjetischen Besatzer sich wieder in Stein verwandeln würden, sobald Manias Lied endete. Wie sehr ich meine Schwester in diesem Moment liebte!

Die Sowjets wussten natürlich nicht, dass der Gesang meiner Schwester in uns die Sehnsucht nach dem Leben weckte, das sie uns aufzugeben befahlen. Unsere Feinde, die russischen Offiziere und Parteiführer, die uns töteten und deportierten und folterten, weinten wie Kinder. Der Applaus wollte nicht enden. Die kleine Mania verbeugte sich, wie man es ihr beigebracht hatte, und nahm von einem russischen General rote Nelken entgegen. Es wurde an diesem Abend viel über die Karriere geredet, die unsere Mania machen würde, wenn der Krieg vorbei war. Doch noch während wir über die Zukunft sprachen, wusste ich, dass es leere Worte waren – eine Art Balsam, der es uns leichter machen sollte, mit dem Leben fertig zu werden, das uns morgen und übermorgen wieder erwartete.

Als Mania und ich an diesem Abend im Bett lagen, erzählte ich ihr, wie stolz wir alle auf sie waren. Ich sagte ihr, sie habe uns damit überrascht, dass ihre Stimme so wunderbar sei und dass sie diese Tatsache so lange vor uns hatte geheim halten können. Selbst im Dunkeln konnte ich ihr Lächeln sehen. Ich fragte mich, wie viele andere Geheimnisse sie hatte, wie die perfekten Eicheln, Blütenblätter und Steine, die Mama immer in den Taschen ihrer Kleider fand.

Mania war so erschöpft von diesem für sie so aufregenden Tag, dass sie einschlief, bevor sie noch das »Gute Nacht« ausgesprochen hatte. Aber ich war am Abend ihres Triumphes traurig. Dies war meine Schwester, und in vieler Hinsicht war sie mir so fremd. Ich liebte sie so sehr, und doch blieb sie für mich ein Geheimnis. Ich wusste weniger über sie als über die Figuren in den Büchern, die ich las. So gern ich es auch gewusst hätte, ich wagte nicht, sie danach zu fragen, wie sie sich am Abend auf der Bühne gefühlt hatte. Sie hätte die Frage mit einem Achselzucken abgetan.

Am nächsten Tag würde Mania aufwachen, sich ihr Springseil schnappen und ohne einen weiteren Gedanken an das Konzert nach draußen stürmen, wo der Frühlingstag auf sie wartete.

Schon wenige Wochen nach Manias Arie verführten die Sowjets uns nicht länger mit Konzerten und dem Versprechen eines Arbeiterparadieses. Nun verlangten sie nicht mehr nur unseren Gehorsam. Sie erhoben Anspruch auf unsere Gedanken. Ihr Sicherheitsapparat aus Geheimpolizei (die dem NKWD unterstand), Spionen und Informanten brachte einen so weit, dass man sich nicht einmal mehr traute, sein eigenes Spiegelbild anzusehen – aus Angst, angezeigt zu werden. An jeder Ecke lauerte der Schrecken der Deportation.

Eine Freundin nach der anderen war mit ihrer Familie mitten in der Nacht verschwunden. Die Menschen wurden entweder beschuldigt, zu viel Geld zu haben oder polnische Loyalisten zu sein. Oder sie waren Intellektuelle, die sich vielleicht fragten, was die Kommunisten in Zólkiew taten. Oder sie hatten einfach irgendwann einmal vor zwanzig Jahren während einer Unterhaltung in einem Café ihre Gegnerschaft zum Kommunismus zum Ausdruck gebracht. Der Grund machte keinen Unterschied, denn das Ergebnis war immer dasselbe. Die Familien wurden nicht einfach nur deportiert. Sie hörten auf zu existieren, hatten nie existiert. Beim Sonnenuntergang, der ihrem Verschwinden folgte, schliefen bereits Russen in ihren Betten und aßen die Lebensmittel aus ihren Speisekammern. Ich erkannte die Klei-

dungsstücke russischer Töchter als die meiner Klassen-
kameradinnen wieder, und sah russische Söhne mit dem
Spielzeug ihrer kleinen Brüder spielen. Meine Freundin Sonia Maresky aus Schlesien war eine der Ersten, die mit hundert anderen jüdischen Flüchtlingen aus Österreich und
dem Westen deportiert wurde.

Mama hatte sich in den Kopf gesetzt, dass wir zumindest
vorbereitet sein sollten, falls wir im nächsten Viehwaggon
nach Sibirien verfrachtet würden. Wir verbrachten jede freie
Minute damit, aus grünem Segeltuch Rucksäcke zu nähen,
sie mit Wollsocken, Unterwäsche und Lebensmitteln zu fül-
len und Rubel und Goldmünzen in Geheimfächern zu verstecken. Und wenn es dann an unserer Tür klopfte – und das
würde es sicher, vielleicht wenn wir gerade am tiefsten
schliefen – und wir aus einem Traum aufwachten, um uns in
einem Alptraum wiederzufinden, würde unser Clan, alle
siebzehn, die in unserem kleinen Steinhaus lebten, Eltern,
Schwestern, Großeltern, Tanten, Onkel, Cousins und Cousinen, mit den nagelneuen Rucksäcken losmarschieren.

Trotz der neuen Bedrohung stellten wir uns auf das Leben unter den Kommunisten ein. Nur Dzadzio blieb der
Alte. Selbst nach acht Monaten hatte er es immer noch nicht
gelernt, seinen Hass auf die Sowjets für sich zu behalten.
Mama sorgte dafür, dass sie ständig etwas zu tun hatte, aber
es beunruhigte sie doch zutiefst, dass mein Vater ihr nicht
länger versichern konnte, die Ölmühle würde uns vor der
Deportation bewahren.

Mein armer Vater arbeitete nun fast vierundzwanzig
Stunden am Tag. Es gab keine Bauern oder Armeeangehöri-
gen, die die Leitung der Fabrik übernehmen konnten, so
dass die Kommissare sich gezwungen sahen, diese meinem
Vater zu überlassen. Aber sie setzten ihm Dominicki Vasi-
luk vor die Nase, einen großen faulen Ukrainer mit ein bisschen russischem Blut und einem dichten, nach unten hän-

38

genden Schnurrbart, der nichts weiter tat, als im Büro meines Vaters herumzusitzen und ihn zu bespitzeln. War ihm nach Arbeit zumute, las Dominicki die Zeitung.

Papa sagte, Rubel seien wertlos. Also benutzten wir Öl statt Geld. Wenn ich aus dem Fenster schaute, sah ich vor der Raffinerie neben der Fabrik lange Menschenschlangen, die auf ihre Ration Öl warteten. In unserer Küche tauschten wir das Öl aus Papas Fabrik gegen Käse, Milch, Eier und andere Erzeugnisse ein, die die Bauern mitbrachten. Diese wiederum wechselten wir im Laden, der dem Vater meiner Freundin Genya gehörte, gegen Mehl, Zucker, Tee und andere notwendige Dinge ein. Zumindest mangelte es uns nie an Lebensmitteln.

Mein Großvater war der Erste von uns, den die Russen mitnahmen. Ich war im Krankenhaus und erholte mich gerade von einer Blinddarmoperation, als ein alter Wagen mit drei Männern in billigen Anzügen und mit über die Augen gezogenen Hüten vor unserem Haus hielt. Als Mama mir erzählte, wie sie Dzadzio die vier Steinstufen auf der Vorderseite des Hauses zu dem wartenden Wagen hinuntergebracht hatten, schien das Bild, das ich von meinem Großvater hatte, zusammenzuschrumpfen und zerknüllt zu werden wie eine gefaltete Papierpuppe. Ich konnte nur noch weinen.

Doch es warteten noch andere schreckliche Nachrichten auf mich. Mein Großvater war nicht der Einzige, den man verhaftet hatte. In derselben Nacht hatte das NKWD in jeder Groß- und Kleinstadt, in jedem Dorf und *Schtetl* seines neu besetzten Territoriums Festnahmen durchgeführt. Sie hatten jeden ehemaligen polnischen Armeeoffizier und Regierungsbeamten sowie Dutzende von Lehrern, Politikern, Intellektuellen und Geschäftsleuten verhaftet.

Wenige Tage später erfuhr ich von Mama (die die Gefängniswärter bestach, ihr Informationen zu geben), dass

Dzadzio sich im Gefängnis ein Nierenleiden zugezogen hatte und in das Krankenhaus gebracht worden war, in dem auch ich lag. Eines Tages wurde Dzadzio, bewacht von bewaffneten Soldaten, in den Garten geführt. Die absurde Aufgabe dieser Soldaten war es, sicherzustellen, dass der alte Mann, der mit nackten Füßen und einem Krankenhaushemd in einem Rollstuhl saß, nicht fliehen würde. Als mein Großvater mich sah, traten ihm Tränen in die Augen. Er sagte nur: Geh weg, geh weg, und deutete mit der Hand immer wieder auf die Tür, weil er wollte, dass ich wieder hineinging. Ich wusste, dass er Angst hatte, die Soldaten könnten mir etwas antun, aber ich konnte nicht anders: Ich ging zu ihm und umarmte ihn. Ich konnte ihn bloß fragen, wie es ihm ging. Das war alles. Es gab nichts zu sagen. Nichts, was wir hätten tun können.

Auch wenn wir nicht richtig miteinander sprechen konnten, war ich doch glücklich, einfach nur bei meinem Großvater zu sitzen. In den nächsten Tagen fiel mir auf, dass unsere gemeinsam verbrachte Zeit auch ihn aufgemuntert hatte. Eines Nachmittags saßen wir schweigend im Garten, als zwei NKWD-Offiziere auf uns zukamen. Mein Großvater musste mit ihnen kommen. In ihren Stimmen lag keine Gewalt, keine Bosheit. Für sie war Dzadzio lediglich ein Paket mit traurigen Augen. Die Krankenschwester rannte los, um den Arzt zu holen. Dzadzio konnte unmöglich das Krankenhaus verlassen. Mein Großvater gab mir mit einem Lächeln zu verstehen, ich solle mir keine Sorgen machen. Es war das traurigste Lächeln, das ich je bei einem Menschen gesehen hatte. Dann wurde er ganz blass und begann, am ganzen Körper zu zittern. Ich schrie, aber die Wachen und die NKWD-Offiziere unternahmen nichts, weil ich ein Nichts war. Sie luden meinen armen Dzadzio, der entsetzliche Schmerzen litt und dessen Blick verriet, dass er panische Angst hatte, auf einen von Pferden gezogenen Wagen.

Der Arzt protestierte, aber nur einen Moment lang und nur halbherzig. Ich wich zurück, verängstigt und hilflos. Sie hatten meinen Dzadzio auf ein Strohbett gelegt, und dafür war ich dankbar. Eine Weile lang stand ich einfach nur da. Als ob auch die Zeit stillstehen würde, wenn ich still stand. Ich wusste, dass Mama den Wächter wieder bestechen würde, um an Informationen heranzukommen, und konnte nur warten, bis sie kam und mir erzählte, was passiert war.

Drei lange Tage kam Mama nicht zu Besuch. Als sie schließlich die Krankenhauskapelle betrat, sah sie aus, als trage sie Trauer. Sie hatte mir Suppe mitgebracht. Während sie die Brühe in eine Schale goss, begann sie zu erzählen. Am Tag, nachdem man Dzadzio weggekarrt hatte, war ein Gefängniswärter zu unserem Haus gerannt, um Mama zu erzählen, dass ihr Vater und die anderen politischen Gefangenen zu den Zuggleisen gebracht würden. Mama und Uchka hatten sich sofort ein paar Brötchen geschnappt, die sie Dzadzio bringen wollten. Sie wussten, dass er für die lange Zugfahrt etwas zu essen brauchen würde. Als sie auf dem Platz gegenüber den Schlossmauern eintrafen, sahen sie Dzadzio, von sowjetischen Truppen bewacht, in einer Reihe marschieren. Mama und Uchka warfen ihm die Brötchen zu, auch noch, nachdem die Wächter sie angebrüllt hatten, damit aufzuhören. Sie wurden festgenommen und ins Gefängnis im Turm gebracht. Mama war erst am Morgen freigelassen worden. Sie sah mich mit Zorn im Blick an. »Kannst du dir das vorstellen, Clarutschka – sie haben ihn nicht einmal ein Brötchen aufheben lassen.«

Das Klopfen, das der übrigen Familie galt, kam, als ich noch im Krankenhaus lag. Es war mitten in der Nacht, doch Papa war wie immer gegenüber in der Ölmühle gewesen. Die Agenten hatten Haftbefehle, die auf den Namen Meir Schwarz ausgestellt waren. Mama brachte die Worte kaum heraus. Sie brauchte nichts weiter zu sagen. Ich verstand. Die Familie meines Vaters war so religiös, dass meine Eltern es für irrelevant gehalten hatten, staatlich zu heiraten. Deswegen trugen all unsere offiziellen Papiere, einschließlich meiner Geburtsurkunde, den Namen Gottlieb, auch wenn wir im Alltag Schwarz hießen. Meine Mutter konnte den NKWD-Agenten diese Papiere zeigen und damit beweisen, dass wir nicht die Familie waren, nach der sie suchten. Die anderen hatten nicht so viel Glück gehabt, sagte meine Mutter, und die Scham stand ihr ins Gesicht geschrieben. Das NKWD hatte meine Babcia, Onkel Manek, Tante Rosa, ihren Mann Pinchas und ihre vier Kinder mitgenommen. Onkel Josek und Tante Giza hatten sich im Keller verstecken können und waren seitdem in Lemberg untergetaucht.

Mama war zum Bahnhof gegangen, weil die Sowjets es diesmal Familienmitgliedern und dem Jewish Joint Distribution Committee erlaubt hatten, Essen, Bettzeug und andere Dinge an die Gefangenen zu verteilen. Sie hatte mit Rosa und den anderen sprechen können. Niemand hatte ihnen gesagt, wohin die Reise ging, wie lange sie dauern und was mit ihnen letztendlich geschehen würde. Mama erzählte, sie habe sich von Babcia verabschiedet, als sei es das letzte Mal gewesen. Wir wussten nicht, ob meine arme Großmutter die Reise überleben würde, geschweige denn, was ihr bevorstand, wenn der Zug sein Ziel erreicht hatte. Rosa versuchte, ihre jüngere Schwester zu trösten, und sagte Mama, dass sie das Richtige getan habe. Doch diese Worte linderten nicht den Schmerz und die Scham, die ich in Mamas Gesicht sah.

Es war unserer Familie zugestoßen: das Undenkbare. Dass einige von uns, wenn auch nicht auf Kosten der anderen, so doch mit dem Wissen überlebten, dass wir sie nicht retten konnten. Ich weinte und weinte und wollte nur noch eins: mit Mama nach Hause gehen. Ich wollte keine weitere

Nacht von meiner Familie getrennt verbringen und sehnte mich danach, in meinem eigenen Bett zu schlafen, neben meiner Schwester und gegenüber dem Zimmer meiner Eltern. Nur so, glaubte ich, konnten wir zusammenbleiben.

Eine Sache hatte Mama aber noch vor mir geheim gehalten: Als ich aus dem Krankenhaus nach Hause kam, spielten im Hof hinter unserem Haus zwei Kinder. Mama stellte mich Stalina und Volodya Dupak vor. Stalina war vier Jahre alt, hatte weißblondes Haar und war so mollig, dass die Hexe aus Hänsel und Gretel sie liebend gern in den Ofen gesteckt hätte. Volodya, der so alt war wie ich und den ich aus der Schule kannte, begrüßte uns förmlich. Er wusste, dass ich im Krankenhaus gewesen war, und erkundigte sich nach meiner Gesundheit.

Sobald wir im Haus waren, flüsterte Mama mir zu: »Die Laken von Babcias und Dzadzios Bett waren noch nicht einmal trocken, als sie eingezogen sind. Der Vater ist Offizier des NKWD.« Ihr Blick sagte mir: »Wir wissen nicht einmal, ob nicht er für Dzadzios Deportation verantwortlich war.«

Ich hatte versucht, mich darauf vorzubereiten, wie leer unser Haus ohne meine Großeltern sein würde. Nicht einen Tag meines Lebens hatte ich ohne sie verbracht, ohne ihre Stimmen, ihr Lachen und den Duft des Essens, das Großmutter zubereitete. Ich hatte mir vorgestellt, dass ich zumindest etwas von ihnen spüren würde, auch wenn sie weg waren. Doch nun war die Tür zwischen den beiden Haushälften, die am Tag immer offen gestanden hatte, fest verschlossen. Ich zitterte bei dem Gedanken, dass Angehörige des NKWD im Bett meiner Großeltern schliefen.

Trotz allem war ich erleichtert, wieder zu Hause zu sein. Herr Dupak mit dem ausdruckslosen Gesicht und dem schütteren blonden Haar lächelte freundlich, als ich ihm

vorgestellt wurde. Und wir erwiderten seine Freundlichkeit.
Die Dupaks waren die ideale kommunistische Familie. Sie
hatten von der Expansion der Sowjetunion profitiert und
waren davon überzeugt, dass sie Zólkiew zu einem besseren
Leben verhelfen würden. Herr Dupak verließ frühmorgens
das Haus und kam erst spätabends wieder. Seine Frau war
nicht sehr gesellig, und unser Umgang mit der Familie be-
schränkte sich hauptsächlich auf die Kinder. Die wussten
über den Krieg nur, dass ihr Vater Macht besaß und dass alle
Kinder in der Stadt besonders nett zu ihnen waren. Dennoch waren wir vorsichtig. Vorher hatten wir uns nie Gedanken darüber gemacht, wie laut wir sprachen. Jetzt redeten wir fast im Flüsterton miteinander.

Mitte Juni 1940 traf endlich ein Brief von Tante Rosa ein.
Wir hatten fast zwei Monate auf eine Nachricht gewartet,
doch nun schien Mama Angst davor zu haben, den Umschlag zu öffnen. Die ersten Zeilen befreiten uns von unseren schlimmsten Ängsten: Alle Familienmitglieder hatten
die Reise überlebt. Sie waren in Kasachstan, irgendwo in der
endlosen Wüste Zentralasiens, viel weiter entfernt von zu
Hause als von China. Rosa schrieb, man spüre fast nichts
vom Krieg; die Gegend sei abgelegen, und die Zeit habe dort
stillgestanden. Es gab noch immer Kamelkarawanen, die
Waren von einem städtischen Markt zum nächsten brachten. Wir waren erleichtert. Es musste Rosa ein Gefühl der
Sicherheit vermitteln, dass zwischen ihr und dem Krieg Tausende von Kilometern lagen. Sie erklärte dann, dass man sie
zusammen mit allen anderen aus dem Zug geworfen und ihnen gesagt hatte, sie sollten eine Arbeit finden. Aber es gab
keine Arbeitsstellen. Rosa schrieb, dass sie fast verhungert
wären, bis Onkel Manek es geschafft hatte, eine Arbeit in
einer Ölmühle in Aktjubinsk zu finden, die unbedingt Spe-
zialisten brauchte. Daraufhin waren sie in die fremde Stadt
gezogen, bereit, ein neues Leben zu beginnen. Sie sei unend-

lich dankbar, schrieb Rosa, dass sie alle zusammen waren. Sie hatten zu essen und ein Dach über dem Kopf und würden als Familie überleben. Wenn der Brief nur an dieser Stelle aufgehört hätte!

Mama las weiter, und ich sah, wie sie vor Anspannung das Gesicht verzog, als sie zu den folgenden Zeilen gelangte. Rosa schrieb, dass ihr Sohn Wilek ebenfalls eine Stelle in einer Fabrik gefunden hatte. Sie berichtete, wie nervös er gewesen sei, dort ohne einen passenden Arbeitsanzug die Arbeit aufnehmen zu müssen. Rosa hatte versprochen, ihm einen zu kaufen, damit er für den nächsten Tag richtige Arbeitskleidung habe. Doch in der ersten Stunde seines ersten Tages in der Fabrik verfing Wileks Gürtel sich im Getriebe seiner riesigen Maschine. Er war in die Maschine gezogen und von ihr wie von einem Tier verschluckt worden. Rosa schrieb, von ihrem Sohn sei nicht genug für eine richtige Beerdigung übrig geblieben. Er war erst neunzehn Jahre alt. Seit Rosas Familie 1939 zu uns gezogen war, hatte ich Wilek wie einen älteren Bruder betrachtet. Er war immer lieb und fürsorglich gewesen. Mama trauerte um ihren Neffen, den Sohn ihrer älteren Schwester. Als sie Mania und mich ansah, wusste ich, dass sie nicht anders konnte, als Gott dafür zu danken, dass es nicht eine ihrer Töchter getroffen hatte.

Als der Sommer in den Herbst überging, konnte ich die Änderungen in unserem Leben unter diesem düsteren Regime schon nicht mehr zählen. Die Kirchenglocken läuteten nicht. Im »Adler« wurden keine Hollywood-Filme mehr gezeigt. Die polnischen Patrioten, die wir vor der Okkupation in der Schule durchgenommen hatten, waren nun Kriminelle. Die Menschen hatten Angst, in die Synagoge zu gehen, und Papa musste sich über die Straße zu Herrn Melmans Haus schleichen, wo sie nun heimlich ihre *Minjan*-Treffen abhielten. Papa war inzwischen Angestellter. Die Russen hatten das

Pflanzenölunternehmen übernommen, das seit fünf Generationen im Besitz unserer Familie gewesen war. Niemand sprach in der Öffentlichkeit über irgendetwas. Die Nonnen des Klosters in unserer Straße trugen nun lange Röcke statt ihres braunen Habits. Wir mussten Schuluniformen tragen. Es gab kein kosheres Fleisch mehr. Alle Zeitungen außer den kommunistischen waren eingestellt worden. Mama kaufte wie verrückt Wollsocken und Unterwäsche auf. Die Ringe unter Papas Augen waren vom dunkelsten Violett, das ich je gesehen hatte. Mama zog die Vorhänge vor, bevor wir unser Sabbatmahl zu uns nahmen.

Ich gab vor, ein gutes kommunistisches Mädchen zu sein. Ständig hatte ich Angst. Doch die größte Veränderung war mit Mama vor sich gegangen. Sie verschwand praktisch aus unserem Leben. Fast täglich nahm sie den Bus nach Lemberg und ging auf der Suche nach Neuigkeiten über Dzadzio zum Büro jedes Kommissars, Parteimitglieds, Politikers, den sie finden konnte. Manchmal kam sie erst spätabends nach Hause, manchmal tagelang nicht, doch immer niedergeschlagen und erschöpft. Die Männer nahmen Papas Geld, machten Versprechen und ließen Mama dann nicht einmal mehr in ihre Büros. Ich wusste, dass Mama ihren Vater liebte, und wünschte, dass Dzadzio, wo immer er auch war, sehen könnte, wie sehr sie das tat.

Ich wusste auch, dass Papa und Mama ihr Bestes gaben, um uns nicht nur vor körperlichem Schaden zu bewahren, sondern auch davor, uns Sorgen zu machen. Angesichts der europaweit fehlenden Opposition gegen die Nazis waren ihre Worte jedoch nur ein schwacher Trost. Zwei Jahre zuvor wäre es mir nie auch nur in den Sinn gekommen, mich zu fragen, wie ein Krieg sich anfühlte. Kriege gehörten in die Romane von Tolstoi, nicht in mein Leben. Trotz gelegentlicher Pogrome hätte mich niemand davon überzeugen können, dass unsere kleine, in Galizien versteckte Stadt mit ihren fünftausend Juden nicht die beste aller möglichen Welten war. Siebenhundert Jahre lang waren wir zwischen einem halben Dutzend Ländern und Reichen, die wie Katzen mit einem Garnknäuel spielten, hin und her geschubst worden. Wir hatten unsere Nationalität so oft geändert, wie Mama in besseren Zeiten ihre Kleider wechselte. Früher hatte ich, lebensfremd wie ich war, fest daran geglaubt, dass sich so wie in der Vergangenheit auch in der Zukunft alle Probleme lösen lassen würden. Inzwischen war ich jedoch ein anderer Mensch geworden, mit anderen Gedanken und anderen Hoffnungen. Selbst die kleinen Dinge wie Lesen oder Zur-Schule-Gehen, die mir immer so viel Vergnügen bereitet hatten, ließen das hohle Gefühl im Magen nicht verschwinden. Trotz des Optimismus, mit dem unsere Eltern meine Schwester und mich löffelweise fütterten, kreisten pausenlos die Gedanken in meinem Kopf. Wie konnte ich in Ruhe einen Roman lesen, wenn Hans Frank, der Generalgouverneur von Polen, erklärt hatte: »Ich verlange von den Juden nichts weiter, als dass sie verschwinden.« Was war aus meinem Großvater geworden? Lebte er noch? Und was würde aus uns werden? Unsere grünen Rucksäcke würden uns sicher nicht retten können. Wir waren der Spielball zweier sehr mächtiger Nationen, die uns beide hassten. Die Russen hassten uns, weil wir ihre kommunistischen Prinzipien nicht annahmen, und die Nazis hassten uns wegen unserer Religion.

Wenn die Erwachsenen vor dem Krieg miteinander geflüstert hatten, war es normalerweise um ein Geschenk für uns oder um irgendwelchen Klatsch gegangen. Beides hatte mich nie wirklich interessiert. Jetzt wollte ich jedes Wort hören, selbst wenn es mich um den Schlaf brachte. Die Angst, etwas nicht zu wissen, war schlimmer. Ich sammelte Nachrichten, Fakten, alles, von dem ich annehmen konnte, dass es die Wahrheit war.

Im vorangegangenen Jahr waren die Nazis in Frankreich, Holland, Luxemburg und Belgien einmarschiert. Italien und Japan bildeten zusammen mit Deutschland die Achsenmächte. Ungarn, Rumänien und die Slowakei hatten sich mit Deutschland verbündet. Und fast eine Million Juden waren in Warschau, Krakau und Lublin in Ghettos gesperrt worden. Die Alliierten hatten noch keinen einzigen Angriff gegen die Nazis unternommen, die sich mit ihrer Unbesiegbarkeit brüsteten. Tag für Tag füllte sich jede Wohnung und jedes Zimmer der Stadt mit Menschen, die vor den Nazis flohen. Die Horrorgeschichten verbreiteten sich wie eine Seuche. Selbst das Flüstern meiner Eltern konnte mich nicht vor ihnen schützen.

Das Einzige, was mich bei Verstand hielt, war die Schule. Die Kirchen hatten große Bibliotheken, ebenso einige Schulen. Daneben gab es auch private Bibliotheken. Fast täglich machte ich meine Runde. Die ehemaligen Nonnen und Herr Appel, der ältere jüdische Herr, der die Privatbibliotheken leitete, erwarteten mich und versorgten mich mit Büchern, von denen sie glaubten, dass sie mir gefallen würden. Es war das Jahr von Victor Hugo und Charles Dickens; und natürlich der großen russischen Romanschriftsteller Tolstoi, Turgenjew, Dostojewski und Gogol. Ich wählte die Bücher nach Gewicht aus. Je dicker und schwerer, desto besser. Ich versuchte zunehmend, mit Literatur die Welt auszusperren.

Im Frühjahr 1941, fast auf den Tag ein Jahr, nachdem sie deportiert worden war, erhielt ich einen Brief von meiner Freundin Sonia Maresky, in dem sie die grausame, bittere Kälte und die unglaublich anstrengende Arbeit beschrieb, die ihre Familie in den Kohlebergwerken verrichten musste. Sie schrieb, dass die meisten Arbeiter innerhalb eines Jahres starben. Die jüdische Gemeinde hatte geschlossen um die Erlaubnis gebeten, sich *Matzen* zum Passahfest schicken lassen zu dürfen. Sonia beendete ihren Brief mit: »Wenn der

Krieg vorüber ist, werden nur noch die *korhony*, die Massengräber, bezeugen, dass einst ein Volk hier lebte.«

Anfang Mai stieß Mama schließlich auf Kommissarin Wanda Vashilevski, die einen sehr hohen Posten im NKWD bekleidete. Dass Mama es wagte, mit dem NKWD in Kontakt zu treten, zeugte von ihrer Verzweiflung. Sie erzählte uns, dass Kommissarin Vashilevski eine anständige Frau zu sein schien und dass sie ihr gesagt habe: »Es tut mir leid für Sie. Ich werde Sie nicht anlügen. Sie sollten wissen, dass nur derjenige Kommissar, der die Festnahme Ihres Vaters befohlen hat, ihn auch wieder freilassen kann. Aber ich werde sehen, was ich tun kann. Ob ich Erfolg habe, werden Sie erst wissen, wenn er zurückkommt.« Wir schöpften ein wenig Hoffnung, doch Papa wies uns darauf hin, dass wir nicht sicher sein könnten, ob Vashilevski ehrlich sei oder nicht.

Mitte Juni klopfte Pan Ratusinski, ein gutmütiger polnischer Bauer, der früher einmal für Papa gearbeitet hatte, an unsere Tür. Er war gerade aus dem Brigitka-Gefängnis in Lemberg entlassen worden, in das man ihn wegen eines Fluchtversuchs nach Rumänien gesteckt hatte. In diesem Gefängnis, so erzählte Ratusinski, würden die Gefangenen in alphabetischer Reihenfolge in den Zellen untergebracht. Mein Großvater habe in einer Zelle unweit von seiner gesessen. Dzadzio lebte also nicht nur, er war auch nur fünfunddreißig Kilometer von uns entfernt. Wir beteten und dankten Gott für sein Erbarmen.

Es war ein Wunder. Mama nahm Pan mit ins Haus und ließ ihn jede Einzelheit erzählen. Er berichtete, dass Dzadzio von einem Konzentrationslager im Osten in dieses Gefängnis gebracht worden sei. Wir erfuhren, dass Großvater dünn, aber einigermaßen gesund war und vielleicht schon bald entlassen würde. Mama umarmte Pan wie einen verloren geglaubten Bruder und steckte ihm, bevor er ging, Geld in all seine Taschen. Genossin Vashilevski mit dem großen oder habgierigen Herzen hatte ihr Versprechen gehalten.

Am nächsten Morgen nahm Mama den ersten Bus nach Lemberg, um sich bei Vashilevski zu bedanken und zu versuchen, Großvaters Freilassung zu beschleunigen. Genossin Vashilevski überprüfte ein paar Dinge und sagte Mama dann, dass mit den Papieren etwas schiefgelaufen sei, jetzt aber alles in Ordnung wäre. Es sei nur noch eine Sache von wenigen Tagen. Wir wussten, dass wir ein paar Tage aushalten würden, auch wenn wir mit unserer Geduld so gut wie am Ende waren. Dankbar dafür, dass uns zur Abwechslung einmal etwas Erfreuliches bevorstand, verbrachte Mama den restlichen Tag damit, alles für Dzadzios Heimkehr vorzubereiten. Sie putzte die kleine Wohnung in unserem Kellergeschoss für ihn, wusch und bügelte seine Kleidung und besorgte ein Hühnchen für eine Suppe.

Während ich Mama bei den Vorbereitungen half, konnte ich an nichts anderes als an Dzadzios Heimkehr denken. Mama wusste, dass ihr Vater selbst nach monatelangem Exil und Gefängnisaufenthalt wütend sein würde, dass der Mann, der in seinem Haus lebte, möglicherweise genau der war, der ihn weggeschickt und seine Frau und Tochter deportiert hatte. Sie hatte Angst vor dem, was er tun könnte. Vor zwanzig Jahren hatte ihr Vater die Tracht der Chassidim abgelegt und ein Gewehr in die Hand genommen, um gegen die Russen zu kämpfen. Nur aus Angst vor den Folgen, die sein Verhalten für seine Familie haben könnte, würde er sich vielleicht mäßigen.

Am nächsten Tag wachten wir davon auf, dass im Nachbarhaus viel Lärm zu hören war, eilige Schritte, die auf dem Fußboden hallten, Türen, die auf- und zuflogen. Von unserem Fenster aus konnten wir sehen, wie die Dupaks hektisch Kisten und Koffer in einen sowjetischen Armeelaster luden und ihre Kinder dann in ein Auto verfrachteten.

Stalina und Volodya, eingerahmt vom offenen Wagenfenster, sahen traurig und verängstigt aus.

Wir beobachteten mit einem Gefühl der Erleichterung, wie sie all ihre Habe aus dem Haus holten. Dzadzio würde zumindest ein Kummer erspart bleiben, und er könnte wieder in sein Haus einziehen. Genosse Dupak küsste Frau und Kinder und sah zu, wie Laster und Wagen davonfuhren. Dann kam er zu unserer Tür und erzählte, dass er seine Familie nach Osten geschickt habe. Hitler hatte den Hitler-Stalin-Pakt gebrochen und war in das von Russen besetzte Polen einmarschiert. Kurz danach verließ Dupak das Haus.

Innerhalb weniger Sekunden änderte sich mein Verhältnis zu den Russen: Hatte ich mich bis dahin vor ihnen gefürchtet und sie dafür verachtet, unsere Familie auseinandergerissen zu haben, so wünschte ich mir nun, dass sie blieben. Ihr Weggang konnte für uns nur Unglück bedeuten. Dieses Mal würden wir es nicht nur mit der Wehrmacht zu tun haben, die für wenige Tage in der Stadt blieb. Wir wussten, was uns erwartete, kannten die entsetzlichen Einzelheiten. Rosa und die anderen Flüchtlinge, die nach Osten geflohen waren, waren Zeuge davon geworden. Dieses Mal mussten wir mit der SS rechnen, mit Deportationen und Ghettos. Die Grenze zu dem von den Nazis besetzten Teil Polens lag weniger als sechzig Kilometer entfernt. Und die Tatsache, dass die Russen überall in unserer Straße in großer Aufregung ihre Familien wegschickten, bestätigte uns, dass kein Schuss zu unserer Verteidigung fallen würde. Wir wurden im Stich gelassen.

Papa überlegte, ob wir nicht auch weggehen sollten, und versuchte herauszufinden, ob wir uns den Russen anschließen konnten. Doch schon bald kam er mit der Nachricht zurück, dass das nicht möglich war. Er hatte gesehen, wie Malka und Rosa, zwei jüdische Mädchen, die mit russischen Soldaten verheiratet waren, von ihren Männern auf die Las-

ter gehoben wurden, nur um von Russinnen wieder herun-
tergeschubst zu werden.

Papa war noch immer dabei, uns davon zu erzählen, als
Uchka in Panik an unserer Haustür erschien. Mein Onkel
Hersch hatte den Befehl erhalten, sich auf dem Platz in der
Stadt zu melden. Die russische Armee ging von Haus zu
Haus und zog gewaltsam jeden gesunden Mann zwischen
siebzehn und fünfundvierzig zum Kriegsdienst ein. Die
Männer mussten sofort an die Front. Uchka war überrascht,
dass man meinen Vater nicht auch geholt hatte. Den Grund
dafür kannten wir nicht. Vielleicht hatte ja Genosse Dupak
dafür gesorgt. Mama befahl uns, im Haus zu bleiben. Wir
durften nicht zum Platz gehen, um uns zu verabschieden.

Onkel Hersch war kaum größer als ein Gewehr und hatte die gleichen dunklen Augen und die gleiche gutmütige
Art wie sein Sohn Zygush. Ich konnte mir kaum vorstellen,
dass ein Mann wie er überhaupt kämpfte. Uchka erzählte
uns später, dass die Männer durch das Tor in der Nähe des
Paradieshügels marschiert seien, dem König Sobieski seinen
Namen gegeben hatte, weil er seiner Ansicht nach der
schönste Ort der Welt war. Ich konnte mir nicht vorstellen,
was Onkel Hersch empfunden haben mochte, als er, während er mit eben der Armee marschierte, die seinen Schwie-
gervater eingesperrt hatte, jetzt aber gegen die Nazis kämpfte, dazu gezwungen war, zu dem Ort hochzuschauen, an
dem wir fast jeden Samstag ein Picknick veranstaltet hatten
und wo sein Sohn durch den schattigen Wald getobt war:
Das war sehr viel auf einmal, was er da verdauen musste.

Die arme Uchka erzählte uns, wie traurig und aufgeregt
die Kinder gewesen seien. Zygush und Zosia, die erst vier
und zwei Jahre alt waren, hatten nicht genau gewusst, wem
sie da zuwinkten oder warum sie überhaupt winkten, als ihr
Vater, eins von Hunderten fassungslosen Gesichtern, der
Vernichtung entgegenmarschierte. Uchka hatte versucht,

ihre Angst vor den Kindern zu verbergen, obwohl sie wusste, dass sie ihrem Mann wahrscheinlich zum letzten Mal auf Wiedersehen sagte. Es wäre so schön gewesen, wenn wir auf Hersch Leib, der auszog, uns und sein Land zu verteidigen, hätten stolz sein können. Aber wir konnten nur an die Nazis denken und daran, was sie für uns bedeuteten.

Die Russen hatten jedes Auto, jeden Karren und jedes Pferd mitgenommen. Zólkiew befand sich im Chaos. Täglich verließen immer mehr Russen die Stadt und nahmen alles mit, was sie konnten: Nähmaschinen, Altmetall, Bauholz, Badewannen, Getreide, Schreibtische. Wir hatten das Gefühl, als würde der gesamte Inhalt unserer Stadt an unserem Fenster vorbeiziehen. Genosse Dupak tauchte noch einmal mit einem Deutschen Schäferhund samt Maulkorb auf, um seine Sachen zu holen. Die Nazis standen kurz vor Lemberg, und er würde fortgehen. Er erklärte, er sei gerne unser Nachbar gewesen, und hoffe, wir würden uns nach dem Krieg wiedersehen. Dann sagte er ernst *do swidánija* und schüttelte meinem Vater die Hand.

Nicht lange nachdem er gegangen war, wurde die Stadt von Panik erfasst. In den Straßen war lautes Weinen zu hören. Zuerst dachten wir, die Nazis seien eingetroffen. Doch dann erfuhren wir, dass das NKWD vor seinem Weggang das örtliche Gefängnis geleert hatte. Alle politischen Gefangenen waren erschossen worden, und anschließend hatte man Kampfhunde auf sie losgelassen. Die Hunde hatten den Gefangenen das Gesicht weggerissen. Ich konnte nicht glauben, dass Genosse Dupak, dieser unscheinbare Mann mit dem schütteren Haar und dem freundlichen Lächeln, so etwas zugelassen hatte! Sobald Mama die schreckliche Neuigkeit erfuhr, fürchtete sie das Schlimmste für ihren Vater. Sie hatte seit Tagen versucht, Wanda Vashilevski zu finden, schließlich jedoch erfahren, dass sie mit den anderen geflohen war.

Es gab nun keine Möglichkeit mehr, herauszufinden, ob Dzadzio entlassen worden war oder ob er noch lebte. Wir konnten den Gedanken, was vielleicht gerade mit ihm geschah, nicht ertragen. Und es gab keine Möglichkeit mehr, mit Josek und Giza, die das ganze Jahr in Lemberg geblieben waren, in Kontakt zu treten. Mama konnte nichts weiter tun als warten. Sie war zuversichtlich, dass ihr Bruder sein Bestes tun würde, um in Erfahrung zu bringen, was mit ihrem Vater geschehen war.

Zwei Wochen später kam Josek mit Giza, seiner frisch angetrauten Ehefrau Rela und mehreren von Relas Verwandten, einschließlich ihrem Bruder Dudio, nach Hause. Der Schmerz in ihren Gesichtern verriet uns, was mit Großvater passiert war, und auch, wie unser eigenes Schicksal aussehen würde.

Josek erzählte uns, dass auch in Lemberg das Chaos ausgebrochen sei. Die Armee und die Kommissare hatten Zivilisten von den Zügen geworfen und sie erschossen, wenn sie sich nicht schnell genug bewegten. Jedes Auto, jeden Laster und jeden Karren hatten die Russen für ihre Flucht nach Osten beschlagnahmt. Einen Tag später waren die Nazis eingetroffen. Als eine ihrer ersten Aktionen hatten sie Juden für die Arbeit in den Gefängnissen rekrutiert. Josek hatte sich in der Hoffnung, Dzadzio zu finden, hierfür gemeldet.

Er erzählte uns, dass der Geruch des Todes beim Betreten des Gefängnisses überwältigend gewesen sei. In den Gängen, den Zellen, auf dem Hof hatten Leichen gelegen. So wie in Zólkiew hatte das NKWD auch in Lemberg vor dem Verlassen der Stadt alle politischen Gefangenen ermordet und entstellt, damit die heranrückenden Nazis sie nicht würden identifizieren können. Es zog damit seinen eigenen Kopf aus der Schlinge, ließ jedoch die wirklichen Verbrecher, die Mörder, Vergewaltiger und Diebe, laufen.

Wir wussten, was Josek uns als Nächstes berichten würde. Nachdem das NKWD die Gefangenen erschossen hatte, ließ es die Hunde los. Den orthodoxen Juden hatte man direkt nach ihrer Gefangennahme die Bärte rasiert, so dass wir nicht einmal einen anderen Juden an Dzadzios Stelle begraben konnten. Josek und die anderen hatten die Leichen auf den Hof getragen, wo die Familien zwischen ihnen herumgeirrt waren, um ihre Liebsten zu finden. Es gab über dreitausend Leichen. Bei vielen von ihnen handelte es sich um Kinder, bei einigen um schwangere Frauen, denen man die Bäuche und die Brüste aufgeschlitzt hatte. Unter den Toten waren Nonnen und Priester. Josek und die anderen Juden gruben auf dem ukrainischen Friedhof Massengräber. Sie warfen die Leichen hinein und bedeckten sie mit Kalk, bevor sie die Gräber zuschütteten. Doch den Nazis ging das zu langsam vonstatten. Sie befahlen Josek und den anderen, die Leichen einfach im Keller liegen zu lassen, mit Kalk zu bedecken und die Türen und Fenster zuzumauern. Vielleicht befanden sich Dzadzios sterbliche Überreste in einem Massengrab, vielleicht im Keller des Brigitka-Gefängnisses. Wir sollten es nie erfahren.

Nur wenige Tage später ermordeten die ukrainischen Nationalisten in Lemberg, von den Nazis dazu aufgefordert, viertausend Juden. Die ukrainischen Nationalisten dachten, ganz Galizien gehöre ihnen, und empfanden die Polen und Juden als Eindringlinge in ihrem Heimatland. Stalin hatte Millionen Ukrainer verhungern lassen, und so feierten die Nationalisten den Rückzug der Russen und hießen die Nazis als ihre Retter und Verbündeten willkommen. Josek, Rela und die anderen konnten von Glück sagen, dass sie lebend aus der Stadt herausgekommen waren und es bis nach Zólkiew geschafft hatten.

Unser Schmerz lässt sich nicht mit Worten beschreiben. Er brachte das wachsende Gefühl mit sich, dass wir unser

Leben nicht mehr in der Hand hatten. Es fühlte sich an, als würde sich ein Sturm zusammenbrauen und der Himmel immer dunkler werden. Nichts in dieser Welt schien mehr Sinn zu machen. Später fanden wir heraus, dass alle Veteranen wie Dzadzio, die man nach Osten gebracht und in Konzentrationslager gesteckt hatte, entlassen und mit ihren Familien wiedervereint worden waren. Wenn Mama nicht Himmel und Hölle in Bewegung gesetzt und so viel Geld dafür ausgegeben hätte, ihren Vater zu retten, wäre er jetzt vielleicht bei seiner Frau und seiner Familie in Kasachstan.

2
Ein Versteck

*In unserer Stadt herrscht Angst und Panik. Die Juden
bauen Unterschlupfe aller Art: unterirdische, Doppel-
wände, überall, wo sie ein Fleckchen zum Verstecken
finden. Andere hoffen auf die Hilfe der Nichtjuden.
Wieder andere beweinen verzweifelt den Verlust ihrer
Lieben … Es gibt Gerüchte, dass sie mit Gas vergiftet
werden. Andere sagen, sie werden durch einen Strom-
schlag getötet, verbrannt oder erschossen. Eines ist
sicher: Von dort gibt es keine Rückkehr.*

Ich begann, die Toten zu zählen.
Wilek. Dzadzio. Die Söhne von Herrn Malinovski, die
direkt gegenüber den Melmans und nur wenige Häuser von
uns entfernt wohnten, hatte dasselbe Schicksal ereilt wie
Dzadzio. Ich wusste, dass dies erst der Anfang war. Die
Nazis würden jeden Augenblick in Zólkiew eintreffen.

Außer Papa, der weiterhin zur Fabrik ging, verließ keiner
von uns mehr das Haus. Die Bauern versuchten, vor der
Ankunft der Nazis so viel Getreide wie möglich einzuholen.
Papa wusste, dass uns jeder Zloty das Leben retten konnte
und ließ die Ölmühle rund um die Uhr laufen. Niemand
musste es uns verbieten, auf die Straße zu gehen. Selbst Mania blieb an diesen herrlichen Sommertagen im Haus und
starrte aus dem Fenster. Ich konnte mich nicht auf meine

Bücher konzentrieren. Niemand war in der Stimmung, sich zu unterhalten. Mama kochte. Wir machten unsere Betten. Das war alles, was wir zustande brachten. Wir wussten, dass uns eine unausweichliche Katastrophe bevorstand, und konnten doch nichts anderes tun als zu warten. Die Zeit verging entsetzlich langsam. Es war wie in einem Traum, in dem man versucht, einer unbekannten Gefahr zu entrinnen, die Erde jedoch die Beine verschlingt, sobald man losrennen will, und in dem die Schreie stumm bleiben. Wir waren alle unruhig. Nachts spürte ich, dass Mania neben mir wach war, und hörte, wie meine Eltern sich in ihrem Bett im anderen Zimmer hin und her wälzten.

Am 5. Juli 1941 wurden wir frühmorgens vom Geräusch der Motorräder, die durch unsere Straße donnerten, aus unserem dürftigen Schlaf gerissen. Ihnen folgten bald Lastwagen und schließlich Soldaten, die an unserem Fenster vorbeimarschierten, als seien wir Generäle bei der Abnahme einer Parade. Es war wieder die Wehrmacht. Papa ging nach draußen und berichtete uns anschließend, dass die Soldaten wie 1939 durch die Stadt zogen und wie Touristen Fotos vom Schloss und den Kirchen machten. Sie verteilten Süßigkeiten an die Kinder und Zigaretten an die Männer und versicherten den verängstigten Bewohnern von Zólkiew, dass es keinen Grund zur Besorgnis gäbe. Aber wir wagten uns noch immer nicht vor die Tür. Zwei Tage später kam Papa von der Fabrik herübergerannt, um uns zu sagen, dass die Gestapo und die SS im Anmarsch waren. Er hatte gehört, dass unser Großrabbiner, der wegen seiner Frömmigkeit und seines Wissens überall in Osteuropa verehrt wurde, beabsichtigte, mit den Mitgliedern des Rats der Juden von Zólkiew beim Eingang zur Stadt, der nur einen Kilometer von unserem Haus entfernt lag, auf sie zu warten. Der Rat war bereit, um unser Leben zu bitten und zu verhandeln. Wir warteten auf den Ausgang dieser Begegnung, hatten jedoch nicht viel Hoffnung. Es dauerte nicht lange, bis wir die Schüsse hörten. Das Geräusch des Maschinengewehrfeuers war nicht lauter als Sektkorken. Selbst das nachfolgende Wehklagen und Schreien war nur schwach zu hören. Aber es war laut genug, um uns klarzumachen, dass unser Alptraum Wirklichkeit geworden war.

Wir erfuhren, dass der Großrabbiner kaum ein Wort hatte sagen können, bevor der SS-Offizier ihn erschoss. Die ihn begleitenden Mitglieder des Rats der Juden, unter denen sich auch Giza Landaus Vater befand, wurden festgenommen. Der SS-Offizier fuhr dann zur Synagoge und befahl seinen Männern, jeden Fitzel Gold und Silber sowie alles andere von Wert daraus zu entfernen. Voller Entsetzen beobachteten die auf der Straße versammelten Juden, wie die Kronen von den Griffen der Thora, die mit Goldfaden bestickte Thorahülle, die Kandelaber und die Intarsien, mit denen die Säulen verziert waren, auf Lastwagen geladen wurden. Angesichts dieser Entweihung zerrissen die vielen Chassidim und Orthodoxen voller Trauer ihre Kleidung. Sie wussten, dass sie sich hätten verstecken sollen, konnten aber nicht anders. Als es nichts mehr zu stehlen gab, lief die SS durch das Heiligtum und schüttete Benzin auf die Bänke, Geländer und Gebetbücher, Thorarollen, Tallit, ja auf alles, was nur irgendwie brannte. Auch die Innen- und Außenwände tränkten sie mit Benzin. Als das Feuer mit Dutzenden von Fackeln entzündet wurde und die SS mit Maschinengewehren in die riesigen Fenster schoss, um das Feuer mit mehr Sauerstoff zu füttern, barsten die Türen und Fenster der Sobieski-Synagoge. Es war ein trauriger Anblick, als die Flammen die Wände hoch und aus den Fenstern loderten. Nachdem Holz und Papier verbrannt waren, erstarben die Flammen an den Wänden. Sie waren jetzt schwarz, das Gebäude aber war stehengeblieben. Der SS-Offizier wurde wütend und befahl seinen Männern, die wehklagenden

Juden in die Glut zu werfen, um dem Feuer Nahrung zu geben – als ob die Hitze brennenden jüdischen Fleisches ausreichen würde, Ziegelsteine in Asche zu verwandeln. Ein vor Entsetzen völlig fassungsloser Wehrmachtsoffizier, der in seinem Mercedes vorbeifuhr, befahl seinen Männern, die Juden aus den Flammen zu ziehen. Er hatte einen höheren Rang als der SS-Offizier, so dass ein paar Juden für unbestimmte Zeit gerettet wurden. Sobald die Männer der Wehrmacht wieder weg waren, versuchten die SS-Leute zum zweiten Mal, die Synagoge niederzubrennen, doch die Mauern hielten noch immer.

In einer anderen Zeit hätte man die Tatsache, dass die Synagoge erhalten geblieben war, als Wunder bezeichnet. Ich empfand die Sache jedoch völlig anders. Seit Ausbruch des Krieges im Jahr 1939 hatte ich insgeheim auf ein Wunder gehofft. Ich wagte es nicht, irgendjemandem davon zu erzählen. Weder meinen Eltern noch Mania, auch nicht einer meiner Freundinnen. Ich war so tief religiös, dass ich mit etwas wahrhaft Biblischem gerechnet hatte. Die Ermordung des Großrabbiners und das Niederbrennen der Synagoge hatte jede Hoffnung zerstört, dass Gott uns retten würde. Ich hatte das Gefühl, dass das Wesen, das ich verehrte, uns verlassen hatte. Von nun an waren es nur noch wir vier – Mama, Papa, Mania und ich – gegen das Dritte Reich.

Noch bevor jemand zu uns nach Hause kam und um eine Spende bat, hatte sich die Nachricht verbreitet, dass die SS ein Lösegeld für das Leben der Mitglieder des Rats der Juden verlangte. Als Mama mir erzählte, wie viel Kilo Gold und Silber gefordert wurden, konnte ich nicht glauben, dass es auf der ganzen Welt so viel Geld gab. Mama spendete unseren Chanukkaleuchter aus Silber, ihren Ehering, Silbertabletts und Kerzenhalter. Das Lösegeld wurde in Schubkarren zum SS-Hauptquartier gebracht. Die SS hatte das Rathaus besetzt, das sich im Schloss befand. Ihre Büros lagen zum Marienbrunnen und den beiden großen Kirchen hin. Doch die Frömmigkeit, von der diese Bauten zeugten, ließ die SS unbeeindruckt. Die Männer wurden freigelassen und informiert, dass sie den Judenrat leiten sollten, der für alle jüdischen Angelegenheiten verantwortlich war. Tatsächlich aber bestand ihre wichtigste Aufgabe darin, sicherzustellen, dass alle Befehle der SS aufs genaueste ausgeführt wurden.

Die Nazis hängten überall in der Stadt Plakate mit den Rassengesetzen auf, gedruckt in der gotischen Schrift, die zu einer Waffe des Hasses geworden war. Aber wir hatten diese Gesetze schon lange vor ihrer Ankunft auswendig gekannt. Wir durften nicht zur Schule oder in den Park. Es gab eine Sperrstunde. Wir durften nicht auf dem Bürgersteig gehen, sondern nur auf der Straße. Das Unternehmen meines Vaters wurde wie das aller anderen jüdischen Geschäftsleute von den Nazis konfisziert. Wir mussten oberhalb des rechten Ellbogens die weiße Armbinde mit dem blauen Judenstern tragen. Jedes Vergehen wurde mit dem Tod bestraft. Am Tag, an dem das Armbindengesetz erlassen wurde, konnten wir erst das Haus verlassen, nachdem meine Mutter die Armbinden bestickt hatte. Für jede Armbinde brauchte sie über zwei Stunden. Es machte mich wütend, meine stolze Mutter dazu gezwungen zu sehen, die Embleme unserer Erniedrigung eigenhändig anzufertigen, und auch die von Giza, Josek und der armen Uchka, die keinen Stich nähen konnte. Wie würde Uchka diese Embleme Zygush und Zosia erklären?

Meine liebe Freundin Helena Freymann wurde getötet, als sie aus der Haustür trat und die Straße entlangging. Ein Pole, jemand, den sie immer anlächelte, wenn sie ihn sah, und der ihre Familie seit Jahren kannte, machte einen Soldaten, der nicht einmal der SS angehörte, auf sie aufmerksam. Der Soldat zog einfach seine Pistole und erschoss sie, so als würde er sich eine Zigarette anzünden. Helena hatte ihre Armbinde vergessen. Das passierte nur eine Straße weiter am Tag nach dem Erlass dieses Gesetzes. Auf diese Weise lernten wir, dass die Polen oder Ukrainer, die uns vielleicht verrieten, keine Fremden waren. Dass sie uns kannten. Ihre Kinder waren unsere Klassenkameraden, ihre Väter kannten unsere Väter, und ihre Großväter hatten unsere Großväter gekannt. Vermutlich machte es letztlich keinen Unterschied, ob man von einem Freund oder einem Feind verraten wurde. Es bedeutete nur, dass einem, kurz bevor man von der Kugel getroffen wurde, das Herz vielleicht ein bisschen mehr brach.

Es war kaum möglich, sich über alle Befehle und Gesetze, die im Nazi-Hauptquartier erlassen wurden, auf dem Laufenden zu halten. Alle Männer mussten sich auf dem Platz in der Stadt zu einer ärztlichen Untersuchung melden. Gesunde Männer wurden der Kategorie A zugeordnet, diejenigen, die leichte Arbeiten verrichten konnten, der Kategorie B und die Kranken, Alten, Schwachen und Verkrüppelten der Kategorie C. Mama erzählte meinem Vater, dass viele unserer Freunde die ukrainischen Ärzte dafür bezahlten, sie in die Kategorie C einzustufen. Sie schlug vor, mein Vater solle ihrem Beispiel folgen. Doch der erwiderte: »Glaub mir, ich will nicht, dass die Nazis mich für einen Krüppel halten.« Damals wusste er noch nicht, dass dies uns allen das Leben retten würde.

Wir waren zu Einsiedlern geworden, und uns deprimierten nicht nur die Nachrichten der Zeitungen und Nachrichtensender der Nazis, sondern auch die Ereignisse in unserer geliebten kleinen Stadt. Im Sommer 1941 hatten die Nazis Kiew, Charkiw, Minsk und die gesamte Krim eingenommen, wobei die Russen nur wenig Widerstand geleistet hatten. Von unserem Wohnzimmerfenster aus, versteckt hinter den Vorhängen, beobachtete ich, wie jüdische Jungen in meinem Alter oder noch jünger sich mit Wagen und Schubkarren abmühten, die bis obenhin mit zerkleinerten Steinen beladen waren. Als Papa nach Hause kam, erzählte er uns, dass es sich um die in winzige Stücke gehauenen Grabsteine des jüdischen Friedhofes handelte, mit denen die Straßen für die deutschen Panzer gepflastert werden sollten. Einige der Grabsteine waren über dreihundert Jahre alt. Die Nazis nahmen sogar den allerersten Grabstein, den Sobieski den Juden geschenkt hatte. Es war die heiligste Pflicht der Juden, geheiligten Boden zu finden, in dem die Toten begraben werden konnten, wichtiger noch, als Schulen, eine *Mikwah* oder auch eine Synagoge zu bauen. Dutzende unserer Familienangehörigen lagen dort begraben. Mama konnte gar nicht mehr aufhören zu weinen.

Uns war klar, dass wir keine weiteren Briefe von Rosa und Babcia erhalten würden, aber wir hatten zumindest erfahren, was mit ihnen geschehen war. Uchka wusste, dass sie keinen Brief von ihrem Mann bekommen würde. Die Kinder fragten ständig nach ihrem Vater. »Wann kommt er nach Hause? Warum hat er uns keinen Brief geschickt?« Zygush war alt genug, um Uchka damit in den Ohren zu liegen. Noch schlimmer war es, als er dann damit aufhörte.

An dem Tag, an dem alle Männer, deren Nachname mit S begann, zur ärztlichen Untersuchung sollten, wollte Papa gerade das Haus verlassen, als ein Soldat auftauchte und ihm befahl, ins Rathaus zu kommen. Wir hatten entsetzliche Angst. Ich glaube, ich habe erst wieder Luft geholt, als Papa nach Hause kam. Man hatte ihm gesagt, dass er weiterhin die Mühle leiten solle – natürlich ohne Gehalt. Es war kein Angebot, sondern ein Befehl. Sobald er es uns erzählt hatte, rannte Papa über die Straße zur Fabrik, wo die Arbeiter ihm die Hand schüttelten und ihm sagten, sie seien ohne ihn verloren und könnten die verdammten Maschinen nicht bedienen. Aus Angst, die SS würde sie für unfähig halten und erschießen, hatten sie eine Petition unterzeichnet. Papa sagte, das Wichtigste sei, dass die Wehrmacht Öl brauche, die Polizei Öl brauche, die SS Öl brauche. Er hoffte, dass seine Arbeit uns genug Zeit verschaffte, um eine Fluchtmöglichkeit zu finden.

So wie Papa waren auch Herr Melman und Herr Patrontasch wegen ihrer Arbeit in der Fabrik verschont geblieben. Die Männer taten sich zusammen und begannen, Geschäfte mit Schmuggelöl zu betreiben. Papa und Herr Melman ließen die Mühle mehrere Nächte in der Woche laufen, während Herr Patrontasch sich um die Schwarzmarktgeschäfte kümmerte. Die Nachricht machte unter den Bauern schnell die Runde. Diejenigen, die ihr Getreide seit Generationen in die Mühle gebracht hatten, kamen nun nachts. Sie bezahlten mit einem Sack Kartoffeln, Eiern, Käse, Zwiebeln, ja allem, was man auf dem Schwarzmarkt verkaufen konnte. Die Russen hatten einen Teil der Fabrik in ein Gebäude verlegt, das nur sechs Häuser von unserem entfernt auf unserer Straßenseite lag. Papa ging zur Hintertür hinaus und bahnte sich seinen Weg durch die Hinterhöfe zur Arbeit.

Uchka hatte ihre Armbinde so selten getragen, dass sie keinen einzigen Schmutzfleck aufwies, als meine Tante weinend an unserer Tür erschien. Sie weinte so sehr, dass wir sofort wussten, dass etwas mit Hersch passiert sein musste. Ein Bauer aus einem kleinen Dorf, der sein Getreide zur Mühle meines Vaters brachte, hatte gehört, dass Hersch Leib nur wenige Tage nach seinem Abmarsch aus Zólkiew getötet worden war. Seine Einheit war unterwegs nach Tarnopol, als sie von deutschen Kampfflugzeugen bombardiert wurde. Wäre dieser Bauer nicht gewesen, hätten wir nie etwas von Herschs Schicksal erfahren. Auf ihrem Verlobungsfoto haben Uchka und Hersch den gleichen träumerischen Ausdruck, das gleiche angedeutete Lächeln auf den Lippen, die gleichen dunklen Augen. Sie hatten erst vor wenigen Jahren geheiratet. In Zygushs Zügen, der darum kämpfte, diese neue Welt zu verstehen, in der er keinen Vater mehr hatte, entdeckte ich Hersch wieder.

Ich begann zu verstehen, dass wir, wenn jemand stirbt, nicht nur den Verlust des geliebten Menschen betrauern, sondern auch den Teil von uns, der mit ihm verloren geht. Die Chassidim sagen, dass wir das Kaddisch, das Gebet zum Gedenken an die Toten, die vorgeschriebenen elf Monate lang sprechen, weil die Seelen der Verstorbenen, voller Sehnsucht nach denen, die sie zurückgelassen haben, noch im Diesseits verweilen – mit Worten, die sie nicht gesagt, und Taten, die sie nicht vollbracht haben, und weil der Funke ihrer Sünden noch immer glüht. Nur wenn wir das Kaddisch in diesem bestimmten Zeitraum täglich sprechen, werden diese Seelen verstehen, dass unsere Liebe und unser Gebet ausreichen, sie zu erlösen, damit sie zum Himmel aufsteigen können.

Wir befanden uns alle in einem Schockzustand. Hersch Leib war das dritte Mitglied der Familie, das gestorben war, und wir wussten, dass ihm noch weitere folgen würden. Uchka war untröstlich, aber tapfer. Da sie nun ohne ihren Ehemann zwei kleine Kinder versorgen musste, war sie gezwungen, sich ihren Lebensunterhalt zu verdienen. Uchka lieh sich Geld von meinem Vater, um einen Gebrauchtwarenladen zu eröffnen. Sie wollte Kleidungsstücke von Juden an Nichtjuden verkaufen.

Im Lauf des Sommers lösten wir uns allmählich aus unserer Starre. Uchka hatte einen so guten Ruf, dass nun auch Frauen aus anderen Städten kamen und bei ihr kauften. Mania und ich verbrachten mehr Zeit miteinander als je zuvor, verließen das Haus aber selten durch die Eingangstür. Wie Papa schlichen wir uns von einem Hinterhof zum nächsten und schlüpften durch Zäune, aus denen wir die Nägel gezogen hatten, um die Latten verschieben zu können. Wir liefen entweder zum Haus meiner Freundin Genya oder zum Waisenhaus, das drei Hinterhöfe weiter lag, um dort mit den Kindern zu spielen. Außerdem las ich alles, was ich in die Finger bekam.

So verzweifelt wir auch sein mochten, ich wusste, dass wir privilegiert waren: Wir waren zusammen, wir hatten genug zu essen, wir wohnten in einer reichen Stadt. Die Ältesten des Judenrats hatten mit dem Kommandanten der SS in Lemberg eine Vereinbarung getroffen. Monat für Monat kam der Kommandant fast jeden Samstag nach Zólkiew, um sich seinen Tribut abzuholen. Schmuck. Gold. Münzen. Familiensilber. Uhren. Stoff. Pelze. Holz. Kleider. Briefmarken. Kunst. Seltene Bücher. Irgendwie kratzten wir genug zusammen, um uns einen weiteren Monat zu erkaufen. Andere hatten nicht so viel Glück. Um uns herum wurde in einer Stadt nach der anderen die Bevölkerung dezimiert; ihre Bewohner wurden entweder abgeschlachtet oder in Ghettos in Lublin und Lemberg gebracht. Wir wussten, dass unsere Sicherheit an einem seidenen Faden hing. Wir befanden uns im Auge des Sturms.

Im Herbst beschloss Mama, dass wir etwas lernen sollten, und organisierte Unterricht für uns. Wir waren zu sechst: Mania, meine Freundinnen Giza, Genya, Klara und Lipka und ich. Zu unser aller Sicherheit trafen wir uns täglich in einem anderen Haus. Wir lernten Hebräisch mit Gershon Taffet und Mathematik bei einem berühmten Universitätsprofessor aus Warschau, der nach Zólkiew geflohen war. Wir hatten sogar Latein. Ich glaube nicht, dass eine von uns je in ihrem Leben fleißiger gelernt hat als in diesen Monaten.

Als der Angriff auf Pearl Harbor im Dezember 1941 zum Kriegseintritt der USA führte, flackerte Optimismus auf, der jedoch innerhalb weniger Wochen wieder erstarb, weil sich hierdurch für uns in Zólkiew nichts geändert hatte. Im Februar 1942 war nichts mehr übrig, womit wir die SS bestechen konnten. Der Kommandant hatte uns völlig ausgenommen. Am 25. März wurden alle Männer der Kategorie C mit ihren Familien wie Schweine durch die von Villen gesäumte Straße getrieben, die zum Bahnhof führte. Die Viehwagen warteten auf sie. Die Nazis schickten sie in Lager. Mama war Zeuge all dessen. Sie erzählte uns, die Straßen seien rot von Blut gewesen. Diejenigen, die nicht schnell genug vorwärts kamen, wurden an Ort und Stelle erschossen. Auf dem Balkon der größten Villa in dieser Straße stand die Frau des Gestapochefs, riss sich die Haare aus und schrie: »Wer wird hierfür büßen? Wer wird für all das büßen?« Ihr war klar, dass es einen Tag der Vergeltung geben würde. Mindestens ein Dutzend Mädchen, die ich aus der Schule kannte, waren bei diesem Transport dabei. Ich wusste nicht, wie ich um sie trauern sollte.

Früher oder später würde uns alle das gleiche Schicksal ereilen wie das der Männer der Kategorie C und ihrer Familien. Aber wir wussten nicht genau, was das bedeutete. Niemand wusste, wohin der Zug fuhr. Irgendjemand – ich weiß nicht wer – engagierte ein paar Bauern, die dem Zug folgten. Wenige Tage später berichteten sie uns, der Zug habe in der Nähe von Belzek gehalten, wo die Nazis in den tiefen Wäldern ein Lager errichtet hätten. Die Bauern konnten nicht in die Nähe des Lagers gelangen, weil dort zu viele Soldaten waren. Doch auch noch kilometerweit von diesem Lager entfernt, rochen sie den Gestank verbrennender Körper.

Wir machten uns keine Illusionen mehr. Alle Familien, die wir kannten, suchten nach einer Möglichkeit, aus Zólkiew herauszukommen, entweder durch die Beschaffung gefälschter Papiere oder die Flucht nach Rumänien oder Ungarn, Länder, in die die Nazis noch nicht eingefallen waren. Wir lebten unseren Alltag, wussten aber, dass uns die Zeit davonlief. Die Ölmühle würde uns nicht ewig retten. Mania ließ Mama und Papa nicht in Ruhe. Sie machte meine Eltern wahnsinnig.

»Papa, Papa, bitte … hör mir zu. Wir brauchen ein Versteck. Wir müssen einen Weg finden, hier rauszukommen. Papa, bitte, sag mir, dass wir hier rauskommen …«

Mein armer Vater versuchte, an Papiere heranzukommen, ein Versteck oder einen Fluchtweg zu finden, doch ohne Erfolg. Ich sah den Schmerz in seinem Gesicht, als Mania ihn unablässig bestürmte. »Genug! Bitte, Mania.«

»Hast du etwas gefunden? Hast du etwas gefunden? Sag es mir, sag mir einfach, dass wir hier rauskommen.«

»Ich tue mein Bestes.«

»Was heißt das? Was heißt das, Papa? Heißt das, dass wir hier rauskommen oder dass wir so lange suchen, bis es zu spät ist?«

Wenn er von der Arbeit nach Hause kam, stand sie mit einem erwartungsvollen Blick da. Jedes Mal, wenn jemandem die Flucht gelungen war, erzählte sie es Mama und Papa. Das war keine Information, es war ein Vorwurf.

Ein Versteck, die Flucht, Papiere, all das kostete ein Vermögen. Ich hatte keine Ahnung, wie viel Geld wir besaßen, wusste aber, dass das Schwarzmarktgeschäft die drei Familien reich gemacht hatte. Die Melmans und die Patrontaschs sparten ihr Geld. Doch Mama gab unseres so schnell aus, dass Papa kaum mit dem Verdienen hinterherkam. Sie kaufte Lebensmittel und eröffnete eine Suppenküche, damit die Flüchtlinge und die ärmeren Juden, denen bereits das Geld ausgegangen war, eine Mahlzeit bekamen. Die Menschen in unserer Stadt verhungerten. Der Judenrat hatte eine Suppenküche, aber das reichte Mama nicht. Sie richtete ihre eigene ein. Den riesigen Topf, der fast so groß war wie der Herd, benutzten wir normalerweise zum Kochen der Bettwäsche. Jetzt aber bereitete Mama darin jeden Tag aus dem Buchweizen aus der Mühle meines Vaters und allem anderen, was sie kaufen konnte, eine Suppe zu und stellte sie auf die Veranda. Mania und ich halfen ihr dabei. Die Hungrigen kamen und standen schon Stunden, bevor die Suppe fertig war, Schlange.

Frau Mandlova, eine von Mamas engsten Freundinnen, sah die Menschenmenge vor der Tür und schrie: »Salka, die Gestapo!«

Mama erwiderte einfach: »Wenn Gott mich erschlagen will, weil ich den Hungrigen zu essen gebe, dann soll er das tun.«

Mein Vater bettelte, stritt mit ihr, argumentierte, doch sie war starrköpfig wie Dzadzio, auch wenn sie das immer leugnete.

Mania und ich verbrachten nun unsere gesamte Zeit damit, anderen Juden zu helfen. Seit dem Kategorie-C-Transport war die Schule zu einem Luxus geworden. Es herrschte Krieg, und wir konnten nicht in der trügerischen Sicherheit unseres Hauses sitzen, während andere Juden litten. Im Winter und Frühling häuften sich die Transporte. Schon bald fuhr auf der Strecke Lemberg–Lublin täglich ein Zug durch Zólkiew. Anschließend kamen jedes Mal *skoczki* – Springer – in die Stadt. Größere Jungen suchten entlang der Gleise in der Nähe des Bahnhofs nach Verletzten, die vom Zug gesprungen waren. Diejenigen, die dem Tode nahe waren – manchmal stachen gebrochene Knochen unter ihrer Haut hervor –, wurden zu Pepka Fisch gebracht. Oft überlebten die Menschen den Sprung jedoch nicht; ganze Familien wurden, über Hunderte von Metern verstreut, an den Gleisen gefunden. Manchmal lagen dort tote Mütter mit Kindern in den Armen, die noch lebten.

Mania und ich begannen, Pepka zur Hand zu gehen. Ich hatte bei meinem Krankenhausaufenthalt vor einem Jahr eine Menge gelernt. Sobald ich aufstehen konnte, war ich den Schwestern durchs Krankenhaus gefolgt, hatte ihnen zugeschaut und gelernt und versucht, mich nützlich zu machen. Als ich bei Pepka anfing, war ich nicht so zimperlich wie einige der anderen Mädchen. Schon bald verrichtete ich die Arbeiten einer Krankenschwester. Die Geschichten, die die Springer erzählten, waren einfach zu entsetzlich, um sie glauben oder verstehen zu können. Doch die Wahrheit saß vor mir, blutüberströmt, verängstigt, gebrochen. In Auschwitz, einer kleinen Stadt weniger als hundertfünfzig Kilometer nordwestlich von Zólkiew, gab es ein Vernichtungslager. In einem Radiobericht hieß es, eine Million Juden seien dort bereits umgebracht worden. Spezielle SS-Todeskommandos ermordeten Tausende von Juden auf einen Schlag. Ich lauschte den Geschichten der Kranken, die wie vergiftete Prophezeiungen von ihren Lippen kamen.

Pepka war unermüdlich und erwarb sich schnell einen guten Ruf. Einigen Springern hatte man gesagt, sie sollten ihr Glück in der Nähe von Zólkiew versuchen, weil es dort eine bucklige Krankenschwester gäbe, die so gut wie jeder Arzt Knochen richten könne. Wir lernten, zu schienen, zu verbinden und Wunden zu säubern. Eines Tages kam meine Freundin Genya Astman zu uns gerannt und stieß hervor, ich solle sofort zu Pepka kommen; eine Springerin namens Hela Ornstein und ihre Mutter seien dort. Ich konnte kaum glauben, dass sie noch lebten. Frau Ornsteins Gesicht war halb weggerissen. Genyas Familie nahm die beiden auf.

Im Juni 1942 bekamen Rela und Josek einen kleinen Jungen. Zuerst hatte uns der gutaussehende Josek, der Don Juan der Familie, damit überrascht, dass er ein Mädchen heiratete, das ein großes Herz hatte, aber nicht gerade eine Schönheit war, dann erneut letzten Winter, als er verkündete, Rela sei schwanger. Wir waren sprachlos, dass irgendjemand noch daran dachte, ein Kind in die Welt zu setzen. Doch niemand sagte ein Wort. Der Sohn der beiden erhielt den Namen Moshele. Er war ein gesundes, blondes Baby mit blauen Augen. Wir konnten der Versuchung nicht widerstehen, ein kleines Familienfest zu veranstalten und acht Tage später die vorgeschriebene *Bris*, die Beschneidung des Kleinen, durchzuführen. Meine Mutter hatte einen Honigkuchen gebacken, die traditionelle Süßigkeit zur Feier einer Geburt. Ein süßes Leben, dafür sollte der Honigkuchen sorgen. Die Feier war feudal. Wenn wir es geahnt hätten, wenn wir nur geahnt hätten, was kommen würde, hätten wir nie Mosheles *Bris* gefeiert und ihn damit als Juden gekennzeichnet. Er hätte leicht als Arier durchgehen können und wäre damit verschont geblieben.

Wir liebten das Baby und konnten nicht genug von ihm kriegen, vor allem Mania und ich. Er schaute so glücklich drein, so zufrieden, wenn er von jemandem gehalten wurde, der ihn liebte. Und er wusste nichts von der Hölle, in die er hineingeboren worden war.

Die Lage war ernst. Papa hatte keine Fluchtmöglichkeit für uns gefunden und suchte nun nach jemandem, der uns verstecken würde. Ich nahm, wann immer möglich, Zuflucht bei meinen Freundinnen. Giza Landau lebte mehrere Straßen von uns entfernt, und es war für sie zu gefährlich, uns zu besuchen. Doch in der Nähe wohnten Genya, Libka, Muschka und Klara Letzer, die alle noch lebten. Eines Tages, als wir bei Genya zusammensaßen, wurde uns klar, dass wir die Letzten unserer Gruppe waren. Wir hatten schon sehr viele Freundinnen verloren, und wir sprachen darüber, wer von uns als Nächste sterben würde. Wir bedauerten, dass wir nichts hatten, was uns an unsere Freundinnen erinnerte, nicht ein einziges Foto. Deswegen beschlossen wir, bei Herrn Domanski Fotos von uns machen zu lassen, um eine Erinnerung aneinander zu haben. Wir wollten ein Zeichen unserer Freundschaft besitzen, das den Krieg überdauern würde, selbst wenn wir ihn nicht überlebten. Doch als ich das Haus verließ, um zum Fotostudio zu gehen, nannte ein Junge auf der Straße mich dreckige Jüdin. Ich hatte Angst und lief wieder rein. Als wir dann endlich doch zu Herrn Domanski gingen, hängte sich Mania an unsere Fersen. Sie wollte nichts verpassen, auch nicht, ihr vielleicht letztes Foto machen zu lassen. Wir hatten uns nicht feinzumachen, flochten einander jedoch die Haare. Wir ließen ein Gruppenfoto und Porträts von uns machen. Herr Domanski hatte die Abzüge am nächsten Tag fertig. Ich war schockiert, als ich das Foto sah. Ich hatte versucht zu lächeln, was mir jedoch nicht gelungen war. Es war das einzige Foto von mir, auf dem ich nicht lächelte. Wir saßen in Genyas Wohnzimmer und tauschten die Fotos aus. Auf die Rückseite schrieben wir unsere Namen und das Datum. Wir überlegten, ob wir nicht auch eine Botschaft hinzufügen sollten, doch was gab es schon zu sagen?

Papa hatte niemanden finden können, der uns verstecken wollte. Nicht anders war es den Melmans und den Patrontaschs ergangen. Deswegen sahen die drei Männer keine andere Möglichkeit mehr, als ein provisorisches Versteck in dem niedrigen Keller unter dem Haus der Melmans zu bauen. Das Haus der Melmans war das größte von den dreien und würde hoffentlich Platz für uns alle bieten. Herr Patrontasch, ein hervorragender Zimmermann, sägte aus dem Parkettboden des Schlafzimmers eine Bodenluke. Wenn diese sich an Ort und Stelle befand, war es wie bei der Öffnung einer chinesischen Schachtel unmöglich, die Naht zu finden. Für die Erwachsenen war der Keller zu klein, um dort hineinzugehen, so dass Mania und ich uns zusammen mit Igo Melman und Klarunia Patrontasch, die beide acht Jahre alt waren, millimeterweise in dem engen Raum vorwärtsschoben. Unsere Aufgabe bestand darin, einen Durchgang zum anderen Ende des Hauses auszuhöhlen, wo wir dann eine Grube graben könnten, die groß genug für uns alle war.

Es war Hochsommer und sehr heiß im Keller. Es gab keine Belüftung, so dass wir nur unsere Unterwäsche trugen. Mania und die anderen Kinder rannten an heißen Sommertagen normalerweise immer nur in ihrer Unterwäsche herum, doch ich war schamhaft und zog mein Kleid nie aus. Nicht ein einziges Mal. Jetzt hatte ich jedoch keine andere Wahl, es war einfach zu heiß.

Wir gruben zwei Wochen lang mit den Händen, dann mit Töpfen, Pfannen und Schaufeln. Meine Hände sahen aus wie die einer Bäuerin – aufgescheuerte Blasen, abgebrochene Fingernägel, Dreck unter den Nägeln und eintätowiert in die Linien der Handflächen. Wir mussten genau nach den Angaben von Herrn Patrontasch graben und die Erde, da wir sie nicht nach draußen bringen konnten, gleichmäßig im übrigen Keller verteilen. Wir arbeiteten beim Licht von Petroleumlampen, die mit uns um jedes Molekül Sauerstoff kämpften. Manchmal hatte ich das Gefühl, ohnmächtig zu werden. Manchmal wollte ich aufhören und weinen. Manchmal schienen die Wände auf mich zu stürzen, wenn ich grub. Ich wünschte, alles wäre nur ein Traum, und wenn ich aufwachte, würde die herrliche Brise eines Sommermorgens meine Bettlaken und mein Kissen kühlen. Doch dies war kein Spiel, und ich war kein Kind mehr.

Wir waren stolz auf unsere Arbeit und betrachteten sie doch mit Entsetzen. Das Kellerloch hatte eine Fläche von drei Quadratmetern und eine Höhe von eineinhalb Metern, gerade groß genug, dass wir zehn dort nebeneinanderliegen konnten. Für den Fall, dass jemand die Bodenluke im Schlafzimmer entdecken und in den Keller kommen würde, um nach Hinweisen dafür zu suchen, dass sich dort Menschen versteckten, entwarf Herr Patrontasch eine Abdeckung, um das unterirdische Versteck perfekt zu verbergen. Zuerst konstruierte er ein drei mal drei Meter großes Quadrat aus Holz und befestigte dann an jeder der vier Seiten Bretter von einem Drittel Meter Höhe, was die Abdeckung aussehen ließ wie einen leeren Sandkasten. Wir füllten den Kasten dann mit Erde und tarnten damit das Kellerversteck. Er passte genau, und sobald er an Ort und Stelle war, konnten wir die Abdeckung vom Erdboden nicht mehr unterscheiden. Wir hatten ein Grab gebaut, in dem wir Streichhölzer, Kerzen und Wasser lagerten.

Unsere Zeit lief ab. An manchen Abenden kam Papa, den Tränen nahe, aus der Fabrik nach Hause. Die Tatsache, dass Mama weiterhin Geld für die Suppenküche ausgab, versetzte ihn in Panik. Mania und ich lagen dann im Bett und wurden Zeuge der immer gleichen Auseinandersetzung, die eher Ausdruck von Verzweiflung als von Zorn war. Es fielen keine boshaften Worte, und es ging nicht darum, den anderen zu verletzen. Noch nie hatte Papas Stimme so verzweifelt geklungen. Er machte sich Sorgen um unsere Zukunft, darüber, ob er die Mittel haben würde, unser aller Leben zu retten. »Salka, Salka, du bringst mich um. So schnell, wie du das Geld ausgibst, kann ich es gar nicht verdienen!«

»Sollen wir essen, wenn andere Hunger leiden?«

»Der Judenrat hat eine Suppenküche.«

»Wir wissen doch beide, dass nicht genug für alle da ist. Sie tun ihr Bestes, aber ihre Suppe ist wie Wasser. Ich glaube nicht, dass du ruhig dasitzen und zufrieden sein würdest, wenn Clara und Mania Tag für Tag nichts weiter als eine Schale wässrige Suppe zu essen hätten. Und was ist mit all den Familien, die zu stolz sind, um zu betteln? Zu stolz, um zur Suppenküche zu gehen? Sollen die auch hungern? Warum? Weil die Männer ihre Kinder lieber verhungern sehen würden, als Wohltätigkeit anzunehmen? Du wirst eben noch mehr Geld verdienen.«

74

»Salka!«

»Schluss mit dem ›Salka‹! Wenn Gott mich erschlagen will, weil ich den Hungrigen zu essen gebe, dann soll er das tun. Ja, ich fordere ihn dazu heraus.« Das sagte sie zu jedem, der ihr nahelegte, damit aufzuhören.

Das war das Ende der Diskussion. Papa wusste, dass Mama nicht mit sich reden ließ. Meine Tante Giza hatte gesagt, sie sei eine *Tzadakess*, eine rechtschaffene Frau, und Gott würde uns um ihretwillen beschützen.

Sobald unsere Eltern aufhörten zu schreien und alles ruhig wurde, schliefen Mania und ich ein. Ich in dem schweren dunklen Mahagonibett, das so stabil war wie ein Schiff, unter einer Daunendecke, die so leicht war, dass sie wie eine Wolke zu schweben schien, wenn man sie beim Bettenmachen ausschüttelte, Mania in dem kleinen Kinderbett, in dem sie aussah wie eine große Puppe. Durch Spitzenvorhänge schauten wir hinaus auf unsere Apfelbäume. Und obwohl wir tagsüber in einer anderen Welt lebten, kamen wir uns dadurch, dass wir Seite an Seite schliefen, auf eine Weise nahe, die Worte fast überflüssig machte. Wie war es möglich, dass in diesem Haus nichts, aber auch gar nichts in Unordnung war, während die Welt dort draußen völlig kopfstand?

Mania wollte mit mir reden. »Ich habe überlegt, ob ich nicht zu den Nonnen gehen soll. Viele unserer Freundinnen sind schon hingegangen.«

»Ich weiß.«

»Dort wären wir in Sicherheit«, argumentierte meine Schwester. »Mama und Papa wollen, dass wir in Sicherheit sind.«

»Ich weiß, dass sie das wollen. Aber ich weiß nicht genau, ob ich zu den Nonnen gehen soll.«

Mania besaß die Fähigkeit, große Entscheidungen zu treffen, schnell zu handeln und selbständig zu denken. Ich hingegen war daran gewöhnt, in diesem geschützten Kokon einer Welt zu leben, in der Mama und Papa alle Entscheidungen für mich trafen. Ich hinterfragte ihre Entscheidungen nicht, weil ich wusste, dass sie mich liebten und nur das Beste für mich wollten. Doch in dieser sich stets verändernden Welt schien Papa nun überfordert zu sein. Zu den Nonnen zu gehen hieß vielleicht unsere Eltern zu verlieren, möglicherweise für immer. »Ich weiß nicht. Ich weiß nicht, ob ich Mama und Papa verlassen will.«

»Clara, alle verschwinden. Jeder geht irgendwohin. Unsere Leute werden an jeder Ecke umgebracht. Wir wissen, was in den Lagern passiert! Wir wissen, was an anderen Orten passiert ist!«

Mania war ehrlich und geradeheraus wie immer. Ich wusste, dass unsere Eltern es uns nicht verbieten würden, zu den Nonnen zu gehen. Die Entscheidung lag nun bei mir. In jener Nacht konnten wir lange nicht einschlafen, sprachen aber nicht mehr viel miteinander. Manias Vorschlag lag mir wie ein Stein auf dem Herzen und drückte mir die Luft aus den Lungen, so dass ich kaum atmen konnte. Was immer passierte, es würde uns als Familie zustoßen.

Als sich der Sommer nicht lange nach dieser Diskussion dem Ende zuneigte, befahlen uns die Nazis, unser Haus zu verlassen. Wir zogen in Uchkas winziges Haus ein, wo sie mit Hersch Leibs Tante lebte, die Hersch nach dem Tod seiner Eltern großgezogen hatte. Wir sprachen nicht über den erzwungenen Umzug, so wie wir auch nichts zu Josek gesagt hatten, als Rela ein Baby erwartete. Es tat einfach zu weh, darüber zu reden. Wir schliefen jedoch nicht bei Uchka, sondern bei den Melmans und kamen am Tag wieder zurück. Auch die Patrontaschs übernachteten bei den Melmans. Wir wollten vorsichtig sein, denn wir wussten, dass die Nazis gerne frühmorgens kamen und hofften, eine orientierungslose, verletzliche Beute vorzufinden.

Den ganzen September und Oktober über suchte Papa noch immer jemanden, der bereit war, uns aufzunehmen. Doch selbst unter all den Familien, denen wir jahrelang geholfen hatten, all den Familien, denen wir Arbeit gegeben hatten, all den Bauern, denen wir Kredit gewährt und deren Getreide wir in Notzeiten umsonst gemahlen hatten, konnten wir nicht einen Menschen finden, der uns helfen wollte. Wir verstanden die Gründe und dachten nicht schlecht von ihnen. Josek und Rela befanden sich in der gleichen Situation wie wir. Wir bauten einen Bunker unter der Fabrik, in dem sie sich im Notfall verstecken konnten. Wenigstens Uchka hatte eine polnische Familie namens Skibicki gefunden, die sie und die Kinder aufnahm. Wir waren erleichtert, sie in Sicherheit zu wissen.

Es gab Gerüchte von einer *akcja* – einer Massendeportation oder einem Blutbad. Ich weiß nicht, wie die Gerüchte aufkamen und wie sie zu uns gelangten. In der Stadt kursierten viele Gerüchte. Herr Patrontasch litt an Schlaflosigkeit und schien überhaupt nie zu schlafen. Am 22. November wurde ich, als wir noch bei den Melmans waren, davon wach, dass er schrie: »Macht euch fertig! Ich habe gerade zwei Lastwagen und die Gestapo und die Judenpolizei gesehen! Aus Lemberg! Sie fahren in Richtung Stadt.«

Während wir versuchten, wach zu werden, und unsere Schuhe anzogen, rannte Herr Patrontasch wieder nach draußen. Einen Moment später kam er zurück. »Es handelt sich um eine *akcja*! Sie treiben uns durch die Straßen!«

Ich hörte Gewehrschüsse und die Schritte und das Gebrüll der Gestapo. Herr Melman lief nach nebenan, um unsere Freunde, die Britwitzs zu warnen, die gerade frühstückten. Sie hatten auch ein Kellerversteck, doch die Gestapo hämmerte bereits gegen ihre Eingangstür. Herr Britwitz stemmte sich dagegen, bis seine Familie sich versteckt hatte. Dann ließ er die Tür los, rannte auf die Straße und weg von seinem Haus. Die Gestapo erschoss ihn, doch seine Familie war in Sicherheit. Herr Melman hatte Glück gehabt, dass er das Haus der Britwitzs unentdeckt wieder verlassen und in sein eigenes zurückkehren konnte.

Wir hatten keine Zeit, zu dem Versteck in der Fabrik zu laufen. Stattdessen krochen wir alle durch die Bodenluke im Schlafzimmer in das Grab unter dem Haus der Melmans. Die Dunkelheit war erdrückend. Und die Kerzen, die wir dort gelagert hatten, gingen immer wieder aus, weil es nicht genug Sauerstoff gab. Als wir das Kellerversteck gegraben hatten, hatte ich dort nie gesessen, nicht einmal eine Minute lang. Auf die Enge, die furchterregende Dunkelheit und den Geruch feuchter Erde, den ich mit der schlechten Luft ein-atmete, war ich nicht vorbereitet. Als sich das Kellerversteck von der Wärme der zehn Körper aufheizte, öffneten sich meine Poren, und Schweiß durchnässte meine Kleider, bis sie wie eine zweite Haut an mir klebten.

Wir blieben zwei Tage dort unten ohne einen Toiletten-eimer und mit nichts weiter als ein bisschen Brot und etwas Wasser. Es war so eng, dass man sich nicht bewegen konnte. Als oben Ruhe eingekehrt zu sein schien, krochen Herr Melman und Herr Patrontasch nach draußen, um zu sehen, was los war. Schon nach wenigen Minuten kamen sie wieder zurück. Die *akcja* war noch in vollem Gang. Sie hatten Herrn Lockman, einen Nachbarn, getötet, der fliehen woll-te. Wir blieben eine weitere Nacht in unserem Versteck. Bei Tagesanbruch kam Herrn Patrontaschs jüngerer Bruder Laibek am Haus vorbei. Er wusste, dass wir dort drinnen waren, und berichtete uns im Flüsterton, dass alles vorbei und der Zug bereits abgefahren sei.

In unserer Stadt herrschte abgrundtiefe Trauer. Mit Toten beladene Karren wurden zum Friedhof geschoben. Alle standen unter Schock, als sie von Familienmitgliedern erzählten, die bei dem Versuch, wegzulaufen, getötet worden waren. Oder erschossen worden waren, weil sie dem Befehl, sich im Stadtzentrum hinzuknien, nicht nachkamen. Oder aber, als sie von einem Zug sprangen. Oder weil sie von den Polen, die sie um ein Versteck gebeten hatten, verraten worden waren.

Tante Rela verlor ihre Mutter, ihren Bruder und ihre Schwägerin. Herr Patrontasch verlor seine jüngste Schwester Pepka (das Mädchen, mit dem Josek vor seiner Ehe mit Rela geflirtet hatte) und deren Kind. Pepka war zum Haus einer polnischen Freundin gelaufen, die versprochen hatte, sie zu verstecken. Als sie dort eintraf, ließ die Freundin sie jedoch nicht hinein. Papas Freund, Herr Taube, hatte Pepka in einer Blutlache liegen sehen. Als er später mit noch anderen losging, um ihren Leichnam zu holen, konnten sie ihn nicht wiederfinden. Meine Freundin Klara Letzer und ihre Familie waren mitgenommen worden, doch Klara und ihre Mutter hatten es geschafft, vom Zug zu springen und zurückzukommen. Ihr Vater war bei dem Versuch, zu fliehen, erschossen worden.

Wir waren dankbar, dass wir alle überlebt hatten, wussten aber nicht, was wir als Nächstes tun sollten. Es war nur eine Frage der Zeit, bis sie zurückkehren und die holen würden, die ihnen dieses Mal entkommen waren. Mania sah Papa an. Selbst ihr hatte es die Sprache verschlagen. Die Nonnen lebten nur ein Stück weiter die Straße hoch. Von dort, wo wir uns befanden, konnten wir den Kirchturm des Klosters sehen. Aber wir redeten nicht mehr über die Nonnen. Unsere einzige Hoffnung war die, eine polnische Familie zu finden, die bereit war, uns aufzunehmen. Aber mein Vater hatte das bereits unzählige Male versucht.

Wir gingen wieder zu Uchka. Sie hatte die gleichen Schwierigkeiten wie wir, denn nach der *akcja* hatte die Familie, die sie verstecken wollte, kalte Füße bekommen. Aber sie erzählte uns, dass eine ihrer polnischen Kundinnen aus einer anderen Stadt sich angeboten hatte, Zosia aufzunehmen, die ihrer Meinung nach problemlos als polnisches Kind durchgehen würde. Die Frau liebte Zosia, weil sie ein so reizendes kleines Mädchen war. Nachdem Uchka die Kleine zum Bahnhof von Lemberg gebracht und der Frau übergeben hatte, verbrachte sie dort die Nacht, bevor sie wieder nach Hause fuhr. Zosia schrie und schrie, als sie von ihrer Mutter getrennt wurde, und Uchka hatte das Gefühl, ihr würde das Herz aus dem Leib gerissen, aber sie war dankbar zu wissen, dass ihre Tochter sich in Sicherheit befand. Am nächsten Morgen brachte die Frau Zosia jedoch wieder zu Uchka. Die Kleine, so erzählte sie, habe die ganze Nacht geschluchzt und sei untröstlich gewesen. Sie wollte unbedingt zu ihrer Mutter.

Während mein Vater vergeblich nach einer Bleibe für uns suchte, verkündeten die Nazis, dass sie Stalingrad eingenommen hatten, die Stadt, der Stalin sich selbst zu Ehren seinen Namen gegeben hatte, das Symbol des sowjetischen Reiches. Papa wusste, dass die Sowjets diese Stadt mit aller Macht verteidigen mussten. Wenn Stalingrad gefallen war, dann gab es für uns keine Hoffnung mehr.

Kurz danach wurde eine neue Verordnung bekannt. Alle Juden in Zólkiew sollten sich am ersten Dezember, also in einer Woche, im Ghetto einfinden. Wir wussten, dass das Ghetto für uns das Ende bedeuten würde. Dort konnte man sich nirgendwo verstecken. Zwei Tage nach dieser Verordnung klopfte es abends an Uchkas Tür. Als Papa sie öffnete, stand Pavluk davor. Er war ein kräftiger Mann mit riesigen Händen, die einen Hut umklammerten. Seine Hose war schäbig, er trug ein fleckiges handgesponnenes Leinenhemd und hatte diesen großen Schnauzbart, den man bei vielen ukrainischen Bauern sah. Pavluk, ein Mörder, war nach seiner Entlassung aus dem Gefängnis auf der Suche nach einer

Arbeit zur Fabrik gekommen. Als Papa meinen Großvater um Rat bat, hatte Dzadzio keine Sekunde lang gezögert. Er sagte: »Stell den Mann ein. Ich verspreche dir, er wird dir ein Leben lang dankbar sein.«

Pavluk erzählte Papa, dass er uns verstecken wolle. Papa sagte kein Wort. Er nahm einfach Pavluks Hand und bat ihn ins Haus.

»Danke. Ich kann dir gar nicht sagen, wie viel mir das bedeutet. Aber das können wir nicht annehmen.«

Ich verstand nicht, warum Papa das Angebot ablehnte. Mama, Mania und ich schauten erst einander und dann Papa an. Ich sah, wie meiner Schwester Worte des Protestes über die Lippen wollten. In ihren dunklen Augen war tiefste Enttäuschung zu lesen. »Du hast sechs Kinder, Pavluk«, fuhr Papa mit freundlicher Stimme fort. »Und dein Haus hat nur zwei Zimmer. Wo willst du uns da verstecken?« Sosehr wir uns auch wünschten, dass er ja sagte, wir wussten, dass Papa recht hatte. Wir konnten nicht sechs Kinder in Gefahr bringen. Von allen Polen und Ukrainern, die meine Familie kannte und denen sie seit Generationen geholfen hatte, war Pavluk der Einzige, der anbot, uns zu helfen.

Pavluk war verärgert, dass er seinen Plan für unsere Rettung nicht richtig durchdacht hatte. Er murmelte: »Ich möchte etwas tun, irgendetwas, um Ihnen zu helfen.« Mama rührte seine Traurigkeit. Obwohl wir bereits alles, was einen Wert besaß, hinter der mit Stuck verzierten falschen Wand im Kellergeschoss unserer Nachbarinnen, zweier unverheirateter Schwestern, versteckt hatten, gab Mama ihm zwei Daunenkissen und ein Federbett, das er für uns aufbewahren sollte.

Unser Daunenbettzeug sollte die Nazis überleben.

3
Die Haushälterin

Hier spielen sich grauenhafte Tragödien ab, unglaub-
liche Tragödien ... sie würden einen Stein erweichen,
aber leider lässt sich die Gestapo von jüdischen Tränen
nicht rühren. Sie schießt wahllos auf Menschen, die von
Zügen springen, ob Alte oder Kinder ... Karren bringen
die Leichen derer, die auf der Stelle getötet wurden, als
sie versuchten wegzulaufen oder aufzustehen, nachdem
man ihnen befohlen hatte, sich im Stadtzentrum hinzu-
knien. Und die Leichen der Menschen, die getötet wur-
den, als sie vom Zug sprangen, und derer, die von Nicht-
juden verraten wurden.

Es gab nichts, was wir noch hätten tun können, uns blieben nur noch wenige Tage. Wir würden Zuflucht im
Ghetto suchen müssen. David, der Bruder meines Vaters,
hatte eine Einzimmerwohnung gefunden, doch bei sechs
Kindern gab es dort keinen Platz für weitere vier Personen.

Tante Giza hatte einen Mann namens Meyer geheiratet
und war mit ihm von Zólkiew in das Bauernstädtchen Mosty
Wielkie gezogen. Dort gab es ein Arbeitslager, das als sicher
galt. Der deutsche Kommandant Krupp schützte die Juden.
Er stellte sicher, dass sie genug zu essen bekamen und ein
möglichst normales Leben führten.

Josek und Rela war es gelungen, einen Platz im Ghetto
zu finden, doch sie hatten Angst um ihren kleinen Moshele.

Dank der hellen Haut und der blonden Locken des Jungen hatten sie einen polnischen Bauern namens Sluka davon überzeugen können, Moshele gegen Geld bei sich aufzunehmen. Josek hatte sich eine Stelle bei der Judenpolizei gesichert, die es ihm ermöglichte, das Ghetto zu verlassen und nach seinem Sohn zu sehen. Uchka und ihre Kinder würden zu Herschs Tante in eine Wohnung in der Turinieckastraße ziehen, die die Ghettogrenze bildete. Die eine Straßenseite gehörte zum Ghetto, die andere den Polen und Ukrainern. Wir packten unsere Habe zusammen, und Papa tat, was er konnte, um jemanden zu finden, der uns versteckte.

Es war Ende November, Uchkas Garten lag brach, und das Haus war ungeschützt. Durch das Fenster konnte ich Bolek sehen, einen Jungen aus der Schule, der mit seinem Pferd und einem aus ergatterten Holzplanken gebauten Wagen die Straße entlangkam. Bolek war eine Klasse über mir, seine Schwester Anka in meiner Klasse. Die beiden waren klein für ihr Alter, zwei Elfen mit rötlichem Haar, grünen Augen und Nasen voller Sommersprossen. Ich war überrascht, als Bolek das alte Pferd vor Uchkas Haus anhalten ließ. Er sprang vom Wagen und spazierte mit dem Gebaren eines kleinen Mannes in unser Haus. Bolek sagte nicht »Hallo, Clara«, ja, er würdigte mich nicht einmal eines Blickes, als er direkt vor mir stehen blieb. Er nahm einfach den Weidenkoffer, der unsere Habe enthielt, trug ihn hinaus, als hole er sich etwas wieder, was ihm gehörte, und lud ihn auf seinen Wagen, der bereits mit Frisierkommoden, Koffern, Lampen, Truhen, Läufern, Betten und Bettzeug beladen war.

Resigniert sahen wir ihm zu. Es gab nichts, was wir hätten tun können. Bolek konnte mit uns machen, was er wollte. Dieses Kind, das nicht größer war als ein Bar-Mizwa-Junge und die weiche Haut eines Mädchens hatte, hätte auch hereinkommen und uns schlagen oder erschießen können. Niemand hätte einen Finger gekrümmt. Ohne nachzudenken, folgte ich ihm nach draußen. Ich war selbst überrascht, als ich mich fragen hörte: »Bitte, Bolek, da drin ist ein Holzkästchen mit Bildern. Können wir es behalten?« Er zögerte, öffnete dann den Koffer und nahm das Kästchen heraus. Er hatte noch immer kein Wort gesagt, sah mir aber endlich in die Augen. Das Kästchen war aus russischer Birke geschnitzt und hatte eine Einlegearbeit mit einem komplizierten Muster. Bolek wusste, dass es wertvoll war. Der Wert des Kästchens war mir allerdings egal, ich wollte nur die Fotos behalten, die bewiesen, dass unsere Familie sich einst in einem fast göttlichen Zustand des Glücks und der Liebe befunden hatte. Unser ganzes Leben war auf ihnen festgehalten. Die Hochzeiten, die Beschneidungen, die Urlaube in den Karpaten, die Ausflüge zu Rosa aufs Land. Und selbst das Bild von uns vieren auf dem Weg zum Paradieshügel. Es gab jede Menge Fotos.

Bolek starrte das Kästchen an, als sei es seit Jahren im Besitz seiner Familie, und reichte es mir dann. Er fuhr mit seinem Wagen weiter und hielt bei einem anderen Haus in der Straße an. Dieser Diebstahl war nur eine weitere der vielen Demütigungen, die mit den Armbinden begonnen hatten, und es war, als sei kein Ende abzusehen.

Nur wenige Tage nachdem Bolek aufgetaucht war, bekamen wir einen weiteren polnischen Besucher. Dieses Mal stand zu unserer Überraschung Basia, eine von Uchkas polnischen Freundinnen, vor der Tür. Es war gefährlich, sich alleine auf den ruhigen Straßen aufzuhalten, so dass niemand mehr nach draußen ging, wenn es nicht unbedingt sein musste. Uchka war so glücklich, eine Freundin zu sehen, dass sie darauf bestand, ihr einen Tee zu kochen. Natürlich drehte sich die Unterhaltung schon bald um Angelegenheiten von Leben und Tod. Das Haus war so klein, dass wir jedes Wort hören konnten. Basia schien den Tod so vieler jüdischer Freunde zu betrauern. Sie sagte, sie würde untröstlich sein, sollte Uchka oder den Kindern etwas zustoßen.« »Wenn irgendetwas passieren würde, wäre ich so dankbar, eine Erinnerung an euch zu haben. Vielleicht die Schlafzimmergarnitur …«

Ich hörte, wie Uchka die Luft ausstieß. Es hatte ihr die Sprache verschlagen. Basia fuhr fort: »Die Nazis würden sie einfach mitnehmen.«

Mama und ich sahen, wie Uchka Basia am Genick zur Tür schleifte und die Treppe hinunterwarf.

Mama schrie auf, packte Uchka bei den Schultern und schüttelte sie: »Was hast du getan! Warum hast du das getan?«

Uchka erwiderte auf Jiddisch: »Ich muss mir das von den Nazis gefallen lassen, aber nicht von diesem Stück Scheiße!«

Noch nie hatte ich meine Mutter so verängstigt gesehen. Niemand wagte es, über das zu reden, was gerade passiert war. Mama ging wieder in die Küche, um schweigend ihre Suppe weiterzukochen.

Als Papa am späten Nachmittag ins Haus gestürzt kam, sprach er so schnell, dass wir ihn nicht verstehen konnten. Er hielt inne, um Luft zu holen, und erzählte dann in langsamerem Tempo, dass Julia Beck und ihr Mann sich bereit erklärt hatten, uns, die Melmans und die Patrontaschs zu verstecken. Wir konnten nicht glauben, was wir da hörten. Ausgerechnet die Becks! Wir hatten nicht einmal in Erwägung gezogen, sie zu fragen, weil Herr Beck einen so schlechten Ruf hatte. Meine Eltern diskutierten die Konsequenzen, die es haben würde, sich den Becks anzuvertrauen. Ich hatte Herrn Beck nie kennengelernt. Alles, was ich über ihn wusste, hatte ich aus geflüsterten Unterhaltungen aufgeschnappt. Er war ein Trinker. Ein Schwerenöter. Verlor immer wieder seine Arbeitsstelle. Schuldete jedem Geld und zahlte nie einen Zloty zurück. Es hieß auch, er sei Antisemit. Konnten wir es riskieren, unser Leben in die Hände eines

Mannes zu geben, der für seine böse Zunge, seinen Antisemitismus, seine Liebe zum Alkohol und seine beruflichen Fehlschläge bekannt war?

Meine Eltern entschieden, das Angebot anzunehmen, denn wir hatten keine Alternative und vertrauten Julia Beck. Wir umarmten uns. Wir wussten, dass es sich, wenn wir uns versteckten, nur um eine Gnadenfrist handelte. Uns blieb vielleicht eine Stunde, ein Tag oder ein Monat. Doch im Lauf dieser Stunde, dieses Tags oder Monats passierte vielleicht etwas anderes. Der Krieg konnte zu Ende sein. Papa gelang es vielleicht, Papiere für uns zu besorgen. Irgendetwas. Ein Wunder, das ich mir nicht einmal vorzustellen wagte.

Ich wünschte, Julia wäre da, damit ich auch sie umarmen könnte. Ich kannte Julia Beck, die unsere Bettwäsche gewaschen und unsere Teppiche ausgeklopft hatte, schon mein Leben lang. Wir hatten sie nicht mehr gesehen, seit wir sie nach der Ankunft der Russen hatten gehen lassen müssen. Und nun retteten diese Frau und ihr Mann, die Volksdeutsche waren, unser Leben.

Doch nur wir vier waren vom Glück begünstigt. Die Einladung galt nicht für Uchka und die Kinder. Bis zu diesem Moment waren wir davon ausgegangen, dass unser Glück auch ihr Glück war. Wenn wir gerettet würden, würden auch sie gerettet werden. Lieber Gott, wie konnten wir diese Entscheidung treffen ... Ich sah meinen kleinen Cousin und meine kleine Cousine an, die ich so liebte, und mir brach das Herz. Sie verstanden es nicht. Wie auch? Doch wir alle wussten, dass wir keine andere Wahl hatten. Es war nicht unsere Entscheidung. Man konnte sich nicht darauf verlassen, dass die Kleinen ruhig waren, und sie konnten die Becks und andere in Gefahr bringen. Es gab keine Auseinandersetzung oder Diskussion darüber. Uchka und die Kinder würden ins Ghetto gehen müssen. Eine andere Möglichkeit hatten wir nicht. Ruhig hörten wir dann zu, wie Papa uns die Einzelheiten des Plans erklärte. Wir würden das Versteck unter dem Haus der Melmans, mit dessen Bau wir ja bereits begonnen hatten, erweitern. Da Beck ein Volksdeutscher war, konnte er in jedes beliebige Haus einziehen. Er war bereits zur deutschen Wohnungsbehörde gegangen und hatte gesagt, er wolle das Haus der Melmans haben – das man ihm dann auch anstandslos gegeben hatte. So einfach war das.

Papa zeigte plötzlich wieder Zuversicht. Er schlug vor, die Becks sollten das Gerücht in die Welt setzen, wir seien ins Janowska-Lager in Lemberg gegangen, weil wir gehört hätten, dass es dort Arbeit gebe. Wir hofften, die Behörden würden nicht argwöhnisch werden, denn es ließ sich ja leicht kontrollieren, ob dieses Gerücht der Wahrheit entsprach oder eine List war.

Die Tatsache, dass wir nicht ins Ghetto gehen mussten, verlieh uns allen mehr Energie, als wir in den letzten achtzehn Monaten gehabt hatten. Mein Vater, Herr Melman und Herr Patrontasch waren sehr klug, und zu beobachten, wie sie unser Überleben planten, gab mir wieder das Gefühl, ein Mädchen und eine Tochter zu sein. Ich konnte wieder in die dunklen Augen meines Vaters schauen und mich geborgen fühlen. Der Gedanke, dass wir unser Schicksal wieder in der Hand hatten, gab uns ein Gefühl der Würde zurück.

Es blieben nur noch wenige Tage, bis sich alle im Ghetto melden mussten. In Uchkas kleiner Gasse wimmelte es von Familien, die das, was ihnen von ihrer Habe noch geblieben war, langsam auf Handkarren an uns vorbeischoben. Ihr Leben war auf das reduziert worden, was sich in Koffern mitnehmen ließ. Ihre Gesichter waren ausdruckslos. Sie wagten es nicht, die uniformierten Soldaten mit dem Totenkopf am Kragen anzusehen, die einfach überall zu sein schienen.

Fast so, als handele es sich um einen Erlass, gingen in

Zólkiew die alten Menschen ins Ghetto und erlaubten es den jungen, sich zu verstecken. Eltern verabschiedeten sich von ihren Kindern und Enkelkindern beim Eintritt ins Ghetto mit dem Wissen, sie vielleicht das letzte Mal zu sehen. Dass sie ihre Kinder von der Last befreiten, für sie sorgen zu müssen, und nicht länger eine Gefahr für deren Überleben darstellten, war ihr letztes Geschenk an sie. Verehrte und geliebte Eltern weigerten sich, das gelobte Land der Kellerverstecke zu betreten oder eine kostbare Brotkruste zu essen, die für ihre Kinder Tod oder Leben bedeuten konnte. Wenn ihre Kinder laufen mussten, würden sie nicht von Eltern aufgehalten werden, die vielleicht nicht einmal mehr gehen konnten. Der arme Dzadzio war tot, aber Babcia, die noch lebte, befand sich in Kasachstan, so dass unserer Familie die schreckliche Entscheidung erspart blieb, die die Patrontaschs treffen mussten. Während die Nazis und die SS sich hinter ihren Maschinengewehren, die sie auf die Unbewaffneten und Schutzlosen richteten, sehr mutig vorkamen, hatten sie keine Vorstellung von dem wahren Mut, den die Familien um sie herum aufbringen mussten, als sie stumm voneinander Abschied nahmen. So wie wir mit dem Schatten von Uchka und den Kindern leben mussten, mussten die Patrontaschs mit dem Schatten ihrer Eltern leben und Herr Melman mit dem seiner Halbbrüder Hermann und Gedalo.

Wir würden zu elft in diesem Kellerversteck leben: wir vier, die Melmans und ihr Sohn Igo; die Patrontaschs und ihre Tochter Klarunia sowie Herrn Patrontaschs verwitwete Schwester Klara. Julia und Klara waren dicke Freundinnen, und Mama glaubte, dass Klara die Becks dazu überredet hatte, uns aufzunehmen.

Ich war glücklich und dankbar, dass Klara mit uns kam. Klara gehörte zu den schönsten Frauen, die ich je gesehen hatte, doch seit dem Verlust ihres Ehemanns und ihrer Tochter hatte sich Traurigkeit in ihre Züge geschlichen. Ihr Mann war ein Jahr nach Luncias Geburt gestorben. Luncia war das einzige Kind gewesen und hatte alles bekommen, was sich in Zólkiew oder Lemberg mit Geld oder Liebe kaufen ließ. Sie war das gute, liebe Kind, das sich alle Eltern wünschten. Wir waren beste Freundinnen gewesen, bis sie 1938 an Diphtherie starb, die sich in Osteuropa ausbreitete. Klara hatte zusehen müssen, wie ihr Kind langsam erstickte.

Mama hatte damals geglaubt, die Beerdigung einer meiner besten Freundinnen sei zu schmerzlich für mich, und mich an diesem Tag schlafen lassen. Doch der Trauerzug kam an unserem Haus vorbei, und ich wurde davon wach. Widerstrebend erlaubte Mama es mir, bis zur Synagoge mitzugehen. Klara schritt neben dem Sarg ihrer Tochter her. Wegen der Epidemiegefahr und der Tatsache, dass zwischen Luncias Tod und ihrer Beerdigung so viel Zeit vergangen war, hatte man ihren Holzsarg in einen aus Zink gebauten Sarg stellen müssen. Klara hatte nun Angst, dass Luncias Seele nicht zum Himmel aufsteigen könnte. Sie wurde begleitet von ihrer Familie sowie von Mama und Julia Beck, die sie auffangen würden, falls sie zusammenbrach. Ich hielt Mamas Hand. Vor lauter Tränen konnte ich kaum sehen, wohin ich ging. Ich hatte Menschen gekannt, die gestorben waren, doch bei Luncias Tod empfand ich zum ersten Mal Schmerz, Trauer, Leid und Verlust. Ein Teil von Klara, so sagten die Leute, sei mit dem Tod ihres Mannes gestorben; nun war auch der Rest von ihr gestorben.

Klara gehörte auch zu Mamas besten Freundinnen, und nach Luncias Tod lief meine Mutter immer hinüber und nahm Klara mit, wenn sie zum Einkaufen ging oder eine Freundin besuchte. Noch lange hielt sie mich, wenn Klara auf der anderen Straßenseite zu sehen war, dazu an, mich zu verstecken, damit Klara nicht an Luncia erinnert wurde.

Wir hatten viel zu tun, um das Kellerversteck für elf Menschen bewohnbar zu machen. Die Männer schickten Mania, Igo, die kleine Klarunia und mich wieder nach unten, wo wir nun noch angestrengter gruben, um den niedrigen Keller zwischen der Bodenluke und dem ursprünglichen Versteck zu vergrößern. Die Luft war kalt und feucht, und meine Finger waren taub, doch schon nach wenigen Minuten schwitzten wir wieder.

Herr Patrontasch hatte Angst, der Boden über uns könne einstürzen und uns lebendig begraben. Deswegen fällten Papa und die anderen Männer einen Baum im Garten hinter dem Haus der Melmans und machten daraus Stützpfeiler für die Decke. Herr Patrontasch erklärte uns dann, wie wir graben sollten, um Platz für ein Regal zu schaffen, und Herr Melman schnitt Bretter zurecht, die genau in den dafür gegrabenen Raum passten. Jede Familie bekam gleich viel Stauraum. Wir brachten altes Email, Blechteller, zwei Töpfe und eine Pfanne nach unten. Abgesehen von Frau Melman, die einen hübschen irdenen Krug und ein paar andere Dinge aus ihrem Leben über der Erde mitbrachte, wollte niemand etwas Wertvolles in ein Erdloch mitnehmen. Durch ein kleines Loch, das er hinter dem Bett der Becks in den Fußboden gebohrt hatte, zog Papa ein Kabel ins Kellergeschoss. So hatten wir Strom für Licht und zum Kochen. Falls das Haus durchsucht wurde, könnte Papa den Stecker durch das Loch nach unten ziehen. Er berechnete auch die genaue Menge an Elektrizität, die im Haus der Melmans in den verschiedenen Jahreszeiten gebraucht würde. Er wusste, wie er den Zähler manipulieren musste, damit die Behörden nicht mitbekamen, dass in diesem Haus mehr Strom verbraucht wurde als sonst. Mania, die anderen Kinder und ich stopften Stroh in Matratzen. Herr Patrontasch maß den Bunker genau aus und machte Pläne, wo wir alle schlafen sollten.

Wir hatten Angst vor Läusen und Typhus und wussten,

dass unser Überleben davon abhing, dass wir uns trotz des Drecks, in dem wir leben würden, so sauber wie möglich hielten. Mama bestimmte, dass Mania und ich uns die Haare abschneiden müssten, damit wir keine Läuse bekämen. Uns beiden reichte das Haar, das jeden Morgen zu einem langen Zopf geflochten und jeden Abend so lange gebürstet wurde, bis uns die Arme weh taten, fast bis zur Taille. Wir weinten, als Mama eine Schere in die Hand nahm und die Zöpfe abschnitt. Sie legte sie in mit Seidenpapier ausgelegte Schuhkartons, Leichen in winzigen Särgen, so wie ein Kind eine kleine Katze oder einen Vogel begräbt.

Einige Abende lang warteten wir, bis jedes Haus in der Straße dunkel war, und brachten dann unsere Habe zum Haus der Melmans. Beck wartete an der Tür auf uns und beobachtete die Straße. Wir sagten kein Wort, während er uns ins Schlafzimmer führte, von wo aus wir dann in den Bunker hinabglitten und unsere Sachen einräumten. Anschließend schlüpften wir wieder, ohne ein Wort zu sagen, aus der Tür und gingen durch die ruhigen, verlassenen Gassen zurück zu Uchkas Haus.

Ich hatte diesen Valentin Beck vorher kaum einmal gesehen, und dennoch vertrauten wir ihm unser Leben an und waren dankbar, dies tun zu können. Er war so hager wie Julia und wirkte mit seinen hellen wolfsblauen, blutunterlaufenen Augen und den von winzigen lila Äderchen durchzogenen Wangen und Nasenflügeln viel älter als um die vierzig. Sein graues Haar und der dünne Spitzbart erinnerten an *Don Quixote* auf der Holzschnittabbildung in meinem Buch.

Wir waren so beschäftigt gewesen, dass der Augenblick, in dem wir uns von Uchka und den Kindern verabschieden mussten, gekommen war, ohne dass ich es bemerkt hatte. Es war seit Stunden dunkel, aber wir wollten warten, bis alle Lampen in der Nachbarschaft gelöscht waren. Schweigend saßen wir da und weinten. Seit Uchka Gebrauchtkleidung verkaufte, hatten Mania und ich jeden Tag auf Zygush und Zosia aufgepasst. Ich fühlte mich, als sei ich ihre Mutter. Zosia klammerte sich an mir fest. Ich konnte ihr nicht in die Augen sehen, ohne zu weinen, aber ich konnte auch nicht wegschauen. Unser Schmerz war so groß, dass wir keine Scham mehr empfanden. Zosia und Zygush hatten nie ein anderes Leben kennengelernt. Ich hatte Erinnerungen, an die ich mich halten konnte. Doch woran sollten Zygush und Zosia sich festhalten? Was kannten sie von diesem Leben außer Hunger und Angst?

Niemand sagte, dass ein Wunder nötig sei, damit wir uns jemals wiedersahen. Als wir Uchka und die Kinder küssten, sagte niemand, dass dies vielleicht die letzte Umarmung, das letzte Lebewohl, das letzte Mal war, dass ich Uchkas weiche Hände auf meinen Wangen spürte. Mein Vater schob den Vorhang ein letztes Mal leicht beiseite und schaute hinaus. Dann nickte er und stand auf. Es war Zeit zu gehen. Wir machten uns voneinander los wie Trauernde nach einer Beerdigung. Als wir durch die Tür gingen, die mein Vater offen hielt, schaute ich zurück: Da stand Uchka. Sie, die in besseren Zeiten immer nur gelächelt hatte, lächelte noch einmal. Dieses Lächeln, das tief aus ihrem Herzen kam, sagte uns, dass sie Gott dafür dankte, dass wir diese Chance hatten.

Papa führte uns wieder durch die kleinen dunklen Gassen. In der Nachbarschaft war es völlig still. Niemand sprach, kein Radio lief. Ich war immer gern nachts draußen gewesen, wenn die Häuser dunkel waren und der Himmel alles verschluckte. Sternklare Nächte mit ihrem Lichterteppich, der die Phantasie eines jungen Mädchens anregte, hatten etwas Magisches. Aber heute schaute ich nicht hoch. Ich wusste nicht, ob die Nacht dunkel oder mondhell oder sternenklar war. Ich nahm nur eines wahr: meinen Herzschlag und das Geräusch meiner Schuhe auf der kalten Erde. Es schien eine Ewigkeit zu dauern, bis wir Melmans Haus erreichten. Ich hatte das Gefühl, den besseren Teil meines Lebens bei Uchka und den Kindern zurückgelassen zu haben, und konnte nicht glauben, dass ich von ihnen fortging.

Beck wartete an der Hintertür des Hauses und hielt sie uns auf, als wir hineinschlüpften. Er lächelte und schüttelte meinem Vater die Hand. Bei ihm war seine Tochter Ala. Ich hatte sie zwar schon einmal gesehen, war ihr aber nie vorgestellt worden. Ala war achtzehn und hübsch, und es schien sie überhaupt nicht zu kümmern, dass in ihrem Haus Juden beherbergt wurden. Sie hatte braunes, nach der neuesten Mode frisiertes Haar und begrüßte uns ebenfalls mit einem Lächeln. Hinter ihr und Beck stand Julia. In diesem Haus war ich schon Hunderte Male gewesen. Es war mit wunderschönen dunklen Möbeln ausgestattet, und Frau Melman hatte immer dafür gesorgt, dass die Parkettböden gebohnert wurden, bis sie wie Spiegel glänzten. Ihr Porzellan, handbemalt, stand in der Vitrine, die auch die winzigen Porzellanhunde, Ballerinas, Dalmatiner und Schäferinnen mit ihren Schafen enthielt, fast eine ganze Welt, die sie im Lauf der Jahre gesammelt hatte. Aber es war nicht mehr das Haus der Melmans, und ich fühlte mich fremd darin. Die Becks wohnten erst seit ein paar Tagen dort, doch ihre Präsenz war überall im Haus zu spüren. Ohne viele Worte gingen wir durch die Küche und in den Flur. Eine einzige Lampe brannte, ansonsten war es dunkel. Im Schlafzimmer hatte man das große Mahagonibett zurückgeschoben, und die Bodenluke, die Herr Patrontasch ausgesägt hatte, stand offen. Alle anderen waren schon da; nur Klara fehlte. Sie wollte erst noch ihre Eltern zum Ghetto begleiten, um sicherzustellen, dass sie gut untergebracht waren.

Ich war schon oft in diesem Kellerversteck gewesen. Ich hatte es gebaut. Doch diesmal fühlte es sich anders an, nach unten zu gehen. Es war mir egal, wie dreckig es dort war. Es war mir egal, dass wir so eng mit den anderen Familien zusammenleben würden. Es war mir egal, dass wir kein richtiges Badezimmer hatten. Es war mir egal, dass ich nicht zur Schule gehen oder die Sonne sehen oder auf den Straßen herumlaufen würde. Dieses Leben gab es nicht mehr. Ich wollte nur noch, dass sich die Bodenluke schloss, der Teppich zurückgerollt und das große schwere Holzbett an seinen Platz geschoben wurde. Ich wollte eingeschlossen sein. Ich wollte wieder das Gefühl haben, am nächsten Tag aufwachen zu können, ohne mir Sorgen darüber machen zu müssen, dass jemand mich umzubringen versuchte.

Als wir nach unten krochen, brannte das kleine Licht; die anderen Familien saßen schon dort auf ihren Pritschen und sagten kein Wort. Man gewöhnte sich an die Stille, daran, nicht zu sprechen, wenn es nicht unbedingt nötig war. Außerdem: Welche Art von Unterhaltung hätten wir führen sollen?

Jetzt, wo wir im Kellerversteck lebten, mussten die drei Männer entscheiden, ob die Thora auch hierhergebracht werden sollte oder nicht. Als die Russen in Zólkiew einmarschiert waren, hatte mein Vater die Thora auf dem Dachboden von Melmans Haus versteckt, wo es ein mit Holz verkleidetes Reservoir für das Wasser gab, das vom Brunnen im Hinterhof hochgepumpt wurde. Die Männer hatten die Thora in eine Plane gewickelt, um sie trocken zu halten, und sie dann in dem Tank auf ein Sims über dem Wasser gelegt, wo sie die letzten drei Jahre gelegen hatte.

Auch unter der Erde würden wir weiterhin beten, und die Thora bei uns zu haben, hätte uns allen viel bedeutet. Die Männer entschieden jedoch, das kostbare Buch sicher in seinem Versteck zu lassen, und es tröstete uns, es wenigstens im selben Haus zu wissen.

Als wir im schwachen Licht einer einzigen Glühbirne saßen, in dem wir nichts als Schatten waren, konnten wir nicht anders, als uns einem Gefühl der Sicherheit hinzugeben. Wie lange würden wir hier sein? Würden wir überleben? Würde es jemand herausfinden? Würden die Becks verraten werden? Würden wir entdeckt werden? Ich versuchte, all diese Gedanken beiseitezuschieben und dieser Familie dankbar zu sein, die ihr Leben riskierte, um unseres zu retten. Hatten Beck und Julia mit Ala über die Gefahr gesprochen? Hatten sie Ala gefragt, ob sie mit der Sache einverstanden war?

Es gab nichts weiter zu sagen. Herr Patrontasch löschte das Licht. Ich lag neben Mania. In dieser ersten Nacht hatten wir sogar Angst, miteinander zu flüstern. In der Dunkelheit musste ich an Uchka und ihre Kinder im Ghetto denken. Ich betete für sie, das erste von vielen Gebeten, das ich für sie sprechen sollte. Aber was konnten Gebete schon bewirken, wenn wir hier in Sicherheit waren und sie nicht? Ich wusste genau, warum sie nicht bei uns sein konnten. Aber Wissen allein reicht nie. Es sorgt nicht dafür, dass der Schmerz nachlässt oder der unaufhörliche quälende Klang der eigenen Stimme, der durchs Gehirn schießt und immer wieder fragt: Warum wir und nicht sie?

4
Ein Geschenk von Herrn Beck

Die Tage sind ein einziges Einerlei, ein Tag geht dahin wie der andere. Unten bereiten wir das Frühstück und das Abendessen zu. Jeder wäscht sich einmal pro Woche oben in der Küche, weil es unten kalt ist ... Am Heiligen Abend haben sie alle Fenster und Türen geschlossen und uns alle zum Essen eingeladen. Es war wunderbar. Wir haben Weihnachtslieder gesungen und beinahe all unsere Sorgen vergessen; doch vor allem haben wir viel gegessen. Wir mussten nach unten laufen und uns wieder verstecken, weil jemand an die Tür klopfte.

Nach zwei Tagen in unserem Kellerversteck holte uns die Wirklichkeit unseres Eingesperrtseins ein. Der Optimismus der Männer, der Krieg würde in wenigen Wochen vorbei sein, war verflogen. Sie hatten gedacht, die deutsche Armee wäre nicht in der Lage, dem eisigen russischen Winter zu trotzen, und würde sich zurückziehen. Doch sie hatten sich geirrt. Die Deutschen hielten Stalingrad noch immer und rückten in die Ukraine und zur Krim vor.

Die Männer verfolgten den Krieg mit dem Interesse und der Leidenschaft der Generäle, die ihn tatsächlich führten. Beck hatte auf dem Dachboden verbotenerweise ein Radio stehen, das seine Hinrichtung zur Folge hätte, wenn man es fand, aber er wollte unbedingt wissen, was wirklich in diesem Krieg passierte. Hin und wieder nahm er Patrontasch mit auf den Dachboden. Beck brachte auch Zeitungen mit, und die Männer saßen dann im Zigarettendunst davor, zeichneten die Frontlinien auf einer Karte ein und zogen mit einem Kugelschreiber Kreise um die eingenommenen Städte. Doch es passierte sehr wenig, was uns Mut machte. Beck kam nach unten und erzählte uns von einer Konferenz in Teheran, wo sich Stalin, Roosevelt und Churchill trafen, um über den Krieg zu diskutieren. Was sie besprachen, war nicht klar. Teheran war so weit weg, dass es sich auch um ein Märchen aus Tausendundeiner Nacht hätte handeln können. Die einzige halbwegs gute Nachricht war, dass die Russen eine Winteroffensive starteten, um das fünfhundert Kilometer entfernte Kiew zurückzuerobern, und es gab Berichte, dass der Vormarsch der Deutschen ins Stocken geraten war. Doch all das geschah irgendwo weit weg von uns, und es schien, dass sich an unserer Situation für lange Zeit nichts ändern würde.

Wir waren davon ausgegangen, nur ein paar Wochen in unserem Versteck leben zu müssen. Ich hatte nur wenige Bücher dabei. Wir hatten zu wenig Kleidungsstücke, zu wenig Lebensmittel, und was noch wichtiger war, zu wenig Dinge mitgenommen, die die Becks verkaufen konnten. Unsere Pelze, Mamas Schmuck, die Perserteppiche, die Daunendeckbetten und das Bettzeug, das Familiensilber und das Porzellan, all das war hinter der falschen Wand im Keller des Nachbarhauses versteckt. Wir machten uns Sorgen, die Sachen könnten von den Nazis gestohlen worden sein, aber wer wusste schon, ob wir sie jemals wieder brauchen würden? Wir froren, und keine fünfzig Meter von uns entfernt befand sich alles, was wir zum Überleben brauchten.

Nur Fanka Melman hatte Porzellan und Silber mit in den Bunker gebracht. Ich verstand, warum sie es getan hatte. Natürlich war es menschlich, dass man etwas Persönliches, etwas Schönes mitnehmen wollte. Arme Frau Melman, die gezwungen war, unter dem Fußboden ihres eigenen Hauses zu leben! Sie war eine sehr kleine Frau, und vielleicht war es ihre übertriebene Zuneigung zu ihrem kostbaren Wasserkrug, die sie zur Zielscheibe unseres Spotts machte. In unserem früheren Leben hätten wir wohl kaum die Stirn darüber gerunzelt, dass Frau Melman so an ihrem Krug hing, nun aber ging uns diese Tatsache auf die Nerven. Manchmal hätte ich den Krug gerne zerbrochen, ihn zerschlagen, und ich bin mir sicher, dass es Mama nicht anders erging. Sie lachte und flüsterte mir und Mania zu: »So wie sie sich um das Ding sorgt, sollte es in einem Museum stehen.«

Mama sagte Frau Melman solche Dinge nun nie ins Gesicht, doch Frau Melman wusste, was Mama und wir alle über sie dachten. Vor dem Krieg wäre eine solche Bemerkung als harmloser Scherz unter den Frauen aufgefasst worden. Ich weiß nicht, wie oft ich sie in der Küche derart lachen hörte, dass sie fast geplatzt wären und ihre Gürtel lockern mussten. Wenn ich hereinkam, um zu sehen, was so lustig war, lachten sie noch lauter, weil das, worüber sie geredet hatten, nicht für meine »kleinen Ohren« bestimmt war, oder sie fragten mich, seit wann ich so ein *Koklefl* sei: ein Schöpflöffel, jemand, der sich überall einmischt.

Doch mehr als der Mangel an Bequemlichkeit und Lebensmitteln oder sogar die Realität des Krieges schmerzten und beschäftigten mich die schrecklichen Erinnerungen an die vergangenen zehn Tage, angefangen bei der *akcja* am 22. November, bei der die Nazis dreitausend von uns ermordet hatten, bis hin zu unserer verzweifelten Suche nach einem Beschützer und dem herzzerreißenden Abschied von unseren Familien. In einer Stadt wie unserer hatte der Tod eines unserer Mitbürger uns in guten Zeiten alle berührt. Unserer Tradition gemäß zerstört der Tod eines Menschen das Gefüge der Welt. Wir waren alle miteinander verbunden. Durch Heirat. Oder durch Geschäftsbeziehungen. Durch Freundschaft. Durch Arbeit. Durch die Vielzahl an Organisationen, die unsere Gesellschaft aufrechterhielt.

Plötzlich sah meine Mutter zu mir auf und sagte: »Clara, du wirst Tagebuch schreiben.« Ich war verblüfft. »Wozu? Sie werden uns doch umbringen.«

»Wenn sie uns umbringen, wird jemand das Tagebuch finden, und die Leute werden wissen, was wir durchgemacht haben.«

Mama sah mich an. Sie wollte, dass ich sofort mit dem Schreiben begann. Sie schnappte sich einen der Bleistifte, mit denen Herr Patrontasch die Frontlinien einzeichnete, und gab ihn mir. Ich hatte nichts, worauf ich schreiben konnte, wusste aber, dass das für Mama keine Rolle spielte. Hier sprach Salka, die Kosakin. Ich schaute mich um, griff dann nach einem von meinen Büchern und fing an, auf die Ränder zu schreiben. Als ich einmal dabei war, nahm ich die Aufgabe sehr ernst. Das Tagebuch würde ein Dokument sein. Jeden Tag zu schreiben wäre etwas, das meinem Dasein Sinn verlieh. Es war eine Möglichkeit, sich zu wehren.

Während ich in jenen ersten Wochen schnell die Ränder meiner Bücher füllte, mussten wir herausfinden, wie elf Menschen in einem Raum, der nicht größer war als ein Pferdestall, miteinander leben konnten. Es wurden Regeln aufgestellt, die Geboten gleichkamen.

Regel Nr. 1: Herr Patrontasch durfte als Einziger die Bodenluke öffnen oder schließen. Aus irgendeinem Grund quietschte die Luke nicht, wenn er sie schloss. Wenn jemand anders es probierte, protestierte die Luke mit Geräuschen, die den Tod bedeuten konnten.

Regel Nr. 2: Privatheit und Schamgefühl gehörten nun der Vergangenheit an. Die »Toilette« befand sich, vom Hauptraum aus gesehen, im Graben um die Ecke. Als ich zum ersten Mal den Eimer benutzte, war mir das äußerst peinlich. Wenige Tage später war jedes Gefühl von Peinlichkeit verschwunden.

Regel Nr. 3: Sei immer höflich. Eine neue Formalität in unserem Umgang miteinander kristallisierte sich heraus. Wir kannten einander, so weit wir zurückdenken konnten, doch jetzt redeten sich alle mit Herr oder Frau an, und jeder Bitte ging ein »Wenn Sie bitte …« und »Wären Sie so nett …« voraus. Dies hatte sich bereits kurz nach unserer Ankunft ergeben.

Regel Nr. 4: Keine Klagen. Nicht über die Kälte, die Feuchtigkeit, den Dreck. Frau Melman machte eine Bemerkung über den Schmutz, und die Blicke, die sie trafen, ließen keinen Zweifel an dieser Regel aufkommen.

Regel Nr. 5: Jede Familie war für ihre eigenen Lebensmittel und ihr eigenes Wasser verantwortlich. Wir konnten abwechselnd die Kochplatte benutzen. Das Essen wurde nicht mit den anderen geteilt. Die Männer waren der Ansicht, das würde Spannungen zwischen den Familien vorbeugen.

Regel Nr. 6: Geredet werden durfte nur, wenn es absolut notwendig war. Selbst wenn außer den Becks niemand im Haus war und keine direkte Notwendigkeit bestand, ruhig zu sein, war dies eine Frage der Disziplin. Wir konnten dort unten die Schritte über uns hören, als wären sie in unseren Köpfen, und wir hörten, wenn sich die Becks unterhielten. Das Parkett über uns wirkte wie ein Resonanzboden, der die Schallwellen verstärkte und zu uns leitete. Wir verstanden jedes Wort. Wir konnten sogar hören, wenn über uns ein Lichtschalter betätigt wurde. Wer weiß, wie unsere Unterhaltungen oben klangen? Beidseits des Hauses, höchstens zehn Meter entfernt, gab es Nachbarn, und wir wussten nie, ob sie draußen in ihren Gärten oder in der Nähe der Becks waren. Es gab nur eine Möglichkeit, sicherzustellen, dass wir nicht entdeckt wurden: Ruhe.

Unser Hauptwohnraum lag direkt unter dem Schlafzimmer der Becks, war nur drei Quadratmeter groß und einen Meter dreißig hoch. Die Balken unter dem Parkettfußboden bildeten zugleich unsere Zimmerdecke. Zu Beginn unserer Arbeiten an unserem Versteck war diese Decke von Spinnweben mehrerer Generationen übersät. In den Hohlräumen zwischen den Balken lagerten wir unsere Kleidungsstücke, zu Bündeln gerollt und mit Schnur zusammengebunden. Die Grundmauern aus Sandstein, die dem Grundriss des Hauses oben glichen, waren unsere Wände. Direkt neben der Bodenluke gruben wir Platz für einen Holztisch, den wir zur Lagerung von Lebensmitteln und zur Vorbereitung des Essens benutzten. Entlang der langen Außenwand befand sich unser Schlafbereich. Wir hatten Erde aufgehäuft, flach geklopft und mit Brettern abgedeckt. Auf die Bretter legten wir unsere Strohmatratzen. Die Patrontaschs lagen an der Wand gleich bei der Luke, die Melmans und unsere Familie daneben. Am Tag rollten wir die Matratzen zusammen, damit wir Platz zum Sitzen und, mit den Tellern auf dem Schoß, zum Essen hatten.

Gegenüber der Bodenluke befand sich noch eine Grundmauer, die unter dem Hauptkorridor des Hauses verlief. Hier, an dieser Steinmauer, bauten wir für einen weiteren Tisch aus Holz eine Kochplatte. Sie sollte auf keinen Fall in der Nähe irgendwelcher Gegenstände stehen, die Feuer fangen konnten. Aus den zwei tragenden Wänden hatten wir genug Steine genommen, um einen Durchgang zum Korridor zu schaffen, der zwischen den beiden Wänden verlief und unter dem darüberliegenden Flur eine Art Tunnel von eineinhalb Metern Breite bildete. Auf die linke Seite dieses Gangs stellten wir unsere Toiletteneimer. Am Ende des Gangs gelangte man rechts zu einem weiteren Durchgang, der zum ursprünglichen Versteck mit der Erdabdeckung führte.

Kurz nachdem Klara zu uns gekommen war, wachte Herr Patrontasch eines Morgens mit dem Gefühl auf, dass der Druck in seinem Kopf zu groß wurde. Ohne ein Wort zu sagen, schnappte er sich die Schaufel und begann, genau in der Mitte des Kellerverstecks ein kleines Loch zu graben.

Niemand sagte ein Wort, aber wir sahen ihm alle neugierig zu. Alles, was das tägliche Einerlei unterbrach, war willkommen, und den kleinen, rundlichen Herrn Patrontasch wie besessen graben zu sehen, war wahrhaftig eine Abwechslung. Wir hatten feste Regeln für unser Leben dort unten. Wir lebten auf so engem Raum, dass, wenn sich einer von uns am Kopf kratzte, gleich die Schuppen von allen in die Luft flogen. Hätte sich einer von uns den Fuß in Brand gesteckt, hätte niemand mit der Wimper gezuckt. Lange Zeit sahen wir also einfach nur durch den Zigarettendunst der Männer zu, wie Herr Patrontasch selbstzufrieden vor sich hinlächelnd grub. Schließlich hielt seine Frau Sabina es nicht länger aus: »Ich werde dich nicht fragen, was du da eigentlich machst. Sag mir nur einfach, was du mit dem Dreck vorhast?« Doch Herr Patrontasch antwortete nicht, nahm ein Maßband heraus und maß die Tiefe des Lochs. Er grunzte und grub weiter.

Nach ein paar weiteren Schaufeln Erde maß er das Loch erneut, stellte sich, ohne uns zu beachten, hinein und faltete langsam seinen gedrungenen Körper auseinander, bis er aufrecht stand, der Kopf direkt unterhalb des Dachs unsres Kellerverstecks. Es hätte eine Szene aus einem Stummfilm sein können. Aber das war es nicht. Es war unser Leben. Ich verspürte den Drang, Beifall zu klatschen, und wir stellten uns alle, einer nach dem anderen, in das Loch. Meinen Körper ausstrecken zu können, der tagelang wie eine kleine Ziehharmonika zusammengequetscht gewesen war, war eine Wohltat, in deren Genuss ich zuvor nie hatte kommen müssen. Ich hätte keinerlei Bewegung gehabt, wäre da nicht Julia gewesen, die Mania und mich Gott sei Dank einmal pro Woche nach oben holte, damit wir ihr beim Putzen halfen. Die Böden wischen. Die Küche putzen. Das Badezimmer. Es machte mir nichts aus. Ich fand es wunderbar.

Als Julia uns das erste Mal nach oben rief, um die Fußböden zu bohnern, ließen Mania und ich uns mit großen Polierern aus Schaffell, die wir wie Fäustlinge trugen, auf alle viere nieder. Ala, die von der Arbeit nach Hause kam und sah, wie wir dort auf Händen und Füßen hockten, lächelte uns an.

»So macht man das nicht.« Ich war, was das Bohnern betraf, zwar kein Experte, hatte aber sehr wohl eine Vorstellung davon, wie man es machte. Als Erstes stellte Ala das Radio an und fand einen Sender mit Tanzmusik. Dann zog sie die Schuhe aus, steckte ihre Füße in die Polierer und begann, zu der Musik zu tanzen. Mania und ich folgten ihrem Beispiel und fingen ebenfalls an zu tanzen, alleine, miteinander, zuerst schüchtern, dann schneller, langsamer, komisch, angeberisch, wild und verrückt, bis wir zu erschöpft waren, um auch nur noch einen Schritt zu machen. Und die Parkettböden glänzten. Julia belohnte uns mit Brötchen und frischem kalten Wasser aus dem Brunnen vor dem Haus. Das Essen teilte ich mit den Kindern im Kellerversteck, doch das Wasser behielt ich für mich.

Von Zeit zu Zeit gingen wir nach oben, um uns die Haare zu waschen. Ich kann gar nicht sagen, wie viel Vergnügen uns das bereitete. Der Duft von Seife und der Luxus, warmes Wasser zu haben, waren fast unerträglich köstlich. Julia goss mir warmes Wasser über den Kopf und grub ihre Finger in meine Kopfhaut. Ich wünschte mir dann jedes Mal, es würde nie aufhören. Unten wurde das Wasser in Teelöffeln gemessen, und normalerweise war es kalt. Wir mussten uns oft zwischen Trinken und Waschen entscheiden. Doch oben verströmte ein weißer Kachelofen trockene Wärme, und der Duft von frisch gebackenem Brot, Borschtsch und mit Pilzen und Käse gefüllten Piroggen erfüllte die Luft. Selbst wenn es nur ein paar Minuten dauerte, es war einfach herrlich.

Mit Ausnahme von Mama, die Asthma und eine Schilddrüsenerkrankung hatte, waren in unserer Familie immer alle völlig gesund gewesen, etwas, was ich als selbstverständlich hingenommen hatte. Da im Ghetto jedoch eine Epidemie ausgebrochen war, wir elf so eng aufeinanderhockten, uns nur einmal pro Woche wuschen und unangenehm feuchte, modrige Luft einatmeten, machte ich mir Sorgen um Mama. Wir hatten großes Glück gehabt, dass es direkt gegenüber unserem Hinterhof ein Krankenhaus und nur einen kurzen Fußweg entfernt viele Ärzte gegeben hatte. Jetzt aber gäbe es im Notfall keinen Arzt und kein Krankenhaus. Wir hatten nicht einmal einen Verbandskasten. Doch bis jetzt hatte Mama nicht einmal einen leichten Schnupfen und auch keinen pfeifenden Atem. Ihr war nicht heiß, wenn es uns kalt war, oder kalt, wenn es uns heiß war. Sie hatte keine Halsschmerzen; ihr taten die Muskeln nicht weh; ihr Haar war nicht trocken und fiel auch nicht aus, sie war nicht einmal griesgrämig. Wir waren alle kerngesund.

Wir hatten uns daran gewöhnt, Beck ein- oder zweimal pro Tag zu sehen. Er und nicht Julia, die nicht in unser Versteck hinabsteigen konnte, brachte uns meistens unsere Lebensmittel. Es war ihm anzusehen, dass er die Gesellschaft der

Männer genoss, und er redete gerne. Mit den Kindern sprach er jedoch selten. Er schüchterte mich ein, und es machte mich nervös, in seiner Nähe zu sein, egal wie wohl er sich zu fühlen schien. Ich hatte Angst, etwas zu sagen, was ihn verärgern oder unseren Platz im Kellerversteck gefährden könnte. Dabei hatte ich, soweit ich, weiß noch nie in meinem Leben einen Erwachsenen mit irgendeiner Aussage verärgert. Das war Manias Job. Doch Beck nahm offensichtlich Notiz von mir und ließ ein oder zwei dumme Bemerkungen darüber fallen, dass ich die Nase immer in Bücher steckte. Was mich verlegen machte. Ich war einfach nicht daran gewöhnt, dass fremde Männer mit mir sprachen. Langsam wurde mir klar, wie behütet ich war. Die Erwachsenen, mit denen ich mich unterhielt, waren meine Eltern, meine Lehrer und Freunde meiner Eltern. Auch wenn es in Zólkiew Hunderte von Becks gab, war er für mich aus der Nähe betrachtet doch so exotisch wie ein Löwe.

Mitte Dezember begann Mama, sich Sorgen darüber zu machen, dass wir keine richtigen Weihnachtsgeschenke für die Becks hatten. Wir sahen unsere Sachen durch, doch nichts schien gut genug zu sein. Sie riskierten ihr Leben, um uns zu retten, und wir hatten nichts Anständiges, was wir ihnen geben konnten.

Wenige Tage vor Weihnachten klopfte Herr Beck an die Luke. Seine blauen Augen funkelten verschmitzt. Irgendwie war dieser Krieg ein Abenteuer für ihn, und wenn uns irgendetwas Hoffnung machte, dann war es dieses Funkeln in seinen hellblauen, wenn auch oft blutunterlaufenen Augen. Beck lud Mania, Igo, Klarunia und mich nach oben ein, ohne uns zu sagen, warum. Als wir uns nicht rührten, rief er: »Schnell, schnell, schnell …« Mania stand blitzschnell auf. Herr Patrontasch scheuchte Klarunia zur Luke, während Beck sich vornüberbeugte, um uns hochzuziehen, einen nach dem anderen. Die Gedanken jagten mir durch den

Kopf. Sonst war es immer Julia, die mich zum Saubermachen nach oben holte, nie Beck oder Ala. Was wollte er? Musste ich nach oben gehen? Natürlich musste ich das, und ich ließ mich von seinen starken Händen wie einen Sack Getreide in die oberirdische Welt aus gebohnerten Parkettböden und Orientteppichen ziehen, in der wir einst zu Hause gewesen waren. Heute, wo Beck und nicht Julia mich dorthin brachte, kam mir diese Welt besonders fremd vor.

Beck führte uns durchs Schlafzimmer und den Flur zur geschlossenen Badezimmertür, wo Julia und Ala auf uns warteten. Mit einer schwungvollen Bewegung öffnete er die Tür. Mein Blick wanderte sofort zum Fenster, das so hoch lag, dass es keine Vorhänge brauchte, und den eierschalenfarbenen Raum mit dem melancholischen Licht eines winterlichen Spätnachmittags füllte. Doch ein Plätschern lenkte meine Aufmerksamkeit wieder nach unten. In der Badewanne schwamm der größte Karpfen, den ich je gesehen hatte. Er wog bestimmt fünfzehn Kilo. Weihnachten ohne einen Karpfen war in Polen undenkbar; selbst die Schuppen wurden verteilt und als Glücksbringer aufbewahrt. Dieser Karpfen war ein Prachtkerl – dick und glatt. Seine Rückenflossen hatten das bläuliche Grau von getrocknetem Lavendel, und die Seitenflossen waren leuchtend orange und rot wie chinesische Fächer. In den Jahren vor dem Krieg waren die Straßen voller Fischhändler gewesen, in deren Waschschüsseln, Eimern, kleinen Kesseln und sonstigen Behältern lebende Karpfen schwammen. Igo und Klarunia, die beiden Kleinen, waren überwältigt von der Größe dieses Karpfens. Er war fast so groß wie sie selbst. Ja, er war zu groß und zu schön, als dass die Becks ihn sich hätten leisten können.

Wir fragten Herrn Beck, ob er den Fisch gefangen habe.

»Es ist besser, wenn ihr nichts davon wisst.«

Julia war nun neugierig geworden. »Du hast ihn nicht gefangen?«

106

Beck schüttelte den Kopf. Entweder zog er uns auf, oder er wollte nicht, dass seine Frau wusste, wo er den Fisch herhatte. Doch sie war hartnäckig. »Wo hast du ihn her?«

»Von von Pappen höchstpersönlich.«

Wir konnten nicht glauben, was er da sagte. Von Pappen war der deutsche SS-Kommandant, Becks Chef und der gefürchtetste Mann in Zólkiew. Er hatte das Ghetto geschaffen, die Morde befohlen, uns unser Geld weggenommen. Beck hatte ihn durch zwei seiner Kumpel kennengelernt, mit denen er Karten spielte, Krüger und Schmidt, deutsche Polizisten. Er hatte sich dem Kommandanten als loyaler Volksdeutscher präsentiert, und von Pappen hatte ihn mit der Beaufsichtigung des Alkoholvorrats für die deutsche Armee betraut. Es war, als habe man dem Fuchs die Schlüssel zum Hühnerstall gegeben.

Julia ließ nicht locker. »Ein Geschenk von von Pappen?«

»Nicht direkt ein Geschenk. Sagen wir mal so, ich habe ihn dem Koch des Kommandanten weggeschnappt.«

Beck weigerte sich, eine direkte Antwort zu geben. Er sagte nur, dass von Pappen nun keinen Weihnachtskarpfen mehr habe und wir diesen Karpfen essen würden. Ich wusste nicht, ob Beck sich von Pappens Karpfen beschafft hatte, weil dies seine Art war, seine Unabhängigkeit und Autorität zu behaupten, oder weil es ihm einfach nur Spaß machte. Was immer auch der Grund sein mochte, in diesem kleinen Badezimmer stieg Herr Beck in meiner Achtung.

Meine wenigen kurzen Begegnungen mit Beck machten mir klar, dass er voller Widersprüche steckte. Er hatte den Ruf, ein Antisemit zu sein, benahm sich uns gegenüber aber immer freundlich. Das einzige Wort, das mir zur Beschreibung dieses grobschlächtigen Mannes einfiel, war charmant. Ja, er war wirklich charmant, uns allen gegenüber. Er war nicht im üblichen Sinne gebildet, aber ein stolzer Patriot, und er hatte zu allem eine wohl durchdachte Meinung, die seinen Hass auf die Nazis, die Ukrainer und jeden zeigte, der seine Macht oder Autorität missbrauchte. Wenn man hörte, wie er über habgierige Landbesitzer und die Korruption in der Regierung sprach, hätte man schwören können, er sei ein Kommunist. Doch die Kommunisten hasste er auch.

Julia brachte uns wieder zur Bodenluke und lud uns, als wir nach unten stiegen, zu ihrem Weihnachtsessen ein. Ich hätte nie gedacht, dass wir ein richtiges Essen bekommen würden, sondern war davon ausgegangen, dass wir uns mit ein paar Resten begnügen müssten. Aber natürlich würde Beck nicht mit dem köstlichen Karpfen protzen, nur um uns zu verhöhnen. Ich schämte mich nicht meiner Reaktion, aber ich hatte vergessen, wie es war, von einem Nichtjuden ein solches Geschenk zu erhalten. In den vergangenen drei Jahren war ich mehr und mehr zu einem Schatten geworden, mit einem gebrochenen Herzen, einem leeren Magen, dem alles beherrschenden Gedanken ans Überleben – und nun lud uns diese Frau an ihre Weihnachtstafel ein. Die Einladung klang für mich, als hätte jemand in einer Fremdsprache mit mir gesprochen. Warum? Warum tut sie das?, fragte ich mich. Einen Moment lang, nur einen Moment lang, erhellte dieser Lichtstrahl die Dunkelheit. Das Gefühl der Freude, das ich so oft in meinem Leben gespürt und das die Nazis zum Schweigen gebracht hatten, kehrte für einen kurzen Augenblick zurück. Ich empfand große Dankbarkeit, war erfüllt von Frieden und Vertrauen. Der Karpfen in der Badewanne war zum Zeichen geworden für die Bereitschaft der Becks, uns das Leben zu retten. Ich wusste auch, dass ich diesen Fisch mögen würde, nicht seiner Herkunft oder seiner Bedeutung wegen, sondern weil ich Hunger hatte. Er würde wie ein Hering eingesalzen, in Aspik gelegt und wie ein Wels frittiert werden. Doch je länger ich den Karpfen in der Badewanne betrachtet hatte, desto mehr hatte ich an das Weihnachtsessen gedacht und mich gefragt, womit wir den Becks auch nur ansatzweise unsere Dankbarkeit zeigen konnten.

Am Nachmittag des Heiligen Abends war unser Versteck erfüllt von den wunderbaren Düften des Essens, das Julia zubereitete, und zum ersten Mal seit Monaten gab es etwas, worauf wir uns freuen konnten. Ala holte Igo und Klarunia nach oben und gab ihnen ein Bonbon, was an sich schon ein Geschenk war. Wir beschlossen, Herrn Beck einen von Papas Pullovern zu schenken. Julia würde Mamas Lederhandtasche bekommen und Ala Manias Hornkamm. Auch wenn die Sachen nicht neu waren, kamen sie von allem, was wir hatten, richtigen Geschenken doch am nächsten.

Ich weiß nicht, warum wir an jenem Abend ein so großes Risiko eingingen und unser Versteck verließen, doch vielleicht glaubte Herr Beck, die SS und die Gestapo würden uns am Heiligen Abend in Ruhe lassen. Keiner von uns war auf das, was uns oben erwartete, vorbereitet. Die Vorhänge waren zugezogen und die Zimmer erfüllt von weichem Kerzenlicht. Es gab sogar einen Weihnachtsbaum, den Ala und Beck im Wald auf der anderen Seite des Bahnhofs gefällt hatten. Den Baum zierten Kerzen und der Weihnachtsschmuck der Becks: Glaskugeln, Engel und die drei aus Holz und Papier gefertigten Weisen.

Julia und Ala hatten den Tisch mit Frau Melmans feinstem Porzellan und schönster Tischwäsche gedeckt, und Julia hatte alle üblichen polnischen Weihnachtsgerichte gekocht. Ich hatte keine Ahnung, wo sie im Krieg all diese Dinge herbekamen, aber Julia sagte nur: »Beck hat da so seine Methoden.« Sie liebte ihn sehr, war stolz auf ihn und nannte ihn ihren Zauberer. Auf dem Tisch lag eine große *challah*, ein Eier-Hefezopf. Und neben traditionellen Köstlichkeiten wie Borschtsch und Piroggen mit Pilzen und Sauerkraut gab es viele Karpfengerichte. Julia deutete auf jedes einzelne und nannte es beim Namen. Eines hieß tatsächlich *ryba zwdowski*, »jüdischer Fisch«, wobei es sich um gefüllten Fisch handelte. Natürlich hatte ich bei Dutzenden Gelegenheiten mitbekommen, dass Julia meiner Mutter dabei half, gefüllten Fisch zuzubereiten, aber ich hatte nicht gewusst, dass die Polen ihn aßen, und schon gar nicht, dass er zu Weihnachten auf den Tisch kam. Ich behielt meine Verwunderung für mich, aber ich bin mir sicher, dass man sie mir ansah, als ich Julias über den Tisch wanderndem Finger folgte. Ich weiß nicht, warum mich das so erstaunte, da Karpfen doch zu unseren Grundnahrungsmitteln gehörte.

Obwohl ich eine polnische Schule besuchte und polnische Freundinnen hatte, war dies das erste Weihnachtsessen, zu dem ich eingeladen worden war. Und es gab so viele Dinge, die völlig neu für mich waren. Ich zählte die Gedecke auf dem Tisch, merkte, dass es nicht vierzehn, sondern fünfzehn waren, und fragte mich, wer wohl dieser zusätzliche Gast sein mochte, wo doch niemand wusste, dass wir »Gäste« der Becks waren. Julia sah, wie ich das Gedeck anstarrte, und erklärte uns, es sei für den »unerwarteten Gast«. In ganz Polen legte man zu Weihnachten ein zusätzliches Gedeck für hungrige Fremde auf, die vielleicht an die Tür klopften. Es war eine alte polnische Tradition. »Wenn ein Gast im Haus ist, dann ist Gott im Haus«, erzählte uns Julia.

Ich wohnte schon mein ganzes Leben in Polen und hatte noch nie von diesem Brauch gehört. Es war kaum zu glauben, dass es so vieles gab, das wir voneinander nicht wussten.

Mein Vater war sehr gerührt. Er hob sein Glas. »Heute Abend ist Gott ganz sicher in Ihrem Haus zugegen.«

Der Raum war nur von Kerzen erhellt, und in diesen wenigen Momenten schien der Krieg sich in die Dunkelheit jenseits des Kerzenscheins zurückgezogen zu haben. Wir wussten alle, dass noch immer Krieg herrschte. Wir lebten seit drei Wochen in unserem Kellerversteck und hatten, so schlimm uns unsere Situation auch erscheinen mochte, keine Vorstellung von dem Schrecken, der noch vor uns lag. Das Ghetto gab es erst seit drei Wochen. Wir hatten von den Lagern und den Deportationen gehört; wir hatten miterlebt, wie unsere jüdischen Führer und obersten Rabbis in Zólkiew ermordet worden waren. Wir wussten, dass wir uns jeden einzelnen Tag unseres Lebens mit dem Reichtum unserer Gemeinde erkauft hatten. Aber auf das, was in der folgenden Zeit noch kommen und was wir erleben würden, hätte uns nichts und niemand vorbereiten können. An diesem Abend jedoch verdrängten das Wohlwollen und die Freundschaft der Becks unsere Angst in den hintersten Winkel dieses wunderschönen Raums und unseres Bewusstseins. Ich dachte überhaupt nicht an den Krieg, sondern nur an das, was ich vor mir auf dem Tisch sah.

Dann griff Julia in die Mitte des Tischs und nahm ein besticktes Satintuch von einem Teller. Darunter kam ein riesiger Brotlaib zum Vorschein. »Bevor wir anfangen«, sagte sie, während sie den Teller vor meinen Vater stellte, »essen wir jeder ein Stück von diesem Brot.« Eine weitere Gepflogenheit, von der ich nichts gewusst hatte, die jedoch daran erinnerte, wie wir die Mahlzeiten mit dem Segnen des Brots beginnen.

Herr Beck erklärte diesen Brauch. »Wenn wir dieses Brot essen, vergeben wir das Unrecht, das man uns im vergangenen Jahr angetan hat, und wünschen allen Glück für das kommende Jahr.« Papa erzählte den Becks dann von zwei jüdischen Traditionen: dem zusätzlichen Becher Wein, der während des Passahfestes für Elias bereitgestellt wird, und dem alljährlichen Sündenbekenntnis an Jom Kippur. Wir hatten immer geglaubt, wir würden uns sehr von den Polen

111

unterscheiden, und so viel ich auch von ihrer Religion kannte – die Heiligenlegenden, die lateinische Messe, die Klöster,
die Nonnen, die hinter Gittern lebten, die Rituale der heiligen Kommunion und der Beichte, der Glaube an die Wie-
derauferstehung, die Frömmigkeit der polnischen Bauern –,
sie war vertraut und fremd zugleich, tröstlich und beängstigend. Es war zugleich seltsam und wunderbar und beunru-
higend, dass ihre Bräuche einigen von unseren glichen.

Mama sagte: »Es tut mir leid, sagen zu müssen, dass dies
der erste Feiertag ist, den wir in all den Jahren, die wir einander schon kennen, zusammen verbringen.« Diese Worte
waren zugleich eine Entschuldigung für all die Gelegenheiten, bei denen sie Julia wie eine Bedienstete und nicht wie
eine Freundin behandelt hatte.

Julia lächelte nur, aber sie verstand die tiefere Bedeutung
von Mamas Worten. Wir alle, die wir diesen Menschen unser Leben verdankten, verstanden sie. Doch den Becks war
unsere Dankbarkeit, selbst wenn sie unausgesprochen blieb,
unangenehm. Herr Beck stand auf, hob sein Glas und sagte
mit lauter Stimme: »Auf dass wir noch oft zusammen feiern
mögen.« Ich begann, die Becks zu lieben, wie man Mutter
und Vater liebt. Denn noch mehr als meine Eltern waren sie
jetzt für mein Leben, ja für unser aller Leben verantwortlich. Sie riskierten für uns nicht nur ihr eigenes Leben, sondern auch das ihrer Tochter.

Wir lachten, scherzten und brachten Trinksprüche aus.
Wodka gehörte zu den Dingen, die Juden und Polen gemeinsam hatten – zumindest die Männer. Die Straßen waren
nun voll von Sternsingern, deren Stimmen zum Wunder dieses Abends beitrugen. Die Polen waren tief religiös, und die
Lieder wurden normalerweise nicht nur mit Inbrunst, sondern mit tiefer Hingabe und Liebe gesungen. Nach der *kut-
ja*, einem traditionellen polnischen Gericht aus Gerste, Nüs-
sen und Honig, das zu meinen Lieblingsspeisen gehört, seit

ich den ersten Löffel davon probiert habe, deckten Julia und Ala den Tisch ab, und dann sangen auch wir Weihnachtslieder. Die Vorhänge waren vorgezogen, und unsere Stimmen, die sich mit denen der Becks mischten, würden keine Aufmerksamkeit erregen. Zum ersten Mal seit Jahren hatte ich das Gefühl, dass ich einen Grund zum Singen hatte und dies gefahrlos tun konnte.

Ala, Herr Beck und Julia begannen zu singen: »Jesus, himmlisches Kind« *(Jezus Malusienki)*, »Auf nach Bethlehem« *(Przybiezeli do Betlejem)*, »Lasst uns zur Krippe gehen« *(Pójdzmy Wszyscy)*, »Freue dich, Bethlehem« *(Dzisiaj w Betlejem)*, »Christ ist geboren« *(Gdy sie Chrystus rodzi)*, »In stiller Nacht« *(Wsrod Nocnej Ciszy)*, »Schlafe ein, Jesu kleina« *(Lulajze Jezuniu)*. Es waren Lieder, die Mania und ich seit Jahren kannten. Wir besuchten polnische Schulen, in denen Nonnen unterrichteten, und wir hatten diese Lieder seit unserem fünften Lebensjahr gesungen. Doch wir waren nie auf den Gedanken gekommen, unsere Eltern an diesem Bereich unserer Erziehung teilhaben zu lassen, so dass man sich vorstellen kann, wie überrascht sie waren, als wir mitsangen. Manias Stimme klang so schön, als sie über der Melodie, unter der Melodie, mit uns gemeinsam und alleine sang.

Drei Wochen lang hatten wir so still wie möglich dagesessen, jedes Wort abgewogen und die Folgen bedacht, bevor wir es aussprachen. Es hatte so wenig normale Unterhaltungen gegeben, in die man hier und da Worte einfließen ließ, um Liebe oder Zuneigung, Belustigung, Zorn oder Enttäuschung zu vermitteln. Und nun saßen wir hier und sangen – wenn auch nicht so laut, wie wir konnten – mit so viel Gefühl und Freude, wie wir immer gesungen hatten. Als wir in die Gesichter meiner Eltern, der Melmans und auch der Patrontaschs schauten, hatten wir das Gefühl, ihnen allen einen wunderbaren Streich gespielt zu haben ... einen

Streich, den wir zwei kleinen jüdischen Mädchen seit Jahren geplant hätten. In den wenigen Stunden, die wir oben mit den Becks verbrachten, gab es keinen Krieg, kein Ghetto, keinen Hunger und keine Angst. Plötzlich sprang Beck am Ende eines Liedes von seinem Stuhl hoch, rannte zum Schrank und holte in einfaches Seiden- oder Zeitungspapier eingewickelte Päckchen. Wir waren sprachlos. Es war ihr Feiertag. Wir hatten unsere gebrauchten Geschenke für die Becks, doch ich hatte noch nie erlebt oder gehört, dass Katholiken Juden zu Weihnachten beschenkten.

Beck hatte für den kleinen Igo einen Tanzbären gemacht, und Ala schenkte Klarunia eine ihrer ausgestopften Puppen. Für die Männer hatte Beck Zigaretten, und im Handumdrehen rissen sie die Packungen auf, zündeten Streichhölzer an und füllten den Raum mit Rauch. Sie pafften und saugten, als gäbe es kein Morgen, zufrieden, satt, betrunken und glücklich. Ala hatte Mania einen ihrer Kämme geschenkt, den sie sofort in ihr Haar steckte. Dann rannte sie zum Spiegel, um zu sehen, wie sie damit aussah. Beck gab mir ein in Zeitung gewickeltes Päckchen. Es war flach, und zuerst hoffte ich, es sei ein Buch. Ich wollte unbedingt ein neues Buch haben. Ich öffnete das Päckchen. Darin befand sich ein Schreibheft mit schwarzem Umschlag und liniertem Papier, wie die, die ich in all den Jahren in der Schule verwendet und an die ich nie einen Gedanken verschwendet hatte.

»Für unsere kleine Schriftstellerin«, sagte er. »Ich weiß, dass du eines Tages eine berühmte Schriftstellerin sein wirst, Clarutschka. Ich bitte nur darum, dass du nur nette Dinge über mich sagst.« Herr Beck wusste, dass ich Tagebuch schrieb und kein Heft hatte, in das ich schreiben konnte. Er schenkte mir auch einen blauen Bleistift, den er mit seinem Taschenmesser angespitzt hatte.

Beck konnte sehen, wie sehr ich mich freute. Aber in seiner Gegenwart war ich noch immer so schüchtern, dass mein Dankeschön wohl kaum meine tiefen Gefühle zum Ausdruck brachte. Mein ganzes Leben lang war mein Vater für mich der Größte gewesen. In seiner Nähe fühlte ich mich sicher und glücklich, egal, ob es ihm gut- oder schlechtging. Er, Mama und meine restliche Familie waren mir genug gewesen. Ich hatte gedacht, Beck habe kaum Notiz von mir genommen – wenn überhaupt –, und nun hatte er für mich das gefunden, was meine Rettung werden sollte. Unser Leben würde nicht länger auf die Ränder ausrangierter Bücher geschrieben werden. Was immer mit uns geschah, es würde mit einem spitzen blauen Bleistift in einem Heft mit liniertem Papier und einem Einband aus Pappe festgehalten werden. Wie immer seine Vergangenheit aussehen und welche Fehler er auch haben mochte, Beck war in meinen Augen nicht länger der, auf den Gerede und Gerüchte ihn reduziert hatten, sondern wurde zu einem Menschen, der mich kannte. Niemand von uns dachte an die Zeit nach dem Krieg oder weiter als von einem Tag zum anderen, doch Beck wusste, dass das, was mit uns geschah, wichtig war. Unser Leben – unsere Geschichten und seine – war von Bedeutung. Selbst wenn uns zum Kämpfen nur ein Heft und ein blauer Bleistift zur Verfügung standen.

Es gab noch mehr Geschenke. Für Klara Patrontasch hatte Beck getrocknete Lilien, die er ihr mit einem verlegenen Lächeln überreichte, so als wisse er nicht recht, ob er sich damit zu weit vorwagte. Damals, im Polen des Jahres 1942, schenkte ein verheirateter Mann einer unverheirateten Frau, ob verwitwet oder nicht, keine Blumen, es sei denn, sie lag auf dem Totenbett oder bereits in einem Sarg.

Dann brachte ein Klopfen an der Tür den Schrecken der Außenwelt zurück, ließ die Unterhaltung verstummen und jagte uns durchs Schlafzimmer und durch die Luke wieder nach unten, einen nach dem anderen. Wir lauschten, wer es sein könnte. Es war weder die SS noch die Gestapo noch die

115

Blaumäntel (die ukrainische Polizei, die die Juden auf brutale Weise verfolgte). Es waren Sternsinger, Freunde der Becks, die an die Tür geklopft hatten, um für sie und gemeinsam mit ihnen zu singen. Natürlich sangen die Becks mit ihnen, und wir lauschten ihren Stimmen in der Dunkelheit. Ich sang in Gedanken mit, bis ich einschlief.

Den ersten Weihnachtstag verbrachten wir unten, da die Becks Besuch hatten: Becks Bruder und Schwägerin mit ihrem Sohn Wladek. Da uns von oben keine Gefahr drohte, hörte ich ihrer Unterhaltung nicht zu. Sie lachten, sprachen laut und brachten viele Trinksprüche aus, viel mehr als bei unserem Fest am Abend zuvor. Ich schrieb gerade Tagebuch. Und dann fielen die Worte, die unser aller Aufmerksamkeit erregten. Was immer wir taten, wir hielten inne. Kartoffeln fielen aus Händen. Bücher wurden zugeklappt, Messer leise auf unseren provisorischen Holztisch gelegt. Die Männer jedoch zogen weiter an ihren Zigaretten, und der Rauch wirbelte mit jeder Kopfbewegung durch den Bunker und schwebte zur Decke. Dort traf er auf Becks Worte, der mit einer Stimme sprach, die zugleich ruhig und verschwörerisch, stolz und trotzig klang, einer Stimme, die die Worte halb verschluckte, was hieß, dass Beck völlig betrunken war. Wir alle kannten diese Stimme, die jetzt nach mehr Wodka rief. Wir hörten Julias Schritte und das Klirren der Flasche an den Gläsern, und dann begann Beck …

»Soll ich euch eine Weihnachtsgeschichte erzählen?«

Sein Bruder lachte. »Ich hoffe, es ist keine lange.«

Beck sprach jetzt ganz leise, fast im Flüsterton, aber wir konnten ihn gerade noch so verstehen. Ich konnte mir vorstellen, wie er sich beim Reden zu seinem Bruder hinüberbeugte, den ich nie kennen gelernt hatte. Ich konnte mir den Gesichtsausdruck von Ala und Julia vorstellen, der genauso viel Angst verriet wie unserer. Aber natürlich würden sie

Beck nicht unterbrechen oder das Thema wechseln. Sie würden dort sitzen, wie wir hier saßen, sprachlos, wie Beck nur so dumm sein konnte.

»Du kennst die Schwarz', die Melmans und die Patrontaschs?«

»Natürlich kenne ich sie. Wo zum Teufel hab ich mein Getreide zum Mahlen hingebracht? Wir sind im Haus der Melmans, Mensch. Das sind nette Leute. Alle. Für Juden. Was? Bist du betrunkener als sonst?«

Dann folgte ein langes Schweigen. Ich hoffte, dass Beck seine Meinung ändern und nicht weitermachen würde. Dass er noch weitertrinken oder abschweifen und eine andere Geschichte über uns erzählen würde.

Dann sprach sein Bruder wieder, mit lauter Stimme, so als könne er es nicht fassen: »Unten? Bist du verrückt? Bist du jetzt völlig übergeschnappt?«

Ich wusste, dass Beck gelächelt und mit dem Kopf zu dem Versteck unter dem Fußboden gedeutet haben musste.

»Du machst dir zu viele Sorgen. Du wirst dich vor Sorgen noch umbringen. Was hätte ich tun sollen? Sie den verdammten Deutschen ausliefern?«

»Aber wir sind Volksdeutsche!«

»Sind wir das? Du weißt, wie die Nazis uns behandeln. Sie würden keinen Finger krümmen, wenn wir in Gefahr wären. Wir stehen nur eine Stufe, ach was, eine halbe Stufe über den Slawen. Denkst du, ich lasse sie hier reinkommen und mir erzählen, was ich tun soll? Dass ich die Juden umbringen soll? Fröhliche Weihnachten, ihr Nazifreunde, und als Geschenk für euch heuern wir ukrainische Hunde an, die euch töten, wenn ihr aus der Reihe tanzt!«

»Du bringst uns alle wegen ihnen in Gefahr? Deine Frau? Deine Tochter?«

»Was denkst du denn, wessen Idee das war? Die meiner Frau! Julia! Sie hat mehr Mut als wir beide!«

»Du schuldest ihnen nichts.«

Beck sprach jetzt lauter, so laut, dass seine Stimme durch die Wände bis zu den Nachbarn drang. Gott sei Dank fror es draußen, so dass die Fenster geschlossen waren.

»Tue ich nicht? Tue ich nicht?«

Endlich, endlich sagte Julia: »Bitte, Valentin, nicht so laut.«

Beck senkte die Stimme, sprach jedoch mit derselben Intensität wie zuvor. »Als die verdammten Sowjets uns '39 in die Kolonie in Bazalia verfrachtet haben und Bandera seine Schläger schickte und anfing, uns auszuräuchern, hatten wir Glück, dass wir mit dem Leben davonkamen. Und dann wollten die verdammten Sowjets uns nach Sibirien schicken, weil wir die Kolonie verlassen hatten. Und weißt du, wer mich freigekauft hat?«

Jetzt hob er wieder die Stimme.

»Du, mein geliebter Bruder? Du, mein Genosse Volksdeutscher? NEIN! ES WAR DER JUDE MELMAN UNTEN, DER DIE VERDAMMTEN KOMMUNISTEN BESTOCHEN HAT! WENN ICH SIE IM STICH LASSE, VERLIERE ICH MEINE EHRE! ICH HABE DIE JUDEN MEIN LEBEN LANG GEHASST. ICH TUE ES IMMER NOCH. WARUM? WIE ZUM TEUFEL SOLL ICH DAS WISSEN? Aber es war ein Jude, der mir mein wertloses, beschissenes Leben gerettet hat, das Leben meiner heiligen Frau, meiner geliebten Tochter … Komm her, Ala, setz dich zu deinem Vater. Ich möchte, dass meine Ala ihren Vater anschaut und einen Mann sieht, keinen Feigling. Sie können mich zehnmal umbringen …«

Es folgte zuerst Schweigen und darauf Worte, die wir nicht verstehen konnten; dann waren Bruder und Schwägerin gegangen.

Mein Vater flüsterte: »Oh Gott … wir sind tot …«

Meine Mutter versuchte, dem, was wir alle fühlten, etwas

entgegenzusetzen. Optimistisch sagte sie: »Er würde seinen eigenen Bruder nicht verraten.«

Dann flüsterte Frau Melman: »Bei seiner Frau wäre ich mir da nicht so sicher. Sie glaubt, dass sie von der polnischen Aristokratie abstammt.« Frau Melman war im Gegensatz zu Mama eine Pessimistin, doch Mama ließ sich nicht einschüchtern.

»Sie sagt das nur, damit sie sich besser fühlt … Ein Buckliger fühlt sich immer besser, wenn er sieht, dass der Buckel eines anderen noch größer ist als sein eigener. Also, was können wir tun, wenn Herr Beck ihnen vertraut? Wir müssen ihnen auch vertrauen. Wir haben keine andere Wahl.«

5
Ich gehe ins Ghetto

Aus dem Ghetto treffen inzwischen schlechte Nachrich-
ten ein. Herrn Melmans Brüder und auch die Brüder
von Herrn Patrontasch schleichen sich nachts raus und
kommen zu uns. Es herrscht eine schreckliche Typhus-
epidemie. Täglich sterben zehn bis fünfzehn Menschen.
Vor allem die Jungen und die Starken sind die Opfer.
Das war unser Alltag bis zum 12. Januar. Dann kam
Hermann, Herrn Melmans Bruder. Er erzählte, jemand
namens Lewicki habe von uns erfahren. Wir beschlos-
sen, ins Ghetto zu gehen.

In unserem Versteck breitete sich Panik aus. Wir würden
dort wegmüssen. Wenn Lewicki von uns wusste, dann
war es nur eine Frage der Zeit, bevor die Nazis oder ihre
Kohorten, die Ukrainer, vor der Tür standen. Wahrscheinlich wären es Letztere, da Lewicki Ukrainer war. Es war
klar, dass sie uns und die Becks töten würden. Wir durften
das Leben der Becks nicht in Gefahr bringen.

Es blieb keine Zeit, sich darüber zu ärgern, dass wir von
einem Nachbarn verraten worden waren, mit dessen Kindern ich in eine Klasse gegangen war. Unter großer Gefahr
hatte Hermann sich aus dem Ghetto schleichen und uns
warnen können. Onkel Josek würde Mama, Mania und mich
in seiner Eigenschaft als Polizist ins Ghetto begleiten, während Papa und Herr Melman sich in dem Bunker unter der

Fabrik verstecken und nach einem anderen Unterschlupf für uns suchen sollten. Die anderen würden uns später mit den Patrontaschs ins Ghetto folgen.

Wir verließen unser Versteck frühmorgens vor Tagesanbruch. Sollten wir angehalten werden, so erklärte Onkel Josek uns, seien wir ein Arbeitstrupp. Ich war dreiundvierzig Tage lang nicht draußen gewesen und hatte auch keine frische Luft gerochen. Es war zwanzig Grad unter null. Mama, Mania und ich marschierten in angstvollem Schweigen hinter Onkel Josek her, die Augen auf den Boden geheftet. Wir waren alle davon ausgegangen, dass wir bei Verlassen des Verstecks frei sein würden und unser altes Leben wieder aufnehmen könnten. Doch an diesem eisig kalten Morgen waren nur Nazis und ukrainische Polizisten auf Streife unterwegs. Auf den Straßen in unserer Nachbarschaft war kein einziger Jude mehr zu sehen.

In der Vergangenheit hätten wir auf dem Weg durch die Straßen zum Ghetto vielleicht Uchka, Zygush, Zosia, Rela, Dudio, Josek oder hundert andere Freunde und Verwandte gesehen. Wir wären in eins der Geschäfte auf dem Platz mit den Arkaden gegangen, in denen es Süßigkeiten gab, oder hätten ein paar Kastanien gekauft, die auf einem Kohlefeuer geröstet wurden und meine Nase mit dem Duft von wunderbarem, mit frischer Winterluft vermischtem Rauch füllten. An jenem Morgen duftete es nicht nach Röstkastanien. Früher hatten wir drei uns auf dem Weg durch diese Straßen an den Händen gehalten oder waren Arm in Arm spaziert, hatten gelacht und geschwatzt. Andere Frauen waren auf Mama zugekommen und hatten gefragt, wo sie den Stoff oder das Schnittmuster für unsere neuesten Kleider herhabe. Gesellige Abende oder Wohltätigkeitsveranstaltungen mussten geplant, Suppenküchen für die Armen organisiert werden, Kleideraktionen, die Nähschule. Alles erledigte Salka, die Kosakin, während unserer Spaziergänge in die

Stadt. Ein Spaziergang war kein Spaziergang, sondern ein soziales Ereignis. Doch an diesem Morgen waren wir Gefangene, denen der Luxus einer Unterhaltung oder das einfache Geschenk, die Hand der Mutter zu halten, verwehrt wurde. Glücklicherweise unterhielten die Nazis, die auf den Straßen waren, sich prächtig und beachteten uns nicht. Sie sahen aus wie Sieger, denen nichts auf der Welt etwas anhaben konnte. Mit unseren schäbigen Kleidern und der gebeugten Haltung waren wir unsichtbar – und dafür war ich dankbar.

Josek führte uns an den dicken, zwölf Meter hohen Steinmauern der Kathedrale und des Klosters vorbei. Die Grenze zum Ghetto befand sich an der nächsten Ecke, wo die Mauer nach links abzweigte und entlang der Turnieckastraße weiterführte. Vor uns lagen die Stacheldrahttore des Ghettos. Nur eine Sekunde lang schaute ich hoch und sah den Wachposten, bevor ich wieder auf den schmutzigen Schnee unter meinen Füßen starrte. Josek lächelte und nickte den Wachen zu, als er uns hineinführte. Wir waren nichts. Lasttiere, die von einem Ort zum anderen getrieben wurden.

Das Ghetto umfasste den größten Teil des Judenviertels der Stadt. Es war wie ein Alptraum. Wandelnde Leichen, vom Hunger aufgedunsen, mischten sich unter die fetten Kühe, die in ihren besten Kleidern in den Cafés saßen und von dem Geld, das sie auf dem Schwarzmarkt oder andernorts gemacht hatten, aßen und tranken. Die Menschen hinter den Fenstern lachten, aber ich konnte sehen, dass es ein groteskes Lachen war, so grotesk wie ihre Gesichter. Ich fällte kein Urteil; so weit war ich noch nicht. In mir herrschte die nackte Angst, und alles um mich herum wurde davon in den Hintergrund gedrängt. Wie gern wäre ich wieder zurück in unser Versteck gegangen, wo ich mich trotz meiner Angst sicherer, geschützter fühlte, wo ich nicht den Blicken der Blaumäntel, der noch wie Kinder aussehenden Deutschen und meiner ehemaligen polnischen Freunde ausgesetzt war und nicht wusste, wer uns für ein paar Liter Wodka verraten würde.

Zwei Tage nachdem wir bei Uchka angekommen waren, erfuhren wir, dass es sich um einen falschen Alarm gehandelt hatte. Wir konnten getrost in unser Kellerversteck zurückkehren. Mama beschloss jedoch, eine Weile im Ghetto zu bleiben, um noch ein paar Sachen verkaufen zu können. Wir hätten kaum gedacht, dass all die Seidenunterwäsche, die Mama nachmittags bei einer Tasse Tee gekauft und in die Schubladen gesteckt hatte, bevor Papa nach Hause kam, uns eines Tages das Leben retten würde. Ich weiß nicht, wie viele Kilo Kartoffeln wir für einen Seidenschlüpfer bekamen, aber es waren nicht wenige.

Josek führte uns wieder aus dem Ghetto heraus. Dieses Mal kam noch die Angst hinzu, jemand könnte uns ins Haus gehen sehen. Die Häuser in der Nachbarschaft standen dicht beieinander. Im Frühling und Sommer schirmten die großen schattigen Bäume, die die Straße säumten, sie voneinander ab. Aber jetzt, mitten im Winter, waren sie so exponiert wie die Zweige an den Bäumen. Ich hatte das Gefühl, dass es in unserer Straße so viele Augen wie Fenster gab, die alle auf uns gerichtet waren. Ich schaute, ob sich irgendein Vorhang bewegte, konnte aber nichts entdecken. Beck, der auf uns wartete, öffnete die Tür, und wir waren in Sicherheit. Die anderen waren bereits da. Mania und ich brachen vor Erschöpfung zusammen.

Am nächsten Morgen wurde ich früh wach. Es klingt vielleicht verrückt, aber manchmal war der frühe Morgen die einzige Zeit, die ich für mich hatte. Elf Menschen, die auf so engem Raum zusammenhockten, konnten sehr ablenken, auch wenn sie nicht miteinander sprachen. Es war leichter zu schreiben, wenn die anderen schliefen, ohne ihre neugie-

rigen Blicke. Niemand fragte, was ich schrieb, aber sicher
hätten sie gern gewusst, ob ich nicht zu »persönlich« wurde
oder für irgendeinen unbekannten Leser die Kleinlichkeit
festhielt, mit der wir miteinander umgingen und die oft stärker war als unser Wunsch, miteinander auszukommen.

Mania war als Nächste wach, schaute mich an, kroch zu
mir herüber und gab mir einen Kuss. Dann gab sie auch
Papa einen Kuss. Wir hofften, dass Mama an diesem Tag aus
dem Ghetto zurückkam.

Als wir ein Klopfen an der Bodenluke hörten, kroch
Herr Patrontasch über die Mitglieder seiner Familie hinweg,
um sie zu öffnen. Die Luke gehorchte wie immer mit dem
zufriedenen Seufzer einer Rolls-Royce-Tür. Herr Beck
schaute von oben zu uns hinunter, sein Gesicht eingerahmt
von der Luke, wie ein strenges, unheilverkündendes Porträt. Klara sah hoch und dachte, er werde vielleicht nach ihr
rufen. Herr Beck hatte sich angewöhnt, die schöne Klara
darum zu bitten, ihm oben Gesellschaft zu leisten, wenn er
alleine war. Aber ich wusste, dass er das an diesem Morgen
nicht vorhatte, denn ich hörte Julias und Alas Schritte über
unseren Köpfen.

Wir warteten auf die Neuigkeiten des Tages. Wenn Beck
gute Laune hatte, dann kam er mit einer Flasche Wodka zu
uns, die er zusammen mit Zigaretten und einem Armvoll
Zeitungen aus dem deutschen Alkoholdepot »befreit« hatte.
Aber er kam nicht nach unten. Seine Hände waren leer. Er
sagte nur: »Auf ein Wort, bitte, Herr Schwarz.«

Mein Vater kroch zu der Öffnung. Ich hatte Beck nie zuvor in diesem Ton reden hören. Es konnte nur einen Grund
geben, warum er mit meinem Vater alleine sprechen wollte.
Mama musste etwas zugestoßen sein. Herr Beck sagte: »Bitte, Herr Schwarz, stellen Sie sich doch hin.« Die Decke des
Kellerverstecks war kaum einen Meter dreißig hoch, und
niemand, nicht einmal Frau Melman, konnte sich aufrich-

ten, wenn er nicht in dem Loch stand, das Herr Patrontasch gegraben hatte. Mein Vater streckte seinen langen Körper durch die Öffnung der Luke. Seine Hose war ihm jetzt viel zu weit und wurde nur von den Hosenträgern gehalten.

Mania griff nach meiner Hand. Sie hatte genauso viel Angst wie ich. Unzählige Gedanken rasten mir in den wenigen Sekunden, in denen mein Vater mit Herrn Beck sprach, durch den Kopf. Mama war tot, war gefangen genommen, deportiert, erschossen worden, saß im Gefängnis, lag im Sterben. Wie in vielen anderen Momenten der Panik raste mein Herz auch diesmal, als es um das Schicksal meiner Mutter ging. Andere Mütter waren getötet worden, andere Väter, Brüder, Schwestern, aber nicht meine. Doch jetzt hatte ich das Gefühl, dass es schon bald vorbei war mit der selbstsüchtigen, mit Schuldgefühlen verbundenen Dankbarkeit dafür, dass meine Familie noch intakt war, während andere Familien zerstört wurden.

Ich versuchte angestrengt, mitzubekommen, was Herr Beck zu sagen hatte, doch um mich herum wurde so viel gehustet und mit den Füßen gescharrt, dass ich meine eigenen Gedanken nicht hören konnte, geschweige denn das, was Beck zu meinem Vater sagte. Wie viel Lärm ein Haufen Menschen doch machen kann, ohne ein Wort zu sagen! Das Ein- und Ausatmen von Luft klang wie das Heulen des Windes. Vielleicht war es mein eigener Atem.

Mein Vater kroch wieder zu uns hinüber, und Herr Beck schloss die Luke. Einen Moment lang vergaß er, wo er war, stand auf und stieß mit dem Kopf gegen die Holzbalken und die Decke. Sein Kopf blutete, aber das bemerkte er nicht.

In dem sachlichen Ton, in den er verfiel, wenn er sehr schlechte Neuigkeiten für uns hatte, berichtete Papa, dass Uchka an Typhus erkrankt war und Mama sich entschieden hatte, im Ghetto zu bleiben, um für sie und die Kinder zu sorgen.

Alle unterbrachen, was sie gerade taten. Keine Kartoffel wurde mehr geschält, kein Glas Wasser getrunken. Die ersten Zigaretten des Tages steckten weiterhin unangezündet in den Mündern, und selbst Frau Melman stellte ihren kostbaren Krug ab.

Mania brach das Schweigen. »Typhus! Typhus! Wann kommt sie zurück? Papa, du kannst sie nicht da lassen. Mama wird sterben!«

Mein Vater antwortete einfach: »Herr Beck hat Angst davor, was passiert, wenn der Typhus in dieses Haus gelangt.« Die Laus, die den Typhus übertrug, war der Verbündete der Nazis. Hand in Hand war sie mit ihnen in Zólkiew einmarschiert. Wir waren alle Typhusexperten geworden. Es gab keine lebende Laus, die wir nicht als Feind betrachteten. Wir untersuchten einander ständig, kontrollierten die Haare, unser Bettzeug und sogar das Futter unserer Kleidungsstücke, in das sie gern ihre Eier legten.

Diese Worte waren das Todesurteil für Mama. Mania weigerte sich, sie zu akzeptieren. »Einfach so, Papa? Einfach so? NEIN!«

Vielleicht war ich nur egoistisch und dumm, dass ich Mama unbedingt zurückhaben wollte. Ich flehte meinen Vater an: »Wir müssen sie zurückholen, Papa. Papa!« Ich hatte Angst, mit dem Reden aufzuhören, denn solange Mania und ich argumentierten und bettelten und flehten, gab es zumindest einen Hoffnungsschimmer. Wir wussten, dass wir die Entscheidung schließlich, wenn uns die Worte ausgingen, resigniert akzeptieren müssten.

Mein Vater hatte bereits aufgegeben; er erzählte uns: »Ich habe gebettelt. Ich habe Herrn Beck Geld angeboten. Ich habe ihm unser Unternehmen angeboten, alles, was wir haben, aber er musste nein sagen.«

Mamas Todesurteil war für alle anderen im Kellerversteck die Rettung, und ich sah die Erleichterung in ihren

Gesichtern, vor allem dem von Frau Melman. Teils hasste ich sie, teils verstand ich sie. Panik und Angst um ihr Leben und das des kleinen Igo. Sosehr sie Mama auch liebten, wer wäre mit dem Wissen um die Folgen schon bereit, eine mit Typhus infizierte Frau in diesen kleinen feuchten, unhygienischen Raum zu lassen? Unser Selbsterhaltungstrieb sorgte dafür, dass wir einander zwar nicht körperlich, aber zumindest in unseren Herzen an die Gurgel gingen. Aber wir waren nun einmal dazu verdammt, für wer weiß wie lange miteinander zu leben. Wenn Mama irgendetwas passierte, Gott bewahre uns davor, würde Frau Melman mir jeden Tag, den wir gemeinsam in diesem Erdbunker verbrachten, ins Gesicht sehen müssen.

Ich hörte mich zu meinem Vater sagen, dass ich sie zurückholen könnte. Ich hörte meinen Vater fragen, wie ich das anstellen wollte, und ich antwortete ihm, ich würde mit Herrn Beck reden. War ich das, die da sprach? Ich hatte mit meinem Vater nie wirklich über irgendetwas gestritten. Ihm nie widersprochen. Ihm gegenüber nie die Stimme erhoben. Du sollst Vater und Mutter ehren – und das tat ich. Aber wie sollte ich ein Leben ohne meine Mutter ertragen? Ich wusste, dass ein Teil von mir sterben würde, wenn sie starb; dass ich, falls ich überhaupt einen Willen oder Mut hatte, ihn nun brauchen würde. Ich sah die Zweifel in Papas Augen und hörte, dass meine Stimme hohl klang. Ich wusste nicht, was ich Herrn Beck sagen könnte, um ihn umzustimmen, den Typhus in dieses Haus zu lassen.

Ein oder zwei Tage später saß ich, als Herr Beck ausgegangen war, mit Julia am Küchentisch. Sie erwähnte die Sache nicht, weil wir beide wussten, dass sie in dieser Angelegenheit keinen Einfluss hatte. Beck war derjenige, mit dem ich sprechen musste. Ich kippte ein Glas Wasser herunter, und Julia füllte es sofort wieder nach. Das war ein Ritual. Wenn ich aus irgendeinem Grund nach oben kommen musste, hatte Julia frisches Wasser und Brötchen für mich bereit. Ich kann gar nicht sagen, wie köstlich das Wasser schmeckte und wie schuldbewusst ich es trank.

Die Gedanken jagten mir durch den Kopf; Julia ging ans andere Ende der Küche und kam mit einem Brötchen zurück. Ich riss es mit den Fingern auseinander und wickelte einen Teil davon in eine Serviette für Igo und Klarunia. Nicht einmal Mamas drohender Tod konnte mich davon abhalten, Reste für die Kinder aufzubewahren. Die Nazis könnten zur Tür hereinstürmen, und ich würde noch immer Krümel für die Kleinen sammeln. Es war einfach ein Reflex. Julia hatte mich beobachtet und brachte mir etwas, was ich im ersten Moment für weitere Brötchen hielt, sich jedoch als Kartoffeln und *Kasha Knishes* (Teigtaschen) herausstellte. Ihre dunklen braunen Augen waren voller Mitgefühl. »Es ist Typhus, Clarutschka. Herr Beck hat Angst, und er trägt die ganze Verantwortung. Aber soweit er weiß, hat Salka sich noch nicht angesteckt.«

Ich sah sie an. Ich wollte, dass sie mir sagte, sie würde mit ihm sprechen und dafür sorgen, dass Mama zu uns nach Hause kam, aber das tat sie nicht. Sie küsste mich auf den Kopf und verließ das Zimmer. Ich schaute auf die Uhr und wusste, dass ich zum Ghetto gehen musste, bevor es zu spät wurde. Alas Kopf erschien in der Tür. Einen Finger auf den Lippen bedeutete sie mir, in ihr Zimmer zu kommen. Ich wickelte die *Knishes* ein und folgte ihr.

»Ich bringe dich hin«, flüsterte Ala.

Ich konnte nicht glauben, was sie da sagte, und brachte kaum eine Antwort heraus. »Dein Vater wird sie nicht zurück ins Haus lassen.«

Alas Stimme klang so unbekümmert, als würde sie mich dazu einladen, mit ihr einen Film im »Adler« anzusehen. »Du weißt, dass er mir nichts abschlagen kann. Und wenn wir sie zurückbringen, wird er sie reinlassen, und keiner von denen da unten kann etwas dagegen sagen.«

Ich kann mir nicht vorstellen, was für ein Gesicht ich machte, als Ala weitersprach. »Wir werden zwei Mädchen sein, die sich eine schöne Zeit machen wollen.« In Zólkiew? Im von den Nazis verseuchten Zólkiew? War sie verrückt? Und sie lachte. »Was soll daran schon gefährlich sein?«

Ich lebte in ständiger Angst vor Herrn Becks Zustimmung oder Ablehnung. Wir alle taten das. Wir stritten uns nie mit ihm, ja vertraten nicht einmal eine andere Meinung.

Ala war die Einzige von uns, die keine Angst vor Herrn Beck hatte. Seit sie laufen konnte, hatte ihr Vater sie mitgenommen, wann immer er nach Lemberg, Warschau oder Krakau gefahren war. Er hatte ihr beigebracht, wie man auf den Märkten feilschte und wie man Karten spielte. Sie verbrachten gemeinsame Abende damit, zu lachen und zu Radiomusik zu tanzen. Sie gingen nie irgendwohin, ohne dass Ala sich bei ihrem Vater unterhakte, und wenn irgendjemand Beck die Stirn bieten konnte, dann war sie es.

Ich weiß nicht, wie ich meinen Vater überredete. Ich erwartete einen Streit, aber es zeugte von seiner Verzweiflung und seiner Resignation, dass er nur mit dem Kopf nickte. Mein Vater, der sein Leben lang *Tefillin*, Gebetsriemen, angelegt hatte und stundenlang mit dem Rabbi über die obskursten Anwendungen des talmudischen Rechts diskutieren konnte, wusste nichts zu sagen. Vielleicht glaubte er noch an Wunder. Er schickte seine Tochter aus ihrem sicheren Versteck in eine Welt, in der es nicht nur ihren Tod, sondern den Tod aller im Kellerversteck Anwesenden zur Folge haben konnte, wenn sie erwischt wurde. Ich war auch überrascht, dass es keine Einwände seitens der anderen Familien gab. Waren wir alle verrückt geworden? Meine Gefangennahme war vielleicht gefährlicher als Mamas Rückkehr. Ich suchte nicht nach der Logik in ihrem Schweigen. Ich war einfach nur dankbar. Ich ging in eine Welt hinaus, in der man auf jede Wand und jedes Gebäude Plakate gepflastert hatte, auf denen stand, dass es verboten war und mit dem Tod bestraft werden würde, Juden Unterschlupf zu bieten; dass es mit dem Tod bestraft werden würde, wenn man nach der Sperrstunde auf der Straße angetroffen wurde; dass es mit dem Tod bestraft werden würde, ins Ghetto zu gehen; dass es mit dem Tod bestraft werden würde, Juden auf irgendeine Weise zu helfen. Als wir vor wenigen Tagen mit Josek zum Ghetto gegangen waren, hatte ich all diese Plakate gesehen, geschrieben in dieser brutalen gotischen Schrift, die mir so verhasst war wie das Hakenkreuz auf den Fahnen der Nazis. Meinem Vater blieb keine Zeit, eine wohldurchdachte Entscheidung zu fällen.

Um acht Uhr abends zogen wir dann los. Ala sagte, wir müssten uns über gar nichts Sorgen machen. Sie wiederholte, dass wir nur zwei Mädchen seien, die sich in Zólkiew vergnügen wollten. Ich hatte die Armbinde abgenommen. Es war eine klare, kalte Nacht. Mein Herz klopfte so laut, dass ich fürchtete, es würde die Toten auf dem Friedhof wecken. Auf den Straßen lag verharschter Schnee, der wie Knallkörper unter unseren Füßen krachte. Trotz meines warmen Mantels fror ich. Alles, was der Kälte direkt ausgesetzt war – Nase, Wangen, Ohrläppchen –, war hart wie Porzellan und fühlte sich an, als würde es zerbrechen, wenn man es berührte. Meine Füße waren eiskalt, obwohl sie in weichem dicken Filz und zwei Paar Wollstrümpfen steckten. Doch wir waren dankbar für den bitterkalten Wind und die eisigen Temperaturen. Kein Mensch war auf der Straße.

Mein Haar war unter meinem Hut verborgen, mein Gesicht durch meinen Schal verdeckt. Ich versuchte, nicht an die SS und die Gestapo zu denken, deren Hauptquartier sich in der Villa des alten Gouverneurs befand, direkt gegenüber dem Park, in dem wir immer Schlittschuh gelaufen waren.

Oder an die brutalen ukrainischen Polizisten, die die reinsten Judenhasser waren. Sie waren noch schießwütiger als die SS und die Gestapo zusammen.

Ala und ich hatten nicht darüber nachgedacht, und wir hatten uns auch sonst keinen Plan zurechtgelegt.

Als ich auf der anderen Straßenseite unser Haus sah, sehnte ich mich danach, durch die große braune Holztür ins Wohnzimmer zu gehen, wo mein Bett dicht neben dem Ofen stand, so dass es Mania und mir selbst in den kältesten Wintern schön warm war. Ich würde schlafen gehen, und beim Aufwachen wäre alles wie früher. Ala registrierte, dass ich zu unserem Haus hinüberschaute. Sie zog mich mit sich, und wir kamen an den rosafarbenen Mauern des Klosters vorbei.

Es mussten Patrouillen unterwegs sein, auch wenn wir keine gesehen hatten. Doch so laut, wie der Schnee unter unseren Stiefeln knirschte, war es schwierig, überhaupt etwas zu hören.

Mir klapperten die Zähne, mehr aus Angst als vor Kälte. Und Ala flüsterte mir immer wieder zu: »Sag etwas, Clara, sag etwas, dann hören deine Zähne auf zu klappern.« Ala hatte nicht aufgehört zu reden, seit wir das Haus verlassen hatten, über alles und jedes. Sie erzählte mir von den Männern, die für sie schwärmten. Es waren so viele, dass ich ihre Namen nicht behalten konnte. So viele einsame Jungs mit Gewehren, die bei den Menschen, deren Land sie erobert hatten, nach Freundlichkeit, Wärme und sogar Liebe suchten. Ala redete über die Filme, die sie gesehen hatte, die Kleider der Schauspielerinnen, darüber, dass sie sich die Haare so gekämmt hatte, wie diese und gern ein Kleid gehabt hätte wie jene. Wer würde schon ahnen, dass dieses wunderschöne Mädchen, das so unbekümmert plauderte, ihr Leben aufs Spiel setzte, indem sie ein jüdisches Mädchen durch die Straßen führte, um dessen Mutter aus dem Ghetto zu befreien? Ich konnte es selbst kaum glauben.

Das Ghetto lag direkt vor uns. Die Synagoge, deren getünchte Wände im Mondlicht glänzten, ragte über uns auf. Die Silhouette der Zitadelle sah aus wie ein Geisterschiff in der Nacht.

Als wir den Stacheldrahtzaun erreichten, sagte ich Ala, sie könne jetzt gehen. Das Haus, in dem Uchka lebte, war nicht mehr weit entfernt, und ich wusste nicht, wie lange ich oben sein würde. Es konnte Stunden dauern, und ich wollte nicht, dass Ala nach der Sperrstunde alleine in der eisigen Kälte wartete. Sie hatte genug getan, doch sie bestand darauf, bei mir zu bleiben.

Wenn man uns so nahe beim Ghetto anhielt, gingen wir nicht länger als zwei Mädchen durch, die sich an einem kalten Abend in Zólkiew eine schöne Zeit machen wollten. Wenn man uns jetzt anhielt, könnten wir uns nicht mehr herausreden. Nicht einmal Alas Charme würde uns helfen oder die Musik ihres Lachens oder das unwiderstehliche Leuchten in ihren Augen.

Uchkas Wohnung lag nur drei Türen vom Judenrat entfernt. Beim Judenrat war nachts immer etwas los. Und das hieß, dass auch die SS und die Gestapo nicht weit waren.

Noch einmal sagte ich Ala, sie solle nach Hause gehen. Sie würde es tun, flüsterte sie. Ich schlüpfte zwischen dem Stacheldraht hindurch und ging, so schnell ich konnte. Doch schon bald hörte ich Schritte hinter mir. Ich hatte Angst, mich umzudrehen, konnte aber nicht anders. Es war Ala. Ihre Augen und ihr Mund wirkten wild entschlossen, und ich wusste, dass sie nicht mit sich reden lassen würde.

Als ich das Gebäude betrat, versteckte sich Ala in einem Hauseingang auf der anderen Straßenseite. Ich hatte fürchterliche Angst, an die Tür zu klopfen, konnte kaum einen Fuß vor den anderen setzen. Was würde mich auf der anderen Seite der Tür erwarten? Ich klopfte. Es folgte eine lange, lange Stille. Dann hörte ich Mamas Stimme, ganz leise. »Wer ist da?«

»Ich bin's. Clarutschka.« Mama öffnete die Tür. Ich hätte nicht sagen können, ob sie infiziert war. Gesicht, Handflächen und Fußsohlen bleiben von den Pusteln verschont. Sie sagte nur: »GEH NACH HAUSE!« In ihrem Gesicht spiegelten sich Wut und Ungläubigkeit, dass ihre kluge Tochter so dumm hatte sein können.

Sie versuchte, mir die Tür vor der Nase zuzuschlagen, doch ich hielt sie mit dem Fuß auf, schob mich ins Zimmer und schloss die Tür hinter mir. Mama ließ mich nicht weiter als ein paar Zentimeter ins Zimmer hineinkommen und stellte sich mir in den Weg.

Der Raum war voller Leute, die offensichtlich Schmerzen hatten. Ich sah Uchka und den Cousin ihres Mannes. Doch viel mehr konnte ich nicht erkennen, weil es in diesem Zimmer dunkel war, um die empfindlichen Augen der Typhusopfer zu schützen. Licht ruft bei ihnen unerträgliche Kopfschmerzen hervor. Der Gestank war so schlimm, dass ich ihn fast schmecken konnte, und ich hatte Probleme, die Brötchen, die ich bei den Becks gegessen hatte, im Magen zu behalten. Mamas Gesicht war rot, und sie schwitzte. »Mama, Mama, du musst nach Hause kommen«, schrie ich. Ich betrachtete ihr Gesicht und versuchte, mir ihre Arme und Hände anzusehen, doch es war zu dunkel. Sie zu fragen, traute ich mich nicht. Mama sagte immer wieder: »Geh nach Hause, geh nach Hause, geh nach Hause …«

»Mama, bitte, du darfst nicht krank werden. Du darfst nicht krank werden.« Ich griff nach ihren Händen und versuchte, ihr die Ärmel hochzuschieben, damit ich sehen konnte, ob sie Pusteln an den Armen hatte. Mama stieß meine Hände weg, packte mich im Nacken, schob mich gewaltsam durch die Tür und warf mich hinaus. Sie schubste mich so stark, dass ich mehrere Stufen hinabfiel. Hätte ich mich nicht gerade noch am Geländer festgehalten, wäre ich die gesamte Treppe hinabgestürzt.

Mama machte mir Angst. Sie kam mir vor wie eine Verrückte. Mama hatte mich noch nie angeschrien. Aber diese Frau brüllte noch immer: »Denkst du, ich kann sie im Stich lassen? Denkst du, sie würde mich im Stich lassen? Denkst du, du würdest Mania im Stich lassen? Denkst du, sie würde dich im Stich lassen? GEH! Geh nach Hause, bevor man dich schnappt! Weiß dein Vater, dass du hier bist?«

Ich brachte nur ein Nicken zustande. Fassungslos und verwirrt schüttelte Mama den Kopf, und aus ihrem geröteten Gesicht wich alle Farbe. »Er hat dich gehen lassen? Er hat dich gehen lassen?«

Ich nickte. Mama sagte kein Wort mehr. Sie sagte mir nicht, ob sie krank war oder nicht. Sie sagte mir nicht, ob Uchka sterben oder leben würde. Zygush und Zosia hatte ich nicht sehen können. Ich wusste nicht, ob sie in diesem Zimmer voller Kranker waren oder anderswo in Sicherheit. Mama sagte mir nicht, ob sie nach Hause kommen oder im Ghetto bleiben würde. Ohne ein Wort des Abschieds, ohne einen Kuss oder ein Nicken oder eine Berührung ging sie wieder hinein und schloss die Tür.

Ich starrte auf die Tür. Mama hatte noch nie in solch heftigem Ton mit mir gesprochen. Normalerweise lächelte sie und tätschelte und küsste mich, wenn sie mir etwas auftrug. Sie musste nie laut werden, wenn sie mit mir sprach. Ich weiß nicht, ob es daran lag, dass ich ein so sanftmütiges Kind war oder dass ich in einer Welt lebte, in der ich vor allem geschützt wurde, was mir weh tun konnte. Doch jetzt musste ich die Treppe hinab und ohne meine Mutter durch die eiskalten Straßen zurück zu meinem Vater und meiner Schwester gehen. Ich hätte nicht im Traum daran gedacht, dass Mama nicht mit mir zurückkommen würde.

Wieder auf der Straße, erzählte ich Ala, dass Mama nicht mitkäme. Ala nahm meinen Arm und fing an zu plaudern. Wieder waren wir zwei Mädchen, denen nichts auf der Welt etwas anhaben konnte. Diesmal bekam ich kein Wort mit von dem, was Ala sagte. Ich hatte fürchterliche Angst und weinte. Sofort froren die Tränen auf meinem Gesicht fest. Aber das war mir egal. Ich wusste nicht, ob ich Mama je wiedersehen würde. Ich wusste nicht, wie ich es meinem Vater und meiner Schwester sagen sollte. Und trotz meines Schmerzes und der Angst um Mamas und Uchkas Leben wollte ich nur noch zurück ins Kellerversteck, wo ich in Sicherheit sein würde. Und ich schämte mich dieser selbstsüchtigen Gedanken nicht.

Als Ala die Tür aufschloss, wartete Beck auf uns. »Macht, dass ihr reinkommt, bevor die gesamte Gestapo euch sieht!«, sagte er wütend. Ala küsste ihren Vater und zog mich zum Ofen hin, wo wir die Handschuhe auszogen, um uns die Hände zu wärmen. Sie plauderte weiter und tat so, als wäre es bei unserem Unternehmen um nichts weiter gegangen, als auf dem Markt einen Fisch zu kaufen.

Jetzt nachdem er seine Tochter in Sicherheit wusste, war Becks Wut verflogen. »Seht euch beide nur an.« Er berührte Nase und Ohren seiner Tochter und wärmte sie. »Eiszapfen. Es gibt Suppe. Esst etwas Warmes.«

Aber ich wartete nicht auf die Suppe. Ich ging direkt zur Bodenluke, klopfte und flüsterte: »Ich bin's, Clara.« Sofort ging die Luke auf, und ich sah das Gesicht meines Vaters und meiner Schwester gleich hinter dem von Herrn Patrontasch. Ich musste nichts sagen, als ich allein nach unten kletterte.

Mein Vater wollte wissen, wie sie ausgesehen habe. Ich sagte, sie habe gut ausgesehen und ich habe keine Anzeichen der Krankheit entdeckt. Als wir später schlafen gegangen waren, flüsterte Mania mir ins Ohr: »Ging es ihr wirklich gut? Lebt sie noch? Ich kenne dich. Vielleicht hattest du Angst, es Papa zu sagen.« Ich erzählte ihr, wie wütend Mama gewesen war und dass sie mich gepackt und die Treppe hinabgestoßen hatte. Ich sah, dass Mania versuchte, das Bild einer völlig gesunden Mama heraufzubeschwören, so als würde dieses Bild uns Kraft geben, falls sie nicht mehr zu uns zurückkäme. Sie lächelte, als sie sich vorstellte, wie wütend Mama darüber gewesen sein musste, dass unser Vater mich hatte gehen lassen.

Vergeblich versuchte ich, einzuschlafen. Ich war überhaupt nicht müde. Doch ich hätte so gern geschlafen, um nicht mehr darüber nachdenken zu müssen, wie die Welt ohne Mama aussehen würde.

6
Die Endlösung

FEBRUAR BIS ANFANG APRIL 1943

Wir befinden uns im 20. Jahrhundert. Es ist nicht zu fassen. Sie hielten mit Lastwagen unter Fenstern und warfen Erwachsene und Kinder hinein. Einige von der Gestapo griffen sogar zur Axt. Einer von ihnen hackte Nusick Lichter tot, einen zwölfjährigen Jungen, Neffe der Patrontaschs. Die übrigen Juden wurden in eine Straße getrieben. Josek, Rela, Uchka und die Kinder blieben diesmal verschont.

Herr Beck war so gut, immer wieder zum Ghetto zu laufen, um uns über Uchkas Gesundheitszustand und Mamas Befinden auf dem Laufenden zu halten. Er erzählte uns, dass er mit den Polizisten und seinen Freunden getrunken und geplaudert habe, während er stundenlang vor dem Ghetto auf ein Wort von Josek wartete. Seine Nachricht, dass die Russen in der blutigsten Schlacht des Krieges Stalingrad zurückerobert hatten, sollte uns aufmuntern. Aber Stalingrad war weit weg, und wir machten uns mehr Sorgen um die Menschen, die tagtäglich im Ghetto starben. Beck beobachtete, wie sie auf Karren geladen und zum Friedhof geschoben wurden. Er schaute nach, ob sich Uchka und Mama, begraben unter anderen Leichen, auf den Wagen befanden. Er wartete auf Nachrichten, welche Juden gestorben seien, und berichtete uns, dass Mama noch lebte. Josek erzählte Beck, er und Rela seien auf der Suche nach jemandem,

137

der für Uchka sorgte, damit Mama gehen könne. Wir hatten Glück, dass das Ghetto an die Hauptstraße von Zólkiew grenzte, denn sonst hätte Beck auf dem Nachhauseweg von der Arbeit nicht, trinkend und plaudernd, so viel Zeit mit seinen Freunden in Sichtweite von Uchkas Fenster verbringen können.

Zwar erzählte uns Beck alles, erinnerte uns aber immer daran, dass er Mama auf keinen Fall wieder ins Haus lassen könne. Jedes Mal, wenn er sagte, dass das Überleben der Gruppe wichtiger sei als das Leben eines Einzelnen, hätte ich ihn am liebsten angeschrien, und ebenso Frau Melman und Frau Patrontasch, die nach Becks Berichten stets miteinander flüsterten. Doch nach außen hin war ich die Ruhe selbst. Wir gingen sogar noch förmlicher miteinander um und sprachen einander mit Titeln an. Ich hielt mich an die Regeln, bettelte nicht, flehte nicht, schacherte nicht um Mamas Leben.

Ich kochte uns Kartoffeln, teilte an Mamas Stelle Wasser aus, machte den Abwasch, räumte jeden Morgen die Matratzen weg. Doch es fühlte sich schlimmer an als eine Lüge; es fühlte sich an wie Verrat an Mama. Die Tage wurden zu einem verschwommenen Einerlei, während ich mechanisch meine Aufgaben erfüllte. Mania und ich flüsterten nachts miteinander, und wir beteten.

Drei Tage nachdem ich mit Ala zum Ghetto gegangen war, hörten wir, wie die Eingangstür aufging und Becks Schritte sich der Bodenluke näherten. Er war nicht alleine. Er klopfte an die Luke, und Herr Patrontasch beeilte sich, sie zu öffnen. Mama starrte zu uns hinab. Beck half ihr nach unten, und wir lagen einander in den Armen. Wir vier. Ich flüsterte nur immer wieder: »Mama.« Aus dem Augenwinkel sah ich, dass Frau Melman etwas sagen wollte, doch bevor sie dazu kam, beschwor Herr Beck Gottes Autorität: »Kein Wort. Wenn Gott entschieden hat, sie zurückzubringen, dann ist es Sein Wille. Kein Wort.«

Dann ging er. Es wurde nicht über Typhus oder Läuse oder darüber geredet, Mama in Desinfektionsmittel zu tauchen, doch sie ging kurz nach ihrer Ankunft nach oben, um ein Bad zu nehmen. Sie erzählte uns, dass Uchka, krank, wie sie war, immer wieder sagte, sie könne nicht sterben und dass Zygush und Zosia ihre Medizin seien. Sie erzählte uns, dass Beck stundenlang auf der anderen Straßenseite gestanden habe, und sie dankte Gott dafür. Dann fragte sie meinen Vater, woher er das Geld habe, Suppe für Uchka und die anderen zu kaufen. Josek hatte jeden Tag einen Topf Suppe mitgebracht und gesagt, er sei von uns. Mein Vater hatte Beck nicht einen Zloty gegeben.

Oben begann Beck, ein beliebtes deutsches Lied zu summen: »Ende gut, alles gut.« Diese Melodie wurde zu seinem Markenzeichen, dem Signal, dass alles in Ordnung war; dass die Nazis aus dem Haus waren; dass wir reden konnten; dass die jeweilige Gefahr vorbei war. Ihn dieses Lied pfeifen zu hören, munterte mich fast ebenso auf wie Mamas Rückkehr, weil in der einfachen Melodie das Versprechen lag, dass alles gut werden würde; dass Becks Glaube stärker war als unserer; dass er sich trotz seines Rufs und der Sünden, die die Quelle von so viel Gerede und Verachtung waren, nicht nur als Mensch, sondern als *tzadik,* als rechtschaffener Mensch, erwies und dass seine Aussage, wir seien in Gottes Hand, nicht nur eine Floskel oder die Sehnsucht nach Glauben war, sondern der Glaube selbst. Ich dankte Gott für Mama und dafür, dass er uns Beck geschickt hatte.

Nachdem sie uns umarmt und immer wieder versichert hatte, wie sehr wir ihr gefehlt hatten, schaute Mama sich in unserem Kellerversteck um und lachte: »Wie ich diesen Ort vermisst habe!« Das war das Lustigste, was wir gehört hatten, seit wir in dieses Versteck gekommen waren, und in diesem Moment war alles vergessen. Ich hasste die anderen Familien nicht mehr, ärgerte mich nicht mehr über sie. Wir waren wieder vereint. In jener Nacht hielten Mania und ich unsere Mutter fest umschlungen.

Einen Tag nach Mamas Rückkehr brachte Josek mit Becks Erlaubnis Rela zu uns. Die Uniform schützte Josek, aber das Leben im Ghetto war schlimmer, als die beiden erwartet hatten. Josek versprach, auf den gemeinsamen Sohn aufzupassen und Rela durch Beck über ihn auf dem Laufenden zu halten.

Herr und Frau Beck waren nicht nur unsere Beschützer, sie waren auch unsere Boten. Sie gingen sogar von Zeit zu Zeit nach Mosty Wielkie, um nach Giza und Meyer zu sehen und uns Nachrichten von ihnen zu bringen. Giza erzählte Beck, dass der deutsche Kommandant Krupp jedes Mal, wenn Deportationen durchgeführt werden sollten, sich gegenüber der SS behauptete und nicht zuließ, dass sie auch nur einen Juden mitnahm. Die Arbeit sei wichtig für die Armee. Sie seien alle Facharbeiter. Der Produktionsplan lasse keine Zeit, neue Arbeiter auszubilden, und so weiter und so weiter. In jedem Dorf in Galizien wurden die Juden vernichtet, aber die Juden von Mosty Wielkie waren in Sicherheit. Doch dann berichtete Beck uns eines Tages, dass der Kommandant Anfang Februar durch einen SS-Offizier ersetzt worden sei, der innerhalb weniger Tage 1500 Juden umgebracht habe, unter ihnen Giza und Meyer. Wir waren untröstlich. Giza, die das Theater geliebt und in jeder Laienproduktion in Zólkiew mitgespielt hatte, deren Lachen sich mit Uchkas messen konnte und deren rundes Gesicht und dunkle Augen so warm waren wie ein Ofen und so süß wie die dunkelste Schokolade, war tot. Es war schwer, sich unsere Welt ohne sie vorzustellen. So wie nach jeder anderen Katastrophe sagte Mama: »Schreib, Clara, schreib!« Es gab nichts, was wir sonst hätten tun können. Das Gefühl des Verlusts und der Amputation bestimmte nun unser Leben.

Wenige Tage später kam Julias Schwester Maria vorbei, die im alten Haus der Becks vor der Stadt wohnte. Sie war völlig hysterisch. Wir konnten jedes Wort verstehen, als sie, keuchend und nach Luft schnappend, ihre Geschichte erzählte und ihre Stimme dabei vor lauter Panik immer lauter wurde. Die Nazis hatten auf der Suche nach den Becks und den Juden, die sie versteckten, an ihre Tür geklopft. Gott sei Dank war sie nicht zu Hause gewesen. Sie hatte sie um wenige Minuten verpasst und es nur von einem Nachbarn gehört. Die Polizei war wieder abgefahren, ohne das Haus zu durchsuchen, nachdem sie erfahren hatte, dass die Becks nicht mehr dort wohnten. Maria hatte eine Abkürzung genommen und war durch den Wald gehastet, um uns zu warnen. Ich kannte den Wald und die Felder und wusste, dass diese arme Frau sich durch kniehohen Schnee hatte kämpfen müssen. Ihre Schuhe waren bestimmt völlig durchnässt, ihre Füße eisig kalt. Auf den weiten Feldern war sie völlig ungeschützt gewesen, und wenn irgendein deutscher oder ukrainischer Polizist sie dort hätte laufen sehen, wäre sie mit Sicherheit angehalten und verhört worden. Doch auch wenn sie eine Abkürzung genommen hatte, die Nazis in ihren Autos hätten längst angekommen sein müssen.

Dann hörten wir das Klopfen, das Hämmern an der Tür und die Nazis, die brüllten: »WIR SUCHEN JUDEN!« Julias Schwester schlüpfte, so schnell sie konnte, durch die Hintertür hinaus. Patrontasch löschte das Licht, und wir saßen in der dunklen Stille, jeder von uns allein mit seiner Angst. Ich hielt die Hand meiner Schwester. Wir hatten Angst zu atmen. Alle Geräusche aus den Zimmern über uns klangen lauter als sonst. Ich betete stumm, dass die Nazis, wenn sie nach unten kamen, uns erschießen würden. Ich betete für die Becks. Ich wusste nicht, wie sie den Nazis gegenübertraten oder was sie dachten oder ob sie uns verfluchten.

Dann hörte ich Alas leichte Schritte, hörte, wie sie die

Tür öffnete und dann mit der furchtlosen rauchigen Stimme einer Achtzehnjährigen fragte: »Was können wir für Sie tun?«

Ich hatte keine Ahnung, wie die Gesichter dieser Nazis aussahen. »Wir suchen nach Juden. Wir wissen, dass sie hier sind.« Und dann lachte Ala, ja sie kicherte fast. »Juden? Hier? Wissen Sie nicht, wer mein Vater ist? Er verachtet Juden. Gehen Sie in irgendein Lokal in der Stadt und fragen Sie, was Beck von Juden hält!«

Schweiß tropfte mir über die Stirn in die Augen. Die Stimme des Deutschen klang drohend: »Sie haben nur eine Möglichkeit zu überleben. Wo sind die Juden?« Ala lachte, sie lachte tatsächlich. »Schon gut, schon gut, ich bin Jüdin, können Sie das nicht sehen? Nehmen Sie mich doch mit.« Der Mann fand das nicht lustig und drohte ihr damit, sie festzunehmen. Ala klang jetzt zerknirscht: »Tut mir leid. Die Vorstellung ist einfach verrückt. Denken Sie, ich würde scherzen, wenn hier Juden wären?« Julia hatte jetzt Angst, und zwar aus mehr Gründen, als die Nazis vielleicht vermuteten. Sie bat sie, Ala zu verzeihen, weil sie ja noch ein junges Mädchen sei. Aber Ala hielt auch jetzt nicht den Mund. »Oh, Mama, es ist doch nur, weil wir nie Besuch bekommen, und ich hab doch nur mit unseren Besuchern gescherzt. Aber wie kommen die auf den Gedanken, eine loyale volksdeutsche Familie könnte Juden verstecken?« Der Deutsche sagte: »Das dürfen wir nicht sagen.« Und diese Bemerkung schien Ala erst richtig in Fahrt zu bringen. »Sie haben ja keine Vorstellung, wie das für uns ist! Die Polen, die Ukrainer, jeder denunziert jeden. Vor zwanzig Jahren kauft jemand eine Sau. Sie ist unfruchtbar. Und nun, zwanzig Jahre später, wird der Verkäufer der unfruchtbaren Sau beschuldigt, Juden zu verstecken. Ach du meine Güte! So spät ist es schon. Ich muss los zu meiner Arbeit bei der Post. Darf ich gehen?«

Dann hörten wir zum ersten Mal den zweiten Polizisten sprechen. Seine Stimme klang jung, melodisch, und ich konnte hören, dass Ala ihm gefiel: »Entschuldigen Sie die Unannehmlichkeiten … Wir werden jetzt gehen. Wir müssen noch andere Meldungen überprüfen.«

Ala ließ sich nicht aus der Ruhe bringen. »Dann gehen Sie jetzt in die Stadt? Vielleicht kann ich mit Ihnen kommen?«

Nach ein paar weiteren koketten Worten verließen die Polizisten zusammen mit Ala das Haus, und wir hörten, wie sich die Tür schloss.

Kurz danach ging Beck. Als er zurückkehrte, kam er sofort zu uns nach unten und sagte, dass wir gehen müssten. Er habe keine andere Wahl. Wir sahen, wie sehr ihn diese Entscheidung quälte, sahen seine tiefe Traurigkeit. Er musste an seine Familie denken. Papa sagte ihm, dass er unter diesen Umständen nichts anderes tun könne. Beck ging los, um Josek zu holen, damit er uns zurück ins Ghetto brachte. Wo sonst hätten wir hingehen sollen? Niemand wurde hysterisch oder weinte. Wir hatten gewusst, dass dieser Augenblick früher oder später kommen würde. Wir waren ausgelaugt und erschöpft. Die Unterhaltung mit Beck hatte nicht einmal eine Minute gedauert. Nie war ein Todesurteil mit so viel Freundlichkeit verkündet worden.

Wir hatten kaum angefangen, unsere Sachen zusammenzupacken, als Beck wieder an die Bodenluke klopfte. Wir erschraken, statt Josek Melmans Halbbruder Gedalo Lauterpacht zu sehen. Beck schaute uns mit Augen an, die stärker als sonst brannten. »Wir sind alle in Gottes Hand. Sie können bleiben, und Gedalo wird auch hierbleiben.« Ich wusste nicht, ob er verrückt oder ein Heiliger war, aber wir würden weiterleben. Er holte seine Wodkaflasche, und die Männer tranken.

Wir hatten keine Ahnung gehabt, dass Gedalo, sein Bruder Hermann und dessen Verlobte Lola Elefant mit ihrem kleinen Bruder Icio im Haus von Julias Schwester versteckt gewesen waren, als die Nazis kamen. Gedalo erzählte uns, Hermann, Lola und Icio seien ins Ghetto gegangen.

Im Verlauf der nächsten Tage verschlechterte sich die Situation im Ghetto. Sie ließen niemanden mehr hinaus. Selbst Polizisten brauchten eine Sondererlaubnis, wenn sie das Ghetto verlassen wollten. Am 15. März trafen dann zwei Lastwagen der Gestapo ein und brachten alle Menschen, die sich zum Morgenappell gemeldet hatten, ins Janowska-Lager in Lemberg. Wir erfuhren die Einzelheiten von Lola, die hatte entkommen können und die Beck wenige Tage nach der Deportation zu uns gebracht hatte.

Als Lola ihren Hut abnahm, fiel eine Woge schneeweißen Haars herab, ein Anblick, der uns alle nach Luft schnappen ließ. Lola war erst in den Zwanzigern. Sie erzählte uns dann mit einer Stimme, die nicht lauter war als ein Flüstern, warum ihr Haar weiß geworden war.

Als sie, Hermann und ihr Bruder Icio ins Ghetto zurückgekehrt waren, hatte man ihnen gesagt, Zólkiew sei zu einer Stadt erklärt worden, deren jüdische Bewohner Zwangsarbeit leisten müssten. Das würde ihnen allen das Leben retten. Die Nazis hatten die Anzahl der jüdischen Polizisten erhöht, die dabei helfen sollten, dieses große Arbeits-Sonderkommando zu führen, und die Juden dem Kommandanten ihr Geschick demonstrieren zu lassen. Am Morgen des 15. März bestärkte der Judenrat alle Männer darin, beim Auswahlverfahren, bei dem man ihnen Aufnäher mit einem W *(Wehrmacht)* oder einem R *(Rüstung)* geben würde, ein gutes Bild abzugeben. Fast siebenhundert Männer, Väter, Ehemänner, Söhne hatten sich auf dem Platz versammelt und wurden zu den Sportplätzen in der Nähe des Theaters geführt, in dem Manias Konzert stattgefunden hatte.

Lola sagte, sie habe im Grunde ihres Herzens gewusst, dass etwas nicht stimmte. Hermann hatte ihr eingeschärft, in der Wohnung zu bleiben, doch sie ging auf die Straße und beobachtete, was dort vor sich ging. Plötzlich öffneten sich die Tore zum Ghetto, und ihr stockte das Herz. Hunderte deutscher Polizisten und Blaumäntel stürmten durch die Tore, umzingelten die Männer und zogen den Kreis um sie immer enger. Ein Dienstwagen fuhr vor, gefolgt von einem Konvoi von Lastwagen. SS-General Katzman stieg aus und sah zu, wie die Blaumäntel und deutschen Polizisten die Männer gnadenlos in die wartenden Lastwagen prügelten.

Lola hatte miterlebt, wie sie Hermann in einen Lastwagen stießen. Er hatte hochgeblickt und ihr in die Augen geschaut. Das war das letzte Mal, dass sie ihn gesehen hatte. Icio hatte sie in diesem Chaos nicht ausmachen können. Als der Konvoi weg war, hatten die Frauen den Judenrat bestürmt und nach Antworten geschrien. Lola sagte, sie habe das Gefühl gehabt, als würde ihr der Boden unter den Füßen weggezogen.

Tagelang hatte sie vor Verzweiflung nicht schlafen können. Sie erfuhr, dass man die Männer ins Janowska-Lager gebracht hatte. Am Tag ihrer Ankunft hatte ein Jude eine SS-Wache getötet. Zweihundert der Neuankömmlinge waren deshalb erschossen worden. Lola wusste nicht, ob ihr Verlobter und ihr Bruder noch lebten oder tot waren. Schließlich war sie vor lauter Erschöpfung zusammengebrochen. Als sie erwachte, war ihr Haar weiß gewesen. Sie hatte nicht gewusst, was sie mit sich anfangen sollte, hatte den Anblick der Wände in der Wohnung ihrer Familie nicht ertragen können. Es gab dort zu viele Geister und zu viel Leid. Sie war nach draußen gegangen und im Ghetto hin und her spaziert.

Nach einer Stunde hatte sie gehört, wie jemand ihren Namen rief, hatte sich umgedreht und Herrn Beck am Zaun stehen sehen. Er war gekommen, um zu erfahren, wie es ihnen ging. Sie solle nachts zu seinem Haus kommen, flüsterte er ihr zu, er würde auf sie warten. Lola hatte keine Ahnung gehabt, dass er ein so ehrenwerter Mensch war.

Ich hatte meine Familie bei mir, und zusammen konnten wir um Dzadzio, Giza und die anderen trauern, aber Lola war allein mit ihren Erinnerungen an ihre Familie. Es würde keine *shiva*, die Totenwache, geben, kein Begräbnis für die Menschen, die sie verloren hatte. Sie konnte nur das, was mit ihrer Familie in der Nacht der November-*akcja* geschehen war, in ihr Tagebuch schreiben und dann eines Tages die Kraft finden, es uns zu erzählen.

Ihre Mutter und ihre Schwester Genia waren außer Haus gewesen, als die *akcja* begann. Lola war mit ihrem Vater in den Keller gerannt, während sich ihr Bruder Icio auf dem Dachboden versteckt hatte.

Als die Schießerei schließlich aufhörte, waren sie und ihr Vater nach oben gekrochen. Sie fanden Icio unter Metallstangen begraben, die auf ihn gefallen waren. Er hatte keine Zeit gehabt, sich warme Kleidungsstücke anzuziehen, und in der eisigen Kälte dort festgesteckt, mit dem Gesicht zum Fenster, das zum Platz hin lag. Er hatte alles gesehen, hatte den Kopf nicht abwenden können, hatte alles von Anfang an mitbekommen: wie der Gestapo-Kommandant in allen Straßen Posten aufstellte, wie er brüllte, alle sollten hinaus auf die Straße gehen, und wie dann die Jagd auf die Juden eröffnet wurde. Wer es nicht mit eigenen Augen gesehen hatte, würde es nicht glauben.

Lola und ihr Vater hatten sich um Icio gekümmert, bis er die Füße ein wenig bewegen konnte. Dann hörten sie ein Geräusch, als ob jemand in einem nahe gelegenen Gebäude eine Handgranate geworfen hätte, und eine Frauenstimme schrie: »Lauf!«

Wie sich herausstellte, ging der Gestapo-Kommandant höchstpersönlich auf der Suche nach weiteren Juden von Haus zu Haus. Sie schafften es, nach unten zu laufen und durch ein kleines Loch in der Wand in den Hinterhof zu gelangen, und wie durch ein Wunder wurden sie weder gesehen noch gehört. Später krochen sie zurück, um Lolas Mutter und Schwester zu suchen. Mitten auf dem Platz stand ein Taxi, umgeben von Juden, die gezwungen wurden, sich hinzuknien. Das ging so weiter bis zum Einbruch der Dunkelheit. Dann ließ die Gestapo die Juden zum Bahnhof marschieren.

Lola schrieb in ihr Tagebuch:

Etwas in mir stirbt, wenn ich all das sehe. Ich weiß, dass sich unter denen, die zum Zug geführt werden, meine Mutter und meine liebste Schwester befinden. Mein Herz ist gebrochen. Mein Verstand kann die Tatsache nicht akzeptieren, dass sie in den Tod geführt werden. Oh, der Pfiff, als der Zug abfährt. Ich weiß nicht, was als Nächstes mit mir geschieht. Ich glaube, ich verliere den Verstand.

Ihr Vater hatte versucht, sie zu beruhigen. Sie suchten dann nach Springern, wie Mania und ich es mit Pepka Fisch getan hatten, und fanden einige, die beim selben Transport dabei gewesen waren und Lolas Mutter sowie Schwester gesehen hatten. Genia, so erfuhren sie, war ruhig gewesen, hatte die anderen getröstet und sie ermutigt, vom Zug zu springen. Ihre Mutter hatte nicht springen wollen, und Genia weigerte sich, ohne sie zu gehen. Schließlich hatte ihre Mutter nachgegeben, hatte das Fenster aufgehalten und ihre Tochter hinausgestoßen.

Wenige Tage später hatten ein paar Springerinnen gehört, wie eine Frau ihnen vom Hof eines Bauernhauses etwas auf

Jiddisch zurief. Die Kleider der Frau waren zerrissen, und sie fror und war so schwach, dass sie sich kaum bewegen konnte, aber sie hatte die Mädchen erkannt. Sie bat sie, nach Lola zu suchen und ihr zu sagen, dass ihre Mutter lebe. Man hatte auf sie geschossen, doch die Kugel hatte nur ihren Kopf gestreift.

Ich bin überglücklich, dass meine Mutter lebt ... Ich bin auf der Suche nach einem Pferdewagen, aber es ist nicht möglich, einen zu mieten. Alle Pferdewagen werden für den Transport der Leichen gebraucht. Was für ein entsetzlicher Anblick! Alle Wagen sind mit Leichen gefüllt, und das Blut sickert aus ihnen heraus. Die Straßen sind voller Blut. Es sieht aus, als habe in unserer Stadt eine Schlacht stattgefunden. Ich habe das Gefühl, den Boden unter den Füßen zu verlieren. Ich habe das Gefühl, zu fallen ... Ich muss so schnell wie möglich einen Pferdewagen finden. Meine Mutter wartet dort seit gestern Abend ... Jeder Augenblick wird zu einer Ewigkeit ... Endlich finde ich einen Kutscher, verspreche ihm eine saftige Summe, und er macht sich auf den Weg. Ich kann seine Rückkehr kaum erwarten. Ich gehe dem Wagen entgegen, und welch fürchterlicher Anblick erwartet mich. Statt dass man mir meine Mutter lebend wiederbringt, sehe ich einen Wagen voller Leichen, und obendrauf meine Mutter. Ordnunger Schultz fragt mich: »Erkennst du deine Mutter?« Ich schreie verzweifelt auf. Meine Mutter liegt obendrauf, ihr Kopf hängt nach unten, sie trägt nur ihr Kleid und einen dünnen Pullover, und sie ist barfuß.
Abscheuliche Menschen haben sich nicht nur geweigert, sie aufzunehmen und zu versorgen, sie haben ihr auch ihre Kleidungsstücke gestohlen. Sie sah aus, als würde sie schlafen. Offensichtlich war sie erst vor kurzem

gestorben, einfach weil sie draußen war, schwach und
völlig durchgefroren, ohne jemanden, der sich um
sie gekümmert hätte. Ich will mir den entsetzlichen
Tod meiner geliebten Mutter nicht vorstellen. Sie
war höchstens drei Kilometer von unserem Zuhause
entfernt ... Wir haben Mama in einem Massengrab mit
70 anderen begraben.

Vom Bahnhofsvorsteher in Glusku, einer kleinen Stadt auf dem Weg nach Belzec, erfuhr Lola, dass ihre Schwester tot war. Genia war erschossen worden. Lolas Vater, von Schmerz überwältigt, starb später im Ghetto an Typhus.

Als ich all dies hörte, konnte ich nicht anders: Ich dankte Gott für meine Familie, dafür, dass wir noch zusammen waren. Aber wer wusste schon, wie lange noch?

Nur wenige Tage nach Lolas Ankunft erhielt Rela einen Brief von Uchka, die schrieb, dass Josek sich Typhus zugezogen habe, sie und Dudio jedoch gut für ihn sorgen würden. Die Nachricht von der Krankheit ihres Mannes brachte die sonst so ruhige Rela völlig aus der Fassung. Keins unserer Argumente überzeugte sie davon, in unserem Versteck zu bleiben. Wir versuchten es mit allem: dass sie kein Risiko eingehen durfte; dass sie überleben musste, weil ihr Sohn den Krieg überleben würde. Es war, als rede man gegen eine Wand. Rela liebte ihren Mann und wollte bei ihm sein, für ihn sorgen und ihn gesund pflegen. Sie ließ Laibek Patrontasch mitteilen, er solle sie abholen, und sobald Laibek kam, kehrte sie schnell mit ihm ins Ghetto zurück, ohne sich groß von uns zu verabschieden.

Relas plötzlicher Weggang hinterließ tiefe Spuren. In unserem Leben war nichts mehr einfach. Kein unbefangenes Kommen und Gehen. So wenige zwanglose Unterhaltungen.

Julia war die meiste Zeit unterwegs, oft nach Lemberg, um herauszufinden, was im Janowska-Lager vor sich ging. Einmal brachte sie uns gute Nachrichten mit. Sie hatte erfahren, dass Hermann noch lebte und in der Ölfabrik des Lagers arbeitete. Lolas Verlobter war verschont geblieben: Das war mehr, als Lola sich zu träumen erlaubt hatte.

Die stets liebenswürdige Lola, die hart zupacken konnte, hatte wieder Energie. Sie war eine ausgezeichnete Näherin und begann nun, aus gebrauchtem Stoff und abgetragener Kleidung neue Kleider und Pullover zu nähen. Julia brachte uns auch deutsche Socken zum Flicken mit. Lola war eine gute Lehrerin. Sie zeigte uns, wie man alte Kleidungsstücke auseinandertrennte und neue daraus machte. Wie man stopfte und im Kreuzstich arbeitete. Bald hatten wir unsere kleine Werkstatt im Kellerversteck. Mama, Mania und ich, wir arbeiteten alle mit. Endlich hatten wir etwas zu tun, womit wir ein bisschen Geld verdienen konnten. Julia verkaufte unsere Sachen in Lemberg auf dem Markt.

Und Lola sorgte für noch etwas in unserem Kellerversteck: für gute Laune. Trotz ihres Leids hatte sie immer ein Lächeln für Mania und mich. Sie unterrichtete uns gern, und jede unserer Bemühungen wurde mit großem Lob belohnt, als wären wir Designerinnen aus Paris.

Auch Klara wurde auf Trab gehalten. Wann immer Julia außer Haus war, ließ Beck sie nach oben kommen, um ihm bei irgendetwas zu helfen. Seine Hemden mussten gebügelt werden. Irgendetwas musste geputzt werden. Manchmal kam er unmittelbar nachdem seine Frau und seine Tochter das Haus verlassen hatten. Die Erwachsenen warfen Klara böse Blicke zu, wenn sie ging, und noch bösere, wenn sie wiederkam. Sie kroch dann hinüber zu ihrer Pritsche und saß dort mit trotzigem Gesicht, trotzig und traurig zugleich. Ich wusste nicht, was los war. Frau Patrontasch flüsterte mit ihrem Mann, die Frauen flüsterten untereinander, die Männer untereinander. »Jemand muss mit ihr reden.« – »Patrontasch, reden Sie mit ihr, sie ist Ihre Schwester.« – »Wie kann sie das nur tun? Vor den Augen seiner Frau? Sie bringt uns noch alle um!«

Eines Tages saßen die Männer rauchend da und warteten darauf, dass Klara zurückkam. Sie hatten eine Entscheidung getroffen, doch ich wusste nicht, worum es ging. Als Klara kam, gingen die Männer sofort zu ihr hinüber. So etwas hatte ich hier unten noch nie erlebt. Sie sahen aus wie Richter. Aber Richter, die zu viel Angst hatten, über die Angeklagte zu richten. Zu viel Angst, sie würde sich ihrem Urteil widersetzen. Wohl wissend, dass sie keine wirkliche Macht besaßen. Die Frauen schälten weiter Kartoffeln. Ich sah zum zehnten Mal von dem Buch auf, das ich gerade las.

Patrontasch sprach mit leiser, nervöser Stimme. »Wir haben uns unterhalten, Klara.«

»Das kann ich mir denken«, erwiderte Klara mit ausdrucksloser Stimme.

Patrontasch klang gleichermaßen verhalten. »Ich weiß nicht, was da oben vor sich geht, aber was immer es ist, du musst damit aufhören.«

»Ich will nicht darüber reden.«

»Unser Leben hängt vom Wohlwollen von Herrn und Frau Beck ab.«

»Es geht euch nichts an.«

»Natürlich geht es uns etwas an! Hast du den Verstand verloren? Das könnte unseren Tod bedeuten.«

Klara schaute weg, doch ihr Bruder fuhr fort:

»Hier unten sind drei Familien. Die Becks sind unser Rettungsboot.«

»Lasst mich einfach in Ruhe. Ich will nicht darüber reden.«

»Klara …«

»Es reicht. Lasst mich in Ruhe.«

Sie wandte sich von den Männern ab. Patrontasch und die anderen starrten sie an, unfähig, ihr Verhalten zu verstehen.

Jemand bat sie, an die Kinder zu denken. »Glaubt ihr, ich denke nicht an sie? Ihr wisst gar nichts. Und jetzt lasst mich in Ruhe.«

Die Männer kehrten zu ihren Zigaretten und ihren Zeitungen zurück.

Lola flüsterte mir zu: »Ich danke Gott dafür, dass er nicht mich will.«

So fand ich heraus, dass Beck und Klara ein Verhältnis hatten. Ich konnte so etwas nicht verstehen. Niemand hatte Affären. Ich wusste kaum, was eine Affäre war. Ich war fast sechzehn, aber noch nie mit einem Jungen ausgegangen oder alleine gewesen, und ich hatte kaum mit einem getanzt oder Händchen gehalten. Dort unten dachte ich nicht an die Dinge, an die ein junges Mädchen sonst vielleicht denkt. Neben den Nazis, den Blaumänteln, der SS und der Gestapo gab es jetzt noch etwas, worüber wir uns Sorgen machen mussten. Was würde geschehen, wenn Julia herausfand, dass Klara und ihr Mann ein Verhältnis hatten? Und sie würde es zwangsläufig herausfinden. Doch wie bei all den anderen Dingen, die uns Sorgen bereiteten, waren wir auch hier machtlos. Diese Affäre verstärkte nur unser Gefühl der Resignation und Hilflosigkeit.

Von nun an hielt ich jedes Mal, wenn Klara nach oben ging, wie die Erwachsenen den Atem an, bis sie wieder unten war. Niemand sagte ein Wort. Gelegentlich blickte jemand zur Decke, wenn das Radio eingeschaltet wurde oder die Sprungfedern quietschten oder das Schlurfen von Schritten zu hören war oder, schlimmer noch, das Schlurfen aufhörte. Niemand wagte es, etwas zu Beck zu sagen. Ich wusste nur, dass alles, egal wie schlimm es schon war, nur noch schlimmer werden würde.

Am 25. März lagen wir auf unseren Pritschen. Es war fünf Uhr morgens, und wir meinten, dass es ungefährlich sei, frische Luft hereinzulassen. Hierzu mussten wir einen Ziegelstein in der Grundmauer entfernen. Osterglocken und Schwertlilien mit ihren hübschen grünen Trieben kamen bereits heraus und verdeckten zusammen mit den Büschen die Öffnung, so dass sie von der Straße aus nicht zu sehen war. Frau Melman war so stolz auf ihren Garten gewesen und hatte so fleißig in ihm gearbeitet. Die Tulpen würden in etwa einem Monat blühen, Krieg hin oder her.

Herr Patrontasch setzte sich auf und sagte: »Hört mal!« Mehr brauchte er nicht zu sagen, und wir spitzten alle die Ohren. Die Worte alarmierten uns. Wir hörten Schritte, viele Schritte, aber kein Marschieren, sondern Schlurfen, und dann Stimmen, deutsche Stimmen, die brüllten: »Weiter, weiter!«

Dann hörten wir die Lastwagen, die sich schnaufend vorwärtsbewegten. Wir hörten die Fehlzündungen und das Knirschen der Gänge. Patrontasch schaltete das Licht aus, obwohl es von der Straße aus nicht zu sehen war. Wir lagen im Dunkeln und horchten. Jeder von uns hatte Familienangehörige im Ghetto. Wir beteten. Wir lauschten den Schritten und Rufen. Gelegentlich war ein Schuss zu hören, der klang, als fiele er direkt vor unserem Haus. Wir zuckten zusammen und wussten nicht, ob der Schuss einem unserer Liebsten gegolten hatte. Nahm man alle drei Familien zusammen, ihre unmittelbaren Familien, ihre Großfamilien, ihre angeheirateten Verwandten, dann gab es sicherlich zweihundert Seelen, in deren Adern unser Blut floss und die Teil unseres Lebens waren.

Die Schreie, das Brüllen und Schießen dauerte den ganzen Tag, hörte nachts auf und fing frühmorgens wieder an. Wir hatten Angst, ein Wort zu sagen. Wir aßen nicht. Wir kochten nicht. Ich weiß nicht, ob ich einen Schluck Wasser trank. Wie hätten wir auch? Wir weinten stumme Tränen und rangen verzweifelt die Hände. Uns brach das Herz. Dies war das Ende. Das Ende der Welt. Das Ende der Juden von Zólkiew. Es war unser *Tisha B'Av*, der neunte Tag des Monats Av, der schlimmste Tag in der Geschichte des jüdischen Volkes. Der Tag der fünf Katastrophen und vieler weiterer. Der Tag, an dem Gott verfügte, dass die Juden für vierzig Jahre in die Wüste Sinai wandern sollten, damit die gesamte Generation, die der Sklaverei in Ägypten entgangen war, aussterben könnte; der Tag, an dem 585 v. Chr. Nebukadnezar den ersten Tempel zerstörte; der Tag, an dem die Römer 665 Jahre später den zweiten Tempel zerstörten; der Tag, an dem Hadrian den *Bar-Kochba*-Aufstand niederschlug; der Tag, an dem Jerusalem ein Jahr später dem Erdboden gleichgemacht wurde; der Tag, an dem die Juden 1290 aus England vertrieben wurden; der Tag, an dem Isabella 1492 die Juden aus Spanien vertrieb. Doch was nun geschah, war schlimmer als alles in unserer fünftausendjährigen Geschichte. Hiervon, im Dunkeln sitzend, Zeuge zu werden! An *Tisha B'Av* sind wir gehalten, die Klagelieder und die Worte des Jeremias zu sprechen. Drei Wochen lang ist uns dann jede Art von Vergnügung verboten. Keine Hochzeiten. Keine Tanzfeste. Keine sexuellen Beziehungen. Niemand musste uns dort unten in unserem Versteck irgendetwas verbieten, als die Nazis ihre Schändung begingen. Die Schreie unserer Lieben zu hören und die Schüsse im entfernten Wald, in dem wir als Kinder gespielt hatten, der Sumpf voller Rohrkolben und langer Gräser, Fische und Singvögel und Wildblumen. Es war der Borek, der Wald, in dem wir viele Sommernachmittage mit Picknicks und Lachen zubrachten. Wir sprachen unsere eigenen Klagelieder, leise. Wir beteten leise. Wir fasteten. Wir zerrissen unsere Kleider. All diese Dinge waren für uns in diesen schrecklichen Stunden so natürlich wie das Atmen.

Schließlich waren am Abend des zweiten Tages keine Schritte mehr zu hören; niemand marschierte mehr in Richtung Borek. Es waren keine Schreie mehr zu hören. Keine Schüsse. Kein: »Schnell! Schnell! Weiter! Weiter! Los! Los!« Und die Stille war noch viel schlimmer. Wir konnten noch immer nicht miteinander sprechen. Wir wussten nicht, wer tot war und wer noch lebte. Ich hatte die Schüsse nicht gezählt, die über die Entfernung abgeschwächt zu hören waren. Ich wusste nicht, was mit Uchka, Zygush, Zosia, Josek, Rela und Dudio passiert war. Ich betete. Ohne Worte. Ich betete mit gebrochenem Herzen. Wie sehr ich sie alle liebte!

Julia erzählte uns, dass sie aus dem Fenster gestarrt und Herrn Patrontaschs Vater gesehen habe, der zum Haus herübergeschaut habe, als er in einem Lastwagen dort vorbeigefahren wurde. Er war zu schwach, um seinem Tod entgegenzugehen, und die Nazis waren so freundlich gewesen, ihn zu fahren. Ich hörte den Schluchzer, der in Herrn Patrontaschs Brust aufstieg und den er erstickte, bevor er sich Bahn brechen konnte.

Beck war unser Fenster zur Welt. Er war Augen und Ohren für uns. Und auch wenn ich in seinen Augen las, wie gerne er uns das Schlimmste erspart hätte, er konnte es nicht. Uns zu verstecken, zu ernähren, sein Leben für uns zu riskieren, war eine Sache. Doch indem er unseren Schmerz teilte, war er, so glaube ich, einer von uns geworden.

Er erzählte uns, dass das Gemeinschaftsgrab, das man mit Sand zugeschüttet hatte, sich heben und senken würde und dass Blut aus dem Boden dringe. Er erzählte uns, dass Herr Astman, der Vater von Genya, meiner allerbesten Freundin, der gegenüber der Kirche lebte und die jüdische Mädchen aufnahm, um sie zu retten, völlig unverwundet aus dem Grab gekrochen sei. Ohne auch nur einen Kratzer.

Es war ein Wunder. Und er hatte allen Grund gehabt zur Hoffnung, *Hatikvah,* von der so viele von uns auf dem Weg in den Tod sangen; er hatte allen Grund gehabt zu hoffen, dass er gerettet werden würde, weil er den Polen, der ihn gefunden hatte, kannte. Ob es sich um einen Freund gehandelt hatte, wusste ich nicht. Aber ich stellte mir vor, wie Herr Astman aus dem Grab krabbelte, zum Frühlingshimmel und den knospenden Bäumen hochblickte, weil es zu schrecklich war, um sich zu schauen, und wie er dann sah, dass es ein Freund war, der ihn gefunden hatte. Ich stellte mir diese Hoffnung vor, die in die Ewigkeit zielt, weil das die Richtung ist, in die alle Hoffnung führt; die Hoffnung, die zerstört wurde, als Herr Astman von den Augen seines Freundes sein Schicksal ablas. Sein Freund brachte ihn zur Polizei, wo er auf der Stelle erschossen wurde.

An jenem Abend brachte Herr Beck Professor Doktor Steckel und dessen Frau in unser Versteck. Wir waren nun vierzehn. Im Bereich unter Alas Zimmer hatten wir weiteren Schlafraum geschaffen: Raum, in den man kriechen und sich hinlegen konnte. Herr Steckel war der einzige Apotheker in Zólkiew und hatte deswegen außerhalb des Ghettos leben dürfen. Das hatte ihm das Leben gerettet. Ich hatte die beiden, ein streng aussehendes Paar, nie zuvor gesehen. Ich wollte nicht denken, dass sie hochmütig und eingebildet waren, doch diese Wörter kamen mir in den Sinn. Was mussten sie von uns halten, wir in unseren Lumpen, von Hunger gezeichneten Gesichtern und Augen, die vor Schmerz geschwollen waren, mit Gliedern, die übersät waren mit wunden Stellen und infizierten Kratzern, aus denen Eiter sickerte. Und die beiden in ihren sauberen Kleidern. Er in seinem Wollmantel und mit der Nickelbrille, sie – die sich im Bunker umschaute, um zu sehen, wo sie sitzen konnte, ohne sich schmutzig zu machen – in ihrem Nerzmantel.

Beck stellte uns einander vor. Und es gab kein Wort des

Trostes, der Freundschaft, Solidarität, Dankbarkeit oder Trauer. Sie wussten, was geschehen war. Doch wenn man sie so ansah, dann hätte man auch denken können, sie seien gerade aus dem Urlaub zurückgekehrt. Nur Geld machte es ihnen möglich, uns so von oben herab zu betrachten.

Ich wusste, dass Beck sie wegen ihres Geldes hergebracht hatte. Es stand ihnen ins Gesicht geschrieben, dass sie reich waren. Beck hatte von uns und den anderen Familien nie Geld dafür verlangt, dass er und seine Frau uns Schutz boten. Die Becks wollten nur, dass wir die Kosten für unser Essen übernahmen. Keinen Zloty mehr. Doch von Anfang an fühlten sich unsere drei Familien verpflichtet, den Becks zu geben, was immer wir konnten, weil wir wussten, dass sie für uns ihr Leben aufs Spiel setzten. Egal wie viel wir ihnen zu geben vermochten, in unseren Augen wäre es nie genug.

Beck redete und redete, lächelte dabei, pries die Steckels und ließ uns wissen, dass wir ihre letzte Zuflucht seien und er die moralische Pflicht habe, sie zu retten. »Wie hätte ich sie abweisen können?«, sagte er, und ich wusste, dass es keinen Sinn hatte zu protestieren. Die Steckels waren Juden. Die Nazis wollten sie umbringen. Wir würden Platz für sie schaffen. Das Leben in unserem Kellerversteck war sehr einfach. Die Steckels waren erst vor kurzem nach Zólkiew gekommen, so dass ich nicht wusste, ob sie dort Familie hatten und ob ihnen bekannt war, welche Stellung mein Vater, Melman und Patrontasch in der Gemeinde gehabt hatten. Oder ob sie wussten, wie gelehrt und großzügig mein Vater, wie mitfühlend meine Mutter und wie freigebig unsere Familie war. Ich konnte die Diamanten sehen, die in eine spezielle Tasche im Futter von Frau Steckels Bluse eingenäht waren.

Mein Vater erklärte den Steckels dann, wie wir uns beim Kochen und Waschen abwechselten, was die Familien für sich behielten und was sie teilten, wo die Eimer standen und wie sie geleert wurden. Frau Steckel unterbrach ihn und sagte, dass Julia für sie kochen werde. Aha. Wir verstanden. Von nun an gab es sie und uns.

Wir mussten unbedingt etwas essen. Seit Tagen hatte keiner von uns mehr etwas in den Magen bekommen. Die Frauen verteilten die Salzkartoffeln auf unsere Emailteller.

Da klopfte es an der Luke. Doch noch bevor Patrontasch sie geöffnet hatte, überfiel uns der Duft von gebratenem Hühnchen und Piroggen. Ich kann es nicht anders beschreiben. Julia kniete mit einem Tablett in der Hand vor der Luke. Hühnchen, Piroggen, Gemüse und Brot. Frisches Brot. Das Tablett musste von einem zum anderen weitergereicht werden, von Familienmitglied zu Familienmitglied, von einem hungernden Menschen zum nächsten, vorbei an den Nasen von Igo und Klarunia, zwei hungrigen Kindern, bis es bei den Steckels landete, die es gierig entgegennahmen und ohne ein Wort oder einen Blick zu essen begannen. Ich weiß nicht, warum wir ihnen nicht einfach ihr Essen wegnahmen. Doch dazu waren mein Vater und die anderen Männer viel zu anständig. Sie wussten, dass wir alle Hunger hatten, und dachten sicher, dass die Steckels im Lauf der Zeit, ohne dazu gedrängt oder gezwungen zu werden, ihr Essen wenigstens mit den Kindern teilen würden. Armer Igo und arme Klarunia, deren Augen größer waren als ihre geschrumpften Mägen. Was müssen sie gedacht haben? Wir hatten unsere Regeln, und wir mussten uns an sie halten, wenn wir überleben wollten. Manchmal waren sie brutal, so brutal wie die Erlasse der Nazis. Aber es waren zumindest unsere Regeln. Dass die Steckels den Kindern keinen Bissen von ihrem Essen abgaben, verriet mir alles, was ich über sie und ihren Charakter wissen musste.

Beck versorgte uns weiterhin mit Nachrichten aus dem Ghetto. Uchka und die Kinder lebten noch, ebenso Josek, Rela und Dudio. Doch mehr als 4500 Juden waren inzwischen ermordet und das Ghetto auf zwei Straßen reduziert worden: Perec und Sobieski. Beck sagte, die Nazis und ihre Handlanger würden nun alle möglichen Gerüchte verbreiten: Dass die Juden, die überlebt hätten, nicht in Gefahr seien. Dass das Morden vorbei sei und am 6. April im Ghetto Brot und Marmelade ausgeteilt würden. Ich konnte mir nicht vorstellen, dass auch nur ein Jude nach all den Morden diesen Lügen noch Glauben schenke. Aber mir war klar, dass viele der Überlebenden am Morgen des sechsten völlig erschöpft aus ihren Verstecken kommen und sich versammeln würden, weil sie einfach glauben wollten, dass die Nazis dieses Mal nicht logen, obwohl sie genau wussten, wie verrückt es war, ihren wie immer gearteten Unterschlupf zu verlassen.

Als die übrig gebliebenen Juden sich am festgelegten Tag vor dem Laden in der Sobieskistraße versammelten, wo sie Essen bekommen sollten, warteten dort auf sie kein Brot und keine Marmelade. Nur die Todesschwadrone aus Lemberg.

Beck konnte nicht ins Ghetto gehen oder an Türen klopfen, um etwas über das Schicksal unserer Familien zu erfahren. Das war zu gefährlich. Wir wussten nicht, wo sie waren und ob sie noch lebten oder nicht.

Am selben Abend kamen Kuba und Artek, zwei von Patrontaschs Brüdern, zum Haus. Es war ihnen gelungen, aus dem Lager in Mosty Wielkie zu fliehen. Auch wenn wir uns Sorgen um Uchka, Josek und die Kinder machten, war ich dankbar dafür, dass Herr Patrontasch zwei seiner Brüder wiederhatte. Kuba, ein Einzelgänger, ein ruhiger Junge, so ruhig wie Gedalo, und Artek gehörten irgendwie zu unserer Familie. Artek war in Uchkas Alter und einer ihrer guten Freunde. Als Kind hatte er Polio gehabt, nun litt er unter Asthma und war mit seinem schütteren Haar seinen eigenen

Worten zufolge nicht besonders ansehnlich. Da Mama ebenfalls Asthma hatte, begegneten sie und Artek sich im Sommer oft im selben Urlaubsort in den Karpaten, wo die Luft, weit weg von der brütenden Hitze an den Westgrenzen der Steppe, kühl und frisch war. Die Ärzte lachten immer und sagten: »Welche Frau würde sich nicht besser fühlen, wenn sie sechs Wochen lang eine Kur macht und von vorne bis hinten bedient wird?«

In diesem Kurort wurde jeden Nachmittag um fünf auf einem im Park ausgelegten Holztanzboden zur Musik eines Orchesters aus Warschau, Prag oder Wien getanzt. Artek forderte dann immer Mama, die eine gute Tänzerin war, zum Tanz auf, damit die anderen jungen Frauen sehen konnten, dass der glatzköpfige kleine Mann mit den verkümmerten Beinen noch immer eine gute Figur auf dem Tanzboden abgab. Der Plan funktionierte jedes Mal. Mama verlor ihren Tanzpartner für die Tangos, Foxtrotts und Walzer, deren Klang die kühlen Abende in den Bergen erfüllte, während die untergehende Sonne ihr goldenes Licht durch die hohen Pinien warf. Die asthmatischen Tänzer, für die diese Musik vielleicht das beste Heilmittel war, wirbelten herum durch Licht und Schatten und lächelten. Schwärme winziger Mücken verwandelten sich in goldene Wolken, und der Duft der Pinien und Wildblumen erfüllte die Luft. Artek und Mama tanzten, eher Bruder und Schwester als Freunde, Verschwörer bei dem Komplott, Artek attraktiver wirken zu lassen. Mama hatte sich voller Freude in diese Aufgabe gestürzt. Sie mochte Artek, und ich wusste, dass sie in ihren Seidenkleidern beneidenswert ausgesehen und die bewundernden Blicke der anderen Frauen genossen hatte.

Jetzt saß Artek bei uns im Kellerversteck. Er hatte Gizas Ermordung bei der *akcja* vom 10. Februar in Mosty Wielkie miterlebt und musste uns davon erzählen.

Es war der Tag gewesen, an dem ein SS-Offizier namens

Hillebrandt die Führung des Lagers übernommen hatte. Als Erstes hatte er seinen Truppen befohlen, das Lager der Männer zu umstellen. Einige der Männer, unter ihnen Gizas Mann Meyer, rannten weg. Meyer wurde erschossen, als er versuchte, über den Stacheldrahtzaun zu springen. Man ließ ihn dort blutend liegen. Dann brachte die Gestapo die Frauen und ließ sie an den in Reih und Glied stehenden Männern vorbeimarschieren. Viele der Männer mussten mit ansehen, wie ihre Frauen in den Tod geführt wurden, und konnten nichts tun, da die Gestapo bewaffnet war. Artek stand dort mit den anderen Männern. Er sah, wie Meyer getötet wurde, und er sah, wie Giza den Leichnam ihres Mannes anstarrte. Artek weinte, als er uns erzählte, wie er versucht habe, sich vor Gizas Blick zu verstecken. Er hatte sich geschämt, dass er nichts hatte tun können, um ihr und Meyer zu helfen. Doch Giza sah ihn und schrie ihm etwas zu. Artek hatte keine Wahl. Er musste aus der Reihe treten und zu ihr gehen.

Die übrigen Männer und Frauen wurden zu einer anderen Seite des Lagers geführt, wo man sie anhalten ließ. Artek und Giza blieben alleine zurück, alleine auf dem Gelände, wo gewöhnlich der Appell stattfand, bewacht von nur einem SS-Offizier, der irgendwie Erbarmen mit ihnen hatte und es ihnen erlaubte, sich voneinander zu verabschieden. Giza umarmte Artek, versicherte ihm, dass sie ihn liebe, und begann, ihn mit Küssen zu bedecken, als würde sie sich an die letzte Geste der Menschlichkeit klammern, die sie in ihrem Leben noch zum Ausdruck bringen durfte. Sie hatte kein Leben mehr in sich. Nur ihre Liebe, die sie Artek gab, wobei sie ihn bat, uns diese Liebe weiterzugeben, ihren Liebsten, die, wie sie wusste, noch lebten und sich in einem Versteck befanden. Artek sagte, sie habe geweint und gesagt, es gäbe für sie sowieso nichts mehr, für das es sich zu leben lohnte. Sie hatte gerade miterlebt, wie ihr Mann getötet worden war. Sie bat Artek, ihren und Meyers Tod zu rächen.

Der SS-Offizier erlaubte es ihnen, fünfzehn Minuten lang so dazustehen, einander zu umarmen und Abschied zu nehmen.

Dann befahl der Nazi Giza, ihren Mantel auszuziehen. Es war ein wunderschöner Mantel, geschnitten wie der eines Mannes, aus dunkelblauem Tweed mit einem Pelzkragen. Onkel Hersch hatte ihn für sie gemacht. Er gefiel dem Soldaten, und sie zog ihn aus. Giza wurde dann zu den anderen Frauen gebracht, und Artek ging zu den Männern, die im Lager blieben. Die Frauen wurden aus dem Lager in den Wald geführt, wohin die SS am frühen Morgen zwanzig Männer mitgenommen und ihnen befohlen hatte, Gräber auszuheben. Artek wusste nicht, ob die Frauen es von sich aus getan oder ob die Nazis es ihnen befohlen hatten, aber sie waren *Hatikvah* singend in den Tod marschiert.

Drei Jahrhunderte zuvor hatte Sobieski in unserer Stadt Kopfsteinpflaster verlegen lassen, das, wie er befahl, Christen und Juden gleichermaßen willkommen heißen sollte. Unsere Vorväter gingen durch diese Straßen mit neuer Hoffnung, der *Hatikvah,* dass sie hier in Frieden leben, gedeihen, beten und ihre Kinder großziehen könnten. Während des größten Teils dieser dreihundert Jahre war Sobieskis Vermächtnis wie ein *Chuppah*, ein Traubaldachin, gewesen, der Christen und Juden vereinte und beschützte. Und nun floss Blut durch diese gepflasterten Straßen.

Noch bevor der Tag zu Ende ging, erfuhren wir, dass Uchka, Josek und Rela tot waren. Unsere Trauer, unser Leid fand kein Ende. Wie viel Zeit uns auch noch bleiben würde, unsere Herzen waren zerrissen wie unsere Kleider.

Zosia hatte am 6. April Geburtstag, dem Tag, an dem sie ihre Mutter verlor. Mania und ich beschlossen, zu fasten und zu beten, bis wir wussten, was mit den Kindern passiert war. Und wenn Gott sie zu uns brachte, dann würden wir fasten bis zu unserer Befreiung.

7
Die Ankunft

Sie haben nur fünfzig Männer und zehn Frauen zurückgelassen, die das Ghetto säubern sollen. Die werden gezwungen, in den Wald zu gehen und Erde auf die absinkenden Massengräber zu schaufeln. Sie werden gezwungen, beim Marschieren zu singen. Man muss sich das vorstellen: Sie müssen singen, während sie über die Massengräber von Tausenden von Menschen marschieren, ansonsten schlägt man sie auf den Kopf. Einer von denen, die man zum Arbeiten hiergelassen hat, ist Relas Bruder Dudio. Frau Beck hat ihn gesehen.

Seit der *akcja* waren bereits einige Tage vergangen, und wir wussten noch immer nicht, was mit Zygush und Zosia passiert war. Unser Fasten und Beten brachte die Kinder nicht zu uns. All meine Hoffnungen konzentrierten sich nun darauf, dass Zygush und Zosia am Leben blieben. Ihr Überleben würde unser Leid vielleicht ein wenig lindern. Wenn Uchka wusste, dass ihre Kinder lebten, würde sie den Schmerz des eigenen Todes akzeptieren und Frieden finden. Das Überleben dieser beiden kleinen kostbaren Menschen würde eine Art Sieg über das Leid, den Schrecken und das sinnlose Sterben bedeuten.

Ich hatte mich daran gewöhnt, lange auf meiner Pritsche zu sitzen, ohne mit jemandem zu reden. Immer steckte ich die Nase in ein Buch. Das war meine Flucht, aber jetzt gab

163

es kein Entrinnen. Vor Uchkas Tod und der letzten *akcja* hatte ich es immer irgendwie geschafft, die anderen auszublenden und in eine Welt jenseits dieser rund fünfzig Quadratmeter zu flüchten. Aber jetzt konnte ich nicht einmal mehr lesen. Das Buch lag offen auf meinem Schoß. Ich schaute auf die Seiten, doch die Buchstaben bildeten keine sinnvollen Wörter. Ich konnte nicht aufhören, daran zu denken, was mit dem kleinen Moshele passiert war. Ich musste mit jemandem reden. Mit meiner Mutter. Mit Mania. Mit irgendjemandem. Doch bevor ich auch nur ein Wort sagen konnte, trafen mich Blicke, vor allem von Frau Melman und Frau Steckel, die mich wissen ließen, dass ich den Mund halten sollte. Die Gedanken jagten mir durch den Kopf. Er war ein so süßer kleiner Junge mit blonden Locken und blauen Augen. Ich sah immer noch die Freude in Onkel Joseks Augen. Moshele, der erste Sohn eines Reizfeld aus Joseks Generation! Mosheles *Bris* war unser letztes Familienfest. Wie üblich verschonte Beck uns nicht mit den Einzelheiten. Und so, wie er sich dazu getrieben fühlte, uns alles zu erzählen, fühlten wir uns getrieben, um Einzelheiten zu bitten. Es war der reinste Irrsinn. Wir hungerten nach jedem Wort. Wollten jedes schreckliche Wort hören, das die lebhaften Bilder dieser Todesfälle malte. Die Farbe des Himmels, das Wetter, was sie getragen hatten, ihre letzten Worte, ihr Gesichtsausdruck, ob man sie begraben hatte oder verfaulen ließ, wer bei ihnen gewesen war, wie viele gestorben seien, ob jemand überlebt hatte und hundert andere Fragen.

Beck hatte uns erzählt, dass ein deutscher SS-Offizier ins Ghetto gekommen sei und einen Freiwilligen gesucht habe, um in der Nähe des Sumpfs einen Juden zu begraben. Dudio hatte sich dazu bereit erklärt. Nie zuvor hatte er sich freiwillig gemeldet, aber aus irgendeinem Grund hatte er das Gefühl, gehen zu müssen. Er wusste nicht, warum. Zusammen mit dem Offizier ging er zum Sumpf. Als sie in die Nähe des

Massengrabs kamen, sah Dudio, dass der Regen einen Groß-teil des Sands weggewaschen hatte. Körperteile, Arme und Beine und gelegentlich ein Gesicht waren sichtbar. Unter den Leichen machte er einen kleinen Jungen mit vom Fieber gerötetem Gesicht, hellblauen Augen und unverkennbaren blonden Locken aus. Dudio erkannte Moshele sofort. Die Schreie des Kleinen waren ganz schwach, kaum mehr als ein Flüstern, und er erstickte fast an seinen eigenen Tränen. Es war ein kalter, regnerischer Frühlingstag. Wer weiß, wie sehr dieses arme Kind litt und wie lange es schon dort gelegen hatte. Slukas Frau hatte diesen Jungen fast sechs Monate lang im Arm gehalten, ihn gefüttert, seine Windeln gewech-selt! Wie hatte sie es zulassen können, dass ihr Mann ein solches Verbrechen beging, an einem Kind, das sie zweifel-los als seine Mutter betrachtete? Armer Dudio. *Gott heilt die Untröstlichen und verbindet ihre Wunden. Gott zählt die Sterne und gibt jedem seinen Namen …*

Dudio hatte sich freiwillig für diese Mission gemeldet, weil er wusste, dass er den Leichnam eines Juden begraben würde, für dessen Seele er dann als Mitjude und Freund ein Gebet sprechen könnte. Darauf, den Mord dieses Kindes, des Sohnes seiner Schwester, mitzuerleben, eines Kindes, das er bei dessen Geburt, dessen *Bris* und bei unzähligen anderen Gelegenheiten im Arm gehalten hatte, darauf war Dudio nicht vorbereitet. Der SS-Soldat fluchte, als er den kleinen Moshele erschoss. Er hatte genug menschliches Ge-fühl, um die Tatsache zu verfluchen, dass er ein solches Ver-brechen begehen musste, aber nicht genug, um das unschul-dige Kind zu retten. Wer hätte es schon mitbekommen? Dudio und dieser Offizier waren alleine. Niemand hätte da-von erfahren.

Gott ist groß und mächtig, seine Weisheit unermesslich. Gott verleiht den Demütigen Mut und schenkt den Verwais-ten Hoffnung.

Als ich dort saß, über Mosheles kurzes Leben nachdachte und betete, *... beschütze uns vor Feinden und der Pest, vor dem Hungertod, dem Schwert und vor Leid. Befreie uns von den bösen Kräften, die uns umgeben ...,* erwartete ich, dass Herr Beck mit einer Flasche in der Hand an unsere Luke klopfen, nach unten steigen und von Zygushs und Zosias letzten Augenblicken berichten würde. Die beiden waren alleine und verhungerten wahrscheinlich, in einem Kellergeschoss, auf einem Dachboden, in einem Wandschrank. *Gewähre uns Schutz im Schatten deiner Flügel, oh Gott, der du über uns wachst, und erlöse uns, oh gütiger Herrscher.*

Seit einer Woche sprachen Mania und ich diese Gebete, die unser Vater uns beigebracht hatte: ein Gebet für die, die einen großen Verlust erlitten haben, und ein Gebet, das den Schutz Gottes erbittet. Wir sprachen sie immer wieder, zusammen; wir flüsterten sie; wir sagten die Wörter mit Lippensprache; wir sprachen sie stumm und starrten dabei einander an; wir sprachen sie, bevor wir schliefen und wenn wir aufwachten. Wir wussten, dass wir allen damit auf die Nerven gingen. Vor allem diejenigen, die wegen der Entscheidung, keine Kinder in den Bunker zu lassen, von Schuldgefühlen gequält wurden, fühlten sich verletzt. Sie wussten, dass sie gemeint waren. Mama schrie (soweit sie hier unten überhaupt schreien durfte) und flehte uns an, mit dem Fasten aufzuhören, mit dem wir begannen, sobald wir von der *akcja* erfahren hatten. Sie bat meinen Vater, uns zum Aufhören zu bewegen. Bei unserem Gesundheitszustand sei es eine Sünde zu fasten, argumentierte er. Er erklärte uns, dass wir dem Talmud zufolge für wohltätige Zwecke spenden könnten, wenn wir aus dem Kellerversteck heraus seien, statt jetzt zu fasten und zu beten. Mania sagte daraufhin zu meiner Mutter, dass wir vielleicht nie aus dem Versteck herauskämen – etwas, was meiner Mutter, die eben erst vom Tod ihrer Schwester, ihres Bruders und ihres Neffen erfahren hatte und nicht wusste, ob Zygush und Zosia noch lebten, gerade noch gefehlt hatte. Unser Schmerz war so unermesslich, ein undurchdringlicher Nebel; so schwer wie eine Decke nassen Schnees; ein Nebel, der die Glieder und Lungen angriff, so dass es schwerfiel, sich zu bewegen, zu atmen oder zu sprechen. Meine arme Mutter. Wie fand ihr Herz nur die Kraft zu schlagen, wie fand sie die Kraft zu leben, geschweige denn Kartoffeln zu schälen, Tee zu kochen, das Geschirr zu spülen und dafür zu sorgen, dass keine Krümel auf dem Boden liegen blieben.

Ich sprach wieder meine Gebete, stumm.

Ein Klopfen an der Tür riss mich aus meinen Gedanken und Gebeten, und wie bei jedem Klopfen verkrampfte sich mein Magen. So wie die Eskimos zwischen Hunderten von Schneearten unterscheiden können, so ging es uns mit dem Klopfen. Herr und Frau Beck, ihre Schwestern und Brüder, angeheirateten Verwandten, Freunde, Alas Freunde, Schmidt, der deutsche Polizist, die Angehörigen der SS, die zum Trinken und Kartenspielen kamen, die Blaumäntel, alle klopften unterschiedlich. Doch selbst wenn ich das Klopfen erkannte, hatte ich immer noch Angst, ich könnte mich irren. Herr Beck, dessen Schritte uns so vertraut waren, durchquerte den Raum. Keiner bewegte sich, keiner atmete. Meine Mutter, die gerade Kartoffeln geschält hatte, saß bewegungslos da. Nur eine Kartoffelschale baumelte von ihrem Messer herab. Mania griff nach meiner Hand, als die Tür aufging und wir eine Stimme hörten … eine vertraute, leise Stimme, die sich bemühte, erwachsen und ernst zu klingen. »Dudio hat gesagt, unsere Mutter sei hier.« Oh Gott, es war Zygush, er lebte!

Becks Stimme war kaum zu hören, als er in strengem Ton flüsterte: »Komm rein, bevor dich jemand sieht.«

Der liebe, liebe Zygush. Ich konnte mir den ernsten Gesichtsausdruck in diesem winzigen Altmännergesicht, das er schon als Baby gehabt hatte, genau vorstellen, als er sagte: »Wenn Sie für mich keinen Platz haben, ist das in Ordnung. Ich kann für mich selbst sorgen. Aber bitte, Herr Beck, passen Sie auf meine kleine Schwester Zosia auf.«

Mania schlang erleichtert die Arme um mich und flüsterte immer wieder *Gelobt sei Gott*, während wir uns alle fragten, wie das mit der vierjährigen Zosia im Bunker funktionieren sollte. Darauf, dass Zygush still war, würden wir uns verlassen können. Er war alt genug. Aber wir konnten natürlich Zosia nicht zum Tode verurteilen und Zygush ohne seine Schwester bei uns aufnehmen. Wie ich die Nazis dafür hasste, dass sie uns so weit brachten, etwas so Groteskes auch nur zu denken. Sofort wurden Blicke getauscht, wurde miteinander geflüstert, fielen Worte, die zu beschämend waren, um sie laut auszusprechen. Noch. Sie machten sich Mut. Ich wusste, was Frau Melman in Herrn Melmans Ohr flüsterte. Frau Melman, die jeden Tag aufwachte und uns mit Blicken beschuldigte, ihr Wasser zu stehlen. Und die Steckels, die in ihrem Schweigen so kalt waren wie Eis, waren es nun mehr denn je. Aber ich hatte keine Zeit nachzudenken, denn noch während Beck durch das Schlafzimmer ging und an der Luke klopfte, schaute ich meiner Schwester tief in die Augen und sah darin eine Freude und Dankbarkeit, wie ich sie noch nie im Leben erlebt hatte. Dankbarkeit und Freude über die erhörten Gebete standen in diesen glänzenden braunen Augen. Patrontasch öffnete die Luke. Becks Gesicht war noch aufgequollener und röter als sonst. Ich fragte mich, wie er uns sehen konnte, so verschwollen waren seine Augen. Er hatte einen Kater und war wütend. Ich wollte etwas sagen, doch Beck fuhr dazwischen: »Kein Wort! Kein Wort von irgendjemandem! Clara, komm nach oben.« Ich wusste nicht, warum er nach mir rief statt nach meiner Mutter oder meinem Vater, doch Mania sah mich an: »Sorg dafür, dass alles in Ordnung kommt.« Gott, steh mir

168

bei! Es lag jetzt ganz allein an mir, für die Kinder zu flehen, zu bitten und zu argumentieren.

Ich kroch hoch ins Schlafzimmer, und Beck knallte die Luke wieder zu. Er schaute mich nicht an, vielleicht um meinen flehenden Blick nicht sehen zu müssen. Ich folgte ihm die Treppe hoch auf den Dachboden, wo Zygush und Zosia standen. Sie trugen ihre Mäntel, Mützen und Schals und waren so eingemummelt, dass sie sich kaum bewegen konnten. Sie kamen beide auf mich zugerannt und umarmten mich, glücklich, bei jemandem aus der Familie zu sein, einen Moment lang erleichtert, in Sicherheit zu sein, selbst wenn sich später herausstellen sollte, dass das eine Illusion war. Ich musste an mich halten, hatte Angst, sie mit meinen Gefühlen zu Tode zu erschrecken. Durch die vielen Schichten ihrer Kleidung spürte ich das Zittern der halb verhungerten Zosia, die sich weinend und fassungslos an mich klammerte. Sie verstand nicht, was los war, sah über meine Schulter und suchte überall in dem kleinen Raum nach ihrer Mutter.

Zygush sprach es für sie aus: »Wo ist Mama? Warum kommt sie nicht nach oben? Dudio hat uns gesagt, dass sie hier ist. Wo ist sie?« Der kleine Zygush schaute erst Beck an, dann mich. Beck wusste nicht, was er sagen sollte, forderte mich aber mit den Augen auf, den Kindern etwas zu sagen.

Im Gegensatz zu ihnen wussten wir, dass ihre heißgeliebte Mutter tot war. Doch eins war mir klar: Beck wollte nicht, dass ich es ihnen sagte, und welche Lüge auch immer ich nun erfinden würde, wir müssten mit ihr leben. Ich hatte Zygush und Zosia noch nie zuvor angelogen, und es würde eine Lüge sein, an der wir Tag für Tag festhalten mussten, falls Beck nachgab und es ihnen erlaubte, zu bleiben.

Ich weiß nicht, warum ich sagte: »Eure Mutter musste nach Lemberg … ihr werdet sie sehen, sobald die Nazis Lemberg verlassen haben«, aber ich hörte meine Stimme, als würde jemand anderes in einem beruhigenden sachlichen Ton sprechen. Die Nachricht traf Zygush wie ein Hammer. Seine Freude verwandelte sich in Verzweiflung. Zosia brach in Tränen aus. Sie schluchzte, dass sie zu ihrer Mama wolle. Ich hielt sie fest; Beck sagte noch immer nichts. Je mehr sie weinte, desto wütender sah er aus. Ich flüsterte ihr immer wieder zu, dass alles in Ordnung sei und sie ihre Mutter bald wiedersehen würde. Ich erklärte ihr, sie sei in Sicherheit, und unten wären meine Mutter und mein Vater. Ich wusste nicht, was ich sonst sagen sollte. Becks normalerweise ausdrucksvolles Gesicht war nun wie versteinert. Zygush legte die Arme um Zosia und beruhigte sie ebenfalls, dass alles gut werden würde. Er würde auf sie aufpassen, sagte er mit ruhiger Stimme, bis sie ihre Mutter wiedersahen.

Beck schwieg noch immer. Instinktiv nahm er den Kindern die Mützen ab, unter denen zwei Köpfe voller Läuse zum Vorschein kamen. Sein ohnehin rotes Gesicht lief jetzt hochrot an. Ihm zitterten die Hände, und auf seiner Stirn und am Hals traten die Adern stark hervor. Ich wusste, was er dachte. Läuse! Achtzehn Menschen, die auf engstem Raum und unter erbärmlichen sanitären Bedingungen lebten. Die Typhusepidemie, die den Nazis die Arbeit im Ghetto abnahm, könnte uns alle töten. Die Kinder konnten bereits infiziert sein. Sie zu säubern war eine Frage des Überlebens, selbst wenn sie erst seit fünf Minuten im Haus waren. Ihm muss klargeworden sein, welches Gesicht er gemacht hatte, und irgendwie brachte er ein Lächeln für die Kinder zustande.

»Wir müssen sie baden.« Und dann flüsterte er mir ins Ohr: »Sie bleiben auf keinen Fall hier, du brauchst gar nicht zu fragen. Kein Wort! Ich will von dir kein Wort darüber hören.« Zygush war dunkelhaarig und sah sehr jüdisch aus, so dass keine nichtjüdische Familie, die klar bei Verstand war, ihn bei sich aufnehmen würde. Vielleicht hätte man eine polnische Freundin finden können, die für Zosia sorgte, aber schon allein der Gedanke erschien abwegig, nach dem, was dem kleinen Moshele passiert war.

Während ich die Kinder auszog, ging Beck nach unten. Er kam mit einer Zinkwanne und einem Stück Brot zurück, das die Kinder gierig verschlangen. Beck ging noch mehrmals nach unten und schleppte Eimer voll heißem Wasser die Treppe hoch. Zygush zog seinen Mantel aus, und vor uns stand ein kleiner Charlie Chaplin! Unter dem Mantel kamen Seidennachthemden, Schlüpfer, Strümpfe, Büstenhalter und andere Damenunterwäsche zum Vorschein. Selbst in guten Zeiten war Zygush dünn gewesen, und ich hatte mich schon gewundert, dass er in seinem Mantel so stämmig wirkte. Er hatte die Nachthemden, Schlüpfer und Strümpfe zu Knoten gebunden und mühte sich nun ab, diese wieder zu lösen. Er war wie einer der Clowns im Zirkus: Sobald Beck und ich glaubten, wir hätten alle Kleidungsstücke, zauberte Zygush noch weitere aus seinen Taschen und seiner eigenen langen Unterwäsche hervor. Ich dankte Gott, dass Beck zu lachen begann. Zygush erwiderte Becks Lachen mit einem Grinsen.

»Mama hat uns beim Judenrat auf dem Dachboden versteckt. Sie und die anderen Frauen haben dort oben immer ihre Unterwäsche zum Trocknen aufgehängt. Ich dachte, wir könnten sie verkaufen. Hab ich das gut gemacht?«

Beck bestätigte das mit einem Lächeln. Armer Beck. Unerbittlich wurde ihm jeden Tag eine Entscheidung über Leben und Tod abverlangt. Und nun hockte er dort auf den Knien mit seinem vom Alkohol gezeichneten Gesicht, in dem Zorn und Wut tobten, die er jedoch mit einem Lächeln vor den verängstigten Kindern zu verbergen suchte.

Trotz allem konnte Beck es nicht lassen, Zygush danach zu fragen, wie sie es in einer Stadt voller SS, Gestapo und Blaumäntel geschafft hatten, nicht erwischt zu werden. Zygush erzählte: »Wir hatten seit Tagen niemanden mehr gesehen, weder unsere Mama noch sonst jemanden, und wir hatten wirklich Hunger, als Onkel Dudio kam und uns erklärt hat, Mama würde sich bei den Melmans verstecken. Er hat gesagt, es sei Sonntagmorgen und all die Gojim wären in der Kirche, deswegen sei es eine gute Zeit, zu Mama zu gehen. Er hat gesagt, wir sollten keine Angst haben, weil sich überall Juden verstecken und uns helfen würden, falls die Faschisten oder die Polizei uns sah.«

Wer immer meint, die Juden seien wie Schafe zur Schlachtbank gegangen, sollte sich eine Geschichte wie diese anhören! Die letzten fünfzig Juden einer Gemeinde von fünftausend, bewaffnet nur mit ihrer Angst und ihrem Hunger, riskierten ihr Leben, um vielleicht die letzten beiden jüdischen Kinder unserer Stadt zu retten. Es war ein Wunder, dass zwei jüdische Kinder mitten am Tag zwei Kilometer weit liefen, ohne festgenommen zu werden. Beck murmelte, Dudio sei verdammt schlau. »Die SS, die Gestapo und die Blaumäntel verbringen nach einer Woche des Mordens gern den Sonntagmorgen in der Kirche. Und verdammen die Priester, die ihnen die Beichte abnehmen.« Er unterstrich seine Aussage mit einem albernen Trinkspruch auf Dudios Mut und einem großen Schluck aus seinem Wodkaglas.

Beck fragte die Kinder, ob jemand sie gesehen habe. Zygush schüttelte den Kopf. Dann wandte Beck sich mir zu: »Diese Kleider verdienen es nicht mal, verbrannt zu werden.« Ich versuchte, seinen Gesichtsausdruck zu deuten, als er Zygush und Zosia mit ihren aufgequollenen Bäuchen und geschwollenen Gelenken anstarrte. In Gedanken sagte ich: *Bitte, bitte, bitte …* Ich wollte Beck anflehen, wollte nach seinen Händen greifen und sie küssen, aber ich wusste, dass er nein sagen würde, wenn ich ihn fragte. Ohne ein weiteres Wort drehte er sich um und ging nach unten, um noch mehr Wasser zu holen. Dabei brüllte er Frau Beck zu, sie solle für

172

die Kinder Suppe kochen. Ich betete, Julia möge etwas sagen, doch sie mochte ein noch so guter Mensch sein, die Entscheidungen über unser aller Leben und Tod traf Herr Beck. Er hatte das Sagen in seinem Haus.

Als er wieder nach oben kam, war ich bereits dabei, den Kindern die Haare zu schneiden und ihre Köpfe zu rasieren. Zosia hatte wunderschöne blonde Locken, die alle, Familie wie Freunde, bewunderten. Sie war untröstlich und fragte immer noch nach ihrer Mutter. Selbst als sie in der Badewanne saß, klammerte sie sich an mich. Ich küsste sie immer wieder, sagte ihr, dass ihr Haar wieder wachsen und so schön sein würde wie zuvor und dass sie ihre Mutter sehr bald sehen würde. Ich flüsterte ihr auch ins Ohr, dass sie unbedingt ganz, ganz still sein müsse, so still wie eine Maus, dass wir in unserem Kellerversteck das Spiel spielten, wer die leiseste Maus sein könnte. Dass ich mir sicher sei, dass sie die beste Maus von allen sein würde. Dabei ging es mir ebenso sehr um Beck wie um Zosia. Ich kannte die Regeln. Ich wusste, dass ein kleines Kind in diesem Haus, in dem Juden versteckt wurden, das Leben aller gefährdete, vor allem das unserer Wohltäter. Ich wollte Beck mit jeder Faser meines Herzens bitten. Aber ich wusste auch, dass das nicht nötig war. Ich wusste, dass er ebenso große Qualen litt wie ich. Vielleicht sogar noch größere. Wir stellten seine Güte, seine Großzügigkeit und seinen Mut ständig auf die Probe.

Ich weiß nicht, wo, aber er fand frische, saubere Kleider für die Kinder. Ich half ihnen beim Anziehen. Beck gab mir noch immer keinen Hinweis auf ihr weiteres Schicksal. Er sagte, er werde ihre Kleider draußen verbrennen. Ich sah in Zygushs Augen, dass er mit Beck nach draußen gehen wollte. Die Opferung eines so verhassten Feindes zu beobachten, würde ihn, wie ich wusste, auf morbide Weise faszinieren und befriedigen. *Zygush!*, schrie ich in Gedanken. *Könntest du bitte einmal in deinem Leben diesen unverbesserlichen*

Drang zügeln, Unfug zu machen? Und frag Beck nicht. Er
sah Beck an und schwieg. Irgendwie wusste er, dass sein Leben auf dem Spiel stand, und war erstaunlich still. Wieder
betrachtete Beck den Haufen Unterwäsche, der zu Füßen
der Kinder lag, und schaute dann Zygush an. Ich glaubte,
den Anflug eines Lächelns in Becks Augen zu sehen, und
versuchte, in seinem Gesicht zu lesen, so wie ich ein Buch
las oder ein Gemälde studierte. Ich suchte nach einem versteckten Hinweis darauf, was er dachte. Manchmal brachen
seine Gefühle aus ihm heraus wie Schweiß. Aber in Augenblicken wie diesen wollte er nichts preisgeben. Einen Moment lang hatte ich den absurden Gedanken, dass die beiden
eine kleine Armee bildeten. General Beck und Gefreiter Zygush. *Hatikvah!* Hoffnung! Doch dann war dieser Moment
wieder vorüber. Becks Blick war ausdruckslos und leer.

Ohne ein Wort ging er mit uns nach unten und ins Schlafzimmer. Er schob das Bett zur Seite, und Zygush, dessen
große braune Augen immer größer wurden, schaute zu, wie
Beck den Teppich wegnahm und an die Luke klopfte. Zosia
fuhr sich immer wieder mit der Hand über den kahlgescho-
renen Kopf und hörte nicht auf zu weinen, obwohl ich ihr
zuflüsterte, dass die Haare, wenn sie wieder gewachsen wären, noch hübscher seien als zuvor.

Patrontasch öffnete die Luke. Meine Mutter, mein Vater
und Mania schauten besorgt nach oben. Beck reichte ihnen
die Kinder, und sie umarmten sie und bedeckten sie mit
Küssen. Beck und ich hüpften in das Kellerversteck.

Bevor meine Mutter fragen konnte, was mit ihrer Mutter
geschehen war, sagte ich beiläufig: »Ich habe ihnen erzählt,
dass Uchka bei Rosa in Lemberg ist, und Zygush und Zosia
können es gar nicht abwarten, sie zu sehen.« Diese Lüge
würde bis zum Ende des Krieges Wirklichkeit für sie sein.
Bis sie die Wahrheit herausfanden. Was würden sie empfinden, wenn sie erfuhren, dass ihre Mutter direkt vor ihrer

Haustür erschossen wurde, als sie versuchte, ihnen etwas zu essen zu bringen? Würden sie uns für diese Lüge hassen? Mich hassen?

Herr Beck hatte von Dudio erfahren, dass die arme Uchka den Gedanken, dass ihre Kinder nur zwei Häuser weiter auf dem Dachboden des Judenrats verhungerten, nicht mehr ertragen konnte. Uchka wusste, dass es gefährlich war, zu ihnen zu gehen, hatte jedoch das Gefühl, es riskieren zu müssen. Dudio und Josek versuchten, sie zurückzuhalten, doch sie hatte sich so lange dagegen gewehrt, bis Dudio klar wurde, dass er sie gehen lassen musste. Josek beschloss, sie zu begleiten. Er wollte sie nicht alleine gehen lassen. Sobald sie zur Haustür hinausgegangen waren, hörte Dudio zwei Schüsse. Als er nach unten kam, waren die beiden tot. Er zog ihnen die Mäntel aus. Beide waren in den Kopf geschossen worden, und Dudio wusste, dass ihre Mäntel einen der wenigen noch lebenden Juden warm halten würden. Beck fand auch heraus, dass Sluka den kleinen Moshele erst aussetzte, nachdem er von dem Mord an Josek und Uchka erfahren hatte. Der Feigling wartete, bis der Vater des Kleinen tot war, bevor er den Sohn umbrachte. Mein Vater hatte vorher nie das Wort Rache in den Mund genommen, aber jetzt wünschte er sich, zu überleben und erleben zu dürfen, wie Sluka erschossen wurde.

Die Melmans und Steckels bedeuteten Beck mit Blicken, die Kinder zum Tode zu verurteilen, aber ich wusste, dass Herr Beck nie so grausam und herzlos sein würde, die Kinder in deren Beisein zu einem solchen Schicksal zu verdammen. Aber die Steckels bezahlten den Becks für ihre Sicherheit gutes Geld. Ihre Zloty, Reichsmark und Dollar sollten dafür sorgen, die Kinder von unserem Versteck fernzuhalten, bevor auch nur ein einziger Schrei uns verraten konnte. In ihren Augen war nicht ein Funken Mitleid zu sehen. Ich wollte das, was ich darin sah, nicht Hass nennen. Ich wollte

Angst und Besorgnis darin finden, irgendein menschliches Gefühl, doch ihr Blick war kalt. Beck sah die Steckels direkt an. »Die Kinder bleiben.« Ich weiß nicht, wie er zu dieser Entscheidung gelangte. Vielleicht war es der Hass in ihren Augen, vielleicht sorgten aber auch Zygush und seine Unterwäsche dafür, dass Beck wieder einmal für uns in den Abgrund sprang. Dabei war es nicht einmal sicher, dass er auch verstand, was er da sagte. Ich dankte Gott für diese Worte, denn ich wusste, dass Beck das, was er einmal gesagt hatte, nie zurücknahm. Mit diesen drei Worten band er unser aller Schicksal zusammen, wie es sonst nur Blutsbande vermögen. *Dafür sollte Gott ihn und seine Familie retten und schützen.*

Professor Steckel setzte zum Sprechen an, doch Beck kam ihm zuvor: »Die Kinder rauswerfen? Wenn Gott sie hierhergebracht hat, wie sollte Beck sie dann abweisen? Komme, was kommen mag.« Beck war derjenige, der Gott zur Sprache brachte, und sein Handeln bewies, dass Gott unsere Gebete erhört hatte. Die Kinder waren bei uns. Ein Teil von Uchka lebte, war hier bei mir, in meinen Armen, und selbst wenn wir umkamen, würden wir zusammen umkommen. Mein Gebet war erhört worden.

Ich sah, dass Frau Melman sich zusammenriss und den Mund hielt. Doch Steckel konnte nicht anders. »Ich glaube nicht, dass es klug ist …«

Aber Beck war schneller. »Wenn es Ihnen nicht gefällt, dann wissen Sie ja, wo die Tür ist … und wagen Sie es nicht, mich mit Geld zu beleidigen.«

Gott sei Dank hörten die Kinder den Wortwechsel nicht. Sie waren zu sehr durch meine Mutter und Mania abgelenkt, die sie küssten und umarmten. Meine Mutter stellte sofort unsere Pritschen so hin, dass die beiden zwischen uns schlafen konnten.

Wenige Minuten später brachte Julia die Suppe nach

unten, und dieses eine Mal mussten die Steckels zusehen, wie andere ein Mahl genossen. Der aufgeweckte Zygush sah sich um und registrierte seine Umgebung. Zosia war erschöpft und klammerte sich an Mania.

Zygush starrte Klarunia Patrontasch an. Ich wusste, dass er das Mädchen, das ein Jahr älter war als er, nicht mochte und immer jede Gelegenheit genutzt hatte, sie zu quälen. Ich wusste, dass er das auch hier im Kellerversteck tun würde. Derselbe tapfere Junge, der mitten durch eine Stadt voller Nazis marschiert war und Herrn Beck gesagt hatte, er könne für sich selbst sorgen, überlegte nun, dass er Klarunia das Leben zur Hölle machen würde. Ich flüsterte ihm zu: »Es ist sehr wichtig, dass wir hier alle miteinander auskommen. Du wirst nicht gemein zu ihr sein. Sie nicht aufziehen. Verstanden?« Er antwortete nicht. »Verstanden?« Schließlich nickte er. Aber das reichte mir nicht. Ich ließ es ihn versprechen. Wir waren jetzt zu dreizehnt allein in dieser kleinen Ecke des Kellerverstecks.

Als Zosia nach dem Essen vor Erschöpfung und Erleichterung fast die Augen zufielen, bemerkte sie Frau Steckel am anderen Ende des Verstecks und rief: »Tante Giza!«

»Das ist nicht Giza«, erklärte ich ihr. »Das ist Frau Steckel, die Frau des Apothekers. Er stellt die Medizin her, die dich gesund macht, wenn du krank bist.«

Zosia blieb hartnäckig. »Das ist Tante Giza.«

Die Frau des Apothekers war bereits verärgert.

»Zosia, das ist nicht Tante Giza«, sagte ich.

»Weißt du, Clarutschka, der andere Name ist viel zu lang und viel zu schwer für mich. Ich nenne sie einfach Tante Giza.«

Frau Steckel wollte etwas sagen, aber selbst sie konnte den Mund halten, zumindest für eine kleine Weile.

Zosia sah Frau Steckel noch ein paar Sekunden lang an. »Wenn sie nicht Tante Giza ist, aber aussieht wie Tante Giza,

dann weiß ich, dass Tante Giza noch lebt.« Ich war sprachlos, dass ein vierjähriges Kind nach Zeichen dafür suchte,
dass ihre Liebsten noch am Leben waren. Zosia legte sich
auf eine Pritsche und schlief sofort ein. Niemand sagte ihr,
dass Tante Giza gestorben war.

Sosehr wir um all die trauerten, die wir verloren hatten,
das Überleben dieser beiden Kinder erfüllte uns mit großer
Freude und Erleichterung.

Am nächsten Morgen schliefen außer Zygush noch alle, als
ein schwaches Licht durch die winzige Öffnung drang, die
Patrontasch mit einem Ziegelstein verschließen würde, sobald er wach war. Ich wollte das Licht noch ein bisschen
länger genießen und Tagebuch schreiben, um meine Dankbarkeit gegenüber Beck in Worte zu fassen, denn ich wusste,
dass dies vielleicht meine einzige Gelegenheit war. In der
kurzen Zeit, die wir oben mit Saubermachen verbrachten,
hatten wir nie die Ruhe, ohne die Angst vor einem Klopfen
an der Tür oder einem fremden Gesicht am Fenster miteinander zu sprechen.

Zygush starrte meine schlafende Schwester an. Er zog
eine Feder aus seiner Tasche – wo er die herhatte, weiß nur
Gott allein – und fing an, Mania unter dem Kinn zu kitzeln.
Sie rieb sich das Kinn und drehte sich auf die Seite. Zygush
wartete einen Moment und kitzelte sie erneut. Mania rieb
sich wieder das Kinn.

Eigentlich hätte ich diesem Spiel ein Ende setzen sollen,
denn Zygush war sehr aufgeregt, wenn auch im Moment
noch ganz leise. Er hielt den Atem an, bewegte seine Hand
ganz langsam über ihrem Brustkorb und kitzelte sie wieder
mit der Feder. Dieses Mal schnellte Manias Hand vor wie
eine Schlange und packte Zygushs Hand.

Der Lärm weckte Mama auf. Sie sah Mania und Zygush
ernst an, und ihre ersten Worte waren: »Clarutschka, ich

glaube, du wirst die Aufgabe übernehmen müssen, sie zu unterrichten.«

»Ich?«

Mein Vater öffnete die Augen und sagte: »Wir haben gestern Abend darüber gesprochen, nachdem ihr eingeschlafen seid. Die Kinder müssen lesen lernen. Weißt du, was der *Rebbe* sagt: ›Als wir zwischen dem Bau eines Heiligtums und einer Schule wählen mussten … Alles, was man zum Beten braucht, sind zehn Männer … Wenn ihr nur eins von beidem bauen könnt, dann baut eine Schule.‹«

Eine Schule? Dafür liebte ich meinen Vater. Wir hatten Todesangst, versteckten uns in einem ein Meter dreißig hohen Kellerloch, verhungerten langsam, trauerten um unsere Verwandten, und mein Vater sprach davon, dass wir eine »Schule« bauen würden. Ich nahm meine Aufgabe in den folgenden Monaten sehr ernst, und das nicht nur, weil Zygush sich schnell langweilte und die Kinder beschäftigt werden mussten, damit sie ruhig blieben, sondern auch, weil sie etwas lernen sollten. So weise war mein Vater. Wenn ich die Kinder unterrichtete, würden alle im Bunker davon profitieren. Menschen, die ein normales Leben führten, hatten Schulen; diese Normalität würden wir mit ihnen teilen. Und wenn eine Schule Normalität bedeutete, dann bedeuteten die tagtäglichen Vorbereitungen auf den Unterricht, dass die Kinder für die Zukunft lernten; und wenn sie eine Zukunft hatten, dann hatten wir alle eine Zukunft. Und wer würde nicht voller Freude das Gesicht eines Kindes betrachten, das Lesen lernt?

Wenn man Zygush alleine ließ, beschäftigte er sich garantiert mit etwas, was jeden Erwachsenen meschugge machte. Sein einziges Spielzeug war ein kleines Taschenmesser, mit dem er immer wieder in den Schmutz stach, was er an jenem Tag, obwohl er erst ein paar Stunden wach war, schon x-mal getan hatte. Zosia hielt ein kleines Stück Brot in der Hand, das sie eigentlich essen wollte, aber aufbewahrte, weil sie nicht wusste, wann meine Mutter für sie das nächste Stück Brot auf den Emailteller legen würde … Frau Melman und die Steckels sahen die arme kleine, glatzköpfige, dünne Zosia an, als sei sie eine Bombe, die jeden Moment hochgehen und uns alle töten könnte. Die Kinder zu beschäftigen würde uns alle beschäftigen.

Die Schule sollte am nächsten Tag beginnen. Also blieb immer noch die Frage, was wir an diesem Tag mit den Kindern tun sollten. Ich weiß nicht, wer auf die Idee mit der Puppenfabrik kam, Mania, Lola oder ich. Wir passten auf die Kinder auf, während sie Menschen und Tiere aus den Zeitungen schnitten, die voll von Nachrichten über die Heldentaten der Deutschen waren. Sie malten die Zeitungspuppen mit meinem blauen Bleistift und den Füllern an, die zu benutzen uns die Männer erlaubten – ein großes Geschenk, da Tinte kostbar war. Wir suchten das Versteck nach Wachs ab, das von den Kerzen heruntergetropft war, und kratzten es von den Holzbrettern, den Regalen und unserem Emailgeschirr. Anschließend kneteten wir es. Sobald es weich war, zeigten wir den Kindern, wie man einen Sockel für die Papierpuppen machte, damit diese stehen konnten.

Zygush hatte einen Soldaten gemacht, Zosia ein Milchmädchen, Klarunia eine Mutter und Igo einen Hund.

Wir arbeiteten stundenlang und beobachteten dann zufrieden, wie die Kinder sich ruhig mit ihrem neuen Spielzeug beschäftigten. Niemand sagte ein Wort, und während wir den Kindern zusahen, kam uns der Gedanke, dass sie vielleicht doch nicht unser Todesurteil bedeuteten.

Ich weiß nicht, was der Auslöser war oder wer damit begann.

Jedenfalls brüllte die kleine Klarunia Zygush an: »Ich bin die Mama. Ihr müsst alle auf mich hören!«

Zygush hielt Klarunia das Papiergewehr seines Soldaten

vors Gesicht: »Wenn du mich rumkommandierst, erschieße ich dich.«

Klarunia brach in Tränen aus. Ich sagte Zygush, er solle zur Abwechslung mal nett zu ihr sein. Doch er beschwerte sich, dass Klarunia ihn immer herumkommandiere. Klarunia meinte, Zygush brauche jemanden, der ihm sage, wo es langgeht, denn er mache immer Ärger, das würde jeder sagen; außerdem sei sie älter. Unser Versteck war mit einem Mal sehr klein. Die Steckels hatten nichts Besseres zu tun, als durch uns und die Kinder hindurchzustarren, so als seien wir Luft. In meinem ganzen Leben habe ich nie wieder jemanden getroffen, der anderen mit einer derartigen Kälte begegnet ist. Ich bin mir sicher, dass wir die Kinder hätten ablenken können, bis ihnen der Streit langweilig geworden wäre oder Klarunia sich in die Arme ihrer Mutter geflüchtet hätte, wären die Steckels nicht da gewesen. Doch dieser Blick, den die Steckels von meinen Eltern zu den Kindern, den Melmans und den Patrontaschs wandern ließen, war wie Zunder.

Als Zygush zu Klarunia sagte, dass er wenigstens keine Heulsuse sei, warf sie ihre Puppe auf den Boden und erwiderte, dass sie nicht mehr die Mama sein wolle. Sie nahm Zosia das Milchmädchen weg, woraufhin Zosia in Tränen ausbrach. Der achtjährige Igo fuchtelte den anderen mit seinem Papierhund vor dem Gesicht herum. Mania und ich versuchten einzugreifen, ohne die Stimme zu heben und Herrn Beck auf dieses Spektakel aufmerksam zu machen, das unsere Fahrkarte in ein Lager sein konnte. Doch die Kinder beachteten uns nicht. Patrontasch schnappte sich seine Tochter und schlug sie ins Gesicht. Ich spürte förmlich den Abdruck seiner Hand auf meinem Gesicht, so hart hatte er zugeschlagen. Der arme Herr Patrontasch sah in diesem Moment aus wie ein Mörder. Normalerweise hätte er nie ein Kind geschlagen. Er liebte die arme Klarunia und hatte sie immer verwöhnt. Sie war ein Einzelkind und hatte es nie richtig gelernt, sich in der Gesellschaft anderer Kinder wohl zu fühlen oder mit ihnen auszukommen. Zygushs Ankunft war für Klarunia ein weiterer Schlag, den es zu verkraften galt. Der Krieg, die Nazis, das Leben in einem Kellerversteck, der Hunger und nun Zygush. Seine Anwesenheit hatte dazu geführt, dass ihr geliebter Vater die Hand gegen sie erhob. Sie war untröstlich. Zygush war fassungslos. In der Welt, die er kannte, schlugen Eltern ihre Kinder nicht, und ich sah, dass er Schuldgefühle hatte. Können Sie sich das vorstellen? Nach allem, was er durchgemacht hatte, wurde ihm jetzt auch noch der letzte Rest seiner Unschuld genommen.

Herr Patrontasch entschuldigte sich, nahm seine Tochter in den Arm und sagte, mehr zu sich selbst: »Nach dem Krieg werde ich sie wieder verwöhnen. So wie früher.«

Mitten in der Nacht griff plötzlich eine Hand nach meiner Schulter. Mir war sofort klar, dass es Mania war. Ich öffnete die Augen und wusste, dass sie mich mit strahlenden, weit aufgerissenen Augen anstarrte, obwohl ich sie in der völligen Dunkelheit unseres Verstecks gar nicht sehen konnte. Ich spürte den sanften Hauch ihres Atems auf meinem Gesicht. Alle anderen schliefen. Mania redete kurz über den Streit, doch noch etwas anderes beschäftigte sie. Meine Schwester beschäftigte immer irgendetwas. In jener Nacht war es: »Ich bin so glücklich, dass die Kinder hier sind.« Das sei ich auch, sagte ich.

Und dann die Frage und die Unterhaltung, die mich noch immer verfolgen: »Glaubst du, Gott hat unsere Gebete erhört?«, flüsterte sie. Ich wünschte, ich hätte eine bessere Antwort gehabt, doch ich konnte nur sagen: »Das muss er wohl. Die Kinder sind hier. Warum?«

Mania neigte nicht zur Selbstbeobachtung und zum Philosophieren, sie musste also darüber nachgedacht haben, seit Zygush und Zosia in unser Versteck gekommen waren. Sie sagte: »Ich möchte nicht, dass Gott denkt, ich sei habgierig.« Liebe, liebe Mania. Voller Dankbarkeit dafür, dass die Kinder in Sicherheit waren, fragte meine Schwester sich, ob sie das Recht habe, für ihr Leben zu beten, für unser Leben, für Essen, für Sicherheit, ein neues Kleid und saubere Kleidung.

Auf neunundneunzig von hundert Bemerkungen kann man ohne nachzudenken antworten und tut dies auch. Aber wie sollte ich auf diese Aussage reagieren, die aus tiefstem Herzen kam? Ich hatte nur eine Antwort zu bieten, die ihr, wie ich glaubte, vielleicht auch mein Vater gegeben hätte: »Solange du nicht selbstsüchtig bist, hat Gott wohl nichts dagegen. Ich glaube, Er mag es, wenn du für das Wohl der Menschen betest, die du liebst.«

Mania stimmte mir zu: »Papa sagt, die besten Gebete seien gute Taten.« Sie rückte näher zu mir, legte den Kopf auf meine Schulter und ließ ihn einen Moment lang dort. Wir konnten das ruhige Atmen von Zygush und Zosia hören, die zwischen uns lagen. Mania flüsterte mir nun ins Ohr: »Vor dem Krieg waren wir uns nie so nahe.«

Meine Schwester, die mit einem Springseil um den Hals völlig sorglos auf einem Fahrrad durchs Leben rauschte, traf mich nun mit jedem Wort mitten ins Herz. All die berühmten und gelehrten Rabbis in der Geschichte unserer Stadt konnten mit diesen messerscharfen Bemerkungen nicht mithalten. Wahrheit verlangt nach Wahrheit, aber wie hätte ich meiner Schwester zustimmen können, dass wir uns jemals nicht nahe gewesen wären? Ich kannte meine Schwester. Für sie war es einfach eine Tatsache. Ich schwieg. Auch wenn sie es nicht aussprach, was sie bei mir vermisste, so wusste ich doch, was meinem lesewütigen, schüchternen Selbst fehlte. Wann war meine kleine Schwester so weise geworden? Dann meinte sie: »Du sprichst nicht gerne über deine Gefühle.«

Wieder wusste ich nicht, was ich darauf erwidern sollte. Mit jedem Satz, vor allem dem letzten, sagte sie mir, wie sehr sie mich liebte. Wir versteckten uns, um zu überleben, uns drohte von so vielen Seiten der Tod, dass man nicht einmal darüber nachdenken konnte, ohne verrückt zu werden oder das Bedürfnis zu verspüren, seinem Leben ein Ende zu setzen, und sie vertraute mir ihre Geheimnisse an.

Nach einem längeren Schweigen sagte sie: »Ich bin froh, dass wir nicht zu den Nonnen gegangen sind.«

Endlich hatte ich eine Antwort. »Ich auch«, sagte ich. Ihre Liebe füllte mich vollständig aus. Ihre letzten Worte in jener Nacht waren: »Ich werde jetzt still sein. Gute Nacht.« Sie schloss die Augen, und einen Moment später hörte ich ihren regelmäßigen Atem. Ich war auch glücklich, vielleicht nie glücklicher. Welches Wesen hatte Gott mit den Menschen nur erschaffen? Wie war es möglich, eine solche Liebe zu empfinden, wenn die Familie abgeschlachtet wurde und jeder Augenblick der letzte sein konnte. Vielleicht war dies das größte Wunder von allen.

8
18. April

Diesen Tag werde ich mein Leben lang nicht vergessen. Früh am Morgen, als wir noch auf unseren Pritschen lagen und das kleine »Fenster« offen stand, roch ich etwas. Bevor ich darüber nachdenken konnte, was es war, klopfte Herr Beck gegen die Luke und brüllte, dass auf der Straße ein Feuer ausgebrochen sei.

Ich weiß nicht, was mich weckte. Ich weiß nicht, ob es der Wind war, der draußen so heftig wehte und durch unseren kleinen Belüftungsschacht heulte. Ich kann nicht sagen, ob es der Geruch von Rauch war oder die Tatsache, dass alle gleichzeitig aufstanden und in Panik gerieten, als Julia laut an die Luke hämmerte und »FEUER! FEUER!«, schrie.

Patrontasch kletterte über uns drüber und stieß die Luke auf. In heller Panik warfen wir uns unsere Kleidungsstücke über, während Julia immer wieder schrie, wir sollten nach oben kommen. Aber wir hatten schreckliche Angst und waren wie gelähmt. Etwas, was stärker war als Eisengitter, hielt uns in unserem Kellerloch fest und davon ab, auf die Straße zu laufen und unser Leben zu retten. Wir wussten, was uns draußen erwartete. Die SS. Die Gestapo. Die Polizei. Die Blaumäntel. Polen und Ukrainer, die uns gerne für ein paar Zloty und fünf Liter Wodka verpfeifen würden. Beck brüllte den Männern zu, sie sollten ihm helfen. Papa, Melman und Patrontasch kletterten nach oben. Wir hörten das Stampfen ihrer Füße, als sie mit vollen Wassereimern zwischen Bad und Küche und den anderen Zimmern hin und her liefen, und das Platschen des Wassers gegen Wände. Mein Vater schrie, auf unserer Straßenseite würden ein, zwei, drei, vier, ein Dutzend, zwanzig Häuser brennen, Flammen aus den Fenstern schießen, Dächer brennen und einstürzen. Ein heftiger Wind trieb die Flammen erst in die eine, dann in die andere Richtung und schließlich in einem Wirbel von Funken und Feuer hoch in den Himmel. Ich hörte Beck brüllen, dass auch Herrn Patrontaschs Haus brenne. Über das Prasseln des Feuers, das Heulen des Winds und Becks Rufe »Mehr Wasser, mehr Wasser!« hinweg hörte ich Manias hysterische Schreie: »Was sollen wir tun? WAS SOLLEN WIR TUN?« Ich versuchte gerade, Zosia zu beruhigen, als mir klarwurde, dass Mania durch die Luke nach oben geklettert war.

Ich hörte nicht, was mein Vater zu ihr sagte, ob er überhaupt etwas sagte. Aber ich war mir sicher, dass er dasselbe dachte wie ich. Das Haus, das er so verzweifelt zu retten versuchte, war unser Leben. Wenn das Haus niederbrannte, waren wir tot. Rauch drang nun durch den Fußboden über uns in den Keller, und Beck schrie, dass der Holzstapel neben dem Haus in Flammen aufgegangen sei und die Außenmauern Feuer gefangen hätten. Beck und Ala stießen die Tür auf, rannten mit Eimern nach draußen und sprangen über die Flammen, um Wasser gegen die Wände zu schleudern. In der Küche füllte Julia immer wieder Töpfe und Pfannen mit Wasser aus dem großen Zinkfass. Sie reichte sie Papa und Melman, die damit drinnen die Flammen zu löschen versuchten. Doch obwohl das Haus über uns niederzubrennen drohte, wagten wir es nicht, nach oben zu klettern. Hilflos kauerten wir und die Kinder uns aneinander. Ich horchte, ob Manias Stimme zu hören war, hörte jedoch nur immer wieder Becks Schreie: »Wasser, Wasser!« Die Männer und Ala konnten es ihm nicht schnell genug bringen. Die Kirchenglocken läuteten und riefen die Menschen in Zólkiew auf, das Feuer zu bekämpfen. Viele von ihnen folgten dem Ruf und rannten die Straße entlang …

Jeden Augenblick hielt ein neues Feuerwehrauto an, und mit ihm trafen Autos und Lastwagen mit SS-Truppen, deutschen Soldaten und Blauhemden, der gefürchteten ukrainischen Polizei, ein – Dutzende, dann Hunderte unserer Feinde. Die Gebäude rechts und links von uns gingen in Flammen auf. Jeder Zweite von denen, die draußen herumliefen, war uniformiert. Ich erwartete, dass jeden Moment das gesamte Haus einstürzte. Beck schrie nun, im Hof hinter dem Haus sei die Polizei. Sie befand sich auf der anderen Seite der Kellerwand, auf die ich schaute, nur wenige Meter von uns entfernt. Jegliche Hoffnung, hinauszulaufen und durch den Hinterhof zu verschwinden, war dahin. Das viele Wasser auf den Fußböden begann nun, in unser Versteck zu sickern, und ließ den Rauch in unseren Kehlen und Augen fast flüssig werden. Papa und Melman krochen zurück in das rauchige Kellerloch. Die Erwachsenen sprachen alle auf einmal, redeten aufeinander ein und hoben die Stimme, um gehört zu werden. Melman: »Wir können nicht rausgehen! Sie werden uns erschießen!« Dann Patrontasch: »Uns alle? Sind Sie verrückt?« Die Diskussion drehte sich endlos im Kreis, keine Lösung war in Sicht. Panik kam auf, als immer mehr Rauch nach unten drang.

Ein Dutzend halb verhungerte, halb nackte Juden, die in der Hoffnung nach draußen liefen, nicht erschossen zu werden? Oder dass ihnen nicht noch Schlimmeres widerfahre? Irrsinn! Schließlich übertönte Melman die anderen: »Das Versteck unter dem Wohnzimmer. Es ist unsere einzige Hoffnung.« Er meinte den Unterschlupf, den wir für den Fall, dass das Haus durchsucht wurde, in dem niedrigen Keller unter dem Wohnzimmer gebaut hatten. Er war nichts weiter als ein Grab mit einem Falltürdach. Aber der Tod durch Feuer und Ersticken war der Gefangennahme durch die Nazis vorzuziehen. Alle Kinder, mit Ausnahme von Zygush, waren jedoch hysterisch. Mama sagte, sie würde als Erste gehen und ich solle ihr mit Zygush und Zosia folgen, die Kleinen vorneweg, ich hinterher. Sie hatte Angst, dass die Kinder zu Tode gequetscht würden, wenn jeder zu dem Versteck eilte, um sein Leben zu retten. Ich hielt Zosia noch in den Armen, setzte sie vor mir ab und folgte Mama. Wir krochen, so schnell wir konnten, auf Händen und Füßen vorwärts und schürften uns Knie und Ellbogen auf. Der Rauch wurde nun dichter, beißender und schwarz. Er brannte uns in Kehle und Augen. Wir konnten nichts sehen, erhaschten höchstens mal einen Blick auf den vor uns Kriechenden. Selbst die Steckels reihten sich in die Schlange ein. Lola, Artek, Patrontasch und seine Frau hatten Klarunia zwischen sich genommen. Sie schrie vor Angst, aber niemand forderte sie auf, still zu sein. Selbst wenn wir verbrannten, das Heulen des Winds würde unsere Schreie übertönen. Ich ging davon aus, dass Mania irgendwo hinter mir in dieser Karawane von Körpern war.

In dem niedrigen Keller zerrten mein Vater, Artek, Melman und Patrontasch mit einem Ruck den mit Erde gefüllten Kasten beiseite, hinter dem sich unser Notversteck verbarg. Dort hatten wir Wasser, Kerzen und Streichhölzer für den Notfall gelagert. Wir drängten uns hinein, Hüfte an Hüfte, Schulter an Schulter, Zosia auf meinem Schoß, alle zusammengepfercht auf dem Erdboden. Obwohl wir saßen, mussten wir uns noch ducken, so niedrig war die Decke. Die Kinder, die nicht bei irgendjemandem auf dem Schoß saßen, waren zwischen den Beinen der Erwachsenen eingezwängt. Unsere Füße waren an die gegenüberliegende Wand dieses Grabes gepresst, das bereits voller Rauch war, als die Männer versuchten, die Öffnung wieder mit dem schweren, mit Erde gefüllten Kasten zu schließen. Das Letzte, was ich in dem schwachen Licht sah, war Frau Steckel, die an ihrem Zyanidfläschchen herumfingerte, das sie um den Hals trug.

Es war unvorstellbar dunkel dort unten. Mein Vater hatte eine Kerze und Streichhölzer parat. Die anderen Männer ebenfalls. In der Dunkelheit konzentrierte ich mich auf die zittrige Hand meines Vaters, der versuchte, seine Kerze anzuzünden. Sein Streichholz flackerte und ging aus. Er zündete ein anderes an, dann noch eins und noch eins, immer hektischer. Ohne Licht war dieser Teil des Bunkers ein Grab. Immer wieder das Schaben eines Streichholzkopfs über die Reibfläche der Schachtel. Alle Männer bemühten sich, uns Licht zu geben. Aber die Flamme loderte nur kurz auf, und verlosch in der Dunkelheit. Die Straße war ein Inferno. Vielleicht brannte gerade über uns das Haus ab, und wir konnten nicht ein einziges verdammtes Streichholz anzünden! Es gab einfach nicht genug Luft im Bunker, um eine Kerze zum Brennen zu bringen.

Mein Vater gab sich geschlagen und sagte: »Es hat keinen Zweck.« Da fauchte meine Mutter ihn an, er solle ein Streichholz anzünden. »Sinnlos!«, erwiderte er wütend und frustriert und versuchte dann, die Stimme zu senken. »Wenn wir nicht einmal ein Streichholz anzünden können, sollten wir keinen Sauerstoff verschwenden. Wir sollten nicht einmal reden.« Noch während er dies sagte, schrie Mama plötzlich: »Ich kann Mania nicht sehen. Mania, Mania?« Die Antwort auf diesen Verzweiflungsschrei meiner Mutter war Schweigen. Dann die erschreckende Erkenntnis, dass Mania nicht da war. Die Männer zündeten Streichhölzer an, die für den Bruchteil einer Sekunde eine Nase, ein Auge, eine Wange, ein Kinn, eine Augenbraue beleuchteten. Nichts davon gehörte meiner Schwester. Ich wollte auch ihren Namen rufen, aber ich wusste, dass ich damit die Panik nur noch schüren würde. Ich versuchte, mich zu erinnern, ob ich sie durch die Luke hatte zurückkommen sehen. Das hatte ich nicht. Ich versuchte, mich zu erinnern, wann ich sie das letzte Mal gesehen hatte. Wieder und wieder führte ich mir das Chaos vor Augen und kam jedes Mal zu demselben Ergebnis: Ich konnte mich nicht erinnern, wann ich meine Schwester das letzte Mal gesehen hatte.

Ich wusste, dass sie nicht bei uns war, und mit dem Anzünden der Streichhölzer verschwendeten wir nur unseren kostbaren Sauerstoff und verdrängten noch für kurze Zeit den Schmerz über einen Verlust, den wir nie verwinden würden. Wenn wir nur bis in alle Ewigkeit Streichhölzer anzünden könnten, bräuchten wir der Wahrheit, dass wir sie nie wiedersehen würden, nicht ins Gesicht zu sehen. Mir blieb das Herz stehen, als mir klarwurde, dass mein Vater nicht länger ihren Namen rief – so wie man schockiert feststellt, wie laut das Ticken einer Uhr ist, wenn sie zu ticken aufhört. Papa wusste, wo Mania war, und brachte es nicht fertig, es meiner Mutter zu sagen. Meine Mutter war jetzt still. Sie hatte verstanden. Mein Vater zündete ein letztes Streichholz an. In dem schwachen flackernden Licht waren nur seine Augen und sein Mund sichtbar. Dann sagte er: »Salka, sie ist nach draußen gerannt. Sie hat mir gesagt, sie hätte Angst vor dem Feuer. Sie sagte, sie wolle leben. Ich habe mit aller Macht versucht, sie festzuhalten. Aber sie hat sich losgerissen. Sie ist ein so starkes Mädchen. Sie hat gesagt, sie würde zum Kellerversteck in der Fabrik laufen.« Das war die Fabrik, die gerade in Flammen aufgegangen war. Das Streichholz erlosch. Völlige Dunkelheit. Meine Mutter bat meinen Vater nicht, noch ein Streichholz anzuzünden. Das war nicht nötig. Sie sagte nur: »Ich habe meine Tochter verloren.« Mehr nicht.

Meine Mutter saß irgendwo in der Dunkelheit auf der anderen Seite dieses Grabs. Wir waren so eingezwängt, dass ich keine Möglichkeit hatte, zu ihr zu gehen oder ihr die Hand zu küssen. Ich konnte ihr nicht einmal von meinem eigenen

Schmerz erzählen, weil wir es uns nicht leisten konnten, Sauerstoff zu verbrauchen. Ich fühlte mich so alleine, dass ich auch bei Licht nicht gemerkt hätte, ob die anderen unseren Schmerz teilten oder einfach nur erleichtert waren, dass nicht sie ein Kind verloren hatten. Wie entsetzlich war doch die Welt, in der wir lebten, wenn das Leid anderer einen daran erinnerte, welches Glück man gehabt hatte; dass es genauso gut auch einen selbst hätte treffen können …

Papa hätte Mania davon abhalten sollen, zu gehen. Dieser Tag war der vierzigste Todestag seiner Mutter … Auch sie war in einem Feuer umgekommen, und Mania war nach ihr benannt. Ich wusste nicht, wie oder warum, aber ich hoffte, der Allmächtige werde den Schrei dieses Kindes hören.

Ich habe so starke Erinnerungen an alles, was in jenen achtzehn Monaten in diesem Versteck passierte. Wenn ich die Augen schließe, sehe ich noch immer jede Einzelheit vor mir. Aber ich erinnere mich kaum an den Rest jenes Tages. Ich weiß nicht, wie wir so lange ohne Luft überlebten. Ich weiß, dass wir beteten. Wir müssen gebetet haben. Falls es Gespräche gab, kann ich mich nicht an sie erinnern. Falls es Tränen gab, habe ich sie nicht bemerkt. Und ich könnte auch nicht sagen, ob die Kinder geschrien haben. Irgendwann später an diesem Tag hörten wir ein Klopfen, das von irgendwo draußen vor dem Haus kam, und Becks Stimme, die rief, wir könnten rauskommen. Bis heute ist mein Herz gleichermaßen erfüllt mit Liebe zu meiner Schwester Mania und mit Trauer um sie.

Es war schon Nacht, als Beck kam, um uns zu helfen, aus dem »Grab« wieder in unser normales Versteck zurückzukehren. Ich schaute aus unserem kleinen Fenster. Es war eine helle Vollmondnacht, und der Wind heulte noch immer. Ich konnte nicht genau sehen, wie viele Häuser rechts und links von uns niedergebrannt waren, aber Beck erzählte uns, es seien ungefähr zwanzig. Der Wind trieb Hunderte und Aberhunderte verbrannte Bücher, Möbelstücke, Kinderspielzeuge, Kleidungsstücke, Vorhänge, Dachteile, Kinderwagen und Aschewolken an uns vorbei in einem endlosen Strom verkohlten Lebens.

Meine Mutter und ich saßen beisammen, völlig benommen. Alle im Raum Anwesenden, außer den Steckels, liebten Mania. Mehr noch. Wir waren alle *verliebt* in sie. Manche Menschen sind einfach für jeden, dem sie begegnen, ein Geschenk. Meine Schwester gehörte zu ihnen. Beck goss erst sich und dann allen anderen etwas zu trinken ein.

In seiner üblichen unverblümten Art nannte er den Alkohol seinen »Mutmacher«. »Ich fürchte, ich muss Sie bitten, zu gehen.« Becks Stimme klang hart, doch das war die einzige Art, wie er diese Worte aussprechen konnte.

»Wir verstehen«, erwiderte mein Vater.

Dann erzählte Beck uns, er habe gehört, dass Mania erschossen worden sei. Mehr wusste er darüber nicht. Das Kellerversteck verlassen zu müssen, bedeutete unseren Tod, und wir konnten unserer Trauer um Mania nicht einmal Ausdruck verleihen. Wenn wir kein anderes Versteck fanden, würden wir bald ebenfalls tot sein. Manias Tod hatte uns den Lebenswillen geraubt. Wir waren wie betäubt, vernichtet. Was hätten wir Beck entgegenhalten sollen? Wie hätten wir ihn anflehen können? Was immer dieser Mann und seine Familie für uns noch tun würden, es wäre auch ihr Todesurteil.

Nur die kleine verrückte Frau Melman fragte Beck, ob sie oben mit ihm sprechen könne. Sie konnte ihm nicht in die Augen sehen, als sie ihre Bitte aussprach, sondern starrte auf ihre mit Schlamm und Asche bedeckten Schuhe. Beck nickte und half ihr durch die Luke nach oben.

Beck hatte nicht gesagt, wann wir gehen müssten, doch sobald er weg war, begannen wir, unsere Sachen einzusam-

Mania und ich im Alter von fünf und sechs Jahren in unserer Matrosen-Schuluniform

Mit meinem Vater und Mania, 1938

Meine Babcia und mein Dzadzio

Die Fotos, die meine Freundinnen und ich 1942 machen ließen, als wir nicht wussten, ob wir den Krieg überleben würden. Oben: Genya Astman (links) und ich. Unten: Mania

Von links nach rechts:
Meine Mutter Salka, (vorne)
Julia Beck, Fanka Melman
und (hinten) eine
unbekannte Freundin

Lola Elefant

Klara Patrontasch
und ihr Bruder
Artek in den
dreißiger Jahren

Valentin Beck
nach dem Krieg

Ala Beck

Herr Beck,
Herr Melman
und ich 1946

Das Haus der Melmans

Herrn Patrontaschs sorgfältig ausgesägte Bodenluke, die es heute noch gibt

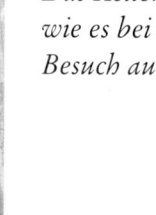

Das Kellerversteck,
wie es bei unserem letzten
Besuch aussah

In Montreal mit Ala und Lola, Anfang der siebziger Jahre

Zu Hause mit Sol, Zygush und Zosia, 2007

meln. Ich versuchte, Mama in den Arm zu nehmen, doch sie schüttelte mich ab. Sie sah meinen Vater nicht an. Doch wie wütend sie auch werden mochte, sie hielt meinem Vater nicht ein einziges Mal vor, dass er Mania nicht davon abgehalten hatte, aus dem Haus zu laufen. Die Kinder sahen uns schweigend an; sie wagten nicht, etwas zu sagen. Zygushs junge Augen waren alt geworden. Wie hatte er meine Schwester geliebt, seine Komplizin bei allem Unfug, den er anstellte, das Mädchen in unserer Familie, das ihn vor den Rabauken beschützte und ihn auf der Lenkstange von Uchkas Fahrrad mitnahm, während Uchka ihnen hinterherjagte und sie bat, vorsichtig zu sein.

Plötzlich brüllte Beck: »Gehen Sie runter in dieses verdammte Loch, schließen Sie die Luke und bleiben Sie dort, bis Sie wieder von mir hören. Wenn es sein muss, bis zum Sankt-Nimmerleins-Tag.«

Frau Melman stolperte nach unten, und meine Mutter fragte sie, was sie zu Herrn Beck gesagt habe. Frau Melman antwortete, sie könne sich nicht erinnern, habe ihn aber angefleht. Das war alles. Wir standen alle so unter Schock, dass die Männer nicht darüber nachdenken konnten, wohin wir gehen sollten, und die Frauen nicht fragten. Die Einzige von uns, die uns zum Handeln gedrängt hätte, wäre Mania gewesen, und die war tot.

Wohin sollen wir gehen?, war alles, was ich denken konnte. Direkt zu den Deutschen? Und zu allem Übel tobte draußen noch immer ein orkanartiger Wind mit einer Stärke von achtzig Stundenkilometern. Bei diesem Wetter hätte man keinen Hund vor die Tür geschickt, und wir hatten zwei kleine Kinder. Doch wer konnte es den Becks verdenken? Schließlich waren wir ihr Todesurteil …

Kurze Zeit später sprang Beck wieder zu uns nach unten. Er schaute aus dem Fenster, vor dem der Wind heulte, und sagte: »Gehen Sie schlafen, was kommt, das kommt.«

»Bitte, Gott, hilf uns«, betete ich, »dass wir überleben und diesen Menschen vergelten können, was sie für uns getan haben.«

Die nächsten Tage waren ein einziger Alptraum. Mamas Schmerz war unerträglich. Sie konnte oder wollte nicht mit meinem Vater reden. Und es lag nicht daran, dass sie wütend auf ihn war, obwohl sie ihn mit ihrem Schweigen verurteilte. Doch ihn anzusehen hätte bedeutet, Mania anzusehen, in seinen Augen ihre zu sehen, in seinem Gesicht ihres. Meine Eltern konnten nicht einmal zusammen trauern. Oder ihren Schmerz herausschreien. Ich jedoch klammerte mich an die heimliche Hoffnung, dass Mania entkommen war und Beck unrecht hatte. Und so sprach ich weiterhin die Gebete, die mein Vater mich gelehrt hatte. Ich wollte ihm von der Unterhaltung erzählen, die Mania und ich in der Nacht vor dem Feuer gehabt hatten. Meine geliebte Schwester hatte sich gefragt, ob sie das Recht habe, Gott, der die Kinder zu uns gebracht hatte, um weitere Gefallen zu bitten. Mit Papa darüber zu sprechen, hätte jedoch vielleicht bedeutet, in der Wunde herumzustochern, die Manias Tod ihm zugefügt hatte.

Wir hatten so viele Menschen verloren, doch irgendwie war es uns so vorgekommen, als seien wir vier unverletzlich. Das Schicksal schien auf unserer Seite zu sein, schien dafür zu sorgen, dass wir am Leben und zusammenblieben. Mein geplatzter Blinddarm hatte mich davor bewahrt, mit Tante Rosa nach Kasachstan verschickt zu werden. Mania und ich waren nicht zu den Nonnen gegangen. Die Russen hatten den falschen Meir Schwarz verhaftet und ihn statt meines Vaters nach Sibirien verbannt. Die Becks waren zu uns gekommen und hatten uns aufgenommen. Zu viele Glücksfälle, um sie aufzuzählen. Und jetzt?

194

Jetzt mussten wir ohne Mania weitermachen, ohne unseren Glücksbringer. Wir lebten noch, ob uns das passte oder nicht. Ich wusste jetzt, dass es so etwas wie ein gebrochenes Herz nicht gibt. Das Herz schlägt weiter, verspottet dich, zieht dich auf und sagt dir, dass es selbst angesichts von Leid unzerstörbar und voller Liebe ist.

Alle paar Stunden kam Beck mit einem neuen Bericht nach unten. Er erzählte uns, irgendwelche Nachbarn, die ein paar Häuser weiter wohnten, hätten der SS gegenüber beteuert, gesehen zu haben, wie Mania während des Feuers aus dem Haus gelaufen sei. Ein anderer Nachbar hatte Julia erzählt, er habe gesehen, wie Mania zu den Nonnen in der nur fünf Straßen weiter gelegenen Kirche gerannt sei. Wenn Mania es bis zu den Nonnen geschafft hatte … Ich betete.

Dann wurde Beck ins SS-Hauptquartier geladen und dort von einem russischen Nachbarn, dem alten Stefaniuk, der auch gerne einen über den Durst trank und im Haus der Britwitzs wohnte, beschuldigt, Juden Unterschlupf zu gewähren. Als die Russen nach Zólkiew gekommen waren, hatten sie Arbeiter beziehungsweise Spione mitgebracht, die in den Unternehmen vor Ort arbeiteten. Stefaniuk war unser »Spion«, aber mein Vater hatte ihn wie einen Freund behandelt, und jetzt verriet dieser Mann uns. Gott sei Dank war Becks volksdeutscher Freund, Herr Lang, der am Gymnasium Latein unterrichtete, zufällig zur gleichen Zeit im SS-Hauptquartier. Lang erzählte der SS, Stefaniuk, ein *Moskol*, ein verhasster Sympathisant der Sowjets, sei derjenige, der Juden beherberge.

Beck sagte, wir könnten bleiben. »Wir sind alle in Gottes Hand.« Wie oft würde er diesen Satz noch wiederholen? Er war sich sicher, die SS davon überzeugt zu haben, dass Stefaniuk ein »verlogener russischer Hund« sei und dass sie Beck, einem loyalen Volksdeutschen, der ihnen die Wahrheit sage, doch wohl eher glauben konnte als ihrem Feind.

Er hatte der SS auch gesagt, die Russen, die Polen, die Volksdeutschen und die Ukrainer würden einander seit Jahren an die Kehle gehen. Und er danke Gott, dass die Nazis nun endlich da seien, um Ordnung in diese Stadt zu bringen. Er werde nur allzu gerne eines Tages auf das Grab dieses Russen pissen.

Wir warteten und warteten auf das Klopfen an der Tür. Aber es kam nicht. Die SS suchte in jener Nacht nicht nach uns.

Doch am nächsten Tag klopfte sie an die Tür und nahm Julia zum Verhör mit. Wer weiß, warum die Männer nicht das Haus durchsuchten, wie sie es angedroht hatten. Wir saßen schweigend und voller Angst da, als sie Julia holten, und erwähnten Mania noch immer mit keinem Wort. Ihr Schicksal war für unser Überleben unerheblich, und deswegen war jedes Gespräch über sie in den Augen der anderen überflüssig. Wir gingen davon aus, dass Beck wegen Julias Verhör in Panik geraten würde. Wir machten uns Sorgen, Julia könne unsertwegen gefoltert und ermordet werden. Doch Beck warf uns nicht raus. Er wartete oben, und wir warteten unten. Je schlimmer die Dinge für uns standen, desto ruhiger wurde er. Wieder sagte er: »Es liegt nicht in unserer Hand«, was natürlich bedeutete, dass es in Gottes Hand lag.

Wenige Stunden später kam Julia nach Hause und berichtete Folgendes: Die SS hatte ihr gesagt, Mania habe gestanden, im Haus der Becks als Dienstmädchen zu arbeiten. Julia hatte das geleugnet und erwidert, in ihrem Haus seien häufig Angehörige der deutschen Polizei, der Gestapo und der SS zu Gast, denen es ja wohl nicht entgangen wäre, wenn die Becks ein jüdisches Dienstmädchen hätten. Sie schlug den Männern vor, sie könnten ja Schmidt oder Krüger fragen, wenn sie wollten. Die beiden Polizisten würden beinahe bei den Becks leben und sich dafür verbürgen, dass sie keine Juden untergebracht hatten. Julia wurde daraufhin nach Hause geschickt, und die SS war noch immer nicht gekommen. Wo nahmen die Becks nur den Mut her, den SS-Angehörigen in die Augen zu schauen und so überzeugend zu lügen? Bei Beck konnte ich das nachvollziehen. Aber Julia war so ängstlich und schüchtern, dass sie sich kaum traute, in der Öffentlichkeit zu lächeln, und wenn sie lachte oder lächelte, dann hielt sie sich immer die Hand vor den Mund, weil sie sich ihrer Zähne schämte. Und hier hatte sie es mit der SS zu tun, die den stärksten Mann und die stärkste Frau brechen konnte, wenn sie den leisesten Zweifel an deren Geschichte hatte.

Nach Julias Rückkehr brachte Beck eine Flasche und ein paar Gläser mit nach unten und berichtete uns, was mit Mania geschehen war. Er sagte, er habe die Informationen von unterschiedlichen Leuten: Freunden, Feinden, Partisanen und Verrätern. Er sagte, er wünsche sich, er müsse es uns nicht erzählen, was er aber tat. Er musste es einfach loswerden.

»Die ganze Straße stand in Flammen. Es wimmelte von Polizisten, die jeden zurückdrängten. Ich dachte, Mania während des Feuers die Straße hochlaufen und in der Menge verschwinden zu sehen. Aber ich traute meinen Augen nicht. Ich konnte nicht glauben, dass sie uns, dass sie Sie verlassen würde.« Beck nahm noch einen Schluck. Seine Augen waren rot umrandet. Es war so schwer für ihn. Wir waren so erpicht darauf, die Geschichte zu hören, wie Beck es war, sie zu erzählen: nämlich überhaupt nicht. Aber wir wussten, dass es für uns wichtig war, zu erfahren, was mit meiner geliebten Schwester passiert war. Beck fragte mich, ob ich folgende zwei Jungen kenne: Tilzer und Schitling. Ich besuchte eine andere Schule, eine reine Mädchenschule, aber die Jungen waren in meinem Alter, und ich sah sie oft, wenn sie zur Schule oder nach Hause gingen, im Park Fußball spielten oder mit einer Gruppe anderer Jungen durch die Straßen liefen. Ich war schüchtern, und das waren sie auch. Wir sprachen nie miteinander, nickten uns aber hin und wieder zu. Ich konnte nicht sagen, dass wir Freunde waren. Aber wir liefen alle zusammen Schlittschuh auf dem Fluss. Schlittschuhlaufen war der einzige Sport, den ich mochte. Wir bildeten lange Ketten, und ich war Schitling nie näher gekommen, als in einer dieser Ketten seine Hand zu halten. Doch er schien sehr nett zu sein und war zu Älteren immer höflich.

Beck fuhr fort: »Mania ging schnell die Straße runter zur Kirche, wo die Nonnen schon andere jüdische Mädchen aufgenommen hatten. Tilzer hat mir erzählt, sie hätten Mania gesehen, und Mania habe sich umgeschaut und sie auch gesehen. Sie sei nicht losgerannt, hat Tilzer gesagt, weil sie sie angelächelt hätten, und sie habe zurückgelächelt. Die beiden dachten, Mania müsse sich sicher gefühlt haben. Die Jungen sind so arm wie Kirchenmäuse, und natürlich wussten sie, dass es ein Kopfgeld für Juden gibt. Sie haben nicht miteinander gesprochen, nur angefangen, Mania zu jagen. Sie haben gesagt, Mania sei schnell gewesen. Als sie gehört hat, dass die zwei hinter ihr herliefen, hat sie sich zu ihnen umgedreht, weil sie wohl gedacht hat, sie würden ihr helfen. Doch dann ist ihr wohl bewusst geworden, dass die beiden Jungen sie einfangen wollten, und sie ist wie der Blitz bis zu den Kirchenstufen gelaufen, wo Tilzer sie dann gefasst hat. Tilzer hat gehofft, dass keine der Nonnen rauskommt, weil die ihn alle kennen. Selbst ich verstehe nicht, warum keine von ihnen bei all der Aufregung um das Feuer aus der Kirche kam. Tilzer hat erzählt, dass Mania nur zehn Meter von der Klostertür entfernt war. Sie hat um ihr Leben gebettelt, ist ihm aber dann gefolgt. Sie hat Tilzer nur gebeten, ihrer Familie eines Tages von ihrem Schicksal zu erzählen. Als die Jungen zum Alkoholdepot gekommen sind, um ihr Kopfgeld von fünf Litern Wodka bei mir abzuholen, haben sie sich so schuldig gefühlt, dass sie alles gestanden haben, weil sie wussten, dass Julia früher für Manias Mutter gearbeitet hat. Sie hatten keine Ahnung, dass Sie hier sind. Ich wollte sie umbringen und gleichzeitig um sie weinen.«

Mir stiegen die Tränen in die Augen. Julia war verhört worden. Die SS-Männer hatten ihr gesagt, sie hätten ein jüdisches Mädchen gefangen genommen, das behaupte, bei den Becks sauber zu machen. Julia hatte ihnen direkt ins Gesicht geschaut und es als unverschämte Lüge bezeichnet. Sie hatte darum gebeten, ihren Ankläger zu sehen. Doch das war noch nicht alles, was Beck uns zu erzählen hatte. Er hatte einen SS-Kumpel in einer Bar über ein Mädchen reden hören, das geschnappt worden war und gesagt hatte, es sei aus Lemberg. Ein Dienstmädchen! Mania hatte uns nicht verraten.

Ihre letzten Gedanken galten dem Versuch, uns auf Kosten ihres eigenen Lebens zu schützen. Ein dreizehnjähriges Mädchen, das nicht mehr als vierzig Kilo wog, behauptete sich gegenüber der SS und der Gestapo, deren Angehörige die Macht des Nazireichs repräsentierten, sie aber nicht hatten brechen können. Wie hätte ich im hellen, hellen Licht solcher Liebe und solchen Muts nicht den Willen wiederfinden sollen, zu leben?

Dudio war Zeuge des Mords an Mania geworden und hatte Herrn Beck einen Brief mitgegeben, der auf den 19. April datiert war. Dudio schrieb, man habe sie zu dem alten Judenfriedhof gebracht, sie erschossen und ihren Leichnam in ein Massengrab geworfen. Dieser Friedhof war inzwischen ein nacktes Feld nicht gekennzeichneter Gräber. Man hatte jüdische Jungen dazu gezwungen, die Grabsteine wegzukarren und sie mit Hämmern, die fast so groß waren wie die Jungen selbst, in kleine Stücke zu zerschlagen, die zum Pflastern von Straßen verwendet wurden.

Ich wusste nicht, was sie mit Mania gemacht hatten und wie sehr sie hatte leiden müssen. Aber ich wusste, dass es vor den Augen von Dutzenden Menschen geschehen sein musste, die wegen des Feuers nach draußen gekommen waren. Es war in unserem Viertel passiert, in dem alle Mania kannten und liebten. Die Becks hatten sich entschieden, ihr Leben aufs Spiel zu setzen, um uns zu retten; Tilzer hätte nur wegschauen müssen, und meine Schwester wäre noch am Leben.

9
Die Liebesaffäre

Dienstag, 7. September. Es ist schrecklich, wie abhängig wir von allen möglichen Faktoren sind. Wenn die Schwägerin heiraten möchte, wird das für uns zum Problem. Wenn Herr Beck Karten spielt, machen wir uns Sorgen. Wenn er trinkt, haben wir panische Angst. Wenn er sich auf der Arbeit streitet, sind wir verzweifelt. Der Himmel stehe uns bei, dass all diese Probleme sich klären. Ich hoffe, Frau Beck lässt uns die Nachrichten hören. Vielleicht sind es ja gute Nachrichten.

Die bittere Wahrheit, die bittere uneingestandene Wahrheit über den Tod meiner Schwester ist die, dass wir, noch während wir für ihr Überleben beteten und nachdem wir von ihrer Gefangennahme erfuhren, auch dafür beteten, dass sie uns nicht verraten würde. Unsere Tränen um meine Schwester waren also gleichzeitig Tränen der Erleichterung. Wir hatten Angst, unseren Schmerz laut herauszuschreien, also weinte ich leise. Wir konnten auf keine der traditionellen Weisen trauern. Wir sprachen nicht das Kaddisch. Wir saßen nicht *Shiva*. Doch trotz ihrer Abwesenheit war Mania für alle im Kellerversteck anwesend. Die anderen folgten dem Beispiel von Mama und Papa und erwähnten nie ihren Namen. Auch die Kinder fragten nicht nach ihr. Mania war nicht mehr da. Wenn ich morgens aufwachte, sah ich mich nach ihr um. Und die Erinnerung an ihren Tod war wieder frisch. Sie schien mir die Luft zu nehmen. Ich konnte kaum atmen, doch der Schmerz war mir lieb und teuer, denn außer ihm war mir nichts von meiner Schwester geblieben.

Trotz alledem – das Leben ging weiter. Wir stellten unsere Behelfspritschen auf und spritzten uns ein paar Tropfen des kostbaren Wassers ins Gesicht. Zwei Wochen nach Manias Tod stand ich vor der Kochplatte und schälte und kochte zusammen mit Mama und Lola Kartoffeln. Im Laufe des Morgens schien die Hitze von den Wänden zu tropfen. Patrontasch hatte eine geöffnete Zeitung vor sich liegen und pulte die teerigen Tabakreste aus den Kippen gerauchter Zigaretten.

Die Zeitung stammte aus dem vorangegangenen Monat und enthielt gute und schlechte Nachrichten. Die SS hatte den Angriff auf das Warschauer Ghetto durchgeführt. Und in Nordafrika hatte Rommel kapituliert. Wir waren stolz auf die Ghettokämpfer, wussten aber, dass sie verloren waren. Wir hatten das Gefühl, als würden sie für uns alle kämpfen, und ich wünschte mir, ich könnte ihnen dabei helfen.

Die Sache mit den Kippen war sehr mühsam, und Herr Patrontasch wischte sich ständig mit einem Handtuch den Schweiß von der Stirn, damit der Tabak nicht feucht wurde.

Mama sagte etwas, was sie mindestens zwanzigmal am Tag wiederholte: »Es ist zu heiß, um zu essen, geschweige denn, um zu kochen.« Wir lachten, als würden wir diese Bemerkung zum ersten Mal hören. Mania hätte gelacht.

Wir überlebten die Hitze des Sommers, die Hitzepocken, den Hunger, die Langeweile und die deprimierende Tatsache, dass der Krieg kein Ende zu nehmen schien.

Beck kam mit einer Zeitung nach unten und reichte sie Papa, der einen Blick hineinwarf. »Italien hat kapituliert! Es kann jetzt nicht mehr allzu lange dauern«, sagte er aufgeregt.

Mama konnte diese Bemerkung nicht unkommentiert

lassen. »Das hast du auch schon vor zehn Monaten gesagt, vor neun Monaten, vor acht Monaten …«

Mein Vater unterbrach sie. »Das reicht, ich habe verstanden. Hier steht, dass die russische Armee bis Zhitomir vorgerückt ist. Wenn selbst die deutschen Zeitungen das schreiben, stimmt es wahrscheinlich, und die russischen Truppen sind sogar noch näher.« Zhitomir lag westlich von Kiew, was hieß, dass die Russen auf dem Weg nach Lemberg waren. Diese Nachricht war ermutigend, aber wir hatten inzwischen Angst, uns Hoffnungen zu machen.

Mama wechselte das Thema und schlug vor, nachzusehen, ob bei unseren Kleidungsstücken etwas dabei war, was Julia verkaufen konnte. Wir taten das hin und wieder und fanden nie etwas, was gut genug war. In der nächsten Woche war Jom Kippur, und wir wollten sehen, ob wir für das *Kol Nidre,* das feierliche Auftaktgebet, noch etwas Besseres zum Anziehen hatten. Da es warm geworden war, wollten die Männer in ihrer Unterwäsche beten. Sie hatten im Talmud nachgelesen, dass es egal war, was man anhatte, solange der Kopf bedeckt war und man einen Tallit, einen Gebetsschal, trug.

Als meine Mutter ihre Kleider durchsah, fielen sie, von der Feuchtigkeit und vom Schimmel zerfressen, auseinander. Da meinte sie zu meinem Vater, sie habe nichts mehr anzuziehen, weshalb die Frauen es bei dieser Hitze den Männern doch nachtun und auch in Unterwäsche beten könnten. Mein Vater antwortete: »Nur zu.« Alle anderen Frauen drohten, dasselbe zu tun, und waren sehr überrascht, dass ihre Männer keine Einwände erhoben.

Julia und Ala waren wie jeden Sonntagmorgen zur Kirche gegangen. Kurz nachdem sie weg waren, rief Beck Klara unter dem Vorwand, sie solle irgendeine Aufgabe erledigen, nach oben. Seit Beck sie das erste Mal nach oben gebeten hatte, lebten wir mit dieser zusätzlichen Quelle der Angst. Wie lange würde diese Affäre unentdeckt bleiben? Da wir so eng aufeinander lebten, wussten wir, was los war. Wir wussten von Becks zunehmender Hartnäckigkeit und Obsession. Wir wussten, dass er unvorsichtig wurde, wenn er betrunken war, und wir wussten, dass Julia früher oder später herausfinden würde, dass ihr Mann und ihre beste Freundin, eine Frau, deren Leben und deren gesamte Familie sie rettete, sie betrogen.

Beck wurde immer unverfrorener. Sobald die Tür ins Schloss fiel und Julias Schritte auf dem Steinpfad zur Straße widerhallten, rief er nach Klara. Wir sagten nichts. Wir unternahmen nichts. Niemand konnte mit Beck darüber reden. Vielleicht war uns auch klar, dass es Folgen haben würde, wenn Klara versuchte, die Sache zu beenden. Wer wusste schon, was Beck tatsächlich für Klara empfand? War es Liebe zwischen den beiden? Und was sagte das über den Charakter des Mannes aus, dem wir unser Leben verdankten? Wenn wir ihn baten, die Sache zu beenden, würde dann der tapfere, großzügige Mensch verschwinden und nur noch der Mann übrig bleiben, der mit der besten Freundin seiner Frau schlief? Würde dieser Mann täglich sein Leben für uns riskieren? Wir hatten Angst, dass allein die Bitte, das Verhältnis zu beenden, dazu führen könnte, dass Beck uns auf die Straße setzte.

Oben öffnete sich die Haustür. Niemand hatte geklopft. Ich hörte, wie Julia in neun Schritten von der Haustür zur Küche ging. Ihre Schritte waren mir so vertraut, ich hatte sie tausendmal gezählt. Niemand bewegte sich, niemand sprach, niemand atmete.

Julias Stimme klang fröhlich, als sie, an niemand Bestimmtes gerichtet, ausrief: »Ich bin's nur. Ich habe meine Geldbörse vergessen. Ich war in der Kirche und hatte kein Kleingeld für die Kollekte.« Es waren nur fünf Schritte durch das kleine Wohnzimmer zum Schlafzimmer. Ich zählte bis fünf, und sie war dort.

Unser aller Augen richteten sich auf die Decke. Ich hatte Julia noch nie die Stimme heben hören, aber jetzt schrie sie: »Du Scheißkerl! SCHEISSKERL! UND DU! ICH WERDE ES NICHT ZULASSEN, DASS EINE SCHLANGE UNTER MEINEM DACH LEBT! VERSCHWINDE! VERSCHWINDE!«

Klara taumelte durchs Zimmer und stolperte, mit dem Gesicht zuerst, nach unten. Sie hatte ihr Kleid noch an, aber es war aufgeknöpft. Ohne jemandem in die Augen zu schauen, knöpfte sie es hastig zu und kroch an allen vorbei um die Ecke und in den hintersten Teil unseres Verstecks.

Oben hörte ich Beck brüllen und Möbelstücke durchs Zimmer werfen. Ich stellte mir vor, wie die Stühle und Bilder gegen die Wände krachten – die Hochzeitsbilder und die Bilder von Alas Konfirmation, von ihrem Schulabschluss, davon, wie sie auf dem Fluss Schlittschuh lief, und viele andere.

Zosia und Zygush krabbelten zu mir herüber und vergruben sich in meinen Armen. Etwas Schlimmeres hätte nicht passieren können, und wir konnten nichts dagegen tun. Die möglichen Folgen schossen mir durch den Kopf. Julia würde Klara rauswerfen. Sie würde uns alle rauswerfen. Sie würde auf keinen Fall die Affäre von Klara und Beck tolerieren, keine Frau würde das. Und Klara war nicht nur irgendeine Frau. Vor dem Krieg waren Klara und Julia Freundinnen gewesen, beste Freundinnen. Näher konnten zwei Frauen einander nicht sein, es sei denn, sie waren Schwestern. Wegen Klara hatte Julia ihren Mann überredet, uns aufzunehmen. Klara wusste das. Wir alle wussten es. Selbst Beck wusste es.

Beck schrie jetzt, als sei er derjenige, dem man etwas angetan hatte, als habe Julia sein Glück zerstört, seine perfekte Welt, und, was am tragischsten war, sein Selbstbild. »Lass mich in Ruhe! Lass mich in Ruhe!«

Doch Julia schlug zurück. »Sorg dafür, dass sie von hier verschwindet! Dass sie alle von hier verschwinden! Alle!«

In unserem Versteck herrschte Totenstille. Unser Alptraum schien Wirklichkeit zu werden. Wir sahen schon die SS durch die Luke im Fußboden kommen; sahen uns mit unseren Freunden und unserer Familie zu dem Sumpf vor der Stadt marschieren, wo man uns erschießen würde. Dabei ging es doch nur um einen untreuen Mann und eine verletzte Frau. Eine Szene, die sich oft abspielte, fast jede Minute eines jeden Tages überall auf der Welt. Aber dieses Mal war es für so viele Menschen eine Frage von Leben oder Tod. Zosia weinte, und sosehr ich auch versuchte, sie zu trösten und beteuerte alles würde in Ordnung kommen, wusste ich, dass es gelogen war.

Beck brüllte wieder: »ES PASST DIR NICHT? DANN VERSCHWINDE, VERDAMMT NOCH MAL!« Ein weiterer Spiegel krachte gegen die Wand, vielleicht war es auch ein Bild, ich weiß es nicht. Dann war das abscheuliche Geräusch zu hören, wenn eine Faust auf Knochen trifft und ein Körper zu Boden stürzt.

Beck geriet in Panik. »Hilfe. Hilfe! Hilfe! Patrontasch. Helfen Sie mir!«

Patrontasch kletterte durch die Luke nach oben. Er hatte Erste-Hilfe-Kenntnisse. Julia lag auf dem Fußboden und blutete aus dem Mund. Sie hatte die Augen nach innen gerollt und wand sich in Krämpfen auf dem Boden. Patrontasch schnappte sich einen Gürtel und steckte ihn ihr zwischen die Zähne, damit sie ihre Zunge nicht verschluckte.

Beck sagte kein Wort. Er griff nach der Wodkaflasche, aus der Klara und er getrunken hatten, und setzte sich, jetzt völlig ruhig, aufs Bett. Patrontasch schlang in dem Versuch, den Anfall zu stoppen, die Arme um Julias Körper. Er war sehr kräftig, doch sosehr er es auch versuchte, die Krämpfe hörten nicht auf. Ich fühlte mich dort unten so hilflos. Ich wusste nicht, was los war, aber ich hatte Angst, dass Julia sterben würde. Ich wollte Herrn Beck sagen, er solle einen Arzt holen, aber wie hätte ich das tun können? Patrontasch schrie plötzlich, was ich dachte: »Sie müssen einen Arzt holen!«

Beck nahm noch einen Schluck. »Sie hat sie ständig. In ein paar Minuten ist alles wieder vorbei. Der Himmel stehe mir bei. Ich hasse dieses Haus. Ich hasse euch alle. Und am meisten von allen hasse ich sie!« Er stand auf und verließ das Haus. Er hatte recht. Nach wenigen Minuten beruhigte sich Julia, und Patrontasch brachte sie ins Bett, kam nach unten und erzählte uns, was passiert war. Er hatte – wie wir – gedacht, Julia würde sterben.

Ein paar Stunden später saßen Lola und ich mit Julia und Ala, die inzwischen nach Hause gekommen war, am Küchentisch und tranken Tee. Julias Gesicht war geschwollen, ihre Lippen aufgedunsen und eingerissen. Trotz der Hitze waren die Fenster und Vorhänge geschlossen. Ala hielt Julias Hand.

Julia wollte reden, so als habe sie etwas zu erklären oder zu beichten. »Ich war so glücklich. Ich war letzte Woche in der Kirche und hatte es nach der Messe eilig, nach Hause zu kommen, um Geld zu holen, weil es Sonntag war und ich den Bus nach Lemberg nicht verpassen wollte. Ich rannte und glitt auf der Treppe an der Kirche aus. Dabei rutschte mir das Kleid hoch, und Frau Lueczkiewicz – ihr erinnert euch an sie, oder?«, fragte sie und sah Lola, Ala und mich an. »Eure Handarbeitslehrerin in der Schule? Es war mir so peinlich, dass ich vor allen Leuten hingefallen und mein Kleid mir bis weit über die Knie hochgerutscht war. Ihr könnt euch vorstellen, wie ich mich gefühlt habe. Frau Lueczkiewicz half mir auf, sah, dass meine Strümpfe mit dem Zickzackstich gestopft waren, den Lola macht, und ließ sich darüber aus, was für eine gute Näherin ich sei und wie

hübsch meine Strümpfe wären. Ich konnte es gar nicht abwarten, nach Hause zu kommen und es euch dreien zu erzählen. Ich fand es so lustig, dass Frau Lueczkiewicz dachte,
ich hätte die Strümpfe gestopft, obwohl es doch drei ihrer
Schülerinnen waren. Ich hätte ihr gern erzählt, dass du und
Lola leben, weil ich weiß, dass sie dich immer gemocht hat,
aber natürlich habe ich es nicht getan.« Sie hielt inne, nahm
einen Schluck Tee und füllte meine Tasse nach. »Wisst ihr«,
sagte sie, »ich kann nicht mit einer Schlange unter meinem
Dach leben. Ich gehe. Ich muss gehen. Sobald dieser Scheißkerl zurückkommt. Es tut mir leid. Es tut mir so leid, euch
bei ihm zu lassen.« Sie sah uns an, als erwarte sie, dass wir
versuchen würden, ihr das auszureden, oder zumindest pro-
testierten. Aber wir saßen nur schweigend da und tranken
den Tee, den Ala für uns machte.

Wieder in unserem Versteck, hörten wir, wie sie eine
Tasche packte, und folgten dann ihren und Alas Schritten
über unseren Köpfen. Wir hörten, wie sich die Tür öffnete
und schloss. Wir waren alleine und wussten nicht, für wie
lange. Beide Beschützer waren weg, und wir wussten, dass
wir ohne sie nur wenige Tage überleben konnten. Seit dem
Tag, an dem Herr Beck Klara zum ersten Mal nach oben
gerufen hatte, war uns klar gewesen, dass dieser Moment
unausweichlich sein würde, und nun war er gekommen.

Das Haus war leer, und wir taten alle so, als würden wir
schlafen. Ich hatte den Kopf in Mamas Schoß gelegt. Sie fä-
cherte mir Luft zu, ganz vorsichtig, damit die Kerze nicht
ausging und wir im Dunkeln zurückblieben. Klara war wach
und starrte an die Decke. Niemand hatte ein Wort darüber
verloren, was am Morgen passiert war. Es war zu bedrü-
ckend. Wir befanden uns auf See mitten in einem Sturm,
über den wir keinerlei Kontrolle hatten. Vielleicht würde
Herr Beck zurückkommen. Vielleicht würde Julia zurückkommen. Seit Manias Tod hatte ich mich nicht mehr so al-

lein und ohnmächtig gefühlt. Und so verrückt es auch klingen mag, ich wünschte, meine kleine Schwester wäre da, weil sie die Einzige von uns war, die ihren Mut zusammennehmen konnte. Sie hätte keine Angst gehabt, über das zu reden, was passiert war. Im Gegenteil: Sie hätte meinem Vater und meiner Mutter in den Ohren gelegen, bis sie eine Lösung gefunden hätten. Aber ich war nicht Mania. Ich schämte mich dafür, wie ich mich fühlte: machtlos und ohne jeden Willen, zu kämpfen.

Ich konnte nur noch meine Hilflosigkeit zum Ausdruck bringen. »Mama, wir können überhaupt nichts tun«, sagte ich so leise wie möglich. »Wenn die Schwägerin von Herrn Beck einen Ukrainer heiraten möchte, ist das für uns ein Problem. Wenn Herr Beck mit der Gestapo trinkt und Karten spielt, machen wir uns Sorgen. Wenn er bei der Arbeit betrunken ist, geraten wir in Panik. Streitet er sich mit seinem Chef, sind wir verzweifelt … Doch egal, was passiert, er denkt, dass alles in Ordnung kommt … Aber diese Affäre mit Klara? Glaubst du, Julia wird ihn verlassen? Glaubst du, er wird Julia verlassen? Was sollen wir tun, Mama? War es das? Soll all unser Leiden so enden?«

»Ich weiß es nicht.«

»Was denkst du, was Julia tun wird?«

»Das weiß nicht einmal Gott.«

Auf diese Weise ließ meine Mutter mich wissen, dass ich aufhören sollte, Fragen zu stellen. Wenn Gott es nicht wusste, wie konnte ich dann annehmen, dass sie eine Antwort hatte?

Es war unsere dritte schlaflose Nacht seit dem Streit. Wir hatten keine Lebensmittel und kein Wasser mehr. Wir saßen so lethargisch da, dass wir trotz der Hitze vergaßen, uns Luft zuzufächeln. Kaum jemand hatte ein Wort gesagt, seit Ala und Julia gegangen waren. So gern ich auch wollte, ich konnte meiner Mutter oder meinem Vater die schreckliche Frage nicht stellen: »Was geschieht mit uns, wenn die Becks nicht zurückkommen?« Diese Frage beschäftigte jeden von uns, doch sie auszusprechen, hieß die Angst noch wirklicher zu machen. Obwohl also achtzehn Menschen auf engstem Raum miteinander lebten, waren wir in Augenblicken der größten Verzweiflung oft allein. Wir schwiegen, weil wir fürchteten, Worte würden unserer Panik eine Stimme verleihen und könnten zu hektischem, unüberlegtem Handeln führen. Mania war während des Feuers weggelaufen. Die Steckels hatten ihre Giftfläschchen. In unserem Keller war sogar ein Fass mit fünf Litern Benzin vergraben. Wir waren vorbereitet, und die Erwachsenen hatten sich geschworen, dass die Nazis uns niemals lebend bekommen sollten. Ich betete, dass die Becks sich daran erinnerten, dass wir hier waren. Jom Kippur stand vor der Tür, und wir wussten nicht einmal, ob wir die Gelegenheit haben würden, für unsere Sünden zu büßen. Doch über die Buße machte ich mir jetzt keine Gedanken. Wenn dir jemand ein Kissen aufs Gesicht drückt und dich erstickt, bittest du Gott nur darum, noch einmal Atem holen zu können.

Das Geräusch der sich öffnenden Haustür traf uns wie ein elektrischer Schlag. Ich hoffte, es wären Herr und Frau Beck, hoffte, sie hätten einander gefunden und kämen nun zusammen nach Hause. Doch ich hörte nur die schweren Schritte des betrunkenen Beck, und er war nicht allein. Bei ihm war SS-Unterscharführer Krüger, sein bester Freund, Saufkumpan, Wettbruder und Partner bei mehreren Schwarzmarktgeschäften, von denen wir hier unten alle Einzelheiten kannten. Nur Julia und Ala wussten nichts davon.

Beck war betrunkener als sonst. Nur am Rand der Bewusstlosigkeit lallte er wirklich.

Ich fragte mich, ob er endgültig übergeschnappt war. Wenn ich betete, betete ich immer für ihn … Ich betete für seine Gesundheit; ich betete, dass all seine Pläne funktionierten; ich betete, dass er nicht erwischt wurde. Und ich betete, dass er weiterhin Glück hatte. Mein Vater sagte manchmal, dass es besser sei, vom Glück begünstigt als schlau zu sein. Becks Glück war unser Glück.

Er rief nach Julia und dann nach Ala, immer wieder. Er suchte sie überall im Haus, ging von Zimmer zu Zimmer. Wir hörten, wie die Türen geöffnet und dann wieder zugeschlagen wurden. Schließlich ließ er sich in einen Stuhl fallen. »Zum Teufel mit ihnen. Komm, Krüger, setz dich endlich. Du machst mich nervös, wenn du hier rumstehst. Ich hole uns was zu trinken.«

»Heute Abend nicht. Ich wollte nur sichergehen, dass du heil nach Hause kommst.«

»Wir können Karten spielen. Die Nachrichten aus London hören.«

»London?«

»Nun komm schon, Krüger … Erzähl mir nicht, dass du nicht Radio Freies Polen hörst. Das ist dein Job.«

Wir konnten nicht glauben, dass Beck gerade gegenüber einem Unterscharführer der SS zugegeben hatte, einen illegalen Kurzwellenempfänger zu besitzen. Dafür konnte man gehängt werden.

»Aber nicht deiner, Beck. Und ich will nicht alles wissen, was in diesem Haus vor sich geht.«

Beck lachte, und wir hörten, dass er eine Flasche und Gläser holte, die er dann, um dem Folgenden Nachdruck zu verleihen, auf den Tisch knallte.

»Trink wenigstens noch ein verdammtes Glas, bevor du mich erschießt. Andrerseits wirst du mich gar nicht erschießen. Ich bin der einzige Freund, den du in dieser verdammten Stadt hast. Ich liebe dich, und du liebst mich. Du bist der einzige Kraut, der Sinn für Humor hat. Ich verstehe wirklich nicht, wie du diese anderen Arschlöcher erträgst. Ich verstehe nicht, warum du ihnen dafür, dass sie so verdammt langweilig sind, nicht eine Kugel durch den Kopf jagst. Vor allem von Pappen. Ich scheiß auf seine Mutter, wenn er mir weiter Probleme macht.«

»Geh ins Bett, Beck, bevor du etwas wirklich Dummes sagst.«

Beck lachte. »Dann mach, dass du hier rauskommst.«

Ich wusste, dass meine Mutter mir angesichts von Becks Ausdrucksweise am liebsten die Ohren zugehalten hätte. Zur Abwechslung gab es im Gegensatz zu der Frage, ob man uns abschlachten würde oder nicht, mal etwas Normales, worüber sie als Mutter sich Sorgen machen konnte. Mania hatte mich früher immer, nachdem die anderen schliefen, damit wach gehalten, dass sie über die Unterhaltungen redete, die wir mit angehört hatten. Sie hatte jedes Wort und jeden Satz zerpflückt und sich dabei köstlich amüsiert. Mania hatte für ihr Leben gern andere belauscht.

Wir seufzten erleichtert auf, als wir hörten, dass Unterscharführer Krüger zur Tür ging und sie hinter sich zuschlug. Einen Moment später hämmerte Beck gegen die Luke. Patrontasch kroch hin und öffnete sie. Licht strömte in unser Versteck. Beck war zu betrunken, um sich hinzuknien. Er lag auf dem Fußboden und steckte den Kopf durch die Öffnung.

»Wo zum Teufel ist meine Frau?«

Patrontasch war Beck am nächsten, deswegen antwortete er. »Ich weiß es nicht. Sie und Ala sind vor drei Tagen weggegangen, direkt nach Ihnen.«

Beck griff in seine Hosentasche und zog ein Stück Papier heraus. Verknittert, wie es war, musste es schon lange dort gesteckt haben. »Dann geben Sie das Ihrer Schwester.«

Er reichte Patrontasch das Stück Papier.

»Und sagen Sie ihr, dass ich sofort eine Antwort haben will.«

Beck rappelte sich hoch, und wir hörten, wie er aufs Bett fiel. Patrontasch gab Klara den Zettel. Sie wartete einen Moment, bevor sie ihn las, wusste aber, dass die Sache zu wichtig war, um sie hinauszuschieben. Aller Augen waren auf sie gerichtet, selbst die der Kinder. Sie las den Brief und legte ihn dann langsam hin.

Mit einer Stimme, die selbst für Klara ausdruckslos war, sagte sie ins Leere: »Er will, dass ich mit ihm weggehe. Er will mich retten.«

Stellvertretend für uns alle stellte ihr älterer Bruder, Patrontasch, die Frage: »Was wirst du tun?« Es war unglaublich, wie normal seine Stimme klang, so als wolle er wissen, ob sie ihren Tee lieber mit Zitrone oder mit Milch trank.

»Denkst du, ich wüsste nicht, was es bedeutet, wenn ich dieses Loch hier verlasse? Ich werde ihm eine positive Antwort geben.«

Ich wusste nicht, wie ich den Klang ihrer Stimme interpretieren sollte. Ich wusste nicht, ob das, was ich zu hören glaubte, tatsächlich zutraf, ob ich es mir nur einfach einbildete, weil ich es gerne hören wollte. Ich hörte Traurigkeit und Bedauern, Bitterkeit und Scham, Resignation und Triumph und Rache. Ich hörte, wie sehr sie ihre Tochter Luncia vermisste und wie sehr sie ihren toten Mann liebte. Und ich hörte, wie wenig ihr die Affäre bedeutete, weil ihr Leben ihr so wenig bedeutete. Sie kroch zur Luke und kletterte nach oben. Ihr Bruder half ihr dabei. Wir warteten darauf, dass sie und Beck etwas zueinander sagten. Beck schaltete das Radio ein, aus dem sehr schöne Tanzmusik ertönte. Wir konnten das Gemurmel einer Unterhaltung hören, aber kein Wort verstehen.

Meine Mutter sagte zu meinem Vater: »Wenn ich gewusst hätte …«

»Was gewusst hättest?«

»Hätten wir irgendetwas anders gemacht?«

»Quäl dich nicht mit derlei Gedanken.«

Mir war klar, dass sie über Mania sprachen.

Mama fuhr fort: »Ich weiß nicht … Ich erinnere mich nur an den Tag, an dem die Russen gekommen sind und meine Mutter mitgenommen und nach Kasachstan geschickt haben. Du hast gesagt, ich solle kein Mitleid mit ihr haben … dass du sie eines Tages vielleicht beneiden würdest. Woher wusstest du das?«

»Ich habe nichts gewusst. Was hätte ich wissen können?«

»Ich konnte es nicht fassen, dass sie sie wegbrachten, auch nicht, dass Papa in dem Gefängnis gestorben war, während er auf seine Begnadigung wartete. So viele Dinge, Meir, so viele schreckliche Dinge … Mama wird mit meinem Bruder weggeschickt … wir waren so bestürzt und dann so froh für sie, als die Nazis einmarschiert sind, weil sie in Sicherheit waren. Dann bekommen wir einen Brief … am ersten Tag bei der Arbeit gerät seine Schürze in eine Maschine. Und dann Mania … Es scheint, dass wir, egal was wir tun … in Gottes Hand sind, und Er nicht einmal weiß, dass wir da sind.«

Klaras Beine glitten hinab in unser Kellerversteck. Sie sagte kein Wort, kroch zu ihrer Pritsche und wandte das Gesicht der Wand zu. Oben tobte Beck. Ich fragte mich, was es dort noch gab, das er zerbrechen konnte, aber wir hörten, dass Möbelstücke gegen die Wand krachten und in die Brüche gingen. Ich war dankbar, dass alle Häuser um uns herum abgebrannt und nicht wieder aufgebaut worden waren, denn sonst hätte bei so viel Lärm und Geschrei jetzt mit großer Sicherheit die Polizei an die Tür geklopft. Dann war es auf einmal ruhig. Beck ließ sich aufs Bett fallen und schluchzte. Ich konnte nicht glauben, dass ich Mitleid mit ihm empfand, aber das tat ich.

Patrontasch kroch zu Klara hinüber. »Was zum Teufel hast du ihm gesagt?«

Klara sah ihren Bruder nicht an. »Klingt es, als hätte ich gesagt, ich würde mit ihm weggehen?«

Am nächsten Morgen verschwand Beck, und wir waren wieder allein. In der Stille nagte erneut panische Angst an uns. Vielleicht würde Beck dieses Mal nicht zurückkommen. Von Julia oder Ala hatten wir nichts gehört. In jeder Beinahe-Katastrophe hatte sich Beck dafür entschieden, uns zu retten. Doch Julia war diejenige, die Tag für Tag einkaufte, kochte, und uns am Leben erhielt, sie war unser Fels.

Eine Wand unseres Verstecks stürzte ein, und die Männer verbrachten den Tag damit, sie mit Holzlatten abzustützen, vielleicht dankbar, eine Aufgabe zu haben, die sie von unserer Zwangslage ablenkte. Dann ging oben die Tür auf, und Julia und Ala kamen herein. Die Erleichterung stand uns ins Gesicht geschrieben. Julia kam sofort zur Luke und rief Patrontasch zu, er solle sie öffnen. Sie hatte einen Sack Äpfel mitgebracht, und als sie die Äpfel austeilte, kam es mir so vor, als sei sie nur für wenige Minuten weg gewesen. Sie lächelte, war glücklich und machte den Eindruck, als sei nichts geschehen, worüber sie sich geärgert hatte. Von den Äpfeln bekamen wir alle Durchfall. Am späten Nachmittag lud Julia Lola und mich als ihre beiden Vertrauten nach oben zum Reden ein. Ich weiß nicht, warum Julia uns auswählte, war aber dankbar für jede Gelegenheit, unser Versteck verlassen zu können. Das Vergnügen, auf einem Stuhl zu sitzen mit reichlich Platz zwischen meinem Kopf und der Decke und ein Fenster zu sehen, selbst wenn die Vorhänge zugezogen waren, reichte aus, um einen Moment so zu tun, als verliefe mein Leben normal. Natürlich fürchtete ich mich davor, dass Julia mich um Rat fragen würde. Ich war sechzehn, eine unschuldige, naive Sechzehnjährige, ein Mädchen, das noch nicht einmal ernsthaft die Hand eines Jungen gehalten hatte.

Julia goss uns Tee ein und gab uns Brötchen, was gegen den Durchfall helfen sollte. Dann setzte sie sich zu uns an den Tisch. »Es ist nicht nur Klara, wisst ihr.« Lola und ich sahen einander an. Es war offensichtlich, dass Julia sich das schon seit langem von der Seele hatte reden wollen. Sie versuchte, zu klingen als mache es ihr wenig aus, als habe sie tagelang vor dem jetzt zerbrochenen Spiegel geprobt.

»Wie meinst du das?«

»Es ist seine Schwägerin. Die, über die er sich lustig macht, weil sie vornehm tut und damit angibt, von polnischem Adel zu sein. Ja, ich wusste, worauf ich mich da einlasse. Er war so, als ich ihn kennengelernt habe, und er wird sich nicht ändern, bis ich ihn zu Grabe trage – was ich tun werde. Ich vermisse den Scheißkerl.« Lola und ich hatten viele Fragen, aber wir hörten den Schlüssel im Schlüsselloch. Beck kam herein, sturzbetrunken. In einer Hand hielt er Lilien, in der anderen einen Pelzmantel. Lola und ich standen auf.

Beck gab uns ein Zeichen, uns wieder zu setzen. »Nein, nein. Bleibt … Ich brauche vielleicht ein bisschen Schutz.«

»Das hängt davon ab, für wen die Lilien sind.«

Beck reichte Julia die Blumen und küsste sie auf die Wange. Sein Atem und seine Haut stanken nach Alkohol. Er hielt den Pelzmantel hoch und breitete ihn dann auf dem Tisch aus. »Wie findest du das? Du brauchst einen Pelzmantel. Ich wollte dir schon immer einen Pelz besorgen, damit du wie all die anderen reichen Hexen herumlaufen kannst, die immer auf uns herabschauen.«

»Ich brauche keinen Pelzmantel. Beck, wo hast du das Geld dafür her?«

»Ich habe ein paar von den Dollars, genommen, die mir der Drogist gegeben hat.«

»Dollar? Warum sagst du der SS nicht einfach, dass wir Juden verstecken?«

»Von wem glaubst du, habe ich das verdammte Ding gekauft?«

»Von Krüger?«

»Natürlich von Krüger. Er hat gesagt, er würde alle Dollars nehmen, die ich in die Finger bekomme. Er ist davon überzeugt, dass es nur noch eine Frage der Zeit ist, worüber ihr beiden jungen Damen euch wie Schneekönige freuen müsstet. Denn wenn selbst die SS glaubt, dass es nur noch eine Frage der Zeit ist …«

Er hielt den Pelzmantel wieder hoch, damit Julia ihn bewundern konnte. Er war wirklich ein sehr schönes Stück. Lola betastete das Futter und bewunderte die Nähte. »Sieh mal, er ist aus einem einzigen Pelz gemacht und nicht zusammengestückelt. Man sieht, dass einer unserer besseren Kürschner ihn genäht hat.« Beck war zufrieden. Doch dann fiel ihm etwas auf. Er sah sich den Mantel ein bisschen genauer an, hielt ihn hoch ans Licht und steckte zwei seiner dicken, schwieligen Finger durch zwei kleine Löcher. Er wackelte mit den Fingern. Dann warf er den Mantel hin.

»Dieser Scheißkerl! Ich hab ihm gesagt, dass der Mantel ein Geschenk für dich ist. Denkst du, ich würde dir einen mit Einschusslöchern mitbringen? Denkst du, ich wüsste nicht, wie sie dort hingekommen sind?«

»Bitte, Beck. Geh einfach schlafen. Der Mantel ist wunderschön.« Julia stand auf und versuchte, ihn ins Schlafzimmer zu führen. »Lola kann sie zunähen. Er wird aussehen wie neu. Krüger ist dein Freund. Er wusste wahrscheinlich nicht einmal, dass die Löcher da sind.«

Beck machte sich von ihr los. »Er wusste es. Der Scheißkerl!« Er stolperte zur Eingangstür.

Julia packte ihn. »Clara, Lola, helft mir.«

Wir hielten Beck fest und versuchten, ihn von der Tür

wegzuziehen. Normalerweise wäre das ein unmögliches Unterfangen gewesen. Auch wenn er nicht danach aussah – er war so dünn wie ein Zaunpfahl –, war er sehr stark und hatte stahlharte Muskeln. Jeder in Zólkiew sagte, keiner könne arbeiten wie Beck, egal ob nüchtern oder betrunken.

»Schnell. Das Badezimmer!« Es war die einzige Tür mit einem Schloss. Julia begann, ihn in Richtung Bad zu schubsen. Beck wehrte sich, war aber so betrunken, dass er sich kaum auf den Beinen halten konnte. Ohne allzu große Probleme verfrachteten wir ihn ins Badezimmer und schlossen die Tür. Julia schnappte sich einen Stuhl und stellte ihn unter die Türklinke, damit Beck die Tür nicht öffnen konnte.

Beck ballerte gegen die Tür. »Seht ihr, was sie mit mir macht? Könnt ihr mir Vorwürfe machen für das, was ich tue? Ich bringe ihr einen Pelzmantel mit … einen berühmten Zólkiew-Pelz; gemacht von dem besten Kürschner in dieser gottverlassenen Gegend. All seine Söhne sind Kürschner in Paris.«

»Leg dich schlafen. Du kannst in der Badewanne schlafen. Das wäre ja nicht das erste Mal.«

»Ich bin nicht so dumm, Zeter und Mordio zu schreien … Julia, mach die Tür auf. Mach die verdammte Tür auf.«

»Bitte, Valentin, bitte, leg dich einfach schlafen.«

Wir warteten auf weiteren Protest, aber Beck hatte entweder aufgegeben oder er war ohnmächtig geworden. Lola umarmte Julia, die sagte: »Geht voran, meine Damen. Versucht, in dieser Irrenanstalt etwas Schlaf zu kriegen. Ich komme schon zurecht.«

Ich versuchte angestrengt, nicht auf Julias Hände zu gucken, als sie mir nach unten half. Ihre Fingergelenke waren geschwollen und arthritisch, wahrscheinlich von all dem Geputze und Geschrubbe in den Häusern anderer Leute, vom Auswringen ihrer Kleider, wenn sie auf dem Waschbrett wusch. Ich hatte nie viel über diese Dinge nachgedacht, tat es jetzt aber ständig. Ein Teil von dem Geld, das Julia damit verdiente, auf Händen und Knien die Fußböden deutscher Offiziere zu schrubben und ihre Wäsche zu waschen, diente dazu, drei jüdische Familien zu ernähren, die sie früher als Dienstmädchen beschäftigt hatten. Ja, wir waren nett zu ihr und gute Arbeitgeber gewesen. Aber hätten wir unser Leben für sie und ihren Mann riskiert? Ich weiß es nicht. Ich würde es gerne glauben. Wenn Herr Beck nach unten kam, um mit den Männern zu trinken und zu rauchen und mit ihnen und uns zu reden, blieb Julia oben, saß auf dem Bett und lauschte der Party, wenn man es so nennen will, die unter ihr stattfand. Wegen der Arthritis in Knien und Hüften kam sie nur zu selten nach unten, meist wenn es darum ging, uns das Leben zu retten. Sie war eine Frau, die wenig Freude im Leben, aber viel Pflichtgefühl hatte. Julia war religiös, doch ich hätte nicht zu sagen gewusst, ob ihre Religiosität die Quelle ihres Pflichtbewusstseins war. Die katholische Kirche liebte die Juden nicht gerade. Julia bezeichnete sich selbst mit einem gewissen Stolz als Bäuerin. Ihre Eltern waren typische polnische Bauern: ungebildet, abergläubisch, verängstigt und jeder Autorität gegenüber hörig. Herr Beck hingegen glaubte daran, seines Glückes Schmied zu sein, und wurde von seiner enormen Geringschätzung jedweder Autorität getrieben. Doch die Stärkste von uns allen war die einfache, hausbackene, arthritische, ja fast deformierte Julia, die frühzeitig gealtert war und von ihrem eigenen Ehemann verachtet wurde.

Wäre Beck mit einer anderen Frau verheiratet gewesen, wären wir schon lange tot. Julia war eine Heilige. Unsere Heilige. Die Schutzpatronin der schwer geprüften Juden und betrunkenen, untreuen Ehemänner. Schon als Kind hatte man mir die Geschichten von den sechsunddreißig Gerechten erzählt, um derentwillen Gott das Universum nicht zerstörte. Der Gedanke, dass Herr und Frau Beck zwei von ihnen waren, gefiel mir, auch wenn sie nicht so aussahen, wie ich mir die *Tzadekim* vorstellte, die langbärtigen weisen Rabbis. Wenn ich auch glaubte, dass wir den Krieg nicht überstehen würden und meine Mutter recht hatte, darauf zu bestehen, dass ich über unsere Zeit im Kellerversteck berichtete, damit die Menschen nach uns wussten, was den Juden von Zólkiew passiert war – an Abenden wie diesen war ich davon überzeugt, dass wir überleben würden.

Lola verstand, was ich meinte, doch als ich versuchte, es meiner Mutter zu erklären, sagte die nur, ich sei so verrückt wie die Becks. Ich wusste, dass Mania mich verstanden hätte, und mir wurde klar, dass ich dieses Tagebuch nicht nur schrieb, weil meine Mutter darauf bestand: Ich schrieb es auch für Mania. Sie hätte alles darum gegeben, noch am Leben zu sein und mitzukriegen, wie die Becks sich wegen des wunderschönen Zólkiew-Pelzes mit den Einschusslöchern gestritten hatten. Sie hätte gern ihre Finger durch die Löcher gesteckt.

10
Tage der Furcht und der Sühne

Donnerstag, 23. September. Die Deutschen gaben zu, dass sie Poltawa aufgegeben haben. Also tut sich doch was. Vielleicht können wir schon bald dieses Loch verlassen. Gott! Wenn Mania noch lebte! Sie hat sich immer so sehr über jede gute Nachricht gefreut! Sie hat so am Leben gehangen! Und ist so jung gestorben. Ihr verdanken wir es, dass wir uns versteckt haben. Von dem Tag an, an dem die Deutschen kamen, hat sie gebettelt: »Lasst uns untertauchen. Ich möchte leben.« Mama wollte nicht, wegen ihres Asthmas, kam aber mit, weil Mania darauf bestand. Ich erinnere mich noch genau an ihre Worte: »Ich möchte leben, und du musst für mich leben.«

Zosia schlief mit dem Kopf auf meinem Schoß, und ich wollte sie nicht wecken, obwohl ich gerne geschrieben hätte. Es war noch sehr früh, aber hier unten war es schon entsetzlich warm. Die Gesichter und Arme der anderen waren schweißbedeckt, selbst die der Kinder. In drei Tagen war Jom Kippur, und zum ersten Mal würden wir das *Kol Nidre* sprechen, ohne dass Mania dabei war. Zygush und Zosia schliefen nun mit mir in der Mitte. Wir erzählten ihnen, Mania habe sich irgendwo anders versteckt, doch ich konnte sehen, dass Zygush uns nicht glaubte, auch wenn er nichts sagte. Ich hatte mehr Angst vor Mamas Reaktion während des Gedenkgottesdienstes, der Teil von Jom Kippur ist, als vor meiner eigenen. Die Spannung wuchs, doch niemand wagte es, darüber zu reden. Dieser heilige Tag hatte eine besondere Bedeutung erlangt, weil jeder von uns so viele Menschen verloren hatte, dass ich nicht einmal all ihre Namen in mein Tagebuch schreiben konnte. Es mussten Hunderte und Aberhunderte sein. Wir baten Gott, uns unsere Sünden zu vergeben und uns zu helfen, denen zu verzeihen, die uns ein Unrecht angetan hatten, aber wie konnten wir Gott darum bitten, der SS zu vergeben? Wie war das möglich? Wie konnte ich aufrichtig solche Gebete sprechen, und wie konnte ich für sie beten, ohne die größte Lügnerin der Welt zu sein? Wie konnte Gott das von uns verlangen? Sprach dies nicht allem, was wir für heilig erachteten, Hohn?

Ich hörte und spürte, wie etwas das verschwitzte Hemd berührte, das ich zum Schlafen trug. Wir hatten hier unten kein großes Problem mit Mäusen oder Ratten gehabt, weil wir mit ihnen um jeden Krümel und Essensrest kämpften und immer gewannen. Selbst die Kartoffelschalen kamen mit in die Suppe und wurden verschlungen. Ich bin mir sicher, dass das Ungeziefer in den Millionen Jahren seiner Existenz noch nie Menschen gesehen hatte, die so verrückt nach etwas Essbarem waren. Ich konnte mir nicht vorstellen, was da hinter mir herumkroch.

Ich drehte mich um und traute meinen Augen nicht. Ein Frosch war auf Zosias Brust gehüpft und ruhte sich dort aus. Er musste durch den Luftschacht hereingekommen sein, den wir nachts öffneten. Zosia schlug die Augen auf und sah den Frosch, der sie fixierte. Ich hätte erwartet, dass sie hochgeschreckt wäre, aber sie starrte den Frosch nur einfach fasziniert an. Wir hielten beide ganz still. Dann öffnete Zygush die Augen, sah den Frosch und lächelte. Als ich Zygush einen Finger auf die Lippen legte, sprang der Frosch auf meine Brust. Bei jedem Atemzug hob und senkte er sich.

Ich konnte mir nicht vorstellen, was er dachte, wusste aber, was Zygush dachte. Wenn ich ihm sagte, er solle den Frosch nicht fangen, wäre es das Erste, was er versuchen würde. Ich sah, dass sein kleiner Verstand arbeitete. Für ihn stand bereits fest, dass sein neues Haustier das Beste war, das ihm seit seiner Ankunft in diesem Kellerversteck passiert war. In Gedanken baute er bereits den kleinen Käfig, brachte dem Frosch Kunststückchen bei und gab ihm einen Namen, der für irgendjemanden hier unten eine Beleidigung sein würde, höchstwahrscheinlich für Klarunia, die er bei jeder Gelegenheit quälte. Wenn man ihn dann tadelte, tat er so, als wisse er nicht, wovon man sprach. Als ich ihn ansah, war mir klar, dass er der Versuchung nicht eine Sekunde länger widerstehen konnte, egal was ich sagte oder tat. Er griff nach dem Frosch, der wegsprang, über einen Körper nach dem anderen kletterte und alle aufweckte. Zygush folgte ihm in den letzten Winkel des Kellerverstecks, wo der Frosch dann verschwand.

Ich griff nach meinem Tagebuch und begann zu schreiben. Manchmal schrieb ich, um die Welt auszublenden, manchmal, um der Langeweile zu entkommen oder einen Streit zu ignorieren. Oder um mich daran zu erinnern, was die Becks für uns taten. An diesem Tag wollte ich jedoch schreiben, weil etwas Wunderbares passierte. Wir hatten einen Frosch. Aber schon bald legte ich meinen Stift aus der Hand, weil ich mir wie die anderen, die Komödie von Zygush und dem Frosch anschauen wollte. Alle versuchten, ihre Würde zu bewahren, als Zygush über sie hinwegkrabbelte. Heute hatten wir zumindest für ein paar Minuten einen Grund zum Lächeln. Als Zygush aus den Tiefen unseres Kellerverstecks wieder auftauchte, war er von oben bis unten schmutzig. Nur seine Zähne glänzten weiß.

Der Frosch machte mir bewusst, dass die Ankunft dieses kleinen Jungen hier in unserem Versteck nicht nur für ihn selbst, sondern auch für uns ein Wunder war. Jeder Augenblick, in dem wir vergessen konnten, wo wir waren und warum wir dort waren, nährte uns mehr als irgendwelches Essen. Und mehr als jeder andere sorgte Zygush für solche Augenblicke. Selbst wenn er völlig unbeweglich dasaß, blitzte in seinen Augen der Schalk. Im Lauf der Zeit verwandelte Zygush sich von einem Jungen, der nicht lesen konnte, in eine Leseratte. Er wäre im Jahr zuvor in die Schule gekommen und hätte Lesen gelernt. Verglichen mit dem Tod seiner Mutter und all den anderen Dingen, die in seinem kurzen Leben passiert waren, mag die fehlende Schulbildung vielleicht unbedeutend erscheinen. Aber wir brauchten unsere kleinen Triumphe, und dieser war einer von ihnen, vor allem für mich, die ich das Vergnügen hatte, Zygush zu unterrichten. Selbst hier unten wurde auf Drängen meines Vaters gelernt. Wurde Zygushs reale Welt auch von schmutzigen Wänden begrenzt, so erstreckte sich seine innere Welt auf weit entfernte Länder, umfasste Abenteuer, die er sich nicht einmal vorstellen konnte. Zygush und die anderen Kinder zu beobachten, während wir sie unterrichteten, konnte ein Herz aus Stein erweichen. Auch die Zeit und die Langeweile waren unsere Feinde, und Zygush bezwang sie besser als wir. Immer wieder befreite er den einen oder anderen von uns von seinen Qualen – so auch Frau Melman.

Wie jeden Morgen untersuchte Frau Melman als Erstes ihren kostbaren Wasserkrug. Sie drehte ihn um und stellte zufrieden fest, dass er keinen Tropfen Wasser mehr enthielt. Endlich hatte sie den unwiderlegbaren Beweis dafür, dass jemand nachts ihr Wasser stahl. Sie hielt den Krug hoch, damit wir ihn alle sehen konnten.

»Hab ich es nicht gesagt? Es gibt hier einen Dieb! Wir kommen vor Durst um, und jemand stiehlt mein Wasser.« Zygush, gerade von seiner Froschjagd zurück, saß neben

Frau Melman. Er schaute auf den Boden, wo der Krug stand. Da fiel ihm etwas auf, und er befühlte die Erde. Sie war feucht. Wie ein kleiner Terrier schnüffelte er daran. Frau Melman beobachtete ihn schweigend, als er ihr das Gefäß aus der Hand nahm. Er drehte es um und sah sich die Unterseite genau an.

Er zeigte auf den Boden. »Frau Melman … Frau Melman. Sehen Sie, genau da, wo der Krug immer steht, ist die Erde nass! Er hat einen Sprung. Niemand stiehlt Ihr Wasser. Sehen Sie sich den Sprung an. Er reicht über die ganze Unterseite!« Er hielt den Krug hoch, damit alle ihn sehen konnten, während Patrontasch das Licht anmachte. Zygush hatte gerade eines der Geheimnisse unseres Universums gelüftet und das angebliche Verbrechen aufgeklärt, das uns, wenn nicht auseinandertrieb, so doch verrückt machte. Niemand hatte glauben wollen, dass es in unserer Mitte einen Wasserdieb gab, und so nörgelig Frau Melman sonst auch war, Wasserdiebstahl war eine schwere Anschuldigung.

Herr Melman betrachtete den Krug und sah, dass er auf der Unterseite einen feinen Riss hatte. Frau Melman betastete die nasse Erde und schaute zur Seite. Sie konnte niemandem ins Gesicht sehen und hätte am liebsten den Krug zerschlagen. Doch sie nahm ihn und stellte ihn auf eins der Regale. Meine Mutter beugte sich zu mir und flüsterte: »Sieht so aus, als bräuchte sie einen neuen Krug. Vielleicht bekommt sie den nächsten von einem Museum.« Ich kannte meine Mutter. Wenn ich selbst so etwas gesagt hätte, wurde ich es zurücknehmen wollen. Doch sie bedauerte sicher nur, dass sie zu feige gewesen war, es laut zu sagen.

Ich schaute mich um und sah, wie erleichtert alle über die Lösung des Kruggeheimnisses waren. Es gab hier unten in unserem Versteck ungeschriebene Gesetze. Keine Wutanfälle. Kein Geschrei. Keine Streitereien. Normalerweise war keine der drei Familien daran gewöhnt, sich zu zügeln. Wenigstens müssten wir uns jetzt nicht mehr Frau Melmans tägliches Gemecker anhören. Und wichtiger noch: Die arme Frau Melman würde nicht mehr argwöhnen müssen, dass wir, ihre langjährigen Freunde, ihr Wasser stahlen. Der Gedanke hatte sie zermürbt. Jetzt war ihr die Sache bloß peinlich, und sie würde sicher schnell darüber hinwegkommen. Doch vor allem Herr Melman atmete erleichtert auf, weil er sich jetzt nicht mehr für seine Frau entschuldigen musste. Er entschuldigte sich nie mit Worten, nur mit Blicken. Frau Melman dankte Zygush nie dafür, dass er ihr diese Last von der Seele genommen hatte.

Am nächsten Morgen verhielt Frau Melman sich so, als wäre ihr nie der Gedanke gekommen, jemand könne ihr Wasser stehlen. Die Stimmung in unserem Versteck wurde ernst und feierlich, als wir mit unseren Vorbereitungen für Jom Kippur begannen, den Versöhnungstag, den wir in zwei Tagen begehen würden. Trauer und unausgesprochene Gefühle waren mit Händen greifbar. Die Geister unserer Lieben bevölkerten unser Versteck, ihre Gesichter verborgen in den dunkelsten Ecken, und ihre Stimmen flüsterten uns Dinge zu, die wunderbarer waren als alles, was sie je gesagt hatten, und jeden kleinlichen Zwist zwischen uns ausräumten. Ihre Seelen erfüllten uns mit Liebe. Es ist die letzte Ironie des Lebens, dass ausgerechnet der Tod die ewige Flamme des Geistes eines geliebten Menschen entzündet, der dann für immer in unserer Brust lebt. Und wir wussten, dass wir am diesjährigen Versöhnungstag so wie nie zuvor dafür beten würden, ins Buch des Lebens eingeschrieben zu werden. Das soll nicht heißen, unsere Gebete seien in den Jahren zuvor bedeutungslos oder unaufrichtig gewesen, aber ich weiß, dass wir sie dem Allmächtigen in dem Wissen dargebracht hatten, dass wir aller Wahrscheinlichkeit nach auch im nächsten Jahr noch da sein und dieselben Gebete sprechen würden. Nun wussten wir, dass dies durchaus unser letzter

Jom Kippur sein konnte. Und unsere letzte Chance, das Sündenbekenntnis abzulegen.

Die Frauen taten ihr Bestes, das Kellerversteck sauber zu machen, während die Männer die Aufgaben für den Gottesdienst untereinander aufteilten. Mein Vater sollte gleichzeitig der Rabbi und der Kantor sein. Sie überlegten auch, ob sie nicht die Thora, die seit über zweihundertfünfzig Jahren im Besitz der Familie Schwarz war, aus ihrem Versteck auf dem Dachboden nach unten bringen sollten. Aus dieser Thora zu lesen würde uns, wie wir alle wussten, eng mit allem verbinden, was heilig war. So wie die Schreiber es seit Tausenden von Jahren gemacht hatten, war jeder Buchstabe eines jeden Wortes der fünf Bücher Mose mit koscherer Tinte, hergestellt aus der zerdrückten äußeren Rinde eines Wespennests, und mit einem Truthahn- oder Gänsefederkiel auf Pergament geschrieben, das aus einem zum Verzehr getöteten Kalb gewonnen wurde. Wie bei jeder Thora hatte es ein Jahr gedauert, sie zu vollenden. Eine Thora darf keinen einzigen Fehler enthalten und wird nach ihrer Fertigstellung immer wieder Korrektur gelesen. Die Männer machten sich Sorgen, die Feuchtigkeit und der Schimmel in unserem Unterschlupf könnten der Thora schaden, und beschlossen, sie auf dem Dachboden zu lassen, wo sie in Sicherheit und trocken war. Wir würden aus dem Pentateuch lesen, der Thora in Buchform.

Ich hatte noch ein paar von den Äpfeln gegessen, die Julia aus Lemberg mitgebracht hatte, und bekam nun die Folgen zu spüren. Ich wusste, dass es auch noch andere gab, die auf den Eimer wollten, aber ich hockte darauf und konnte mich nicht bewegen. Schließlich kam meine Mutter, um zu sehen, ob mit mir alles in Ordnung war. »Du weißt doch, dass du nur Kartoffeln verträgst, Clarutschka.« Das wusste ich allerdings. Dann ging sie wieder, um weiter sauber zu machen. Von dort, wo ich hockte, konnte ich die Männer sehen, die sich um eine Karte und eine deutsche Zeitung drängten, die Beck ihnen nach unten gereicht hatte. Linien und Daten kennzeichneten den Vormarsch der Russen. Die Vorbereitungen für den heiligen Tag wurden für den Moment aufgeschoben und die Stimmung zerstört, als Herr Melman verkündete: »Wir stecken vor Zhitomir fest.« Wir waren noch nicht ganz tot, und solange wir atmeten, würden wir uns streiten. Ich spürte, dass eine erhitzte Diskussion bevorstand.

Herr Patrontasch, der sich so verhielt, als seien er und Melman im Dienst der russischen Truppen tätig, brachte seine Enttäuschung zum Ausdruck. »Vor und zurück, vor und zurück. Wir haben Zhitomir ein halbes Dutzend Mal eingenommen und wieder verloren! Wir werden hier nie rauskommen.«

Melman: »Wir könnten uns jederzeit erhängen, aber das können wir den Becks nicht antun.«

Mein Vater sah Melman mit einem Blick an, den ich bei ihm nur ein- oder zweimal in meinem Leben gesehen habe. »So dürfen Sie nicht reden! Schon gar nicht vor den Kindern.«

Melman war jemand, der alles und jeden für einen guten Scherz opferte. Er hatte ein gutes Gespür für den richtigen Zeitpunkt und wartete, bis er unser aller Aufmerksamkeit hatte, bevor er mit der Pointe rausrückte: »Ich meine, wie sollten sie die Leichen loswerden?«

Frau Melman wedelte mit ihrem Kartoffelschälmesser herum, ohne von ihrer Arbeit aufzusehen. »Das ist die Art von Humor, mit der ich leben muss. Ich danke Gott für eins: dass ihr jetzt wisst, was ich all diese Jahre ertragen musste.« Eine derartige Bemerkung hätten wir von Frau Melman nie erwartet. Ich lachte und stöhnte gleichzeitig.

Später kam Julia, um Geld zu holen, damit sie die Einkäufe für das Essen erledigen konnte, mit dem wir das Jom-

Kippur-Fasten brechen würden. Der Durchfall hatte mich geschwächt, und von meiner Pritsche aus, auf der ich lag und über meinen Besuch des Eimers schrieb, konnte ich hinter Beck, der halb im Kellerversteck und halb draußen stand, Julias Beine sehen. Professor Steckel hockte vor Beck und reichte ihm ein paar Geldscheine.

Steckel gab wie gewöhnlich Befehle. »Ich möchte ein schönes Huhn.«

Ich hörte Julias geduldige Stimme: »Ich werde mein Bestes tun«, und wusste, dass sie wie immer ein freundliches Gesicht machte.

Steckel wollte etwas sagen, doch Beck sah ihm geradewegs in die Augen. Ich spürte, dass Beck kurz davor war, zu explodieren. Das Gleiche galt für Steckel.

»Wir wissen alle, wie sehr der Professor sein *pupik* mag, offensichtlich wegen der medizinischen Qualitäten. Wir wissen alle, dass das Hinterteil eines Huhns eine Delikatesse ist.«

Alle lachten, außer Zygush, der mich fragte: »Gibt's bei uns auch Hühnchen?« Mein Vater hörte es und drückte Zygush einen Kuss aufs Haupt. »Ein andermal.«

Zygush wusste, dass es sinnlos war, zu argumentieren, zu betteln oder zu jammern. Die Resignation war fast so schwer zu ertragen wie die Angst und das Leid. Ich betete, dass wir hier rauskommen würden, bevor dieser Junge gebrochen war. Zygush war klein für sein Alter, so wie auch Uchka klein gewesen war, und das Gesicht des kleinen Mannes schien von Tag zu Tag zu altern. Meine Mutter flüsterte meinem Vater zu: »Haben wir sie in den ganzen sechs Monaten um irgendetwas gebeten? Man hätte doch erwarten können, dass sie am heiligsten Tag des Jahres ein paar Zloty für die Kinder übrig hätten.«

Mein Vater flüsterte zurück: »Sie haben keine Kinder, sie verstehen das nicht.«

»Sie verstehen es nicht, weil sie kein Herz haben.«
Das liebte ich an meiner Mutter.

Die heiligste Nacht des Jahres. Es war eine unglaublich warme Septembernacht. Die Männer, die noch immer nichts weiter trugen als ihre Unterwäsche, nahmen vorsichtig ihren Tallit aus dem Tallitbeutel, küssten ihn in der Mitte, links und rechts und legten ihn sich um. Inzwischen war ich an den Anblick der Männer, an ihre dünnen Beine und schwarzen Socken gewöhnt. Sie lebten seit Monaten in ihrer Unterwäsche, so dass es keine Diskussion mehr darüber gab, ob es sich schickte, so zu beten. Dennoch fragte ich mich, was ich dabei empfinden würde. Vor dem Krieg hätten Mania und ich bei der Vorstellung, die Männer würden an den höchsten Feiertagen nur ihre Unterwäsche tragen, kreischend gelacht. Jetzt kam es mir nicht deswegen normal vor, weil ich an den Anblick dünner Beine gewöhnt war, sondern weil ich das Gefühl hatte, dass dieser Jom-Kippur-Tag eine enorme Bedeutung hatte. Würde es meiner und unser letzter Versöhnungstag sein? Wir würden für Mania beten. Ich fühlte mich wie im Fieberrausch. Mir war, als ob ich zum ersten Mal an Jom Kippur beten würde, richtig beten würde. Es gab so vieles, um das ich Gott bitten wollte.

Die Frauen versammelten sich auf einer Seite des Kellerverstecks und umklammerten ihre Gebetbücher. Mein Vater, das Gebetbuch in der Hand, stand mit seinen langen storchenartigen Beinen vornübergebeugt da und hatte den Rücken gebogen wie den Hals eines Flamingos. Immer wieder sah er auf die Uhr. Zygush und ich hockten vor dem kleinen Fenster und beobachteten, wie der Tag wich. Das Licht der untergehenden Sonne spiegelte sich im Fenster unseres alten Hauses auf der anderen Straßenseite.

Professor Steckel sah auf die Uhr und räusperte sich dann. Es war wichtig, genau eine Stunde vor Sonnenuntergang anzufangen. Dies war eine jahrtausendealte Tradition. Die Deutschen veröffentlichten freundlicherweise aus militärischen Gründen die Zeit des Sonnenauf- und -untergangs. Doch Herr Professor Doktor Steckel war wie immer ungeduldig: »Herr Beck hat sich sehr viel Mühe gemacht, genau herauszufinden, wann heute die Sonne untergeht.«

Sonnenuntergang ist Sonnenuntergang, doch mein Vater wollte sich nicht nach der Zeit richten, die in einer von den Deutschen kontrollierten Zeitung angegeben war. Natürlich hatte er es nicht für nötig gehalten, Steckel darüber aufzuklären, dass er sich nach der talmudischen Methode zur Berechnung des Sonnenuntergangs richtete, das heißt nach dem Moment, in dem die Sonne am Horizont versinkt. Der Horizont war in diesem Fall unser Haus auf der anderen Straßenseite.

»Ich weiß, Professor Steckel … Ich bin mir sicher, dass es nur noch einen Moment dauern wird.«

Ich starrte durch die Öffnung und einen Schleier von Blumen und grünem Laub. Die letzten Sonnenstrahlen trafen das Haus, sanken immer tiefer und verblassten. Ich nickte meinem Vater zu, der sich zu uns umdrehte. Hinter seinem schmalen Lächeln verbarg sich Trauer.

Unser Rabbi hatte den Gottesdienst immer mit einer kleinen Geschichte begonnen, um den Menschen die Erhabenheit und Feierlichkeit des Ereignisses näherzubringen. Auch wenn wir nur ein kleiner Kreis von Juden in einem schmutzigen Kellerversteck waren, war mir doch so feierlich zumute wie in der Sobieski-Synagoge, zu der immer so viele Menschen geströmt waren, dass nicht alle hineinpassten. Wir Juden hatten im Lauf unserer Geschichte immer wieder in Verstecken, in Höhlen, in Kellern gebetet, so dass es uns nicht unpassend erschien, es hier an diesem Ort zu tun.

Mein Vater räusperte sich: »Bevor wir anfangen: Mir ist

eben eine kleine Frage eingefallen, die unser geliebter Rabbi seinen Schülern zu stellen pflegte.«

Mein Vater hatte zweifellos seit Monaten darüber nachgedacht, wie er den Gottesdienst beginnen sollte. Wenn er nicht Kaufmann geworden wäre, wäre er sicherlich wie sein Bruder Rabbi geworden. Jeder sagte das. Er kannte die Thora und den Talmud in- und auswendig und verbrachte in seiner Freizeit viele Stunden damit, bis spät in die Nacht zu lesen. Ich wusste, was jetzt folgen würde, und musste lächeln. Er fragte: »Warum heißt es im Hebräischen, der Versöhnungstag sei ein Tag wie Purim?«

Er sah sich in unserem Versteck um. Natürlich hob niemand die Hand, um zu antworten.

»Keine Antworten? Dann erzähle ich es euch. An beiden Tagen ist es Brauch, dass wir Juden uns verkleiden. An Purim verkleiden und schmücken wir Juden uns mit den Gewändern der Nichtjuden. An Jom Kippur verkleiden wir uns als fromme Juden.«

Er sah sich um, als wolle er sich vergewissern, dass wir seine Worte verstanden hatten, schaute dann, abgesehen von den Steckels, jeden Einzelnen von uns an und stimmte im Flüsterton den Sprechgesang an. Ich wusste, dass seine Worte aus tiefstem Herzen kamen: das Eröffnungsgebet *Kol Nidre.*

»Kol Nidre, Vi Et Areh, Vi Char Ra Me ...«

Der Text des gesamten Gebetes lautet: »Alle Gelübde, Verbote, Bannsprüche, Umschreibungen und Nebenbezeichnungen derselben, Strafen und Schwüre, die wir geloben, schwören, als Bann aussprechen, uns als Verbot auferlegen von diesem Versöhnungstage an bis zum heilbringend herankommenden nächsten Versöhnungstage. Alle bereue ich, alle seien aufgelöst, erlassen, aufgehoben, ungültig und vernichtet, ohne Rechtskraft und ohne Bestand. Unsere Gelübde seien keine Gelübde, unsere Schwüre keine Schwüre.«

Als ich klein war, habe ich dieses Gebet nicht verstanden. Wie konnte unser heiligstes Gebet uns im Voraus von allen Sünden lossprechen? Das war einfach verrückt. Manchmal hörte ich den Diskussionen hierüber zu. Einige der Männer sagten, dieses Gebet sei ein Grund für den starken Antisemitismus, weil es den Nichtjuden zu denken erlaube, die Juden könnten mit Zustimmung ihres Gottes auf jede nur erdenkliche Weise ihre Versprechen und Vereinbarungen brechen. Mein Vater erklärte, dass es in diesem Gebet um die Beziehung von Mensch und Gott gehe, nicht von Mensch und Mensch, und dass es von Gottes allumfassendem Verständnis für die Schwächen des Menschen und seiner Fähigkeit zu Mitgefühl und Vergebung zeuge. Mein Vater sagte, das *Kol Nidre* zu Beginn des Gottesdienstes solle uns dazu inspirieren, Gott ähnlicher zu werden. Es sei im frühen Mittelalter entstanden, als viele Juden angesichts von Drohungen und Folter ihre Religion aufgeben oder konvertieren mussten. Gott, der wisse, wie ernst wir Juden unsere Schwüre nehmen, wolle nämlich nicht, dass wir uns an Schwüre gebunden fühlen, die uns das Leben kosten könnten. So viel wie an diesem Abend hatte ich noch nie über die Bedeutung des *Kol Nidre* nachgedacht.

Als wir Gott anflehten, uns unsere Sünden zu vergeben und uns für das kommende Jahr ins Buch des Lebens einzuschreiben, dachte ich über die Bedeutung unserer Gebete nach. Wenn du dreizehn Jahre alt bist und das Schlimmste, das dir je passiert ist, die Masern oder ein beim Schlittschuhlaufen gebrochener Arm sind, dann glaubst du, dass du ewig leben wirst. Jetzt wusste ich nicht, ob wir den nächsten Tag erleben würden. Und ich musste unentwegt an Mania denken. Ich war wütend auf Gott. Ich begriff nicht, wie er es zulassen konnte, dass all das mit uns geschah, seinem angeblich auserwählten Volk. Die Morde, das Leid und der Schmerz waren mehr, als ich oder wir ertragen konnten.

Mehr, als das menschliche Herz verkraften konnte. Ich wusste, dass das Herz meiner Mutter kurz davorstand, auseinanderzubrechen, aber es schlug so wie meins und das der anderen immer weiter. Ich begriff nicht, wie das möglich war. Ich verstand nicht, wie ich so wütend auf Gott sein konnte und doch so viel Trost in unseren Gebeten fand.

Nach dem Abendgottesdienst sprachen wir nicht viel miteinander. Ich ging schlafen, die Kinder fest an mich gedrückt. Die Kleinen brauchten nicht zu fasten, und wir hatten ein bisschen Brot für sie. Für uns andere war das Fasten kein Problem. Wir waren ja inzwischen daran gewöhnt. Nie zuvor war mir das Fasten so leichtgefallen.

Ich hatte Mühe, mich am nächsten Tag auf den Gottesdienst zu konzentrieren. Der Gedanke an den bevorstehenden Jiskor-Gottesdienst machte mir große Angst, weil wir all derer gedenken würden, die wir im vergangenen Jahr verloren hatten. Ich kannte den Ablauf des Gottesdienstes fast auswendig. Wir flehten Gott auf jede erdenkliche Weise um Vergebung an. Die Worte hatten für mich eine neue Bedeutung, hatten neue Kraft, machten mich demütig, machten mir Angst. Eins der eindrucksvollsten Gebete war eine einfache Aufzählung aller erdenklichen Sünden, die der Mensch gegen sich selbst, seine Familie, seine Mitmenschen und schließlich Gott begehen konnte. Wir schlugen uns an die Brust, während wir die Gebete sprachen.

»... nichts ist vor dir verborgen. Du durchforschst alle Gemächer unseres Innern und prüfst Nieren und Herz ... Und so sei es denn dein Wille, Ewiger, unser Gott und Gott unserer Väter, uns zu verzeihen alle unsere Sünden, uns zu vergeben alle unsere Missetaten und uns zu sühnen von all unseren Freveln ...

Die Sünde, die wir vor dir begangen haben durch ein verstocktes Herz ... durch Unzucht ... durch Übervorteilung

des Nächsten ... durch das Bekenntnis mit dem Munde ...
Die Sünde, die wir begangen haben, bei Speise und Trank ...
durch Zins und Mehrung ... durch Abwerfen des Joches ...
durch hochmütige Augen ... durch missgünstiges Auge ...
wissend oder unwissend ... durch unbegründeten Hass ...
Alles, o Gott der Verzeihung, verzeihe uns, vergib uns,
sühne uns!«

Wir baten um die Vergebung unserer Sünden, aber was war
mit den Sünden der Faschisten, der Nazis, der SS, der Gestapo, der Ukrainer, von Tilzer und Schitling? Wann sühnten
sie? Und wofür? Waren sie sich überhaupt der Tatsache bewusst, dass sie sündigten?

Mein Vater wandte sich uns zu. Es war nun Zeit für den
Jiskor-Gottesdienst. Es war und ist unser Brauch, dass diejenigen, deren Eltern noch leben, während dieses Teils des
Gottesdienstes hinausgehen. Herr Melman schickte mich,
Igo und Klarunia in den Gang, in dem sich unsere Toilette
befand. Wir waren die Einzigen, deren Eltern noch lebten.
Zygush und Zosia blieben im Hauptteil unseres Kellerverstecks und beobachteten, wie ich mit den anderen zum Gang
hinüberkroch.

Mein Vater wartete, bis wir dort angekommen waren, und
sprach dann das Eröffnungsgebet des Jiskor-Gottesdienstes:
Ewiger, was ist der Mensch ...? Für mich gehört es von jeher
zu unseren schönsten Gebeten. Ich wusste von meinem Vater, dass unsere Gebete nicht nur das Werk von Rabbis waren.
Viele waren bereits im Mittelalter von Rabbis, die gleichzeitig Dichter waren, in Spanien verfasst worden.

Ewiger, was ist der Mensch, dass Du seiner gedenkst,
der Menschensohn, dass Du ihn beachtest
Der Mensch gleicht dem Hauche;
seine Tage einem vorübereilenden Schatten

Am Morgen blüht er und wächst;
am Abend welkt er und vertrocknet
Du führst den Menschen zur Zerknirschung und sprichst:
Kehret um, Menschenkinder
Wären sie weise, würden sie das begreifen;
ihr Ende bedenken
Denn bei seinem Tode nimmt er nichts mit;
seine Ehre sinkt nicht mit ihm hinab
Bewahre die Aufrichtigkeit, liebe die Geradheit;
denn Zukunft hat der Mann des Friedens
Der Ewige erlöst die Seele seiner Knechte;
und nicht zuschanden werden alle,
die sich bei Ihm bergen

Ich lauschte dem Gebet, dachte an Mania und sah zu dem kleinen Zygush hinüber. Sein Gesichtsausdruck ließ erkennen, dass ihm langsam bewusst wurde, dass Uchka, seine Mutter, tot war. Zygush war klug genug zu wissen, dass mein Vater ihn und Zosia ansonsten mit uns in den Gang geschickt hätte. Papa hätte in diesen Dingen nie einen Fehler gemacht. Zygush begann, leise zu weinen, und sah seine kleine Schwester an, die das Gebet kannte und mitsprach, ohne die eigentliche Bedeutung der Worte zu erfassen. Er nahm Zosias winzige Hand, hielt sie, führte sie dann an seine Lippen und küsste sie. Zosia lächelte ihren älteren Bruder an, begriff aber nicht, dass er deswegen weinte, weil er verstanden hatte, dass ihre Mutter tot war.

Alle schauten nun auf Zygush und erkannten, welch schrecklicher Fehler passiert war und welche Last nun auf seinen Schultern ruhte.

Auch mein Vater hatte verstanden, dennoch fuhr er fort: »Erbarmungsvoller, in den Höhen thronender Gott, mögest Du, in deiner unendlichen Güte, voller Erbarmen der Frommen und der Aufrechten gedenken.« Wir antworteten: »Der Frieden stiftet in seinen Höhen, Er stifte Frieden für uns und für ganz Jisrael, und sprechet Amen. Nächstes Jahr in Jerusalem.«

Die Familien umarmten einander und trockneten ihre Tränen. Ich kroch hinüber zu Zygush und Zosia und umarmte sie. Ich sah meine Mutter alleine stehen, während mein Vater die Gebetbücher einsammelte. Manias Name lag ihr auf den Lippen. Ich ging zu ihr, und wir schlossen einander in die Arme, ganz fest, und hatten Angst davor, uns wieder loszulassen.

Es klopfte an die Luke. Patrontasch öffnete sie, und wir sahen Herrn und Frau Beck, eingerahmt von der Öffnung über uns, unsere beiden Engel im Himmel ihres Schlafzimmers. Sie reichten uns die Tabletts mit den Mahlzeiten, die das Fasten beendeten. Die Melmans, Steckels und Patrontaschs bekamen kleine Brathähnchen. Zygush und Zosia sahen zu, wie das Essen an ihnen vorbeigereicht wurde. Meine Mutter konnte nicht anders: Sie betrachtete das Essen und die Kinder mit Bitterkeit im Herzen, obwohl die Melmans und die Patrontaschs an diesem Tag sicher ihr Essen mit uns teilen würden.

Dann kletterte Julia trotz ihrer Arthritis nach unten. Sie drehte sich um, griff nach zwei Topflappen und brachte uns einen riesigen Topf Hühnersuppe mit Nudeln und Piroggen. »Herr und Frau Schwarz, das ist für Sie.«

Meiner Mutter verschlug es – ausnahmsweise einmal – fast die Sprache. Sie brachte nur hervor: »Aber wir …«

Beck lächelte: »Kein Aber …«

Und Julia errötete und erklärte mit einem breiten Lächeln: »Ich habe Ihnen sogar einen Hahn besorgt. Ich habe mich an den Brauch erinnert. Ich wusste, dass Sie einen Hahn brauchen.«

Meine Mutter umarmte Julia und Beck, und dann umarmten wir alle einander. Zygush weinte jetzt, denn Freudentränen erlaubte er sich. Meine Mutter fischte für die Kinder sofort die besten Fleischstücke aus dem Topf. Niemand redete jetzt. Alle aßen in zufriedenem Schweigen, dankbar ein paar Minuten lang.

Wieder musste ich an Mania denken. Ihre Anwesenheit in diesem Raum war stärker denn je. Ich erinnerte mich an das letzte Jom-Kippur-Fest vor der Okkupation. Am Abend davor hatten wir uns, wie wir es immer taten, in unserem Hinterhof versammelt. Meine Familie, all meine Tanten und Onkel, Cousinen und Cousins, mehr als zwanzig Leute. Uchka rief nach Zygush, der auf dem Walnussbaum saß, und er kam heruntergeklettert wie ein kleines Äffchen und rannte dorthin, wo Mama alle Kinder in einem Kreis versammelt hatte. Wir legten die Arme umeinander. Mein Vater hatte einen lebenden Hahn in den Händen. Er hielt ihn an den Füßen, schwang ihn über den Köpfen der Kinder und begann zu beten.

»Mögest Du diese Kinder segnen und schützen, und möge dieser Hahn, den wir in Deinem Namen opfern, ihre Sünden auf sich nehmen.«

Als das Gebet zu Ende war, gab er Mama den Hahn, die ihn zum *Schochet* brachte, dem rituellen Schlachter.

Wir waren nun seit fast einem Jahr hier unten. Im vergangenen Jahr hatten wir Gott nach dem Blutbad dafür gedankt, uns vor dem Tod gerettet zu haben. Wir gingen nicht davon aus, noch ein weiteres Jahr erleben zu dürfen. Ich wusste nicht, woher wir den Willen zu leben nehmen sollten.

Das elektrische Licht flackerte, ging aus, flackerte, ging wieder an ... und dann endgültig aus. Jetzt saßen wir wieder im Dunkeln.

11
Ein Jahr im Untergrund

Montag, 22. November. Der Polizist ging morgens weg, kam aber mit einem anderen zum Abendessen zurück, und sie luden sich selbst ein, wieder hier zu schlafen. Gott! Wann gehen sie endlich! Heute hatten wir wieder keinen Strom. Wir zündeten drei Kerzen an, denn es ist der Jahrestag der »November-Akcja«, bei der Melman und Lola ihre Familie verloren. Mein Gott! Letztes Jahr haben wir nach dem Blutbad das Kellerversteck verlassen und Gott dafür gedankt, dass wir noch am Leben waren. Wir erwarteten nicht, noch ein Jahr unter solchen Umständen zu überleben. Ich weiß nicht, woher man den Willen nimmt, zu leben! Du verlierst deine Lieben und möchtest doch weiterleben ...
Es ist jetzt 23 Uhr. Die Deutschen sind noch nicht gekommen. Vielleicht kommen sie gar nicht. Es ist schon schlimm genug, den ganzen Tag angespannt dazusitzen. Noch schlimmer ist es, wenn man nicht schlafen kann.

Wir schliefen immer mehr. Die Nazis hatten begonnen, den Strom zu rationieren und die ganze Stadt in Dunkelheit gestürzt. Nur noch morgens oder abends hatten wir für wenige Stunden Licht. Wir wussten nie, wann. In der Dunkelheit und der Kälte gab es für uns wenig zu tun, also schliefen wir, um uns warm zu halten. Zygush hatte immer ein Buch in Reichweite und griff danach, sobald das Licht anging. Seit er Lesen gelernt hatte, verbrachte er Stunden mit seinen Büchern. Er las für sich, oder er las mit ganz leiser Stimme Zosia vor, sein Mund ganz nah an ihrem. Selbst in dem schwachen Licht konnte ich das Funkeln in Zosias Augen sehen, wenn ihr großer Bruder ihr vorlas. Ich freute mich, dass sie Bücher so liebten wie ich.

Da wir davon ausgegangen waren, uns nur »wenige Wochen« verstecken zu müssen, hatte ich nur ein paar meiner kostbaren Bücher mitgebracht. Ich weiß nicht, warum. Vielleicht hatte ich gedacht, mehr davon mitzunehmen würde Unglück bringen. Jetzt war ich hier in diesem Kellerversteck, und auf den Regalen in unserem Haus standen meine Prachtexemplare. Am liebsten las ich historische Romane. Ganz dicke Romane mit Geschichten, die nie aufhörten. Dumas, Dickens, Hugo. Ich las alles, was sie geschrieben hatten. Und wenn ich an einige der Titel denke: *Die Elenden, Bleak House, Große Erwartungen, Der Glöckner von Notre Dame, Der Mann mit der eisernen Maske ...* Und die Handlung! *Der Graf von Monte Christo, Eine Geschichte aus zwei Städten, David Copperfield ...* Gefängnisse, Kerker, Kriege, Revolutionen, willkürliche Inhaftierungen, Verräter, mordgierige, korrupte, machthungrige Führer, Verrat, Habgier, Helden, Scheinprozesse, Folter! Als ich sie las, hätte ich mir in meinen schlimmsten Alpträumen nicht vorstellen können, dass mein Leben diesen Büchern auch nur im Entferntesten gleichen würde. Ich liebte auch I. B. Singers Geschichten über Warschau, galt jedoch als zu jung, um I. L. Peretz zu lesen, obwohl in unserem Wohnzimmer ein Porträt von ihm hing, das vollständig aus winzigen Buchstaben zusammengesetzt war.

Ich mochte auch den polnischen Schriftsteller Henryk Sienkiewicz, der historische Romane schrieb mit Titeln wie *Die Sintflut, Mit Feuer und Schwert* und *Feuer in der Steppe.*

Sienkiewicz, der den Nobelpreis für Literatur gewann, schrieb auch *Quo vadis,* einen Roman, der die Vorlage für drei Filme und eine Oper bilden sollte. Aber man darf nicht vergessen, dass ich noch ein junges Mädchen war, das natürlich auch immer die Zeit für einen Roman von Courths-Mahler fand. In ihren Geschichten verwandelten sich Waisenmädchen stets in Prinzessinnen, und es gab immer ein Happy End.

Jetzt hing meine Lektüre davon ab, was Herr Beck von den Aberhunderten von Büchern ergattern konnte, die bei den Plünderungen der Häuser deportierter oder ermordeter Juden auf den Straßen liegengeblieben waren. Die Bücher waren für die deutschen Truppen, die Polen und Ukrainer offensichtlich kaum von Interesse. Selbst wenn wir das Geld gehabt hätten, hätte Beck nicht ein Buch kaufen können, ohne Verdacht zu erregen. Man brachte ihn mit vielen Dingen in Verbindung, doch nichts davon hatte mit Büchern zu tun. Ich war dankbar für alles. Ich konnte ihn ja schließlich nicht darum bitten, auf allen vieren die Asche nach meinen Lieblingsschriftstellern zu durchwühlen. Ein Buch, an dessen Titel ich mich nicht mehr erinnere, wurde von Artek, Lola und den Erwachsenen herumgereicht wie ein köstliches Dessert. Ich wollte es auch lesen, doch meine Mutter sagte, es sei zu gewagt und unpassend für ein Mädchen in meinem Alter. »Salka«, sagte Artek. »Es ist ein Buch! Wer weiß, ob wir hier überhaupt rauskommen. Und du willst nicht, dass sie das Buch liest, weil es schlecht für sie sein könnte?« Wir mussten lachen.

Zygush war nicht die einzige Marionette in unserem »Puppenhaus«. Sobald die Tür aufging und Licht hereindrang, erwachten wir alle zum Leben. Sauber machen. Kartoffeln schälen. Wasser kochen. Das Gesicht waschen. Unsere Matratzen aufrollen. Das altbackene Brot, das sich wenigstens gut schneiden ließ, in Scheiben schneiden. Wenn das Licht eine Weile anblieb, gab ich den Kindern Unterricht. Hin und wieder spielten wir auch für kurze Momente miteinander oder bastelten Puppen. Wenn die Faschisten gewusst hätten, dass Juden ihre Socken stopften! Gott sei Dank brachte Lola uns all diese Sachen bei. Wir versuchten, auf jede erdenkliche Weise Geld zu verdienen, aber ohne Elektrizität schrumpfte unser Einkommen immer weiter.

Wir waren ständig kurz vorm Verhungern, schlugen uns aber irgendwie durch. Längst hatten wir alles verkauft, was sich irgendwie verkaufen ließ. Mein allerletztes Kleid hatte zweihundert Zloty und fünf Kilo Mehl eingebracht. Beck hatte für hundertzehn Zloty einen Teil von Papas Unterwäsche verkauft und uns hundertzwanzig Zloty gegeben. Gott segne ihn. Aber jetzt war nichts mehr übrig, was wir verkaufen konnten.

Papa war kein vergesslicher Mensch. Er dachte an jeden Geburtstag eines jeden Familienmitglieds. Er kannte den Talmud und die Thora auswendig und konnte Kapitel und Vers zitieren. Er war unser kollektives Gedächtnis. Mama hatte in einem letzten Versuch, etwas zu finden, die Sachen durchwühlt, die ganz hinten auf unserem behelfsmäßigen Regal lagen, und war auf ein großes, mit Schnur umwickeltes Paket gestoßen. Niemand wusste, was sich darin befand. Wir hatten in dem vergeblichen Versuch, den Schimmel in Schach zu halten, alles in Zeitungspapier eingewickelt. Als meine Mutter Papas wunderschönen schwarzgrauen Mantel hochhielt, schüttelte sie überrascht den Kopf. »Oy, mein geistesabwesender Ehemann!«

Mama hatte den Mantel unmittelbar vor dem Krieg nähen lassen. Die Wolle stammte aus England, der Kragen war aus Lammfell, und das gute Stück hatte ein Vermögen gekostet. Jetzt brachte es uns nur noch sechshundert Zloty ein. Aber die reichten, um eine Woche lang davon zu essen. Selbst mit Mama, die sich sehr schlecht gefühlt und die vor

Kummer und Leid ständig Kopfschmerzen hatte, ging es langsam wieder bergauf. Wenn sie Papa in den folgenden Tagen ansah, schüttelte sie jedes Mal den Kopf und lächelte. Zumindest befanden wir uns in Sicherheit. Während wir hungerten oder zusammengekauert in der Dunkelheit hockten, wurden andere getötet oder deportiert.

Von draußen hatte es keine guten Nachrichten gegeben, ja eigentlich überhaupt keine Nachrichten. Schon seit Wochen passierte nichts. Schließlich verkündete die BBC, dass die Russen Zhitomir und Kiew eingenommen hatten. Dies war der erste bedeutende Vormarsch der Russen seit Monaten. Herr Patrontasch nahm seine Karte heraus und zeichnete die neue Front ein. Doch nur wenige Tage später eroberten die Nazis beide Städte zurück. Als Herr Patrontasch die Linie auf seiner Karte ausradierte, hatte ich das Gefühl, dass er auch unsere Hoffnung ausradierte. Die Russen kämpften an der Ostfront. Sie kämpften an der Westfront. Sie konferierten in Moskau. Sie konferierten in London. Aber alles ging im Schneckentempo vor sich.

Wir saßen bereits seit einem Jahr in diesem winzigen Loch und verdankten unser Überleben fast zu gleichen Teilen der Großzügigkeit der Becks und purem Glück. Trotz der Tatsache, dass dort unten die Zeit stehenzubleiben schien, war ein ganzes Jahr vergangen. Am 22. November, dem Jahrestag der ersten *akcja*, zündeten wir im Gedenken an die ermordeten Juden drei Kerzen an. Hätten wir für jeden Verstorbenen eine Kerze angezündet, hätte unser Kellerversteck heller geleuchtet als der hellste Stern. Es war beinahe unmöglich, sich vorzustellen, wie es bei unserer Ankunft gewesen war. Damals hatten wir gedacht, wir würden höchstens ein Jahr dort festsitzen, doch angesichts des Schachspiels, das Russland und Nazideutschland austrugen, konnte es noch ewig dauern, bis wir wieder aus diesem Loch herauskamen. Beck hatte irgendwann einmal fallenlassen, er glaube, dass wir vielleicht noch im nächsten November hier wären. Noch ein ganzes Jahr! Ich konnte es mir nicht vorstellen. Ich glaube nicht, dass Beck begriff, wie sehr wir auf jedes seiner Worte angewiesen waren, wenn es darum ging, zu unterscheiden, was Wirklichkeit und was Einbildung war. Ich bezweifelte, dass wir ein weiteres Jahr dort unten durchstehen würden. So oft entgingen wir einer Katastrophe nur knapp, und Beck war wegen seiner Trinkerei sehr unzuverlässig. Zudem schienen Julia und Ala nun zwischen dem Bedürfnis, uns zu retten, und dem Bedürfnis, sich vor noch mehr Schmerz und Erniedrigung zu schützen, hin- und hergerissen zu sein.

Während der vergangenen Wochen waren die beiden ein halbes Dutzend Mal aus- und wieder eingezogen. Julia klopfte nicht einmal mehr an die Luke, um uns über ihre Pläne zu informieren. Und wenn sie zu Hause war, ließ sie als Erinnerung für Beck ihren Koffer neben der Tür stehen. Beck war nun regelmäßig zum »Essen« im Haus seiner Schwägerin. Wenige Wochen zuvor hatte er uns erzählt, diese Schwägerin habe eine Affäre mit einem ukrainischen Polizisten. Da sie seit dem letzten Weihnachtsfest von uns wusste, konnte das Bettgeflüster der beiden katastrophale Folgen für uns haben. Aber Beck meinte, wir sollten uns keine Sorgen machen. »Ich werde ihr das ausreden. Sie ist eine vernünftige Frau.« Und er war zu ihrem Haus gegangen, das direkt am Stadtrand lag. Jetzt war klar, dass er mehr tat als nur mit ihr reden. War dies Becks Art, sie zum Schweigen zu bringen? Wir kannten nicht einmal den Vornamen dieser Frau, und Julia verriet ihn uns nicht. Sie sprach immer nur von der »Schwägerin«. Die eigene Schwägerin nicht beim Namen zu nennen, kam einem Schlag ins Gesicht gleich. Es war eine schwere Beleidigung und Julias einziges Mittel, sich zu rächen. Julia zeigte uns nicht, wie sehr sie verletzt war. Solange Beck die Affäre nicht beendet hatte, kam sie nur abends nach Hause, wenn ihr Mann bei der Arbeit war. Wären wir nicht gewesen, sie hätte Beck wohl endgültig verlassen.

Julia tat uns sehr leid, aber wir konnten nichts für sie tun. Unser Leben lag in Becks Hand. Wir konnten es nicht riskieren, ihn zu erzürnen, obwohl diese neue Affäre Julia und Ala ebenso sehr in Gefahr brachte wie uns. Es war unmöglich, Beck zu verstehen. Jeder, der es wagte, achtzehn Juden zu verstecken, musste verrückt, aufsässig, arrogant und selbstsicher sein. Ich konnte nicht einmal böse auf ihn sein. Keiner von uns konnte das. Wir saßen einfach nur schweigend da, versuchten, damit fertig zu werden, dass unser Überleben jetzt noch durch eine weitere Sache gefährdet war, und machten weiter.

Das Problem wurde noch verschärft durch Alas neuen Freund, den Nazipiloten. Adolph flog seit über zwei Jahren Kampfflugzeuge an der russischen Front. Beck hatte uns sofort erzählt, Adolph sei ein guter Mensch und habe ihm anvertraut, dass er Hitler verachte. Doch selbst jemand, der Hitler verachtete, konnte uns verraten. Aber Ala war verliebt, und Adolph kam oft zu Besuch. Er kam nachmittags, unangemeldet, und versetzte uns in Panik. Oder er kam zum Abendessen, brachte Blumen und Geschenke mit und blieb lange, ja manchmal sogar über Nacht. Beck mochte ihn, so dass Adolph sogar kam, wenn Julia und Ala bei Julias Schwester waren. Unser kleines Fenster der Freiheiten war zugeschlagen worden. Wir konnten uns weder bewegen, noch kochen, reden oder zur Toilette gehen, wenn Adolph da war. Der Kartentisch stand im Schlafzimmer der Becks, direkt über unseren Eimern. Adolph und Ala spielten Karten, plauderten und hörten stundenlang Musik. Sie tanzten direkt über unseren Köpfen. Und wenn sie nicht da waren, bewirtete Beck dort die Kumpels, mit denen er Karten spielte. Abends schienen ständig Gäste im Haus zu sein. Die Besuche halfen zwar vielleicht, die Gerüchte und Anschuldigungen, die Becks würden Juden beherbergen, aus der Welt zu schaffen, verurteilten uns aber für viele Stunden zu Untätigkeit und Schweigen. Selbst mein Atem ging nur noch ganz flach. Es war ein elendes Leben. Schließlich bat Patrontasch Beck, den Kartentisch ins Wohnzimmer zu stellen, damit wir zumindest ohne Angst, gehört zu werden, zur Toilette gehen konnten.

Während die Verhandlungen zwischen den Russen und den Alliierten augenscheinlich ins Stocken gerieten, waren die Nachrichten aus unserer kleinen Stadt mehr als grauenvoll. Beinahe täglich überbrachten entweder Beck oder Julia Unglücksmeldungen. Die Liste der Freunde, die es zu betrauern galt, wuchs.

Als Beck vom Janowska-Lager in Lemberg zurückkehrte, wo er am Stacheldrahtzaun Neuigkeiten für uns aufschnappte, berichtete er uns, dass alle Insassen getötet worden waren. Wir hatten bereits gewusst, dass Hermann im Sommer gestorben war. Jetzt konnten wir Lola die Wahrheit nicht mehr verheimlichen. Sie hatte jetzt niemanden mehr. Als Julia aus Zaleszczyki, einer nahe gelegenen Stadt, zurückkehrte, erzählte sie uns, man habe die Partisanen wie Weihnachtsschmuck an den Bäumen aufgehängt. Die alte Frau Twordyewicz war deportiert worden. Sie hatte einen Buckel, war praktisch blind und taub, eine kleine zerbrechliche Frau. Als kleines Mädchen war sie zum Katholizismus übergetreten, und sie hatte ein Leben lang jeden Tag die Messe besucht. Aber die Nazis hatten sie dennoch deportiert. Einen anderen Freund von uns, Misko Segal, hatte man ermordet aufgefunden. Manchmal waren die Einzelheiten vage. Ein anderer Jude, der sich versteckt hatte und dessen Name möglicherweise Springer war – Beck war sich da nicht so sicher, und es spielte auch irgendwie keine Rolle, wie er hieß –, hatte, bevor die Nazis ihn schnappten, zumindest noch Zeit gehabt, sich aufzuhängen und sie um das Vergnügen zu bringen, ihn zu töten. Würde es mit uns auch so weit kommen? Es war unfassbar, dass ein solcher Plan in einer Situation wie dieser ein Trost sein konnte. So vieles von dem, was wir hörten und erlebten, schien unbegreiflich. Am meisten beunruhigte Beck, was mit Herrn Chachkes, einem bekannten Anwalt aus Zólkiew, passiert war. Beck hatte gehört, dass er und seine Schwägerin in einem kleinen Dorf in der Nähe der Stadt geschnappt worden waren. Beck kannte Chachkes nicht, aber er und Julia machten sich große Sorgen, weil die Polizei bei Chachkes Papiere gefunden hatte, die die Bauern belasteten, die Chachkes und seine Schwägerin versteckt hatten. Sowohl die Juden als auch ihre Retter hatte man in Ketten nach Lemberg gebracht.

Mal wieder hatte es Gerüchte gegeben, dass die Becks möglicherweise Juden beherbergten. Becks Chef im Alkoholdepot, Meyer, war offensichtlich der Meinung, Beck führe für sein Gehalt ein »zu reiches« und »zu gutes« Leben. Hierüber sprach er mit niemand Geringerem als Obersturmführer von Pappen, dem SS-Offizier, der die Deportationen und Liquidierungen in Zólkiew organisierte. Selbst Eisenbard und Dr. Lucynski, zwei von Becks reaktionären polnischen Kartenbrüdern, die nichts dagegen hatten, mit Krüger, Schmidt und den anderen Nazis zu spielen, hatten Angst vor von Pappen und trauten sich nicht mehr, zum Kartenspielen zu Beck zu kommen. Eisenbard hatte gesagt, ihm sei zu Ohren gekommen, dass Becks Haus »unsauber« wäre. Wenn Becks bester Freund das sagte, was dachte dann der Rest der Stadt?

Beck machte sich zu Recht Sorgen. Von Pappen war skrupellos. Es war allgemein bekannt, dass er einen talentierten jüdischen Tischler namens Hiam Schott für sich hatte arbeiten lassen, ihn gemocht und beschützt hatte. Schott, so hatte er befohlen, sollte in Ruhe gelassen werden. Damit blieb Schott die Deportation erspart. Als Schott sich ein

Stück vom Finger absägte, hatte von Pappen ihn persönlich zum Krankenhaus gefahren, um die Wunde versorgen zu lassen. Doch als sie zusammen das Krankenhaus verließen, hatte von Pappen lässig seine an der Seite getragene Waffe gezogen und Herrn Schott in den Kopf geschossen. Was würde wohl geschehen, wenn von Pappen oder irgendein anderer Verräter herausfand, dass Beck einst seinen Weihnachtskarpfen gestohlen hatte, um mit den Juden, die er im Keller versteckte, zu feiern?

Beck war gerade erst zu von Pappen geschickt worden, weil er sich sein Gewehr hatte stehlen lassen. Für dieses Vergehen konnte er erschossen oder gehängt werden. Beck war während der Arbeit eingeschlafen, und ein ukrainischer Blaumantel hatte das Gewehr gestohlen. Beck war so dreist, von Pappen zu sagen, er habe nur so getan, als würde er schlafen. Er hatte behauptet, dass alle Ukrainer Diebe seien und dass er einen von ihnen auf frischer Tat hatte erwischen wollen. Von Pappen wollte sich die Sache durch den Kopf gehen lassen und hatte Beck nach Hause geschickt.

Die lange Liste der Toten, die Gerüchte und Becks provozierendes Verhalten überzeugten die Männer in unserem Kellerversteck davon, dass etwas geschehen musste. Becks schweres Vergehen würde nicht ungestraft bleiben. Nach langen Diskussionen waren die Männer zu einer möglichen Lösung gelangt. Herr Patrontasch sollte Beck überreden, sich bei von Pappen zu entschuldigen.

Herr Patrontasch klopfte an die Luke, die Beck wenige Minuten später öffnete.

»Auf ein Wort, wenn Sie einen Moment Zeit haben«, sagte Herr Patrontasch nur.

Ich kannte diese Männer solange ich lebte, und mir fiel wieder auf, wie ängstlich sie geworden waren. Unser Leben stand auf dem Spiel, und wir schickten Herrn Patrontasch auf eine Mission, die so gefährlich war wie die Flucht aus dem Ghetto oder die Diplomatie auf höchster Ebene zwischen Roosevelt und Stalin. Beck, der unglaublich stur war, so weit zu bringen, sich bei einem Mann zu entschuldigen, den er für einen Mörder hielt, würde eine schwierige Aufgabe sein. Doch nur wenige Minuten später kam Patrontasch mit Papier und Füllfederhalter wieder zurück. Beck wollte, dass er einen Brief schrieb, um von Pappen »milde zu stimmen«. Obwohl Beck Volksdeutscher war, konnte er nur sehr wenig Deutsch.

Patrontasch schrieb in seiner eleganten deutschen Schrift, wie geehrt Beck sich fühle, dem Deutschen Reich in welcher Funktion auch immer dienen zu dürfen. Er schrieb, dass es immer sein Traum gewesen sei, dass die Deutschen nach Polen zurückkehren und die Osterweiterung wahr machen würden, um den slawischen Massen Kultur und Zivilisation zu bringen. Er schrieb, wie sehr er von Pappen persönlich bewundere und wie sehr es ihn freue, so privilegiert zu sein, unter einem deutschen Patrioten seines Formats zu arbeiten. Die Lügen flossen Patrontasch mühelos aus der Feder. »Beck« bat von Pappen, zu verstehen, dass sein persönliches Versagen seiner Loyalität gegenüber dem Vaterland keinen Abbruch tue.

Als Beck wenige Stunden, nachdem er von Pappen den Brief gebracht hatte, mit Wodka und Tabak als Belohnung wiederkam, prahlte er damit, dass von Pappen ihm aus der Hand gefressen habe. Die Krise war abgewendet, und die Männer stimmten, wenn auch mit Unbehagen, in Becks Lachen ein. Wenn von Pappen gewusst hätte, dass ein Jude diese wunderschöne Ode an das Vaterland geschrieben hatte! Doch die Erleichterung war nur von kurzer Dauer.

Nachts wurden wir von Julia geweckt, die schrie und an die Luke klopfte. »Die ukrainische Polizei ist da!« Es muss drei Uhr morgens gewesen sein. Mama regte sich so auf, dass sie ohnmächtig wurde, und die Kinder begannen zu weinen, hatten aber inzwischen gelernt, dabei ganz leise zu sein. Wir anderen beteten. Beck musste von einem seiner vielen Feinde angezeigt worden sein. Vielleicht wegen des Gewehrs. Vielleicht wegen irgendetwas anderem. Das »Warum« spielte keine Rolle. Die Polizei stand vor der Tür, und wir würden es früh genug wissen. Wir hörten, wie sie Julia informierten, dass sie Beck mitnehmen müssten, weil der Kommandant der ukrainischen Polizei ihn verhören wolle. Julia fragte, so ruhig sie konnte, was Beck getan haben sollte. Die Polizisten wussten es nicht genau, sagten aber, dass Beck so »betrunken wie ein Polacke« gewesen sei und »etwas« zum Chef der Blaumäntel gesagt habe. Wir kannten Beck, wenn er sturzbetrunken war, und wussten, dass es sich um alles Mögliche handeln konnte. Beck war gerade von Pappen entkommen, und jetzt waren mitten in der Nacht die Ukrainer hinter ihm her. Diese Männer, die einen jahrealten Groll hegten, konnten alte Rechnungen begleichen.

Beck musste umgekippt sein, denn sonst hätte er die Blaumäntel sicherlich schon angeschrien, sie sollten »auf ihre Mütter scheißen«. Das sagte Beck immer, wenn er fluchte. Beim ersten Mal hatte Mama ganz schockiert ausgesehen und Mania und mir sofort einen Blick zugeworfen, der besagte: »Das war nicht für eure Ohren bestimmt. Wenn ihr es trotzdem gehört habt, dann vergesst es sofort wieder.« Inzwischen war sie jedoch dankbar, dass dies der einzige Fluch in Becks Repertoire war. Normalerweise bedachte er damit Julia.

Einer der Polizisten fand Beck und sagte schlecht gelaunt zu seinen Kollegen, dass sie ihn würden tragen müssen, wenn sie ihn mitnehmen wollten. Der Lärm musste Beck aufgeweckt haben, denn wir hörten einen anderen Blaumantel sagen: »Geh ins Bett, Valentin. Wir sagen einfach, dass wir dich zu Hause nicht gefunden haben.« Dieselben Polizisten, die von Beck beschuldigt worden waren, sein Gewehr gestohlen zu haben, schützten ihn nun. Kurz darauf verließen sie das Haus.

Während Julia noch immer von ihrem Mann herauszufinden versuchte, was er denn nun tatsächlich gesagt hatte, beschloss der bis zur Besinnungslosigkeit betrunkene Beck, zum Polizeirevier zu gehen, seine Ankläger aufzusuchen und diesem »Hohn auf die Gerechtigkeit« auf den Grund zu gehen. Julia hielt ihn auf, während Ala sein Fahrrad versteckte. Die beiden hofften, dass der Fußmarsch, sollte Beck sich tatsächlich auf den Weg machen, ihn vielleicht ernüchtern würde. Ich hörte, wie Julia schrie: »Ich halte das nicht mehr aus!«, und dann die Tür hinter sich und Ala zuschlug. Beck fluchte noch immer und warf Möbelstücke durch die Gegend, während er versuchte, sein Fahrrad zu finden. Dann wurde eine Tür eingeschlagen. Es klang wie die Badezimmertür. Wieso suchte er im Bad nach seinem Fahrrad? Er musste völlig hinüber sein. Beck verfluchte Julia und bezeichnete sie als Idiotin. »Ich scheiße auf deine Mutter!« Ich wusste nicht, ob ihm überhaupt bewusst war, dass Frau und Tochter das Haus verlassen hatten. Wir hörten, dass die Haustür erneut zuschlug, und dann war alles still. Die Vorstellung, was ein betrunkener Beck zu dem ukrainischen Polizeichef sagen würde, der ihn hasste und nur nach einem Grund suchte, ihn zu erschießen, machte uns große Angst. An Schlaf war jetzt nicht mehr zu denken, denn wir warteten darauf, dass Beck oder die Polizei zurückkam.

Als Beck morgens zurückkehrte, weigerte er sich, uns zu erzählen, was passiert war. Was die Sache noch verschlimmerte: Ihm war so übel, dass er abends nicht zur Arbeit gehen konnte. Wir lebten auf einem Vulkan, der jeden Moment auszubrechen drohte. Julia kam nur für ein paar Minuten nach Hause, um uns zu sagen, dass sie nach Lemberg fahren würde, um Tabak zu kaufen, und Ala ging zur Arbeit. Sobald wir den Bus von der Haltestelle auf der anderen Straßenseite abfahren hörten, klopfte Beck an die Luke. »Das Haus ist dreckig. Ich möchte, dass ihr nach oben kommt und es sauber macht.« Lola und ich krochen zur Luke, weil wir normalerweise das Haus putzten. Doch Beck sagte: »Klara, willst du mir nicht helfen?« Wir sahen zu, wie Beck die Hand durch die Luke streckte und Klara ritterlich und galant nach oben half.

Die Männer verfolgten und diskutierten den Krieg zwischen den Alliierten und den Achsenmächten mit talmudischem Eifer. Doch die größte Bedeutung für unser Leben hatte der Krieg der Becks. Italien, Deutschland, England, dies waren Schauplätze in den Romanen, die ich las. Es war unmöglich, die Konferenzen und Schlachten mit dem Schlachtfeld über unseren Köpfen in Verbindung zu bringen. Ein falsches Wort, und wir waren tot. So einfach war das. Der Weltkrieg fand direkt über uns statt.

Und jetzt hatte der Krieg auch auf unser Kellerversteck übergegriffen, ein Krieg zwischen den Familien um ein fünf Zentimeter breites Stück Holz. Der Konflikt hatte sich schon seit Monaten zusammengebraut, seit der Ankunft von Zygush und Zosia und Manias Tod wenige Tage später. Er war fast zu schrecklich, als dass wir darüber hätten reden können. Aufgrund von Manias Tod waren wir so von Trauer erfüllt, dass uns der Gedanke, um mehr Schlafplatz für die Kinder zu bitten, völlig fernlag. Meine Eltern erwähnten nicht ein einziges Mal Manias Namen. Sie redeten nie über sie, um sich besser zu fühlen. Sie tauschten keine Erinnerungen aus. Wir hatten nicht ein einziges Bild von meiner Schwester. Jeder von uns war alleine mit seinem Schmerz. Zygush und Zosia lernten, Manias Namen nie auszusprechen. Unser Schweigen war unser Trauerlied. Seit der Ankunft der Kinder reichte unser Platz zum Schlafen nicht mehr. Es war vorher schon schwer genug gewesen, auf so engem Raum zu schlafen, doch jetzt, mit noch weniger Platz, fast unmöglich. Ich weiß nicht, warum wir diese zusätzliche Unbequemlichkeit so lange ertrugen. Vielleicht lag es daran, dass die beiden Kinder Manias Platz auf unseren Pritschen eingenommen hatten und dass wir selbst acht Monate nach Manias Tod eine Bitte nach mehr Platz nicht laut aussprechen konnten, weil uns dies auf zu schmerzvolle Weise an sie erinnern würde.

Ich ahnte, dass wir nicht für immer höflich und rücksichtsvoll miteinander würden umgehen können. Unser Ärger über den wenigen Platz, der uns zur Verfügung stand, und der Unmut der drei Familien über die Hartherzigkeit der Steckels waren wie ein Leck in einer Gasleitung. Es war nur ein Funke nötig. Die Männer hatten von Zeit zu Zeit im Flüsterton darüber geredet, die Steckels um Hilfe zu bitten, wenigstens für die vier Kinder. Aber sie taten es nie. Mein Vater hatte Angst, die Steckels zu beleidigen, weil er wusste, dass die Becks ihr Geld brauchten, und er nicht wollte, dass Beck wütend auf uns wurde. Diese Männer, so wie auch Mania und ich, waren dazu erzogen worden, um nichts zu bitten. Es war keine Frage des Stolzes. Es war nur einfach so, dass in der jüdischen Welt von Zólkiew niemand je um Hilfe bitten musste. Sie wurde einem immer ohne ein Wort zuteil. Es war eine Sünde, einen Menschen zu demütigen, indem man die Aufmerksamkeit auf seine Armut lenkte. Die Steckels bekamen alles genau mit und konnten sich bis aufs Gramm das Gewicht von jedem Stück Brot, Schweineschmalz, Fleisch, jeder Kartoffel und jeder Zwiebel ausrechnen. Und doch waren sie blind und bemerkten nicht, dass die Beine der Kinder wie Knüppel aussahen, nur Knochen mit einem Höcker als Knie in der Mitte. Dass die Kinder große Augen machten, wenn das Essen an ihnen vorbeigereicht wurde, ignorierten sie geflissentlich. Ich weiß, dass die Kinder das Essen gerne betrachteten und rochen – sie konnten nicht anders. Manchmal träumte ich von dem Tag, an dem ich mit einem Laib Brot allein sein würde und mir eine so große Scheibe abschneiden könnte, wie ich wollte.

In den acht Monaten, in denen sie schon bei uns waren, hatten die Kinder nicht einmal gefragt, warum die Steckels nicht ihr Essen mit uns teilten, und sie nicht ein einziges Mal um einen Krümel gebeten. Es muss ein Wort für Menschen geben, die unfähig sind, Scham zu empfinden. Für mich waren die Steckels so schlimm wie die Faschisten. Es schien nur zwei Arten von Menschen auf der Welt zu geben. Menschen, die uns retten wollten, und Menschen, die uns umbringen wollten. Selbst in Zeiten wie diesen konnte man nicht ausschließlich an sich selbst denken. Die arme Mania hatte Qualen ertragen, um uns, einschließlich der Steckels, zu retten. Doch die horteten ihr Geld, als würden sie nicht einmal Manias Namen kennen. Sie verdankten Mania ihr Leben, aber sprachen sie uns ihr Mitgefühl aus? Nein! Boten sie an, zu ihrem Gedenken das, was sie hatten, wenigstens mit den Kindern zu teilen? Nein! Ich versuchte, die Steckels nicht so zu hassen, wie ich die Faschisten hasste. Sie versteckten sich schließlich wie ich vor den Nazis. Sie waren Glaubensbrüder. Doch für sie bedeutete der Tod meiner Schwester nur ein paar Zentimeter mehr an Schlafplatz.

Mein Vater sagte kaum hörbar: »Ich wollte es schon längst erwähnen. Seit die Kinder zu uns gekommen sind … wir haben nicht genug Platz zum Schlafen …« Der Funke. Wir waren nun zu fünft und hatten nur Platz für vier. Als die Kinder kamen, waren wir so glücklich und dankbar, dass sie bleiben durften, dass wir nicht um zusätzlichen Raum gebeten hatten. Das hieß, dass keiner von uns auf dem Rücken oder dem Bauch schlafen konnte. Dass wir uns im Schlaf nicht umdrehen konnten.

Papas Worte kamen wie aus dem Nichts, doch er hatte bestimmt monatelang über sie nachgedacht. Ich hoffte, die anderen würden sich schämen, dass sie nicht selbst daran gedacht hatten, und ihm zustimmen. Doch sobald ich ihren Gesichtsausdruck sah, vor allem den der Steckels, wusste ich, dass dem nicht so war. Nicht einer von uns hatte in über einem Jahr um irgendetwas Zusätzliches gebeten. Nicht einer. Nicht um eine Tasse Wasser. Nicht um eine Kartoffelschale. Nicht um einen Tropfen Öl, wenn wir Öl hatten. Mama, die gerade Kartoffeln schälte, schaute auf. Zuerst reagierte niemand. Alle warteten nur darauf, dass irgendeiner etwas sagen würde. Frau Melman begann: »Die Kinder …« Sie brauchte den Satz nicht zu beenden. Ich konnte ihre Gedanken lesen. »Die Kinder könnten für uns alle den Tod bedeuten! Wir haben sie nicht gewollt. Beck hat sie uns aufgezwungen, und jetzt wollen Sie, dass wir ein Stück von unserem Platz abgeben? Genug ist genug!«

»Jede Familie, jeder hat mehr Platz als wir. Halten Sie das für richtig?«

»Wir tun Ihnen einen Gefallen, und das ist der Dank dafür? Eine Menge *tsuris*, Probleme!«, fuhr Frau Melman fort.

»Schauen Sie sich an, wie viel Platz Sie haben und wie viel wir haben!« Mama zeigte auf unseren Schlafbereich. »Wie können Sie es nur wagen! Und wer sind Sie überhaupt, dass Sie sich hier so aufspielen?«

»Senken Sie die Stimme!«, zischte Herr Steckel doch tatsächlich.

»Wie bitte?«, sagte Mama.

»Sie haben mich gehört. *Shatt! Shatt!*«

Herr Melman versuchte, zu vermitteln, doch es war bereits zu spät. Wir waren penetrant, herrisch, mäkelig. Wir nutzten die anderen aus! Wir brachten ihr Leben in Gefahr. Einschließlich das ihrer Kinder!

Ich zitterte, und die Kinder weinten. Sie verstanden, dass niemand sie dahaben wollte. Ich konnte nicht fassen, dass die anderen drei Familien sich gegen uns verbündeten. Was hatten wir getan? Wir hatten nur meine Schwester verloren. Ich hatte Angst, Herr Beck würde uns oben hören und wütend werden. Noch nie hatte ich Papa so zornig gesehen. Und dann fing ich an zu schreien: »Ruhig! Seid alle ruhig!«

Bevor ich wusste, wie mir geschah, drehte mein Vater sich zu mir um und schlug mich mit aller Wucht ins Gesicht. Nie zuvor hatte er gegen irgendjemanden in der Familie die Hand erhoben. Er sah mich an, als wolle er mich noch einmal schlagen. In seinen schwarzen, vor Erschöpfung matten Augen lag ein Blick, den ich noch nie zuvor gesehen hatte. Hitzig und brutal. Wütend vor Verachtung. Ich wollte sterben. Vor Scham. Weil ich mich so verletzt fühlte. Weil ich ihn verletzt hatte. Weil ich spürte, wie verletzt er war. Doch dann wurde ihm klar, was er getan hatte. Alle Wärme kehrte in seine Augen zurück. Mein Vater war wieder da. Ich hatte nie einen solchen Blick bei ihm gesehen, außer bei Manias Tod. Alle waren verstummt. Ich hatte es geschafft. Es war still in unserem Versteck.

Mama sagte nur: »Meir.« Und dann nahm Papa mich in den Arm, küsste mich und bat mich, ihm zu vergeben. Es gab nichts zu vergeben. Er war erschöpft. Er konnte nicht um Mania trauern. Er fühlte sich für ihren Tod verantwortlich, ein Schmerz, der niemals aufhören würde. Sein Leben lang trauerte er um Mania. Ihr Tod stand bis zum Ende ihrer Tage zwischen ihm und Mama, eine stumme Anklage.

Herr Patrontasch nahm sein Maßband heraus und kroch zu uns hinüber. Er entschuldigte sich und maß nach, wie viel Platz wir alle zusammen hatten. Dann maß er den Schlafraum aller anderen Familien. Er öffnete sein kleines Notizbuch, leckte seinen Bleistift an und stellte, von uns allen beobachtet, ein paar Berechnungen an.

»Fair ist fair«, verkündete er. »Jeder bekommt fünfunddreißig Zentimeter Platz zum Schlafen.« Er schnappte sich eine oder zwei Latten von jeder der anderen Familien und legte sie neben unsere. Niemand sagte ein Wort. Als wir uns an diesem Abend schlafen legten, kam es mir nicht so vor, als hätten wir mehr Platz. Mania hätte das Ganze urkomisch gefunden.

Für Weihnachten vereinbarten die Becks einen Waffenstillstand. Wir lagen auf unseren Pritschen und lauschten der Feier, die oben stattfand. Das Radio lief, und alle tanzten. Ganz Zólkiew schien anwesend zu sein. Becks Familie ebenso wie Julias Familie. Adolph. Krüger und Becks andere Freunde von der Polizei. Professor Lang und Eisenbard. Ich hätte nicht sagen können, ob es irgendjemanden gab, der schlief. Ich nahm an, dass alle wach waren. Das Stampfen der tanzenden Füße schien in meinem Kopf zu sein. Früher an diesem Tag hatte ich aus Liebe zu und Dankbarkeit gegenüber den Becks geweint. Jetzt liefen mir die Tränen über die Wangen, weil diese Leute fröhlich feierten, während so viele tausend tot waren und starben. Ich hörte, wie Herr Beck direkt über uns zum Radio ging. Er stellte es aus, und fast sofort hielten die tanzenden Füße inne. »Hört mal«, sagte Herr Beck. In der Ferne sangen Sternsinger. Ich stellte mir vor, wie sie durch den Schnee stapften, gegen die Kälte eingemummelt und mit Kerzen in der Hand, die ihnen den Weg leuchteten. Am Klang ihrer Stimmen erkannte ich, dass sie nicht weit entfernt von der Kirche waren, bei der man Mania festgenommen hatte. Die Erinnerung an sie schlich sich in fast jeden meiner Gedanken. Als die Sternsinger näher und näher kamen, erkannte ich das Lied. Es war *Przybiezeli do Betlejem,* eins der schönsten polnischen Lieder und eines, das Mania und ich nur ein Jahr zuvor zusammen gesungen hatten.

Inzwischen konnte ich die Worte der Sternsinger verstehen. Aber sie sangen nicht die Texte, die wir kannten. Und schlimmer noch: Wir hörten, dass die Becks und Ala und all ihre Gäste in das Lachen der Sternsinger einstimmten, die mit übertriebenem jiddischem Akzent sangen und darüber so lachen mussten, dass sie den erfundenen Text kaum hervorbrachten …

Freue dich, Welt, der Jud ist tot
Gehängt, erschossen, mausetot,
Freue dich, Welt, die Erde ist rot von seinem Blut
Es begann als Rinnsal und ist nun eine Flut …

Beck brüllte vor Lachen – ein teuflisches Lachen. Zosia und Zygush kauerten sich an mich, zu verängstigt, um etwas zu sagen. Das Lachen der Becks verstärkte nur unsere Angst. Ich flüsterte den Kindern ins Ohr, dass alles in Ordnung sei, glaubte jedoch keine Sekunde daran. Es war wie eine dieser Teufelsmessen, mit denen früher die alten Bäuerinnen gerne den Kindern einen Schrecken einjagten.

Freue dich, Welt, ein Geschenk von unserem Herrn Jesus
Fand ich unter dem Baum …
Die Leichen einer Judenfamilie …
Mutter, Vater, Tochter, Sohn …
Sie zu töten, war so … schön …

Wir wussten, dass keine Ruhe einkehren würde, bevor nicht die letzte Flasche geleert, der letzte Trinkspruch ausgebracht und der letzte Tanz getanzt war. Die Gäste gingen einer nach dem anderen hinaus in die klare, frische Nacht. Adolph blieb und blieb. Nachdem wir gehört hatten, wie die Tür sich ein letztes Mal schloss, schickte Beck Ala nach unten, um uns alle nach oben zu bitten. Er entschuldigte sich vielmals, mitgesungen zu haben. Er habe nur Theater gespielt. Alle Becks schämten sich. Dass sie sich nach allem, was sie für uns getan hatten, über diese Sache Gedanken machten, zeugte von ihrer Güte. Herr Beck weinte, entschuldigte sich und küsste alle Kinder.

Der Baum mit seinen frischen Ästen füllte den Raum mit Kiefernduft. Die vielen Kerzen an den Zweigen waren ein Lichtermeer. Die Kinder starrten sich die Augen aus dem Kopf. Wie konnte diese Welt sich so sehr von unserer unterscheiden? Ala und ihre Eltern hatten kleine Tüten mit Süßigkeiten für die Kinder, die alles vergaßen, als sie den Inhalt ihrer Tüten, Stück für Stück, untersuchten und sich vergewisserten, dass keiner von ihnen auch nur eine Süßigkeit mehr hatte als die anderen. Gott segne die Becks, dass sie an die Kinder gedacht hatten.

Der Waffenstillstand der Becks dauerte bis Neujahr an, als sie mit Wodka für die Männer und Keksen für die Kinder nach unten kamen. Julia hatte gute Neuigkeiten. Es war ihr endlich gelungen, ein paar von den Pullovern zu verkaufen, die ich gestrickt hatte, und sie war gekommen, um meinem Vater das Geld zu geben. Mama strahlte mich an, und Papa nickte anerkennend. Ich war nicht mehr einfach nur sein kleines Mädchen. Ich war so stolz, dass ich auf greifbare Weise helfen konnte. Selbst Zygush bedankte sich bei mir. Wenn der Tag nur in diesem Moment geendet hätte.

Nicht im Traum hätte ich mir vorstellen können, was Beck uns als Nächstes erzählte. Nachdem er die Wodkagläser wieder gefüllt hatte, räusperte er sich: »Die Deutschen haben eins unserer Zimmer beschlagnahmt. Sie haben uns zwei Eisenbahner zugeteilt, die hier wohnen sollen.« Fast wie eine Entschuldigung fügte er hinzu: »Wir hatten keine Wahl. Aber so schlimm ist das Ganze gar nicht. Es wird für uns alle sicherer sein. Wer käme schon auf die Idee, dass Sie hier sind, wenn oben die Eisenbahner wohnen! Das ist gut. Wirklich.« Nur Beck konnte so optimistisch sein, und selbst ich wusste, dass er das, was er sagte, wohl kaum glaubte. Wir wussten nicht, ob die Eisenbahner, die von nun an unsere Nachbarn sein würden, diejenigen waren, die unsere Freunde und Familien zu den Lagern brachten. Papa fragte: »Für wie lange?«

Beck zuckte die Schultern. »Wer weiß das schon. Ein paar Wochen. Ein paar Monate. Ich weiß es einfach nicht.« Das war's. Er hatte uns gesagt, was er sagen musste. Es gab nichts hinzuzufügen. Selbst der Wodka konnte den Schlag nicht abfedern. Beck ließ uns die Flasche da und ging wieder nach oben.

Herr Patrontasch durchbrach das Schweigen. »Vielleicht ist es an der Zeit, über die andere Option nachzudenken.« Seine Stimme klang völlig ausdruckslos, als er dies sagte. Es war, als würde er jemanden bitten, ihm das Brot zu reichen. Die Erwachsenen wollten sich allein unterhalten, und ich wurde gebeten, die Kinder mit in den hintersten Winkel unseres Unterschlupfs zu nehmen.

Während Zygush begann, laut vorzulesen, versuchte ich mitzubekommen, was die Erwachsenen sagten. Doch mehr als ein paar Gesprächsfetzen konnte ich nicht verstehen. »Wir haben keine andere Wahl …« – »Das werden wir auf keinen Fall überleben.« – »Wir haben immer noch den Benzinkanister.« – »Aber wir sollten den Kindern so viel wie möglich ersparen.«

Ich sah, wie Frau Steckel nach dem Giftfläschchen griff, das sie um den Hals trug. Mir jagten die Gedanken durch den Kopf. Würde Papa tatsächlich um Gift für die Kinder bitten? War das möglich nach allem, was wir durchgemacht hatten, nach allem, was Mania für uns geopfert hatte? War dies der Augenblick, in dem aus dem »Falls« ein »Wann« geworden war? Gab es überhaupt keine Hoffnung mehr? Beck hatte so optimistisch geklungen. Sie konnten doch jetzt nicht aufhören, ihm zu vertrauen. Er hatte uns durch so vieles hindurchgebracht, er würde uns auch durch diese Sache bringen. Ich war nicht bereit, den Kampf aufzugeben.

Mania hätte das nicht zugelassen. Wie konnten meine Eltern dieser Sache zustimmen? Ich hatte auch hin und wieder an Selbstmord gedacht, doch jetzt, wo offen darüber diskutiert wurde, wollte ich nur noch NEIN schreien. Ich wollte so laut schreien, wie ich nur konnte. Doch es kam kein Laut heraus.

In Mamas Augen stand ein großer Schmerz. Sie sah aus wie damals, als Mania gestorben war. Danach verstand ich kein Wort mehr. Erst als Herr Melman direkt neben uns war, hörte ich ihn sagen: »Clarutschka, wir sind fertig.«

Ich konnte es nicht ertragen, die anderen anzuschauen. Ich wollte der Wahrheit nicht ins Gesicht sehen. Ich hielt nur Zosia und Zygush in den Armen und hörte mir das Ende ihrer Geschichte an.

12
Valentinstag

Donnerstag, 1. Februar. Herr Beck war heute bei uns.
Er sagte, er habe im Radio gehört, dass in London Kon-
ferenzen stattfinden. Sie wollen den Krieg Mitte März
beenden, um die restlichen Juden zu retten ... Tut mir
leid, aber es ist zu spät. Wenn dieser Krieg vorbei ist,
werden nur noch wenige Juden leben. Ich kann mir
nicht vorstellen, dass es noch mehr Menschen wie die
Becks gibt, die achtzehn Juden retten.
Heute ist der Erste des Monats. Wir müssen bezahlen.
Alle haben bezahlt. Herr Patrontasch nur die Hälfte,
und meine Mutter hat ihren Ehering abgegeben. Den
hatten wir noch nicht verkauft. Papa dachte, Herr Beck
würde damit nicht zufrieden sein, doch dessen Großzü-
gigkeit kennt keine Grenzen. Er hat nichts gesagt. Bit-
te, lieber Gott, segne ihn, denn ein einzelner Mensch
kann ihm nicht genug danken.

Wie oft hatte ich im vergangenen Jahr dem Tod ins
Auge sehen müssen? Fünfmal? Zehnmal? Zwanzig-
mal? Sicherlich öfter, als ich einen vollen Magen gehabt hatte. Augenblicke, in denen ich mich auf eine Kugel oder einen
Gewehrlauf einstellen musste, oder eine Axt oder welche
Waffe auch immer. Mir den Schmerz vorstellte, die Hölle,
durch die Straßen geschleift und auf einen Zug geworfen zu
werden, der mich zu einem Lager brachte. Ich hatte es mit

eigenen Augen gesehen. Ich war kein krankes, vom eigenen Tod besessenes Kind, ich war eine Zeugin. Es war alles da, unauslöschlicher, als wenn es in Stein gemeißelt worden wäre. Und ich musste jede Sekunde des Lebens gegen jede Sekunde des Leidens abwägen. Es gab keine Formel, die mir eine Antwort auf meine Fragen geben konnte. Ich wusste, dass die meisten Selbstmorde, von denen ich gehört hatte, verzweifelte Reaktionen auf nahe Bevorstehendes gewesen waren. Männer und Frauen, die in den Elektrozaun liefen statt in den Sumpf. Die sich eine Schlinge um den Hals legten, als die SS die Tür eintrat. Die in einem bereits mit Leichen übersäten Viehwagen Gift nahmen. Jemand müsste den Becks Bescheid sagen. Jemand musste die Steckels überreden, den Kindern das Gift zu überlassen. Über Selbstmord nachzudenken, war eine Sache; war die Entscheidung jedoch gefallen, ging es um die praktischen Dinge wie das Wie und Wann. Uns blieb keine Zeit. Herr Melman zog den Fünf-Liter-Benzinkanister aus seiner Versenkung am anderen Ende des Verstecks und ließ ihn dort stehen. Doch niemand rührte sich. Niemand sagte ein Wort. Der Kanister verspottete uns.

Wir wussten, was passieren würde. Unser Selbstmord hätte nicht nur unseren Tod, sondern auch den der Becks zur Folge. Und das konnten wir nicht zulassen. Wir hatten keine andere Wahl, als die Ankunft unserer neuen Gäste abzuwarten und weiterzuleben.

Je mehr ich versuchte, mich darauf vorzubereiten, dass in wenigen Stunden die Eisenbahner eintreffen würden, desto klarer wurde mir, dass es nichts gab, was ich tun konnte. Ich hatte bereits Übung darin, Hunger und Durst auszuhalten und still zu sein. Ich hatte mein Verdauungssystem darauf trainiert, lange Zeit zu warten, bevor ich mich erleichterte. Ich konnte stundenlang bewegungslos dasitzen und mit Schmerzen schlafen. Ich konnte einen unerträglichen Ausschlag und

Hitzepocken aushalten, ohne mich zu kratzen. Ich betete darum, dass ich die Kraft finden würde, falls es notwendig wurde, mir noch mehr Fertigkeiten dieser Art anzueignen, und weiterzumachen. Bis zu einem gewissen Grad hatte ich sogar meine Angst im Griff. Doch mit den Eisenbahnern über uns würde die Angst vor Entdeckung und dem sicheren Tod niemals nachlassen. Würde ich, würden wir unter diesen Umständen bis zum Ende kämpfen können?

Wir warteten beklommen. Es war, als seien die Männer bereits eingetroffen. Niemand nutzte die letzten Minuten der Freiheit. Wir waren wie gelähmt. Dann klopfte es an der Tür. Wir lauschten, als Beck die fremden Stimmen und Schritte ins Haus ließ. Falls oben irgendwelche Spannungen in der Luft lagen, war hier unten nichts davon zu spüren. Es hörte sich an wie ein Anstandsbesuch mit dem erforderlichen Austausch von Höflichkeiten und der gebührenden Beachtung der Etikette, und nicht wie die Zwangseinquartierung, um die es sich eigentlich handelte. Beck hatte den Wodka auf den Tisch gestellt, und Julia bot traditionsgemäß Brot und Salz an. Ich hörte, dass Ala mit den Männern flirtete, als sie ihnen ein bisschen über Zólkiew erzählte. Ich erkannte, dass zwischen den beiden Männern ein großer Altersunterschied bestand. Einer klang sehr jung, fast wie ein Junge, die Stimme des anderen viel männlicher.

Als sie so plauderten, wurde mir klar, dass es Beck bei diesem Willkommensumtrunk darum ging, Informationen über die Arbeitszeiten der Männer zu erhalten, um mögliche Überraschungen auf ein Minimum zu reduzieren. Er bemitleidete sie wegen ihrer langen Arbeitstage und der langen Fahrten. Ihre Arbeitszeiten wechselten. Manchmal waren sie ein paar Tage unterwegs, manchmal nur nachts. Und dann machten sie einen Scherz über die deutsche Tüchtigkeit. Manchmal fuhren sie tagelang nirgendwohin. Ich hörte mit großen Ohren zu. Wir alle hörten mit großen Ohren zu. Was sollten wir tun, wenn sie tagelang zu Hause blieben? Es war schon schwer genug, ruhig zu sein und nicht entdeckt zu werden, wenn Adolph über Nacht blieb oder diese endlosen Feiern stattfanden. Aber mehrere Tage hintereinander? Ich wusste nicht, wie wir dann kochen, die Toiletteneimer leeren, unser Essen von Julia bekommen, all die kleinen notwendigen Dinge tun sollten, auf die sich unser Leben beschränkt hatte.

Sie erzählten den Becks keine Einzelheiten über ihre Arbeit. Lag das daran, dass sie einfach nur vorsichtig waren oder dass sie etwas vor den Becks verheimlichten? Wir wussten nur, dass sie Eisenbahner waren. In Kriegszeiten wurden Details, wann immer möglich, vertuscht. Alles, was ich über die Nazis wusste, vor allem über die Züge, machte mir Angst. Ich hatte die Knochenbrüche und die Schusswunden der Springer gesehen. Und dann war da noch die schreckliche Geschichte, die Beck uns erzählt hatte. Offensichtlich stiegen die polnischen Eisenbahner, die auf den Deportationszügen und den Zügen nach Belzec und Auschwitz arbeiteten, mehrere Kilometer vor den Lagern aus. Für die letzten Kilometer übernahmen die Eisenbahner der Nazis. Ich wollte nicht, dass die Männer oben »jene« Deutschen waren. Ich wünschte mir, sie wären einfache Arbeiter, Mechaniker oder Schmierer, alles, nur nicht diejenigen, die mein Volk in den Tod fuhren. Ich weiß nicht, was die anderen dachten, wenn diese Männer es sich bequem machten und sie sich mit ihren schweren Körpern (sie mussten schwer sein, so wie die Sprungfedern quietschten) aufs Bett plumpsen ließen. Doch wenn ihre großen Nagelschuhe auf den Boden trafen, dann fragte ich mich, ob diese angenehmen rauhen Stimmen tatsächlich den Männern gehörten, die die Züge nach Belzec und Auschwitz steuerten. Und wenn das so war, wie konnten sie dann auf den frischgewaschenen Laken der Becks liegen und so zufrieden lachen und stöhnen?

Wir taten unser Bestes, uns auf den Arbeitsrhythmus der Eisenbahner einzustellen und unser Leben entsprechend zu organisieren. Wenn sie das Haus verließen, sah Beck ihnen hinterher, bis sie außer Sichtweite waren. Dann klopfte er an die Tür, und wir legten sofort los. Patrontasch eilte nach oben, um unsere Eimer zu leeren. Julia reichte uns die Lebensmittel nach unten, und Mama begann zu kochen. Julia konnte unsere Bestellungen nur in den seltenen Momenten aufnehmen, in denen die Eisenbahner nicht da waren, so dass wir unsere Rationen auf ein absolutes Minimum reduzieren mussten. Morgens eine Tasse »Kaffee« und eine Scheibe Brot. Mittags wässrige Suppe. Und zum Abendessen eine Kartoffel von der Größe einer Walnuss.

Wie bei allem anderen, von dem ich gedacht hatte, wir würden uns nie daran gewöhnen, gewöhnten wir uns auch irgendwie an das Leben mit den Eisenbahnern. Lag es an unserem Willen oder unserer Widerstandsfähigkeit? Ich würde es nicht so nennen. Wir schafften es einfach, in jedem gegebenen Moment das Notwendige zu tun. Still zu sein, wenn die Männer oben waren, und alle notwendigen Dinge in den Stunden zu erledigen, in denen sie unterwegs waren. Trotz der unerträglichen Angst zu wissen, dass diese Nazis oben hockten, aß ich meine geliebten Kartoffeln und atmete weiterhin die übelriechende Luft ein. Ich hatte das Wort »übel riechend« in wer weiß wie vielen Romanen gelesen und konnte nun stolz behaupten, dass ich diesen Begriff endlich in all seiner ekelhaften Pracht verstand. Wir lebten weiter, von Mahlzeit zu Mahlzeit und von Tag zu Tag, bis wir entweder befreit oder getötet werden würden. Wenige Wochen zuvor hatten die anderen darüber diskutiert, ob wir uns das Leben nehmen sollten, doch jetzt, als wir vom schrittweisen Vormarsch der Russen hörten, keimte Hoffnung auf, dass es für uns vielleicht ein Leben nach dem Krieg gäbe.

Vor allem aber warteten wir sehnsüchtig auf Nachrichten

von Beck. Wenn die Russen ein paar Kilometer vorrückten oder gerade Szeptowka eingenommen hatten, eine Stadt auf dem Weg nach Lemberg, reichte die Hoffnung, um wieder ein paar Tage durchzustehen. Und als die deutsche Presse berichtete, die Russen würden von Riwne in Richtung Lemberg vordringen – Gott! Welche Freude! Lemberg! Zu hören, wie der Name Lemberg im Radio erwähnt wurde, ließ die Vorstellung von unserer Befreiung real erscheinen. Und als Beck uns erzählte, dass zehn deutsche Divisionen, insgesamt 200 000 Mann, in der Nähe des Dnjepr eingekreist und verloren seien, betete ich aus ganzem Herzen für eben die Russen, die meinen Großvater getötet hatten.

Auch die Nachrichten aus Zólkiew waren ermutigend. Julia erzählte uns, dass Pan Domrecki, einer der widerlichsten Kollaborateure, die Stadt verlassen wolle. Domrecki hatte für Zloty und Wodka nicht nur Dutzende Juden verraten, sondern auch die Polen, die ihnen Schutz gewährten. Er und die Schlägertypen, die er seine Freunde nannte, patrouillierten entlang der Eisenbahngleise und suchten nach Springern. Wenn sie einen Juden fanden, gaben sie vor, ihm helfen zu wollen, brachten ihn jedoch geradewegs zur SS. Später kamen sie zum Alkoholdepot, wo Beck arbeitete, und tauschten ihre Zettel gegen Blutwodka ein. Ich hätte am liebsten jeden Spießgesellen und Kollaborateur der Nazis in Stücke gerissen. Beck sagte, er kenne jeden Einzelnen dieser Typen. Wenn Domrecki und die anderen Scheißkerle sich davonmachten, war das sicherlich ein Anzeichen dafür, dass die Russen den Krieg gewannen. Diese Hoffnung stachelte uns an. Wir hatten uns von noch weniger ernährt, doch jetzt gab es gute Zeichen. Alles in allem änderte sich dadurch aber nichts in unserem Leben. Wir konnten nicht sehnsuchtsvoll in die Zukunft schauen, weil wir uns mit jeder Faser unseres Willens auf die jeweils zu erledigende Arbeit konzentrieren mussten.

Die Deportationen und Todesfälle nahmen kein Ende. Kein Wunder, dass wir alle durchdrehten. Mit unseren Gefühlen ging es auf und ab. Mama wurde jedes Mal ohnmächtig, wenn es an die Tür klopfte. Sie verlor die Besinnung, wenn Beck oder Julia wieder einmal von dem entsetzlichen Ende eines Freundes erzählten. War sie dann wieder zu sich gekommen, sagte sie: »Schreib, Clarutschka, schreib.« Wenn sie jeden Juden in Zólkiew umgebracht hatten, könnte wenigstens mein Tagebuch unsere Geschichte erzählen. Mama ließ Beck versprechen, dass meinem Tagebuch nichts geschehen würde. Sie brauchte nicht hinzuzufügen: »sollten wir sterben«. Wir verstanden es alle.

Hin und wieder schnappte Herr Patrontasch sich ein Stück Papier und schrieb alle möglichen Gleichungen und Zahlenkolonnen auf. Anschließend berichtete er uns, dass wir seit 31 536 000 Sekunden in unserem Versteck waren. Er hatte dann einen so zufriedenen Gesichtsausdruck, als habe er gerade den Sinn des Lebens entdeckt. Anschließend trug er die Zahl in ein kleines Buch ein. Lola schrieb von Zeit zu Zeit, zeigte uns aber nicht, was sie schrieb. Natürlich fragten wir nicht. Und die Frauen begannen, Rezepte auszutauschen, vor allem dann, wenn die Küchenschaben keinen einzigen Krümel mehr auf dem Boden gefunden hätten. Sie stritten sich darüber, ob für Nudelpudding schwarze oder goldene Rosinen besser seien. Oder wie man am besten einen luftig-leichten Rührkuchen machte. Und wie viel Melasse man für die weichen Rosinenkekse brauchte, die ich so gerne mochte. Die *Meshuggenah*, die verrückten Mädchen, machten uns andere völlig *meshugge*.

Schließlich hielt Papa es nicht mehr aus. »Wenn ihr *Balabustas*, ihr guten Hausfrauen, solche Genies am Ofen seid, warum backt ihr uns dann keinen Honigkuchen aus Kartoffelschalen?«

All diese Absurdität bedeutete eines: Wir lebten noch.

Ich sagte mir immer wieder, dass wir Glück hatten, selbst als draußen wochenlang Temperaturen von minus zwanzig Grad herrschten und die Eisenbahner nicht aus dem Haus gingen. Sie saßen einfach nur da, lasen die Zeitung und hörten Radio. Jede Sekunde ihrer arbeitsfreien Zeit wurde für uns zur Qual. Manchmal glaubte ich, sogar die Seiten rascheln zu hören, wenn sie umblätterten.

Herr Patrontasch konnte es nicht riskieren, nach oben zu gehen und die Toiletteneimer zu leeren, wenn die Eisenbahner da waren. Aber wenn er das nicht regelmäßig tat, würde der Gestank uns verraten. Beck schickte Ala mehrmals zu den Eisenbahnern ins Zimmer, damit sie ihnen Gesellschaft leistete und sie beschäftigt hielt. Ala stellte dann die Musik lauter, und Herr Beck klopfte an die Luke und stand Wache, während Patrontasch sich mit unseren Eimern barfuß durch den Flur zur Toilette schlich. In diesen Momenten hielten alle den Atem an. Das Ganze dauerte nur wenige Minuten, kam uns jedoch vor wie eine Ewigkeit.

Ich hatte nichts zu tun, außer dazusitzen und den ganzen Tag in einem Zustand ständiger Erwartung und Angst die anderen anzustarren. Es gab nichts Schlimmeres, als Stunde für Stunde, Tag für Tag, nur von Schlaf unterbrochen, dazusitzen.

Wir waren zu Tieren geworden. Unsere Haut war blasser als blass. Sie war grau, die Farbe schmutziger Laken, und wir hatten dunkle Ringe unter den hohlen Augen, selbst die Kinder. Wir waren *Dybbuks*, Geister der Toten, wenn die Eisenbahner auf der faulen Haut lagen und ihre Zeitungen lasen. Natürlich wussten sie nicht, was sie uns und den Becks antaten, dennoch hasste ich sie dafür. Das einzig Positive an ihrer Gegenwart war, dass die Becks so tun mussten, als ob in ihrer Ehe alles zum Besten stehe. Wenigstens das brachte ein wenig Frieden ins Haus.

Als es ein bisschen wärmer wurde, mussten die Eisenbahner endlich wieder arbeiten und fuhren ein paar Tage weg. Sie verließen das Haus, und es kam mir so vor, als hätte ich zum ersten Mal seit Wochen wieder ausgeatmet. Als Beck um sechs Uhr morgens von der Arbeit nach Hause kam, klopfte er an die Luke. Verzweifelt hoffte ich auf eine Aufgabe, die mich nach oben bringen würde. Beck bat Papa und Artek, in den Holzkeller zu gehen und Holz für den Ofen zu hacken, und Lola und mich, sein Zimmer zu putzen. Wir folgten den Männern nach oben und begannen mit unserer Arbeit. Nach Wochen und Wochen unten in unserem Kellerloch reichten der Anblick von Sonnenlicht, der durch die Vorhänge drang, ein frisch polierter Fußboden und der Duft frischer Luft, mich betrunken zu machen. Auch Beck schien mitgenommen zu sein. Er bat uns, den Ofen anzufeuern. Holz war so knapp, dass das Haus immer kalt war, aber jetzt wollte er Wärme! Beck brachte ein paar Pflanzen, die seine Schwägerin ihm geschenkt hatte, in sein Zimmer zurück. Julia hatte sie in der Hoffnung, die kalte Luft würde sie umbringen, in die Speisekammer verfrachtet.

Während die Männer im Keller Holz hackten, ging Klara zur Luke und bat Beck um einen Eimer Wasser. Wasser war so kostbar wie Essen oder Geld. Wir brauchten es, um aus den Kartoffeln eine Suppe zu kochen, und in dem Wasser, mit dem wir unsere Haare wuschen, weichten wir später unsere Kleidungsstücke ein. Kein Tropfen wurde verschwendet. Klara verbrauchte von uns allen am meisten Wasser und erbat sich immer welches von uns oder den Melmans. Herrn Beck um einen ganzen Eimer Wasser zu bitten war so, als hätte sie von ihm eine Million Dollar verlangt.

Dass Klara um Wasser bat, obwohl Julia im Haus war, muss ein Symptom für unseren kollektiven Wahnsinn an diesem Tag gewesen sein. Hatte ich überhaupt richtig gehört? Was hatte sie sich dabei gedacht? Das würde sicher einen heftigen Streit provozieren, ausgerechnet jetzt, wo zwischen den Becks alles so friedlich war. Ich wollte nicht von meiner Arbeit, den Ofen anzufeuern, aufschauen, konnte aber nicht anders. Und sah, dass Beck den Wassereimer holte.

Wie auf ein Stichwort kam Julia genau in dem Moment ins Zimmer, in dem Beck Klara den Wassereimer reichte. Sie musste auch gesehen haben, dass Beck die Pflanzen wieder ins Zimmer geholt hatte, denn sie schrie: »Kein Holz in den Ofen! Hört damit auf! Denkt ihr, ich verschwende Holz für die Pflanzen dieser Hure? Nicht einen Scheit in den Ofen!«

Beck brüllte uns zu, wir sollten sie ignorieren.

»Nicht einen Scheit! Hört ihr?«, wiederholte Julia.

Lola und ich sahen einander an. Wir wussten nicht, was wir tun und auf wen wir hören sollten. Julia schnappte sich Geschirr und warf es gegen die Wände und auf den Boden. »Nicht einen Scheit! Nicht einen Scheit!« Wieder und wieder. Die Verzweiflung in ihrer Stimme schien direkt aus ihrem Herzen zu kommen. Sie konnte Beck nicht ändern. Dies schien das Ende ihrer Beziehung zu sein. So groß unsere Angst auch war, mir brach das Herz angesichts des Schmerzes dieser Frau. Beck sagte kein Wort zu seiner Verteidigung. Julia hob die Blumentöpfe hoch und warf sie auf den Boden.

»MEINE BLUMEN!«, brüllte Beck, während er Julia mit der flachen Hand ins Gesicht schlug.

Blut floss von ihren Lippen. »Ich werde nie wieder in die Nähe dieser Luke gehen! Sie kann von mir aus verhungern. Sie können alle verhungern!«

In Julias Augen waren wir alle zu dieser anderen Frau geworden. Sie rannte in Alas Zimmer und knallte die Tür hinter sich zu. Wir hörten sie schluchzen. Dann der Türklopfer. Die Eisenbahner waren zurück. Beck gab uns schnell ein paar Kartoffeln, sagte, wir sollten nach unten gehen, und schloss die Luke. Wenige Minuten später verließ er das Haus. An jenem Tag kam er nicht mehr wieder, auch nachts nicht. Wir wussten – und Julia muss es auch gewusst haben –, dass er bei seiner Schwägerin war.

Ich kannte keine andere Frau, die so wie Julia bis an ihre Grenzen getrieben worden war. Ihre Charakterstärke war unglaublich, ihre Großzügigkeit grenzenlos. Ich wusste, dass Beck diese Eigenschaften an ihr liebte. Er hatte es uns so oft gesagt. Aber hatte er es auch zu Julia gesagt? Angesichts seiner Affären wären solche Worte allerdings nur ein weiterer Schlag ins Gesicht gewesen. Doch die Wahrheit war, dass er Julia liebte. Und sie liebte ihn.

Am nächsten Morgen klopfte Julia an die Luke, um uns Wasser zu geben, damit wir unsere Kartoffeln kochen konnten. Sie nahm auch unsere Lebensmittelbestellungen auf. An Klara verschwendete sie keinen Blick. Ich wusste nicht, womit wir diese Großzügigkeit verdient hatten, und betete zu Gott, diese Frau, die so viel für uns auf sich nahm, auf irgendeine Weise zu belohnen. Wir wussten nicht, was diesen Sinneswandel herbeigeführt hatte. Hatte sie Beck wieder verziehen, oder er ihr? Ich war mir allerdings sicher, dass sie ihn verlassen würde, wenn wir nicht wären. Solange wir da waren, saß sie in der Falle.

Irgendetwas musste zwischen ihnen passiert sein, denn nicht lange nach diesem Streit beschloss Julia, für Beck an seinem Namenstag ein großes Valentinsfest zu geben. Am Abend der Feier hörte ich die Eisenbahner, Dr. Lucynski, Lang, Schmidt, Krüger, den Polizisten Hans (der Ala mochte) und ein paar Stimmen, die ich nicht erkannte. Alle gratulierten Beck, als sie hereinkamen. Wodka wurde herumgereicht, die Musik spielte. Wir konnten einfach nur dasitzen und lauschen. Wenn oben gefeiert wurde, waren die Kinder normalerweise in meiner Nähe. Dieses Mal hatten sie jedoch gerade mit Klarunia gespielt, als die ersten Gäste eintrafen, und befanden sich auf der anderen Seite des Kellerverstecks bei den Patrontaschs. Solange Fremde oben waren, bewegte sich keiner von uns. Wir erstarrten. Kleine Untergrundstatuen.

Irgendwann wurde nicht mehr getanzt, und ich verstand jedes Wort der Unterhaltung. Lang sagte: »Gott steh uns bei, wenn der Krieg vorbei ist und die Juden sich rächen.« Ich konnte nicht glauben, dass er sich über so etwas Gedanken machte. Zumindest hatte er ein Gewissen.

Einer der Eisenbahner lachte. »Nicht wenn wir sie vorher erwischen.«

Etwas am Lachen dieses Mannes machte Zosia Angst. Sie begann zu weinen, erst leise, dann immer lauter. Und dann schrie sie richtig. Monatelang hatten wir ihr beigebracht, nur zu reden, wenn es unbedingt notwendig war. Und sie war inzwischen die Ruhigste von uns allen. Tagelang sagte sie kein Wort. Bat nicht um Essen oder Wasser oder darum, zur Toilette gehen zu dürfen. Nichts. Aber jetzt schrie sie so, wie nur eine völlig verängstigte Vierjährige schreien kann. Ich versuchte, sie zum Schweigen zu bringen, indem ich mir den Finger auf die Lippen legte. Wir alle taten das. Ich hatte zu viel Angst, zu ihr hinüberzugehen und sie in den Arm zu nehmen. Ich fürchtete mich sogar, ihr etwas Beruhigendes zuzuflüstern. Es war zu gefährlich, ihrem Weinen noch ein Geräusch hinzuzufügen. Ich sah sie an, gelähmt und starr vor Angst. Julias Schritte eilten zur Luke, und sie klopfte leise dagegen. Ihre Stimme war ein Flüstern: »Ich kann sie hören.« Etwas musste geschehen, sonst würden die Gäste uns sicher entdecken. Herr Patrontasch schnappte sich ein Kissen und hielt es Zosia übers Gesicht. Sie wehrte sich und zerkratzte Patrontasch die Hände, aber zumindest war das Geräusch jetzt gedämpft.

Oben unterhielt man sich zwanglos über den Krieg. Die Unterhaltung drehte sich um die Wetterbedingungen – war das Tauwetter gut oder schlecht? Würde es den Russen helfen? Oder den Deutschen? – und um die Züge voll deutscher Flüchtlinge, die von Osten her gekommen waren und am Bahnhof festgehalten wurden. Beck sagte, die Menschen seien halb verhungert, doch die SS habe sie nicht aus dem Zug gelassen. Währenddessen weinte Zosia noch immer unter ihrem Kissen. Nun ging es um den Gouverneur der Region Lemberg, der ermordet worden war. Beck meinte, der Mord sei das Werk jüdischer Partisanen gewesen. Hans witzelte: »Es müssen Juden gewesen sein. Es gibt keine polnischen oder volksdeutschen Partisanen, stimmt's Beck?« Alle brachen in brüllendes Gelächter aus.

Dann ergänzte Dr. Lucynski: »Vielleicht sind die Juden, die Valentin versteckt, Partisanen!« Es folgte ein langes Schweigen. Ich wartete darauf, dass Dr. Lucynski sagte, es sei ein Scherz gewesen. Doch das tat er nicht. Ich stellte mir vor, wie Beck ausgesehen haben musste, als er versuchte, möglichst unauffällig die Reaktion der Eisenbahner einzuschätzen. Die aber lachten nicht und ließen auch nicht erkennen, dass sie die Bemerkung für einen Witz hielten. Kein Lachen. Kein Kichern. Nur Stille. Es war nicht zu fassen, dass Dr. Lucynski, Becks angeblicher Freund, einen Witz machte, der Beck so belastete. Wusste er von uns? Ich konnte mir nicht vorstellen, dass Beck ihm oder sonst jemandem von uns erzählt hatte.

Als habe sich der Wind gedreht, begannen sie plötzlich darüber zu diskutieren, ob man der russischen oder der deutschen Propaganda glauben könne. Eroberten die Russen Leningrad zurück? Was war mit Churchills Rede, in der er gesagt hatte, die Bombardierung Deutschlands würde wegen der möglichen Besetzung der europäischen Atlantikküste verstärkt werden? Nur in einem Punkt waren die Männer sich einig: dass alle Politiker und Generäle Lügner waren. Es folgte Gelächter. Gott sei Dank. Lucynskis

274

Bemerkung schien der Stimmung keinen Abbruch getan zu haben. Ich betete, dass die Eisenbahner sie als schlechten Witz auffassten, der nur höfliches Schweigen verdient hatte.

Herr Melman griff nach einem Bonbon und steckte es unter das Kissen. Zosia zappelte nun nicht mehr. Ich entspannte mich ein wenig. Sie hatte aufgehört zu kämpfen und lag einfach still auf Patrontaschs Schoß, so als würde sie tief und friedlich schlafen. Das Bonbon hatte seine Wirkung getan. Patrontasch legte das Kissen beiseite. Selbst in dem schwachen Licht konnte ich sehen, dass Zosias Gesicht blau war. Sie hatte die Augen geschlossen, und ihr Brustkorb bewegte sich nicht mit jedem Atemzug auf und ab.

Mama kroch zu Zosia hinüber und begann, ihr die Brust zu reiben. Sie massierte sie heftig, schien sie eine Ewigkeit lang zu reiben, legte dann die Finger an Zosias Lippen und zog sie auseinander. »Zosia, Zosia, mach die Augen auf.« Zosia gehorchte Mama. Sie sah sie an und flüsterte: »Darf ich das Bonbon essen?« Das Bonbon war in ihrer Hand. Mama nahm sie in die Arme und half ihr, es auszuwickeln. Patrontasch hatte Zosia beinahe umgebracht, aber wer konnte ihm das verdenken? Ich war so froh, dass Zosia die Sache überstanden hatte. Ich war wie versteinert gewesen, konnte keinen Muskel bewegen. Nie wieder würde ich die Kleinen alleine lassen.

Es war eine eiskalte Nacht, und selbst hier unten hörte ich den Wind, der oben gegen die Fenster peitschte. Solange noch Wodka da war, sahen die Gäste keine Veranlassung, den Elementen zu trotzen. Gegen Morgen wurde es still im Haus. Ich war erschöpft und hoffte, bis weit nach Mittag schlafen zu können. Das versuchten wir alle, seit die Eisenbahner hier wohnten. Doch dann klopfte es unerwartet an die Luke. Herr Patrontasch schaltete das Licht ein. Es war Beck. Er kletterte zu uns nach unten und sagte, er müsse mit uns reden. Er hatte eine Flasche Wodka mitgebracht und schien beunruhigt zu sein. Es war nicht das erste Mal, dass er uns aufweckte, aber sonst hatte er das immer wegen guter Nachrichten im Radio getan. Dieses Mal schien er etwas auf dem Herzen zu haben.

Er goss den Männern Wodka ein, was irgendwie zu einem Ritual geworden war, und erzählte uns dann, Dr. Lucynski habe ihn am Abend zur Seite genommen und ihm gesagt, dass er mit einigen der Flüchtlinge in den Zügen gesprochen habe. Man würde sie nicht aus den Zügen lassen, weil die Nazis sie daran hindern wollten, irgendjemandem zu erzählen, was sie gesehen hatten. Die vorrückenden Russen töteten alle Volksdeutschen und Polen, die mit den Nazis kollaboriert hatten. Dr. Lucynski war davon überzeugt, dass die Juden nach Kriegsende aus Rache für ihre abgeschlachteten Mütter, Väter und Kinder so viele Polen umbringen würden, wie sie nur konnten. Beck hatte Angst. Papa und die anderen Männer versicherten ihm, sie würden dafür sorgen, dass ihm nichts geschah. Im Gegenzug ließ Beck uns wissen, dass er uns niemals im Stich lassen würde. Wir sollten uns keine Sorgen machen. Er würde bis zum Ende bei uns bleiben. Ich begriff, dass er sich nie Gedanken darüber gemacht hatte, welche Folgen unser Überleben für ihn haben könnte. Niemand hatte das. Wir hatten nur an uns selbst gedacht. Natürlich würden die Russen die Volksdeutschen und die Kollaborateure umbringen. Beck ließ den Männern die Flasche da und kroch zurück zur Luke. Bevor er wieder nach oben ging, sagte er: »Ich will Ihnen keine Mühe machen, hoffe aber, dass Sie etwas für mich tun.« Ich wusste, dass wir alles tun würden, worum er uns bat. Er brachte seine Bitte so höflich vor. Seine Stimme klang sanft. »Alles«, erwiderte Papa.

»Partisanenbanden, desertierende SS-Angehörige, Plünderer brechen in Häuser ein … Ich mache mir Sorgen um

Julia und Ala. Wenn die Eisenbahner nicht da sind, würden Sie dann so nett sein und nachts, wenn ich bei der Arbeit bin, die Luke auflassen?« Es heißt, dass es hier auf Erden keine Engel gibt. Doch wer das sagt, der hat Beck nicht gekannt. Mochte sein Gesicht auch von Alkohol und Erschöpfung gezeichnet sein, seine Augen strahlten Reinheit und Güte aus. Er sagte: »Ich kann es einfach nicht ertragen, am Tod anderer Menschen mit schuld zu sein.«

Es war eine einfache Erklärung, Worte, die uns am Leben hielten und dafür sorgten, dass Beck weitermachte, wenn der Mut ihn verließ und sein Glaube auf die Probe gestellt wurde. Wie viele Becks gab es, jetzt, wo draußen der Krieg tobte und Millionen Menschen, um zu überleben, alles, an das sie glaubten, aufs Spiel setzten? Die Becks hielten unser Leben in der Hand, und es gab niemanden auf der Welt, dem ich mehr vertraut hätte. In Augenblicken wie diesen spürte ich am stärksten, dass wir überleben würden. Noch nie hatte ich jemanden kennengelernt, der so war wie Beck. Mein Vater war ein guter Mann. Ebenso die anderen Männer in unserem Versteck. Aber ich wusste nicht, ob sie das hatten, was Beck hatte. Ich wusste nicht, ob Papa mein Leben aufs Spiel setzen würde, um einen Fremden zu retten. Wir waren für Beck Fremde gewesen, und jetzt fühlte es sich an, als wären wir seine Familie. Ich hatte vier Notizbücher vollgeschrieben, und von dem Bleistift, den Beck mir gegeben hatte, war nur noch ein Stummel übrig. Jedes Mal, wenn er mir ein neues Notizbuch schenkte, sagte er dasselbe: »Clarutschka, ich hoffe, dass du Gutes über mich schreibst.« Ich betete, dass ich überlebte, damit die Welt von seinem Mut und von seiner unendlichen Liebe erfuhr.

Sobald die Eisenbahner am nächsten Tag zum Mittagessen gegangen waren, begannen die Männer zu reden. Wir hatten alle kein Geld und keine Lebensmittel mehr. Das heißt: alle Familien außer den Steckels. Ich konnte mich nicht länger beherrschen. »Warum fragen wir sie nicht?«, wollte ich wieder von Papa wissen.

»Das können wir nicht. Es ist nicht unsere Art.«

Sie beschlossen, Beck zu bitten, ihnen zu helfen, und ihn dafür mit fünfundzwanzig Prozent an der Ölfabrik zu beteiligen. In seiner schönen Handschrift setzte Herr Patrontasch den Vertrag auf.

Als Beck später kam, die Luke öffnete und mich nach oben kommen ließ, um die Kartoffeln abzuwiegen, baten die Männer ihn um ein kurzes Gespräch. Herr Patrontasch erklärte, dass wir kein Geld mehr hätten und ihm nichts mehr für das Essen bezahlen könnten. Sie wollten ihn zu ihrem Geschäftspartner machen. Von all den verrückten Unterhaltungen, die ich in unserem Versteck gehört hatte, war dies wohl die verrückteste. Wer wusste schon, ob wir überleben würden? Wer wusste, ob es das Unternehmen nach dem Krieg noch gab? Wer wusste, ob die Fabrik nicht bombardiert werden würde oder alle Maschinen auf einen Zug verfrachtet und, je nachdem, wer den Krieg gewann, nach Westen oder Osten geschickt wurden? Möglicherweise war der Vertrag nicht einmal die Tinte wert, mit dem er geschrieben war. Mir war klar, dass Beck so wie ich wusste, von wie vielen Eventualitäten das Ganze abhing. Doch ich sah auch, wie sehr ihn das Angebot freute, als er jedem der Männer kräftig die Hand schüttelte.

Er ging nach oben und holte eine Flasche Wodka, um den Vertrag zu besiegeln. Immer wieder wurden Trinksprüche ausgebracht, all die traditionellen Trinksprüche, die die Polen so mochten und die bei keinem Fest fehlen durften. »Ich trinke, bis ich umfalle, und falle um, bis ich wieder aufstehe; ich stehe auf, um zu trinken, trinke, um weise zu werden.« – »Jeder Schuss ist ein Sargnagel – das wird ein toller Sarg werden.« – »Auf den Säufer, der nur halb so lange lebt, aber alles doppelt sieht.« – »Auf die Gesundheit unserer Frauen und Geliebten; auf dass sie sich nie begegnen« … und viele weitere.

Beck hob das Glas und sagte, an uns gerichtet: *Sto lat.* »Hundert Jahre.« Es war ein Trinkspruch, der normalerweise am Namenstag eines Mannes ausgebracht wurde. Und dann *na zdrowie.* »Auf Ihre Gesundheit.« Ich hatte diese Trinksprüche Dutzende Male gehört; so oft sentimental ausgesprochen, so oft beiläufig, so oft ohne nachzudenken. Aber Beck wünschte jedem von uns Gesundheit und ein langes Leben. In der Stille meines Herzens brachte ich ebenfalls einen Trinkspruch auf ihn aus. Ein langes Leben. Hundert Jahre.

13
Die SS zieht ein

Mittwoch, 1. März. Es ist schon März, der Winter ist vorbei, aber der Winter hat keine großen Veränderungen gebracht. Es regnet, es taut, das Militär kommt nicht von der Stelle. An der Front bewegt sich nichts. Wir sind von dem ständigen Alarm mit den Nerven am Ende. Jedes kleine Geräusch, das jemand hier unten macht, klingt wie Donner. Man kriegt Herzklopfen, wenn man das Essen auf dem Tisch austeilt, und um das Maß vollzumachen, gibt es noch die Angst vor dem Hunger. Fast niemand hat mehr Geld für März. Wenn wir mehr Geld hätten, bräuchten wir keine Kartoffeln zu kochen. Wir könnten Brot essen.

Wie bei allem anderen hielt Beck Wort. Wir hatten kein Geld mehr, und er bezahlte nun für unser Essen. Er verriet uns nicht, wie er an das Geld kam. Oder welche Risiken er und Julia eingingen. In seiner Stimme war keine Spur von Mitleid zu hören, nie. Wenn er nach unten kam, um uns zu erzählen, dass Finnland einen Waffenstillstand mit Russland geschlossen hatte, hätte er sich auch mit seinen Freunden in einer Kneipe befinden und bei einem Schnaps die Nachrichten des Tages diskutieren können. Oder wenn er wenige Stunden später gegen die Luke hämmerte und uns berichtete, dass es zwischen England und der Türkei wegen einer Angelegenheit, aus der niemand schlau wurde, eine

Auseinandersetzung gab, hätte er uns ebenso einen Bericht über die Olympiade von 1936 geben können. Er sorgte nicht nur für unser körperliches Überleben, sondern mit seinen Scherzen, Nachrichten, dem Alkohol und Klatsch, auch für unser moralisches und emotionales Überleben. Das Erstaunlichste war, dass er all dies so mühelos tat. Dieser bekennende Antisemit und Misanthrop, der jegliche Autorität verachtete, war der großzügigste Mensch, dem ich bis dahin begegnet war. Und seine Großzügigkeit war für ihn so natürlich, wie sich den nächsten Schnaps einzuschenken oder mit Klara oder der Witwe seines Bruders zu schlafen.

Papa, Herr Melman und Herr Patrontasch waren ihr Leben lang großzügig gewesen. Wohltätigkeit gehörte für sie zum Leben dazu. Sie erwähnten nie, wie viel sie zur Unterstützung der Schulen, der Waisenhäuser und der Hungrigen in Zólkiew gegeben oder wie viel Geld sie nach Palästina geschickt hatten. Ich wusste, dass Geben für sie so natürlich war wie Atmen und dass sie mit Leib und Seele daran glaubten, dass ein Mann für seine Familie sorgen sollte. Doch jetzt saßen wir hier, in diesem Keller, und waren völlig abhängig von Beck. Ich war noch ein Kind, doch auch die Erwachsenen waren wieder zu Kindern geworden. Wie wir alle war Papa nur noch ein Schatten seiner selbst. Seine Kleidung hing an ihm herab, als habe er sie vier Nummern zu groß im Müll gefunden, aber beschlossen, sie dennoch zu tragen. Wir gaben uns Mühe, uns so sauber wie möglich zu halten, doch jetzt, wo die Eisenbahner wie Könige direkt über uns lebten, konnten wir unsere Kleider nicht mehr so oft waschen. Sie waren ohnehin grau vom vielen Waschen, jetzt aber auch immer schmutzig. Und sosehr Papa meiner Mutter gegenüber immer wieder beteuerte, seine Kleidung sei ihm egal, wusste ich, dass er, auch wenn er kein bisschen eitel war, dennoch gern eine gut geschnittene Jacke und ein gestärktes Hemd trug. So regelmäßig, wie sie die Tage auf

Herrn Patrontaschs Kalender abstrichen, hatten die Männer zusätzliche Löcher in ihre Gürtel gemacht, und die um die Taille zusammengeschnürten Kleider warfen immer mehr Falten. Hatte ich einst Antworten in den Augen meines Vaters gelesen, sah ich jetzt nur noch Fragen. Und Papa litt mehr unter dem Verlust der Würde als unter dem Mangel an Essen. Uns war so viel genommen worden, dass nur noch wenig Vergangenes in der Gegenwart Bestand hatte.

Wir hatten Glück, dass eins der Dinge aus unserer Vergangenheit das Wasserklosett der Melmans war. Alle hatten gedacht, dass Herr Melman einen auf fein mache, als er es installieren ließ. Viele neidische Witze hatten in den Küchen und auf den Hintertreppen die Runde gemacht. Es hieß, die Melmans hätten sich selbst *Tam Genadyn* gegönnt ... eine Kostprobe des Paradieses. Beim Kartenspielen im Gemeindehaus erzählte man sich, Frau Melman hätte es unbedingt gewollt. Wie auch immer, es spielte keine Rolle mehr. Wir waren einfach nur dankbar, dass Julia nicht mit einem Eimer nach dem anderen zu einem Seitengebäude im Hof laufen musste, was die Nachbarn sicher auf unsere Anwesenheit aufmerksam gemacht hätte. Während die Russen in Matsch und Schnee gegen die Nazis kämpften und ganz langsam nach Lemberg vorrückten und die Alliierten sich den italienischen Stiefel hoch arbeiteten, bestand unser Krieg im Leeren unserer Toiletteneimer. Nie wurden Spionageeinsätze mit größerer militärischer Präzision durchgeführt. Wenn die Eisenbahner jedoch tagelang das Haus nicht verließen, litten wir. Es war eine Tortur, stundenlang nicht die Blase und den Darm leeren zu können. Die Notdurft der Kinder, die auf die Erde machen durften, vergruben wir.

Eines Abends gingen die Eisenbahner ins Kino. Sobald sie aus dem Haus waren, klopfte Beck an die Luke, damit Patrontasch nach oben laufen und die Eimer leeren konnte. Wir warteten alle darauf, dass er mit den leeren Eimern zurückkam, damit wir sie, die Kinder zuerst, wieder benutzen konnten. Aber irgendetwas stimmte nicht. Herr Patrontasch kam nicht zurück. Im Gegensatz zu sonst war er schon eine halbe Stunde weg. Plötzlich erschien sein Kopf in der Öffnung. »Irgendetwas stimmt mit der Toilette nicht. Das *farshtinkener* Ding ist verstopft. Es fließt nicht mehr ab. Ich habe den Arm bis zum Ellenbogen reingesteckt, aber nichts bewegt sich!«

Da es Herrn Melmans Toilette war, ging der, auch wenn er kein Fachmann war, nach oben, um Herrn Patrontasch zu helfen. Während die beiden versuchten, die Toilette zu reparieren, trug Julia zwei schwere Eimer in den Hinterhof. Ich wusste, dass sie schon viele Nachttöpfe ausgeleert hatte, und ich bin mir sicher, dass es ihr nicht so viel ausmachte wie mir, unsere Eimer nach draußen zu tragen. Es gehörte ganz einfach zu den vielen Dingen, die sie für uns tat. Als sie uns die Eimer wieder nach unten reichte, waren ihre Wangen gerötet und die Hände wund vor Kälte. Sie war ohne Mantel nach draußen gerannt, hatte aber trotzdem ein Lächeln für uns.

Wenige Minuten später kamen Herr Patrontasch und Herr Melman mit betretenen Gesichtern nach unten. Sie waren zu dem Schluss gekommen, dass der Klärbehälter voll war. Das musste daran liegen, dass mehr als zwanzig Menschen ihn im vergangenen Jahr benutzt hatten. Jetzt blieb uns keine andere Wahl, als unsere Eimer im Seitengebäude zu leeren. Julia sagte, wir sollten uns keine Sorgen machen. Doch jetzt, wo die Eisenbahner oben wohnten und Becks Freunde sowie Alas Freund Adolph, der gerade von seinem Heimaturlaub zurück war, ständig ein und aus gingen, konnten die Eimer unser Todesurteil sein. Wenn sie nicht geleert wurden, würde der Gestank nach oben ziehen. Julia roch es, wenn die Eimer voll waren, und holte sie dann immer so bald wie möglich. Doch wenn sie dabei von den

Eisenbahnern, der Polizei, den Blaumänteln oder irgendeinem der Polen, die sich ihren Lebensunterhalt damit verdienten, Juden anzuzeigen, gesehen wurde, waren wir tot.

Wir hatten gerade die Eimer geleert und die Luke geschlossen, als es an der Tür klopfte. Ich dachte, die Eisenbahner seien aus dem Kino zurück. Ich würde sie sicher mit Beck, Julia und Ala über den Film reden hören und freute mich auf die Unterhaltung. Näher würde ich einem Kino vielleicht niemals kommen. Doch statt ihrer Stimmen und ihrer vertrauten schweren Schritte, hörte ich eine andere Stimme, jemanden, der ein hektisches, gutturales, kraftvolles Deutsch sprach. Ich verstand nicht, was er sagte, und geriet in Panik. Das war die Durchsuchung, vor der wir alle so große Angst gehabt hatten. Ich begann, zu dem Gott zu beten, der Zygush und Zosia zu uns gebracht hatte, nicht zu dem, der es zuließ, dass alle Juden in Zólkiew ermordet wurden. Ich hielt die Hände der Kinder. Ich schaute hoch zur Decke unseres Kellerverstecks, als sei dort oben der Himmel und als würde Gott mir sagen, ob ich weiterleben oder sterben würde. Egal wie oft ich dem Tod ins Auge sah, die Angst ließ nie nach. Im Gegenteil, sie wurde schlimmer, weil ich wusste, dass wir, wo sich so viele Kräfte gegen uns verschworen hatten, nicht Tag für Tag für Tag bis zum Ende des Kriegs Glück haben würden. Ich zählte sechs Paar Stiefel und hörte, wie Beck sagte, sie müssten bei den Eisenbahnern schlafen und wie sie ihre Sachen hereinbrachten. Es waren Soldaten, das war mir klar. Kurze Zeit später gingen sie wieder, und Beck klopfte an die Luke.

Sein Gesichtsausdruck war mir völlig fremd. Diese sechs Männer waren keine Soldaten. »Sie gehören zur SS«, sagte Beck, »und ich weiß nicht, wie lange sie bleiben. Sie haben mir erzählt, dass ihr Wagen kaputtgegangen ist und dass sie auf Ersatzteile warten müssen.« Sosehr ich auch versuchte, einen eisernen Willen zu entwickeln, mit dessen Hilfe ich jedem neuen Schrecken entgegentreten konnte, so genau wusste ich doch, dass dies das Ende war. Beck sah so aus, als wüsste er es auch. Keiner von uns sagte ein Wort. Wir würden die Tatsache, dass die SS sich nur Zentimeter über unseren Köpfen befand, als eine schreckliche tödliche Ironie des Lebens akzeptieren müssen. Es gab nichts, was wir hätten tun können. Nichts, was zu unserem Überleben beitrug, außer so weiterzumachen wie bisher, während wir auf den Tod warteten.

Aber Beck hatte noch mehr zu berichten. Im Wald, in dem ein Jahr zuvor alle Juden von Zólkiew erschossen und begraben worden waren, hatte man vier Bauern ermordet. Ein weiterer hatte überlebt und berichtet, die Juden Hecht, Hochner, Klein und Fern seien die Mörder. Ich wusste, dass die Familie Fern nach Russland geflüchtet war. Sosehr ich auch die Auswirkungen dieses Vorfalls fürchtete, wünschte ich mir doch, dass es stimmte, was Beck da gehört hatte. Ich freute mich über jeden Juden, der noch lebte. Es war mir egal, wie viele Kollaborateure die Juden umbrachten, solange sie es waren, die die Morde begingen. Der Tod der Männer, die sie umbrachten, würde das, was man uns angetan hatte, nicht aufwiegen, nicht im Geringsten.

Beck erzählte uns auch, dass die Menschen zunehmend den Vormarsch der Russen fürchteten und jüdische Partisanen bei der Einnahme des nur wenige hundert Kilometer von Brody entfernt gelegenen Dubno an der Seite der Russen gekämpft hatten. Jeder, der den Deutschen auch nur ein Glas Wasser gegeben hatte, fürchtete die Russen. Papa versicherte Beck erneut, er werde es, wenn wir befreit würden, nie zulassen, dass man ihm oder seiner Familie auch nur ein Haar krümmte. Doch Beck wusste, dass Papas Worte nur Ausdruck seiner Gefühle, seiner Hoffnung waren. Denn wir mochten noch so sehr um das Leben der Becks flehen, wenn die Russen sie erschießen wollten, würden sie das tun und sich dann den nächsten Volksdeutschen und Kollaborateur vorknöpfen.

Anschließend sprachen Papa und die anderen Männer mit Beck über die neue Logistik angesichts der veränderten Wohnsituation. Beck gab uns einen dritten Eimer, was hieß, dass die Eimer nur einmal am Tag geleert werden mussten. Das Problem war, wie und wann dies geschehen sollte. Wenn die Männer von der SS mitbekamen, dass Julia einen Eimer hinaustrug, würden sie wissen, dass Juden im Haus versteckt waren. Melman musste erneut versuchen, die Toilette zu reparieren. Beck würde in der Zwischenzeit Schmiere stehen.

Ich hatte für so viele Dinge gebetet. Für unser Leben. Für Uchka. Für Mama, als sie Uchka pflegte. Für Zygush und Zosia. Und für meine geliebte Schwester. Jetzt bat ich Gott, unsere Toilette zu reparieren. Während Melman oben arbeitete, kam Julia mit zweihundert Gramm Schweineschmalz und Brot zurück. Mama hatte ihr, als es ein bisschen wärmer geworden war, einen Teil von unserem Bettzeug gegeben, damit sie es für uns verkaufen konnte. Schweineschmalz! Fett! Ich wusste nicht, wo sie das Schmalz herhatte, aber sie lächelte breit, als sie es uns reichte. Ich konnte nur noch an Fett denken, auch wenn die SS-Männer jeden Moment zurückkommen und über unseren Köpfen wohnen würden. Mama begann, Kartoffeln klein zu schneiden und zu kochen. Es würde Kartoffelbrei geben! Während die Kartoffeln kochten, kam Herr Melman mit guten Nachrichten nach unten. Er hatte die Toilette repariert! Sie war verstopft gewesen. Seine Frau küsste ihn – zum ersten Mal seit Monaten. Dann richtete ich meine Aufmerksamkeit wieder auf das Schweineschmalz, das ich dick aufs Brot und auf den Kartoffelbrei schmierte. Zygush und Zosia konnten gar nicht schnell genug essen. Es war das schönste Fest meines Lebens.

Während wir aßen, beschlossen die Männer, dass einer

von uns immer in dem Teil des Bunkers, der sich unter dem Badezimmer befand, »Wache schieben« musste. Wenn jemand oben im Badezimmer war, konnte er uns hier unten beinahe ausatmen hören. Die Wache würde uns sofort ein Zeichen geben, leise zu sein. Derjenige, der nachts wegen der Schnarcher Wache hielt, musste auch unter dem Badezimmer Wache stehen. Ich meldete mich freiwillig. Als wir abends unseren Kartoffelbrei genossen, fragte ich mich, ob ich völlig den Verstand verloren hatte. Ich fand es nämlich inzwischen gar nicht so schlecht, die SS über unseren Köpfen zu haben. Die drei Becks, die beiden Eisenbahner, die sechs SS-Angehörigen und Alas Freund Adolph würden so viel Krach machen, dass uns sicher keiner hören konnte. Und während Julia uns Schweineschmalz gekauft hatte, war Beck irgendwo auf eine Fundgrube für Bücher gestoßen. Er suchte ständig nach Geschenken für uns. Lola, Artek und ich lasen unglaublich gerne und verschlangen die Bücher geradezu. Wir reichten sie einander so schnell weiter, wie andere sich mit Erkältungen anstecken. Vielleicht waren die Wege Gottes ja wirklich seltsam. Mit meinen Kartoffeln und meinem Buch fühlte ich mich entspannter, als ich es seit Monaten gewesen war.

Doch dann fielen mir unsere mit Stroh gefüllten Matratzen ins Auge, und mir wurde klar, dass wir bald neue Gäste haben würden. Millionen Gäste. Wenn wir das Stroh nicht wechselten, bevor es wärmer wurde, würden aus all den Flohciern Junge schlüpfen. Andererseits hoffte ich wiederum, dass wir lange genug leben würden, um von den Flöhen und ihren Kumpanen, den Wanzen, gequält zu werden.

Ich fühlte mich seltsam und einsam, als ich im Dunkeln dasaß, wach zu bleiben versuchte und dem Atmen der anderen lauschte. Kuba Patrontasch schnarchte am schlimmsten. Jedes Mal, wenn ich Wache schob, musste ich ihn aufwecken. Ich fragte mich, wie er überhaupt Schlaf bekam. Am liebsten lauschte ich Zygush und Zosia, ihr leises, schnelles Atmen war beruhigend. Seit Uchka tot war und Mama von Zeit zu Zeit Gott weiß wohin abdriftete, fühlte ich mich wie ihre Mutter und lauschte ihrem Atem mit den Ohren einer Mutter. Ich hatte gerne Wachdienst, wachte gerne über die Kinder. Jede kleine Sache, die uns zu überleben half, machte mich stärker, egal wie sehr sie mich erschöpfte.

Arme Zosia. Schlafend war sie lauter, als wenn sie wach war. Nach dem Vorfall mit dem Kissen hatte sie Angst, auch nur ein Wort zu sagen, ja sogar zu flüstern. Am meisten fürchtete sie jedoch den Lärm, den sie machte, wenn sie zur Toilette ging. Sie presste lieber ihre kleinen Hände zwischen die Beine, um nicht auf den Eimer zu müssen, statt geräuschvoll dort hineinzumachen. Deswegen fragte ich sie jetzt jeden Abend, bevor sie schlafen ging: »Musst du mal?« Dann flüsterte sie mir ins Ohr: »Vielleicht.« Und ich sagte: »Warum versuchst du es nicht? Sollen wir zusammen gehen?« Ich nahm ihre Hand, und wir krochen zusammen in den Bereich, den wir scherzhaft den »Park« nannten. Dann ging ich zuerst auf den Eimer, um ihr zu zeigen, dass das in Ordnung war.

Alle im Haus schliefen jetzt, mit Ausnahme der Becks. Ich hörte die Eisenbahner und die SS-Leute schnarchen. Ich konnte sie sogar atmen hören. Es war ein Wunder, dass in all den Monaten niemand uns gehört hatte. Beck flüsterte Julia zu: »In Deutschland gibt es keine Juden mehr. Adolph hat es mir erzählt. Er sagt, die Nazis wollen alle Volksdeutschen nach Deutschland zum Arbeiten schicken … ob es uns gefällt oder nicht.« Ich verstand nicht, was Julia antwortete. Dann war es ruhig. Wenn die Nazis die Becks nach Deutschland schickten, waren wir tot.

Als Mama und Papa morgens aufwachten, musste ich es ihnen sagen. Mama schnappte nach Luft und wurde ohnmächtig. Ich holte ein feuchtes Tuch, um sie wiederzubeleben. Wenn sie die Augen öffnete, sah sie immer so aus, als würde es sie überraschen, hier im Keller zu sich zu kommen. Und dann schämte sie sich, als sei die Frau, die von Zeit zu Zeit ohnmächtig wurde, nicht sie selbst, sondern eine lästige Verwandte, die nur eine Nacht bei uns hatte bleiben wollen, aber nie wieder gegangen war.

Als die SS-Männer und die Eisenbahner an diesem Tag weggingen, berichtete Beck uns nicht von der Repatriierung der Volksdeutschen. Er sagte aber, er habe eine beunruhigende Unterhaltung mit Adolph gehabt, der davon überzeugt sei, dass unsere SS-Leute Deserteure wären. Die Vorstellung, dass SS-Marodeure und Mörder im Zimmer neben seiner Frau und Tochter schliefen, machte Beck Angst. Nie zuvor hatte ich ihn so verängstigt gesehen. Ich ärgerte mich, dass ich ihm nicht helfen konnte, so wie er uns half. Er bat die Männer, darauf achtzugeben, ob die SS-Leute sich an Ala und Julia ranmachten, wenn er bei der Arbeit war. Natürlich versprachen sie es. Sie hatten bereits versprochen, auf Ala und Julia aufzupassen, wenn Beck und die Eisenbahner weg waren. Aber was konnten sie jetzt, wo die SS da war, wohl tun, außer mit Ala und Julia zu sterben? Beck schien irgendwie beruhigt und sagte, er werde jetzt bei den Partisanen ein Gewehr für uns holen. Wir wussten, dass er Beziehungen zu den Partisanen hatte. Er sagte uns zwar nie, wer sie waren und inwieweit er in ihre Aktivitäten verstrickt war, aber ich hatte den Verdacht, dass sie wichtige Funktionen innehatten. Beck hatte Zugang zu so vielen nützlichen Informationen.

Und dann schickte er noch eine gute Nachricht hinterher. Die Russen standen nur fünfundzwanzig Kilometer vor Zbaraz, das in Galizien lag. Unserem Galizien. Patrontasch nahm seine Karte heraus, auf der er den Vormarsch der Russen verzeichnete, und ließ uns, um unsere Stimmung zu heben, alle einen Blick darauf werfen.

Zbaraz lag weniger als hundertfünfzig Kilometer von Zólkiew entfernt. Ich liebte Zbaraz. Mein Lieblingsbuch von Sienkiewicz, *Mit Feuer und Schwert,* spielte in Zbaraz, und das dortige Schloss gehörte zu den berühmtesten in Galizien. Sienkiewicz hatte das Buch geschrieben, um dem polnischen Volk nach dem gescheiterten Januar-Aufstand gegen den Zaren im Jahr 1863 Mut zuzusprechen. Noch immer ermutigte es die Polen, für ihre Freiheit zu kämpfen. Das Buch hatte mich begeistert, und ich war so stolz gewesen, ein polnisches Mädchen zu sein. Jetzt war der Grund meiner Freude aber keine literarische Nostalgie. Zbaraz lag an der Straße nach Tarnopol, nur 125 Kilometer von Lemberg entfernt. Herr Patrontasch deutete auf einen Halbkreis, den er auf der Karte um Lemberg gezogen hatte, und sagte, dass wir, wenn die Russen nur noch fünfunddreißig Kilometer entfernt wären, die Musik ihrer Artillerie würden hören können.

Ich wollte mir die Karte genauer ansehen, doch die SS-Leute kamen gerade nach Hause, und Beck schlüpfte schnell wieder nach oben. Wir feierten schweigend, jeder von uns mit mehr Hoffnung erfüllt als seit Monaten. Solange ich nur befreit werden würde, war es mir egal, ob ich kurz vor dem Hungertod stand. In diesem Moment dachten wir alle nur das eine: Tarnopol!

Die SS-Leute brachten niemanden im Schlaf um und blieben sechs Tage. Am siebten Tag zogen sie, kurz nachdem die Russen Tarnopol eingenommen hatten, wieder weiter. Das Ersatzteil für ihren Wagen war eingetroffen. Sie verabschiedeten sich von den Becks und fuhren los.

Die SS war zwar weg, doch die Eisenbahner schienen in ihren Betten Wurzeln zu schlagen. Schon tagelang hatte es keine Arbeit für sie gegeben. Sie gingen jetzt auch kaum noch aus und blieben unter sich. Herr Patrontasch konnte die Eimer nur leeren, wenn sie schliefen. Julia blieb auf und wartete so lange, bis sie ganz sicher war, dass die Eisenbahner eingeschlafen waren, oder stand, wenn die Männer so wie am Abend zuvor fast die ganze Nacht tranken und morgens später wach wurden, in aller Herrgottsfrühe auf.

Wir waren alle früh aufgestanden und warteten auf sie. Keiner von uns konnte schlafen, weil uns Magenkrämpfe quälten. Ich hörte auf dem Fußboden über uns ihre Schritte, obwohl ihre Füße in Pantoffeln steckten und sie gelernt hatte, fast geräuschlos zu laufen. Dann war ihr leises Klopfen an der Luke zu hören … Patrontasch öffnete sie mit der Vorsicht eines Chirurgen. Die arme Julia musste sich auf den Boden legen, um mit uns zu sprechen, weil ihr das Knien zu weh tat und sie wegen der Arthritis kaum zu uns hineinkriechen konnte. Ihre Stimme war ein ängstliches Flüstern: »Sie schlafen alle.« Ich beobachtete Julia, während sie sich wieder vom Boden hochrappelte. Patrontasch schlüpfte in Socken nach oben, die Lola immer wieder gestopft hatte und die wie eine Flickendecke aussahen. Melman hielt einen der Eimer in der Hand, bereit, ihn Patrontasch zu reichen, und beobachtete, wie Patrontasch auf das Signal wartete. Julia war zur Schlafzimmertür gegangen, öffnete sie, sah hinaus und nickte Patrontasch zu. Der eilte aus dem Schlafzimmer und durch den Flur zum Bad. Wir hörten die Wasserspülung, und einen Moment später kam Patrontasch schnell wieder ins Schlafzimmer, reichte den leeren Eimer nach unten und nahm von Melman den anderen vollen Eimer entgegen. Julia, die an der Tür Wache hielt, winkte ihm mit einem krummen, arthritischen Finger. Patrontasch schlüpfte in den Flur, wieder war die Wasserspülung zu hören, und er huschte ins Schlafzimmer zurück. In seiner Eile und vor lauter Erleichterung hatte er vergessen, die Tür hinter sich zu schließen.

Die Wasserspülung erinnerte offensichtlich einen der

291

noch betrunkenen Eisenbahner daran, dass auch er die Toilette benutzen musste. Auf seinem Weg zum Badezimmer kam er am Schlafzimmer vorbei – und starrte Patrontasch, der mit dem Eimer in der Hand neben der hinter dem Bett verborgenen Luke stand, direkt an. Er betrachtete ihn neugierig und ging dann weiter zum Badezimmer. Wieso er einfach weiterging, ohne den Fremden zur Rede zu stellen, weiß ich bis heute nicht.

Patrontasch sprang schnell in den Bunker und schloss die Luke. Er wandte sich an uns alle: »Einer der Eisenbahner, er hat mich gesehen.« Die Kinder schliefen noch, doch wir übrigen waren wie vom Blitz getroffen. So also würde unsere Welt enden. Nachdem wir so oft gerade noch mal Glück gehabt hatten, nach all den Todesfällen, der Trauer, dem Leid und dem Hunger würde uns nun unser eigener Abfall das Leben kosten.

Oben war bereits die Hölle los. Es schien, als liefen Dutzende Füße hin und her und suchten jeden Zentimeter des Hauses ab. Unten in unserem Versteck umarmten die Familien einander, gaben jedoch acht, die schlafenden Kinder nicht zu stören. Artek packte Lola. Sogar Steckel nahm die Hand seiner Frau. Mein armer Vater hielt meine Mutter, als wir über uns – so als würde sich alles in unseren Köpfen abspielen – den Eisenbahner schreien hörten: »Ich schwöre, ich habe ihn gesehen! Hier im Schlafzimmer!«, wobei er auf die Stelle zeigte, an der Patrontasch gestanden hatte.

In der Dunkelheit, die nur von einer Kerze erhellt wurde, formte mein Vater wieder und wieder stumm die Worte: »Sagen Sie einfach, es war ein Besucher. Sagen Sie einfach, es war ein Besucher. Ein Besucher. Ein Besucher …«, bis ich die lautlosen Wörter in der Stille hören konnte.

Julia sagte: »Ein Dieb – es muss ein Dieb gewesen sein.« Ein Dieb! Warum sagte sie »ein Dieb«? Ich wusste, dass die Eisenbahner zur Polizei rennen und das Haus im Handumdrehen auf den Kopf gestellt würde. Ich hörte, wie Julia zum Schrank lief.

Sie öffnete die Schranktür. Ich hatte schon wer weiß wie oft gehört, wie dieser Schrank mit einem Knarren auf- und wieder zuging, doch an diesem Tag klang dieses Geräusch lauter als eine Bombe. Wir hörten, wie Julia ihre Kleider beiseiteschob und wie dann direkt über unseren Köpfen Schachteln auf den Boden fielen.

Julia war beinahe hysterisch. »Ich hatte silberne Kerzenhalter. Aus meiner Mitgift. Ich hatte sie im Kleiderschrank versteckt.« Der andere Eisenbahner kam jetzt ins Zimmer, ließ sich auf den Boden sinken und sagte mit Sarkasmus in der Stimme: »Natürlich Diebe. Aber hier ist keiner unter dem Bett.« An seinen Schritten erkannte ich, dass Julia den Teppich nicht wieder über die Luke gelegt hatte. Der Eisenbahner war direkt über mir. Er musste über der Luke gelegen haben, als er unter das Bett schaute.

Der erste Eisenbahner deutete wohl noch immer auf die Stelle direkt über der Luke, wo er Patrontasch gesehen hatte. »Ich schwöre, ich habe ihn gesehen. Er stand genau hier. Er war klein. Dunkles Haar. Dunkle Augen. Trug nur Unterwäsche.«

Ich sah Patrontasch an. Wir alle sahen Patrontasch an. Der Eisenbahner beschrieb ihn genau. Ich hörte, wie die Männer auf den Schrank zugingen, dann den Raum verließen und überall suchten. Ich hörte, wie Türen geöffnet und wieder geschlossen wurden. Schränke geöffnet und wieder geschlossen wurden. Julia und Ala folgten den Männern und wurden immer wieder gefragt, ob etwas fehlte. Wir folgten ihnen ebenfalls, mit den Augen an der Decke. Zygush wurde wach und wollte etwas sagen, doch ein Blick von mir ließ ihn sofort verstummen. Er sah, dass wir alle Todesangst hatten, war selbst jedoch stoisch wie immer. Zosia wachte ebenfalls auf, blieb aber ruhig.

Julia änderte ihre Taktik. »Vielleicht war es ein Partisan.«

»Wer immer es war, er ist nicht mehr da«, erwiderte der Eisenbahner.

Julia gab ihr Bestes. »Das Fenster war auf. Er hat Sie wahrscheinlich gesehen und ist aus dem Fenster gesprungen.«

Ich hatte nur den einen Gedanken: *Fünfzehn Monate in diesem Loch. Und jetzt sollen wir sterben, wo doch die Russen vor Tarnopol stehen!*

Ala, die liebe, schlaue Ala, lachte. »Mama, ich glaube, wenn wir ganz lieb zu Papa sind, kauft er uns neue Kerzenhalter. Er weiß, wie sehr du sie mochtest. Mama ist ganz versessen auf diese Kerzenhalter, dabei benutzt sie sie nie.«

Die beiden Eisenbahner lachten, aber einer von ihnen zog dennoch los, um die Polizei zu holen. Wir warteten und warteten. Schweigend. Ich wollte mich von Mama und Papa verabschieden. Ich wusste, dass ich ihnen vielleicht zum letzten Mal sagen konnte, wie sehr ich sie liebte. Ich wollte den Kindern sagen, dass wir bald alle bei Uchka sein würden. Doch ich konnte von niemandem Abschied nehmen. Als der Eisenbahner zurückkam, wurde er von mehreren Polizisten begleitet, die alle die Becks kannten. Seit Lucynski vor wenigen Wochen seinen Verdacht wegen der Juden im Haus der Becks geäußert hatte, wurde ich das Gefühl nicht los, dass die Eisenbahner irgendwie argwöhnisch waren, obwohl sich an ihrem Verhalten oder ihrem Umgangston nichts geändert hatte. Ich konnte einfach die Angst, die mir der ständige Terror einflößte, nicht mehr kontrollieren. Als die Polizisten das Haus durchsuchten, war ich dankbar, dass sie über Diebe und nicht über Juden sprachen. Schließlich unterhielten sie sich über ein harmloses Thema. Ich hörte einen der Eisenbahner lachen. »Selbst wenn ich einen Revolver gehabt hätte, hätte ich den Dieb nicht erschossen, auch nicht wenn er ein Jude gewesen wäre.« Obwohl ich nicht in das nun folgende Lachen einstimmen konnte, war ich doch einen Moment lang dankbar für die augenscheinliche Anständigkeit dieses Mannes, dessen Gesicht ich nie gesehen hatte. Ala lud die Polizisten zum Tee ein, doch nach wenigen Minuten verließen sie das Haus.

Wieder einmal hatten wir überlebt. Und Beck hatte auch diesmal recht: Seine Freundschaft mit der deutschen Polizei zahlte sich aus in den Tagen und Wochen und Monaten, um die sich unser Leben immer wieder verlängerte. Die Eisenbahner gingen aus, und wir konnten unsere Kartoffeln schälen und die Eimer leeren. Ich konnte den Kindern sogar beim Lernen helfen. Als Beck später nach Hause kam und feststellte, dass die Eisenbahner noch unterwegs waren, klopfte er an die Luke. Statt in Panik zu geraten und sich um sein eigenes Überleben zu sorgen, versuchte er, uns zu beruhigen: »Sie brauchen sich um die beiden keine Sorgen zu machen. Die sind in Ordnung.« Und statt Patrontasch Vorwürfe zu machen, dass er vergessen hatte, die Schlafzimmertür zu schließen, versprach er: »Sie wissen, dass ich Sie nie im Stich lassen werde. Ich werde mit Ihnen sterben. Ihr Schicksal ist mein Schicksal. Und lassen Sie mich Ihnen erzählen, was Ala getan hat.« Seine Augen leuchteten, wenn er über sie sprach. »Sie hat Hans von der Arbeit aus angerufen – Sie wissen schon, den Polizisten, der völlig in sie vernarrt ist –, ihm von dem Diebstahl erzählt und gesagt, die Eisenbahner hätten den Verdacht geäußert, es seien Juden im Haus. Können Sie sich das vorstellen? Wie gerissen sie ist. Und wissen Sie, was Hans gesagt hat? Das ist überhaupt das Beste!« Wir warteten auf die Pointe. »›Juden in eurem Haus?‹, hat er zu Ala gesagt. ›Diese Eisenbahner sind verrückt. Juden bei den Becks! Ich wohne praktisch bei euch. So was! Manche Leute sehen überall Juden.‹«

Das war Hans, der damit prahlte, wie viele Juden er umgebracht hatte. Ich weiß nicht, wie Ala und Beck das schafften. Aber in fast fünfzehn Monaten verloren sie in Gegenwart der Deutschen nie den Kopf. Nicht ein einziges Mal.

Dann sagte er: »Sie sollten sich wirklich keine Sorgen machen. Beck hat Glück. Beck hat immer Glück.« Und zum Beweis dafür pfiff er ein paar Takte von »Ende gut, alles gut«.

Vielleicht hatte Beck recht. Vielleicht traf »Ende gut, alles gut« ja wirklich zu. Denn das nächste Mal kam er, um uns zu berichten, dass die Russen achtzig Kilometer vor Lemberg standen. Zwei Stunden mit dem Wagen, das war alles! Wir waren überglücklich und umarmten einander. Das Ende war nahe. Becks durchdringende blaue Augen verrieten immer seine Gefühle, noch bevor er ein Wort sagte. Entweder sie hatten die Wärme eines Sommerhimmels, oder sie waren kalt wie Eis und nach innen gerichtet. An diesem Tag sah ich, dass die Verpflichtung, die er uns gegenüber eingegangen war, ihm das Herz zerriss. Er berichtete, dass Ala nach Krakau versetzt worden war und Julia mit ihr gehen wollte.

Papa und Herr Patrontasch versuchten mit allen Mitteln, ihn davon zu überzeugen, dass alles in Ordnung kommen würde. Sie versicherten ihm sogar, dass jeder von uns für ihn und seine Familie ohne zu zögern sein Leben hingeben würde. Das stimmte. Ich wusste, dass ich es tun würde. Beck sagte lange Zeit nichts. Dass er uns nicht ins Gesicht lachte, war nur ein weiteres Beispiel seiner Anständigkeit. Er schaute einfach nur in die Runde und betrachtete seine jämmerliche Armee. »Glauben Sie etwa, Sie könnten gegen die Russen kämpfen? Zur Hölle mit den Russen. Selbst die Ukrainer würden Sie in Stücke reißen.« Natürlich hatte er recht. Es war eine verrückte Idee. Ich besaß keine Waffe. Ich hatte einen Löffel, eine Gabel und einen Emailteller. Ich wog sicher nicht mehr als vierzig Kilo. Als ich das letzte Mal zum Saubermachen oben gewesen war, hatte ich mich in einem

Spiegel gesehen. Auch wenn ich nicht ganz so schlimm aussah wie einige andere von uns, hatte ich gegen einen blutrünstigen Ukrainer so viele Chancen wie ein Kaninchen.

Papa meinte: »Sie könnten sich hier unten bei uns verstecken.«

Beck schüttelte einfach den Kopf und ging nach oben, um die Sache mit Julia zu besprechen. Kurz danach kam er wieder, die Entscheidung sei endgültig. Julia habe immer noch Angst und würde am Montag mit Ala abreisen. Ich zählte die Stunden bis Montag. Wie lange würde Beck bei uns bleiben können, wenn Julia und Ala weg waren? Sicherlich müsste er ihnen früher oder später folgen. Vielleicht würde er sogar am Montag mit ihnen weggehen, oder ein paar Tage später. Er würde uns für einige Zeit Essen dalassen und sich seiner Familie anschließen. Jedes Mal, wenn er aus der Stadt zurückkam, erzählte er uns von der einen oder anderen Familie, die bereits geflohen war. Ich hatte das Gefühl, er wollte uns auf die Möglichkeit vorbereiten, dass auch er ging. Wieder und wieder versicherte er uns, er würde uns nie verlassen, doch seine Versprechen reichten nicht. Ich hatte Angst, dass ihm keine andere Wahl blieb. Ich verstand das, fürchtete mich jedoch mehr vor seinem Weggang als vor allem anderen. Seine Anwesenheit war beruhigend, seine Stimme, sein vertrauter Schritt und sein Pfeifen.

Voller Angst warteten wir auf Montag. Ich erwachte davon, dass ich Ala weinen hörte. Sie verabschiedete sich wohl gerade von ihrem Vater. Ich hoffte, sie würde nach unten kommen und uns auf Wiedersehen sagen, damit ich ihr für alles danken konnte, was sie für uns getan hatte. Ohne Ala wären wir nicht mehr am Leben. Es klopfte an der Luke. Sie ächzte und quietschte, als Patrontasch sie öffnete. Sie war gut gemacht, doch bei der warmen Luft oben und der feuchten Luft hier unten war das Holz sehr schnell aufgequollen. Wir würden nicht mehr heimlich die Eimer leeren können, wenn die Eisenbahner zu Hause waren. Ich erwartete Ala, aber es war Beck. Ich hörte, dass Ala noch immer weinte.

»Die Züge kommen nicht. Sie können nicht fahren. Die Eisenbahner sind nicht hier, aber wir haben nicht viel Zeit.«

Ich wusste nicht, was er meinte. Erst als Julia Brot und Kartoffeln nach unten reichte, verstand ich, dass sie und Ala sich bei uns verstecken würden, wenn es sein musste. Beck brachte achtzehn Brote, sechzig Kilo Kartoffeln und einen Sack Salz nach unten. Salz! Das war kostbarer als Gold. In über drei Jahren hatte ich nicht so viel Essbares gesehen. Beck verriet uns nicht, woher er das alles hatte. Ich konnte mir nicht vorstellen, wo er so viel hatte kaufen können, selbst wenn er genug Geld dafür gehabt hatte. Er ging wieder nach oben und reichte Papa und Herrn Melman wenige Minuten später Julias Nähmaschine. Die Männer stellten sie in das hintere Kellerversteck auf der anderen Seite des »Parks«. Die Nähmaschine war Julias wertvollster Besitz. Einen Moment lang dachte ich, das Essen sei nur für Julia und Ala, doch Beck erklärte uns, es sei für alle.

Kaum war er wieder oben, murmelte er irgendetwas von der Schwägerin, woraufhin Julia einen Schrei losließ, als habe man ihr siedend heißes Wasser ins Gesicht geschüttet. »In meinem Haus? In meinem Haus? Du und deine Hure, ihr könnt euch zum Teufel scheren.«

»Wir können unmöglich nein sagen! Sie gehört zu unserer Blutsverwandtschaft!«

»Nicht zu meiner! Und nicht zu deiner! Bist du verrückt? Sie trifft sich mit einem Blaumantel. Einem Ukrainer. Einem Polizisten! Und du vertraust darauf, dass sie den Mund hält? Das Leben meiner und deiner Tochter in den Händen deiner Hure? Sie bedeutet dir mehr als deine Tochter? Ich weiß, wie viel ich dir bedeute, aber deine eigene Tochter? Das darf doch wohl nicht wahr sein!«

Beck blieb ruhig. »Würdest du sie lieber tot sehen?«, fragte er nur.

»Soll sich doch der Blaumantel um sie kümmern! Sie stammt von der polnischen Aristokratie ab! Wahrscheinlich glaubt er ihr. Der Lügnerin.«

»Sie war mit meinem Bruder verheiratet!«

»Sie hätte genauso gut mit dir verheiratet sein können! Ich habe genug davon. GENUG! Hörst du mich!«

Julia lief in Alas Zimmer und schlug die Tür hinter sich zu. Wie hatte Beck nur glauben können, Julia würde dulden, dass ihre Schwägerin in unserem Kellerversteck lebte? Julia, Klara und die Schwägerin im selben Versteck? Und Beck ebenfalls? Für die vier war kein Versteck groß genug. In keinem Roman, den ich gelesen hatte, wurden Situationen beschrieben wie die, mit denen wir es tagtäglich zu tun hatten.

Beck steckte den Kopf zur Luke herein und bat Herrn Patrontasch: »Helfen Sie mir! Sie müssen Sie überzeugen. Sie sind der Einzige, auf den sie hört.« Herr Patrontasch wusste, dass er sich nicht mit Beck anlegen konnte.

»Kommen Sie nach oben. Reden Sie mit ihr. Ich passe auf wegen der Eisenbahner.«

Patrontaschs Frau fragte: »Was wirst du ihr sagen? Was wirst du tun?«

»Bitten. Bitten und nochmals bitten.«

Er stieg hinter Beck nach oben.

Da die Eisenbahner noch immer fort waren, mussten wir die Zeit nutzen, um Kartoffeln zu kochen und die Eimer zu leeren. Also gingen wir unseren Aufgaben nach, während unser Botschafter sich aufmachte, um einen Friedensvertrag auszuhandeln. Zygush nahm sein kleines Taschenmesser und warf es immer wieder auf den Boden. Ich wusste, dass er alle damit nervte, aber es war sein einziges Spielzeug, und niemand brachte es übers Herz, ihn zum Aufhören aufzufordern. Zygush wusste, wann es sicher war, mit dem Messer zu spielen. Und die anderen Kinder wussten, dass es zwecklos war, ihn darum zu bitten, auch einmal damit spielen zu dürfen.

Wir hatten die Kartoffeln gekocht und gegessen, doch Herr Patrontasch war noch immer nicht zurück. Wenn Beck verärgert war, schritt er immer auf und ab; er hatte nicht damit aufgehört, seit Patrontasch zu Julia gegangen war. Der Boden quietschte jedes Mal an derselben Stelle. Es war wie ein Walzer. Eins, zwei, quietsch. Eins, zwei, quietsch. Eins, zwei, quietsch. Sein Hin-und-her-Gerenne und Zygushs Messerwerferei machten mich völlig verrückt. Patrontasch kam erst nach einer Stunde wieder nach unten.

Er hatte Erfolg gehabt, und Beck bedankte sich mit Wodka. Von Lola gefragt, wie er Julia überzeugt hatte, erzählte Herr Patrontasch, er habe zuerst versucht, ihr zu erklären, dass es für alle sicherer wäre, wenn die Schwägerin auch im Kellerversteck sei. Wenn Becks Schwägerin wütend würde, weil man sie nicht nach unten ließ, wäre die Gefahr groß, dass sie ihrem Geliebten, dem Polizisten, etwas verriet. Julia schien es zunächst nicht interessiert zu haben, was mit ihr, mit Beck, mit uns, mit irgendjemandem passierte, bis Patrontasch gesagt hatte: »Wir haben unser Leben gelebt. Aber denken Sie an die Kinder.« Er glaubte nicht, dass Julia noch viel mehr würde aushalten können. Bis jetzt war sie unser Brunnen gewesen, der nie austrocknete. Ihre Güte ließ sich nicht mit Worten beschreiben. Ich liebte Beck. Er war unser Heiliger. Doch er war kein Heiliger für seine Frau. Was sie mit ihm durchmachte, war unvorstellbar.

Ich wusste nicht, ob Julias Streit mit Beck irgendeine Wirkung auf Klara hatte. Oder ob dieser Streit Julias Gefühle gegenüber Klara veränderte. Ich wusste nur, dass ein Wunder geschehen war. Klara hatte den Kopf zur Luke herausgestreckt und Beck um etwas gebeten. Julia musste die beiden gesehen haben und fragte, ob sie mit Klara sprechen könne. Ihre Stimme klang ruhig und freundlich. Normalerweise machte es sie rasend, wenn sie mitbekam, dass Beck und Klara sich unterhielten. Beck wusste nicht, was er tun sollte. Er ließ die beiden Frauen einfach allein und verließ den Raum. Ich konnte nicht hören, was sie sagten. Aber selten waren aller Augen und Ohren so gespannt auf den Fußboden über uns gerichtet gewesen. Selbst mit der SS über uns hätte es bei uns nicht ruhiger sein können.

Mir war klar, dass unser Überleben von der Beziehung zwischen den beiden Frauen abhing. Wir wussten nie, in welche Richtung die Tür zuschlagen würde. Doch ich muss zugeben, dass ich wirklich neugierig war, was sie miteinander besprachen. Wir waren alle neugierig. Die Affäre war weitergegangen, dauerte inzwischen über vierzehn Monate. Wir konnten nie offen darüber reden. Das Einzige, was ich zu diesem Thema gehört hatte, war vor über einem Jahr Lolas Aussage gewesen: »Gott sei Dank hat er nicht mich ausgewählt.« Und das war's. Wir hatten jedes während dieses Krieges gewonnene oder verlorene Terrain zerhackt, gekocht, gegessen und verdaut. Doch der Krieg zwischen diesen beiden Frauen war schweigend ausgetragen worden. Nicht ein einziges Wort hatten die beiden ehemaligen besten Freundinnen miteinander gewechselt. Vor dem Krieg wäre man wegen einer Sünde dieser Größenordnung ausgestoßen und verbannt worden. Jetzt fand die letzte Schlacht dort oben statt. Wie würde sie wohl ausgehen? Julias Wut hatte sich meistens gegen Beck gerichtet. Aber ich denke, sie fühlte sich vor allem von Klara verletzt. Von Becks Untreue ging Julia aus, auch wenn sie sie nicht tolerierte. Sie war wie die Arthritis, die ihre Hände verunstaltet hatte – etwas Unvermeidliches, das man ertragen musste. Aber Klara war eine Freundin gewesen, die Julia so nahegestanden hatte wie eine Schwester. Zwischen Schwestern gab es Regeln, die weit über dieses »in guten wie in schlechten Zeiten« hinausgingen. Weit hinaus über dieses geheimnisvolle Sehnen von Männern und Frauen, das ich nicht verstand. Dies waren die Regeln, von denen mein Großvater gesprochen hatte, als er Josek ermahnte, er solle »das Mädchen in Ruhe lassen«. Julias Leben gründete auf Glauben und Loyalität. Sie hätte ihr Leben für Klara hingegeben. Das hatte sie in den letzten vierzehn Monaten Tag für Tag gezeigt. Ich war mir sicher, dass Klara ihr das Herz gebrochen hatte, nicht Beck.

Klara streckte die Beine durch die Luke, und ihr Bruder half ihr nach unten. Sie wischte sich die Tränen weg. In diesen ersten wenigen Augenblicken sah ihr Gesicht aus wie das eines jungen Mädchens. Frei von Sorgen. Sie kroch zu ihrem Platz, setzte sich, den Rücken an die Wand gelehnt, und streckte die Beine aus. Mit keinem Wort erwähnte sie, worüber sie und Julia gesprochen hatten. Und keiner von uns fragte sie. Alles, was wir wissen wollten, stand in ihrem Gesicht geschrieben.

Später steckte Herr Beck den Kopf durch die Luke und rief Zosia nach oben. Hilfesuchend sah sie Mama und mich an. Ich hatte gehört, dass die Schwägerin gekommen war, und fragte mich, was Beck vorhatte. Aber wir beide nickten Zosia zu, dass dies in Ordnung sei. Beck war immer wie ein Onkel zu ihr gewesen, hatte sie verwöhnt, ihr Kosenamen gegeben, ihr mit seinen rauhen Händen über die blonden Locken gestreichelt und ihr immer ein extra Bonbon geschenkt. Zosia hatte hier unten zwei Dinge gelernt: dass Schweigen eine Tugend und Beck rechtschaffen war. Herr Beck nahm sie von Patrontasch entgegen: »Komm, Zosia, ich möchte dir jemanden vorstellen.«

Wir hörten, wie Beck sagte: »Zosia, das ist meine Schwägerin. Sie heißt Mania, und sie wird vielleicht eine Zeitlang unten bei euch wohnen.« Wir hatten noch nie ihren Namen gehört. Dass sie so hieß wie meine Schwester, fand ich unfair. Ich weigerte mich, an sie als eine Mania zu denken, und schwor mir, sie aus Respekt vor Julia nur die Schwägerin zu nennen. »Ich habe mir gedacht, dass sie von allen, die unten sind, am liebsten dich kennenlernen würde«, fuhr Beck fort.

Die Stimme der Schwägerin, die ich immer als blechern empfunden hatte, wurde plötzlich weich. »Wie schön, dich kennenzulernen. Was für ein hübsches Mädchen du bist.«

Beck fragte ganz ruhig: »Zosia, kannst du Mania erzählen, wie es dazu kam, dass du dort unten lebst?«

Als ich diese Frage hörte, blieb die Welt stehen. Zygushs braune Augen hefteten sich auf die Stelle unter seinen Füßen. Er hatte geschworen, seine kleine Schwester zu beschützen, und ich wusste, dass er oben bei ihr sein wollte. Ich hatte Angst um Zosia und war wütend auf Beck. Wie konnte er sie daran erinnern? Eine Weile schwieg sie. Einen Teil der Geschichte hatte ich von Zygush erfahren. Und Beck hatte die Ereignisse der letzten Tage im Ghetto, Uchkas Tod und die Odyssee der Kleinen rekonstruiert. Aber noch nie hatte ich etwas davon aus Zosias Mund gehört.

Becks Stimme klang noch weicher. »Es ist alles in Ordnung, Kleine, nur zu.« Zosia hatte im vergangenen Jahr kaum ein Wort gesagt. Meistens nickte sie einfach mit dem Kopf, ja oder nein. Ich hatte vergessen, wie angenehm ihre Stimme war. Sie wieder zu hören, versetzte mich in die Zeit zurück, als sie sprechen gelernt hatte. Wenn ich sie besuchte und ohne anzuklopfen eintrat, hatte die kleine Zosia mich jedes Mal voller Freude mit meinem Namen begrüßt: »Clarutschka, Clarutschka.« Dann war sie in meine Arme gerannt.

»Mama hat geweint und gelächelt und mich hochgehoben«, begann sie. »Sie hat gesagt, wir würden eine Weile irgendwo anders wohnen. Sie hat mich nach nebenan und die Treppe hoch auf den Dachboden getragen und gesagt, es wäre besser und sicherer für uns. Sie hat mir ein Stück Brot gegeben. Dann hat sie gesagt, dass sie bald zurückkommt. Sie hat mir ganz viele Küsse gegeben und Zygush gesagt, dass er jetzt der Mann ist und auf mich aufpassen soll. Sie hat gesagt, dass sie bald zurückkommt, und mich wieder geküsst. Dann ist sie gegangen. Aber sie ist nicht wiedergekommen, wie sie versprochen hat. Ich habe geweint. Ich habe sehr viel geweint …«

Mama hielt es nicht mehr aus. Sie vergrub das Gesicht in den Händen. Zygush weinte. Auch mir liefen die Tränen übers Gesicht. Zosias Stimme füllte das Kellerversteck mit Erinnerungen an Uchka, die in den Gedanken ihrer Tochter so lebendig war.

»Aber Mama ist nicht zurückgekommen. Wir haben tagelang gewartet, aber sie ist nicht gekommen. Zygush hat gesagt, ich soll aufhören zu weinen, aber ich konnte nicht. Ich habe sie so vermisst. Ich hatte solche Angst. Ich habe die ganze Zeit die Gewehre gehört und Leute, die geschrien haben, und ich hatte Angst, dass es Mama war. Ich hatte Angst, dass sie wie alle anderen erschossen würde. Dann kam Onkel Dudio. Er hat gesagt, Mama sei hier und Zygush soll mich hierherbringen. Dudio hat gesagt, viele Freunde würden auf uns aufpassen, und wir bräuchten keine Angst zu haben. Bevor wir gegangen sind, hat Zygush sich noch die ganze Unterwäsche umgewickelt. Da musste Onkel Dudio lachen. Wir sind an der großen Kirche vorbeigegangen und haben die Leute singen gehört. Dann waren wir hier. Aber Mama war nicht da. Clarutschka hat mir gesagt, dass Mama bei Tante Rosa ist und dass ich sie bald sehe. Ich will wirklich meine Mama sehen.« Sie sprach mit stockender Stimme, und ich wusste, dass sie mit nassen Wangen zurück nach unten kommen würde.

Die Schwägerin sagte: »Ein tapferes Mädchen. Ich glaube, ich habe noch nie ein so nettes, tapferes Mädchen gese-

hen.« Jetzt verstand ich, warum Beck Zosia nach oben geholt hatte. Er wollte, dass die Schwägerin genau wusste, wen
sie verriet, wenn sie uns anzeigte. Er traute ihr nicht völlig
und wollte ihr Gewissen wecken, bevor sie bei uns leben
durfte. Dazu diente Zosias Geschichte. Beck gab Zosia ein
Bonbon und reichte sie mir. Während ich ihr wieder nach
unten half, erzählte sie mir, die Dame sei nett gewesen. Die
Erinnerung an ihre Mutter stand ihr noch in den Augen. Ich
konnte Uchka darin sehen.

Mit einem Mal war es warm geworden, und mit der Wärme kam die erwartete Invasion der Flöhe. Wenn das Licht
brannte, konnten wir wenigstens einander die Flöhe abpflü-
cken. Zygush und Zosia übertrafen sich selbst bei dieser
Aufgabe, die sie stundenlang beschäftigt hielt. Sie kniffen
die Augen zusammen und schielten fast, so sehr konzentrierten sie sich. An der Art, wie Lola und Artek einander
von den Flöhen befreiten, konnte ich erkennen, dass sie eine
zunehmende Zuneigung zueinander empfanden. Ich wusste
nicht, ob ich die Einzige war, die bemerkt hatte, was mit den
beiden los war, aber mir war klar, dass Lola es niemals zulassen würde, dass sie oder Artek auf irgendeine Weise in unserer winzigen Gesellschaft bloßgestellt würde. Die beiden
hatten einander gefunden, und ich freute mich für sie. Lola
war für mich zu einer Art Ersatzschwester geworden. Wenn
sie glücklich war, machte mich das auch glücklich.

Anfang April berichtete Beck uns, als er ein paar Lebensmittel nach unten brachte, von Pappen habe angeordnet,
dass alle Volksdeutschen nach Deutschland gingen, wo man
ihre Arbeitskraft brauchte. Er und Ala seien jedoch wegen
ihrer Arbeit im Alkoholdepot und bei der Post davon ausgenommen. Von Pappen habe es ihnen aber freigestellt
ebenfalls zu gehen. Im vergangenen Monat hatten fast alle
Verwandten, Freunde und Bekannten der Becks mit dem

einen oder anderen Zug die Stadt verlassen. Doch die Becks waren geblieben. Auch wenn Ala nicht wegfuhr, so ging sie doch jedes Mal zum Bahnhof, um die Züge nach Westen abfahren zu sehen. Das zeigte, wie sehr sie sich wünschte, ebenfalls in einem von ihnen zu sitzen.

Der Krieg würde in wenigen Monaten enden. Das wussten wir. Wir wussten jedoch nicht, ob man uns erst entdecken oder erst befreien würde. Es war ein Rennen zwischen Freiheit und Tod. Und als der Druck auf die Becks mit jeder Nachricht vom Vormarsch der Russen und dem Rückzug der Deutschen wuchs, wurde Ala klar, dass auch für sie die Zeit davonlief. Sie war frei, jung, hübsch. Während wir hier festsaßen, gab es für sie keinen Grund, in Zólkiew zu bleiben. Nur ihre Güte hielt sie noch hier. Als Beck wieder nach oben ging, saß ich da mit der Erkenntnis, dass nicht nur wir unser Leben in die Hände der Becks, sondern auch sie ihr Leben in unsere Hänge gelegt hatten. Ich wusste nicht, ob ich Ala jetzt noch in die Augen schauen konnte.

Die Eisenbahner waren ausgegangen, und wir hörten ein Klopfen an der Luke. Als Patrontasch sie öffnete, waren wir überrascht, Julia zu sehen. Sie hielt zwei Tabletts in der Hand. Kartoffeln natürlich. Und dann erkannten wir den Duft von Fleisch. Irgendwo hatte sie ein Stück Kalbfleisch aufgetrieben und es gebraten. Ich hatte entsetzlichen Hunger. Ich wollte das Kalbfleisch, wusste aber, dass ich es teuer bezahlen würde als im Jahr zuvor die Äpfel. Kartoffeln. Kartoffeln und Brot. Das war alles, was mein Magen vertrug. Der köstliche Duft von gebratenem Fleisch mit der leichten Kruste an den Rändern war einfach verführerisch, aber es wäre Wahnsinn, es zu essen, für jeden von uns. Achtzehn Leute mit Durchfall – was das zwangsläufige Ergebnis sein würde –, das Haus voller Nazis und nur wenig Gelegenheit, die Eimer zu leeren.

Neben dem Kalbfleisch befanden sich ein kleiner gebratener Hühnerhals, eine Schüssel mit Salzwasser, einige bittere Kräuter und eine winzige Schale mit Apfelstückchen und zermahlenen Walnüssen auf dem Tablett. Alle Zutaten für ein Seder-Mahl. Wo Julia sie gefunden hatte, war mir ein Rätsel. Wir hatten gewusst, dass Passah war. Papa führte den Kalender mit religiösem Eifer. Aber auch Julia hatte für uns daran gedacht, und dafür waren wir ihr dankbar.

Auf dem anderen Tablett stand Essen. Ich hielt jetzt einen Teller voll auf dem Schoß, bekam aber kaum etwas herunter, obwohl mir klar war, dass ich etwas essen musste. Jeden Tag dachte ich an meine Schwester. Jedes Mal wenn ich Zygush und Zosia ansah, dachte ich an Uchka. Doch an diesem Feiertag war ihre Anwesenheit greifbarer, als ich es ertragen konnte. Wie in einem dieser Träume, die sich sehr real anfühlen, war es verlockend und beängstigend zugleich. Ich sehnte mich nach ihrer Anwesenheit, auch wenn es schmerzlich war.

Wir aßen unser Mahl und erklärten den Kindern nicht einmal die Bedeutung der bitteren Kräuter und der anderen Dinge auf dem Seder-Teller.

Am nächsten Morgen wachten wir vom Heulen der Flugzeuge und von Explosionen auf, die den Boden erzittern ließen. Die Russen bombardierten Lemberg. Ich hatte keine Ahnung gehabt, dass Explosionen so gewaltig sein konnten, dass das Zittern des Bodens noch bis zu uns hin spürbar sein würde. Beinahe sofort fiel der Strom aus. Sie mussten das Elektrizitätswerk getroffen haben. Wir hätten begeistert sein sollen, doch wie alles andere war auch dieser Sieg zweischneidig. Die Russen bombardierten Lemberg, doch wir saßen im Dunkeln und mussten ohne Essen auskommen.

Kurz nach dem Ende des Bombardements kehrte Beck von einem Osterbesuch bei seiner Schwägerin zurück und kam zu uns nach unten, um uns das zweite Gewehr zu zeigen, das er zu unserem Schutz besorgt hatte. Ich wusste, dass es unsere Sicherheit nicht garantieren würde, hoffte aber, dass es Beck genug Zuversicht verlieh, bei uns zu bleiben. Doch da hatte ich mich geirrt. Er sah zu Klara hinüber und sagte: »Ich habe darüber nachgedacht. Ich ertrage es nicht länger. Diese Ukrainer sind Schweine. Ich muss mich den Partisanen anschließen, bevor sie jeden Polacken töten, den es in Zólkiew noch gibt. Ich wäre ein Feigling, wenn ich das nicht täte. Ich kann mich nicht einmal mehr im Spiegel ansehen. Aber macht euch keine Sorgen. Julias Schwester Maria wird sich um euch kümmern.« Mir war klar, dass Maria nicht mit einem Zehntel von dem fertigwerden würde, was die Becks für uns taten. Sobald es irgendein Problem gab, würde sie garantiert verschwinden. Ich fühlte mich nicht länger wie eine eigenständige Person. Ich war ein Spiegelbild von Beck. Wenn er deprimiert war, war ich deprimiert. Wenn er zuversichtlich war, war ich zuversichtlich. Wenn er die Ukrainer umbringen wollte, wollte ich das auch. Wenn er Hoffnung hatte, hatte auch ich Hoffnung. Wenn er keine hatte, hatte auch ich keine. Ich glaubte, dass mich sein Bild anstarrte, wenn ich in den Spiegel sah.

Als die Eisenbahner das nächste Mal das Haus verließen, krochen Papa, Herr Melman und Herr Patrontasch in den Bereich des Verstecks, in dem die Steckels lebten. Sie hatten endlich beschlossen, Herrn Steckel um Geld zu bitten. Beck hatte keinen Zloty mehr. Es gab nichts mehr, was sich auf dem Schwarzmarkt verkaufen ließ, und niemanden mehr, der es hätte kaufen können. Ein Laib Brot war so teuer, dass selbst die Steckels ihn sich nicht mehr leisten konnten. Ich verstand nicht, warum die Männer, angesichts der Tatsache, dass wir verhungerten, nicht schon längst zu Steckel gegangen waren. Ich konnte mir nicht vorstellen, dass es irgendjemanden gab, der in dieser Situation nicht mit den anderen sein Geld teilte. Ich begriff nicht, warum Beck nicht einfach

Steckels Geld verlangte, und uns dann alle davon versorgte. Ich wusste, dass Herr Steckel Beck »Miete« bezahlte, wie wir es alle getan hatten, solange noch Geld da war. Selbst Beck, der sein Leben für die Steckels aufs Spiel setzte, bat nicht um einen Zloty mehr. Die Männer waren sich alle zu *bababatish*, zu »fein« dafür.

Wenn es nach mir gegangen wäre, hätte ich den Steckels innerhalb von zwei Minuten ihr Geld abgenommen; wenn nötig, mit der Waffe, die Beck uns gegeben hatte. Jede der drei Familien hatte Kinder, die verhungerten. Und dennoch hatten die Männer bis jetzt nichts unternommen.

Nach wenigen Minuten kam Papa zurück. Steckel hatte ihre Bitte zunächst rundweg abgelehnt, ihnen schließlich jedoch ein goldglänzendes britisches Pfund Sterling gegeben. Es hätte auch ein Stein oder ein Klumpen Kohle sein können. Wenn Beck versuchte, mit dieser Goldmünze etwas zu kaufen, würde er jeden Polizisten, Blaumantel und Gestapoagenten, der noch in Zólkiew weilte, auf dieses Haus aufmerksam machen. Jede mit dieser Münze gekaufte Mahlzeit wäre unsere letzte. Doch die Männer betrachteten die Münze, als seien ihre Gebete erhört worden. Als Beck nach unten kam und sie ihm das Geld zeigten, weigerte er sich, damit etwas einzukaufen. Niemand würde ihm etwas dafür geben. Vor dem Krieg und noch bis vor wenigen Monaten hatte man mit einem Pfund Sterling viel mehr kaufen können als mit dem Gegenwert in Zloty. Doch nun hatte die Angst sogar die Gier besiegt. Papa sagte Beck, er solle gar nicht erst versuchen, es zu verkaufen. Solange er bei uns bliebe, würden wir den Hunger ertragen können. Beck sagte kein Wort, und wir wussten nicht, was wir davon halten sollten. Wie konnte ein wertloses Pfund Sterling dafür sorgen, dass die Becks bei uns blieben? Ich hatte mehr Angst vor dem Weggang der Becks als vor den Nazis. Solange die Becks da waren, hatten wir noch eine Chance. Beck nahm schließlich das Pfund Sterling aus Papas Hand und sagte, er werde versuchen, jemanden zu finden, dem er vertrauen könne und der es in Zloty umwechselte.

Am Vorabend des 18. April, dem Tag, an dem Mania ermordet worden war, wusste ich beim Schlafengehen, was uns am nächsten Tag bevorstand. Es war inzwischen nachts sehr heiß, und die Flöhe waren erbarmungslos, aber ich hatte noch jede Nacht etwas Schlaf gefunden. In jener Nacht schlief ich fast gar nicht. Ich wusste, dass Mama und Papa neben mir wach lagen. Am nächsten Morgen sprachen wir das Gebet zu Manias *Yahrzeit,* ihrem Todestag, und als wir im Gedenken an sie eine der wenigen Kerzen anzündeten, fragte ich mich, ob nicht vielleicht meine geliebte Schwester diejenige war, die Glück gehabt hatte. Sie hatte nicht so lange gelitten wie wir. Aber ich wusste auch, dass Mania um jede Sekunde ihres Lebens gekämpft hätte. Ihr verdankte ich mein Überleben, die Tatsache, dass ich, so wie sie es getan hätte, um jede Sekunde kämpfte. Jetzt aufzugeben würde die Erinnerung an sie entweihen. Ich musste für uns beide leben.

Es klopfte wieder an der Tür. Ich hörte, wie vier Soldaten Beck darüber informierten, dass er neue Mieter habe. Sie spazierten durchs Haus, von einem Zimmer zum anderen, und blieben dann in dem Zimmer stehen, in dem sich die Luke befand. Einer von ihnen stand direkt darauf und sagte: »Dieses Zimmer ist in Ordnung.« Wenn die Soldaten dieses Zimmer nahmen, könnten wir genauso gut den Benzinkanister benutzen. Doch Julia fragte mit ihrer süßen und ehrlichen Stimme: »Bitte, meine Herren, könnten mein Mann und ich dieses Zimmer behalten? Wir wären Ihnen sehr dankbar.« Es folgte ein kurzes Schweigen, und dann antwortete eine freundliche Stimme, die ich als Norbert kennenlernen sollte: »Wir wollen Sie nicht verdrängen. Bringen Sie uns irgendwo unter. Wir kommen schon zurecht. Und machen Sie sich keine Sorgen. Wir werden Ihnen nicht im Weg sein. Wir werden fast den ganzen Tag weg sein.« Das sagten sie alle, bevor sie sich an die Gemütlichkeit, an Becks Radio und die Kartenspiele gewöhnt hatten, die weitergingen, obwohl der Kartentisch auf Treibsand stand und die Kugeln an ihren Ohren vorbeipfiffen.

14
Unser Leiden beginnt erst

23. April bis Mai 1944

*Dienstag, 9. Mai. Man sollte meinen, dass Menschen
wie wir, die dem Tod so oft ins Auge sehen, sich daran
gewöhnen. Doch das Gegenteil trifft zu. Je größer die
Gefahr ist, dass wir sterben, desto größer wird auch unsere Angst. Man will leben, trotz allem, egal wie. Jeden
Tag sehen wir dem Tod ins Auge, und jeder Tag hat seine eigene Geschichte. Wenn wir wenigstens wüssten,
wie lange wir noch leiden müssen. Wir sitzen hier und
wissen nicht einmal, ob nicht alles vergebens war.*

Die Becks brachten die Soldaten im Zimmer neben ihrem unter, und Ala zog bei ihren Eltern ein. Die Soldaten würden also direkt über dem Bereich wohnen, in dem
Lola, Gedalo, Kuba, Artek und die Steckels schliefen. Im
Unterschied zu den Eisenbahnern, deren Namen ich in den
zwei Monaten, die sie bei uns waren, nicht herausfand, erfuhr ich innerhalb weniger Minuten, dass die Soldaten Norbert, Dieter, Richard und Hans hießen. Mit sechs Deutschen
über uns würde es unmöglich sein, an Wasser und Lebensmittel zu kommen und die Eimer zu leeren. Wenn die Soldaten da waren, würden die Eisenbahner gehen, und umge-
kehrt. Wie in einer dieser Farcen im Theater, in der sich die
Gestalten bei einer lächerlichen Jagd immer knapp verpassen, weil die eine in dem Moment, in dem die andere herein-
kommt, gerade durch eine andere Tür hinausgeht – nur dass

die Komödie über uns tödliche Folgen für uns im Versteck haben konnte.

Sobald Norberts Mantel auf dem Boden landete, fummelte er am Radio herum, bis er einen Sender fand, der Volksmusik und leichte Opern spielte. Er sang sofort mit, und plötzlich drang durch die Dielenbretter ein klarer, volltönender Tenor. Selbst wenn sie ihre eigene Stimme mögen, sind die meisten Menschen ein bisschen gehemmt beim Singen, vor allem wenn sich andere in der Nähe befinden. Aber Norbert sang fur das Publikum auf dem Balkon. Er schien jedes Lied im Radio zu kennen. Mein Leben hätte mir in diesem Moment nicht seltsamer erscheinen können. Ich wusste nicht, wer Norbert war, wie er aussah, woher er kam oder ob er zu den Deutschen gehörte, die die Becks mit Geschichten darüber unterhielten, wie gut sie darin waren, Juden umzubringen. Ich wusste nur, dass Menschen Geld dafür bezahlt hätten, seine Stimme zu hören, und dass ich auf eine Weise von Musik berührt wurde, wie ich es seit Manias Konzert im Frühling vor drei Jahren nicht mehr erlebt hatte. Ich wollte mich von einem Mann, der vielleicht Juden ermordet hatte, nicht rühren lassen, konnte aber nichts dagegen tun.

»Ein Lied geht um die Welt«, »Dein ist mein ganzes Herz«, »Ich bin ja heut so glücklich« waren beliebte deutsche Lieder aus Kabarett und Operette, die die Zensur überlebt hatten. Ich hatte sie vor dem Krieg und auch in der Zeit in unserem Versteck gehört. Durch die Dielenbretter hindurch Radio zu hören, gehörte zu unseren wenigen Lichtblicken; wenn Musik lief, war das eine wenn auch nur flüchtige Ablenkung. Doch wenn Norbert sang, hatte ich einen Logenplatz im Konzert. Ich hörte Schuberts »Die schöne Müllerin« voller Angst und Entzücken.

Du hast ja auch geweint,
Dein Äuglein sind so nass,
Eine Thrän' fiel aus dem Fenster,
Da wuchs eine Ros' im Gras.

So erging es jedem von uns. Es war ein Lied von Tod und verlorener Liebe, und ich kämpfte gegen die Gefühle an, die es in mir weckte. Wie konnte ein Deutscher nur eine so schöne Stimme haben, wenn sein Finger am Abzug eines Gewehrs lag, sobald ein Jude in Sicht war?

Mama regte sich über die Ankunft der vielen Soldaten so auf, dass sie in Ohnmacht fiel. Doch aus Angst, gehört zu werden, wagten es weder Papa noch ich, ihr zu helfen, obwohl es oben gerade ziemlich laut war. Das Leben in unserem Kellerversteck hatte dazu geführt, dass ich fast jeden natürlichen Impuls unterdrückte. Ich beobachtete, wie Mamas Brust sich hob und senkte, als würde sie schlafen, und hoffte, sie würde ohne jedes Geräusch wieder aus ihrer Ohnmacht erwachen.

Sobald sie alle das Haus verlassen hatten, kam Beck nach unten und sagte, Gott habe uns eine Armee geschickt, damit sie uns bewachte und jeglichen Verdacht von unserem Haus fernhielt. Wie lange noch würde ich darauf vertrauen können, dass das Glück auf Becks Seite war? Im schwachen Licht versuchte ich zu erkennen, ob er selbst glaubte, was er sagte, oder uns nur Mut machen wollte. Doch ich konnte seine Augen nicht sehen, und dann klopfte es an die Tür, so dass Beck wieder nach oben hastete. Das Ächzen der Luke, die Patrontasch schnell schloss, wurde übertönt von Becks Schritten. Das Hotel war besetzt. Es war mir schleierhaft, wo die Becks noch jemanden unterbringen sollten. Aber es war kein weiterer Gast. Es war ein Nazi-Polizist.

Er forderte Beck auf, mit ihm zum Polizeichef zu kommen. Sofort. Seit Monaten war Beck nicht mehr zum Polizeirevier beordert worden, und dieser Polizist war ein Fremder. Beck ging pfeifend davon, aber wir glaubten ihm nicht. Ein schwerwiegender Grund nach dem anderen ging uns durch den Sinn. Beck war angezeigt worden, weil er Juden versteckte; weil er mit den Partisanen Kontakt hatte; weil er englische Pfund auf dem Schwarzmarkt verkaufte; weil er Wodka stahl oder welches als Verrat geltende Verbrechen er auch immer begangen hatte. Es konnte nichts Gutes bedeuten, sonst hätten wir Lachen, Geplauder, eine lässige Begrüßung und den Grund gehört, warum Beck vorgeladen wurde. Ich betete für ihn, wie ich für Uchka, für Mania, für Zygush und für Zosia betete. Ich betete für ihn, wie ich für meine Liebsten betete.

Im Dunkeln auf Beck und unser Schicksal zu warten, wäre schier unerträglich gewesen. Seit Lemberg in der Woche zuvor bombardiert worden war, wussten wir nie, ob wir Strom haben würden oder nicht. Ich wusste nicht, ob Beck unbeschadet zurückkommen oder ob die Polizei die Tür aufbrechen und uns töten würde. Seit sie Beck mitgenommen hatten, waren wir alle so nervös, dass ich befürchtete, wir würden verrückt werden. Herr Patrontasch rechnete in seinem Buch wieder Sekunden, Minuten und Stunden zusammen. Gedalo schrieb wie ein Wahnsinniger, ließ aber niemanden sehen, was er schrieb. Lola hielt sich die Hand vor den Mund, um das Lachen zu unterdrücken. Je mehr wir sie mit Blicken baten, damit aufzuhören, desto schwerer fiel es ihr. Schließlich drehte sie das Gesicht der Wand zu, bis sie sich beruhigt hatte. Das konnte nur Hysterie sein, denn an diesem Morgen gab es wahrhaftig nichts zu lachen. Die Steckels spielten wie immer, wenn uns Gefahr drohte, mit den Giftfläschchen herum, die sie um den Hals trugen. Zosia schnappte sich ein Kissen, legte es sich übers Gesicht und begann zu weinen. Und Mama lag im Dreck. Wenigstens hatten wir an diesem Morgen Licht.

Als wir wieder allein im Haus waren, bat ich Lola, uns zu erzählen, warum sie so hatte lachen müssen.

»Ich habe in die Runde geschaut und festgestellt, dass inzwischen alle weiße oder graue Haare haben. Da war ich nicht mehr so traurig wegen meiner Haare.«

Sie hatte recht. Es war mir nicht aufgefallen, aber Mama, Papa, die Melmans, Artek, Gedalo, die Patrontaschs, sie alle hatten jetzt graue Haare. Nur die Kinder und ich waren noch nicht weiß. Einige von uns sahen Lola an, als sei sie übergeschnappt. Doch ich verstand sie. Niemand konnte die verrückten Gedanken kontrollieren, die uns hier im Kopf herumkreisten. Aber ein Zusammenleben in unserem Versteck war nur möglich, wenn wir Selbstdisziplin übten und unsere Ängste und unseren Argwohn unter Kontrolle hielten. Lolas Lachen war eine Vorwarnung, dass ihre Gefühle überkochten. Ich wusste, wie sie sich fühlte. Manchmal glaubte ich, es keine Minute länger aushalten zu können. Wenn oben Gäste waren, wollte ich aus vollem Hals schreien und mit den Fäusten gegen die Decke hämmern, damit es vorbei war. Beck hatte uns Geschichten von Juden erzählt, die in den Lagern und Ghettos in den Elektrozaun gelaufen waren. Das hätte mein Schicksal sein können, wenn ich nicht in unserem Versteck gewesen wäre.

Beck musste unterwegs die Soldaten getroffen haben, denn er kam gemeinsam mit ihnen nach Hause. Er flötete: »Ende gut …« Wenigstens wussten wir, dass mit ihm alles in Ordnung war und wir noch nicht sterben mussten. Doch erst wenn die Soldaten und die Eisenbahner weggingen, würden wir erfahren, warum Beck zum Polizeichef zitiert worden war.

Als er endlich nach unten kommen konnte, erzählte er uns, dass er zusätzlich zu seinem anderen Job am Bahnhof Wache halten sollte. Als Volksdeutscher, dem man vertrauen konnte, war er noch immer ein wichtiger Bestandteil der örtlichen deutschen Kriegsmaschinerie. Man hatte ihm eine neue Pistole gegeben, und er wollte uns, sobald sich die Gelegenheit ergab, eine seiner Waffen bringen. Ich hatte keine Ahnung, ob einer der Männer aus unserem Versteck jemals einen Schuss abgefeuert hatte. Aber Beck war erleichtert, also waren auch wir es. Er berichtete uns weiter, die Soldaten hätten versprochen, den Becks nicht zur Last zu fallen; sie wären die meiste Zeit bei der Arbeit. Sie bereiteten den deutschen Fuhrpark auf den Rückzug vor. Sobald ich hörte, was sie taten, war mir klar, dass sie bis zum bitteren Ende dableiben würden. Die Ankunft der Soldaten brachte für uns so viele Änderungen mit sich, dass es mir trotz allem, was wir in den letzten siebzehn Monaten durchgemacht hatten, so vorkam, als würde unser Leiden gerade erst beginnen.

So vieles musste stimmen, damit wir mit Essen versorgt werden konnten: Wir brauchten Strom. Die Eisenbahner und die Soldaten mussten außer Haus sein. Und die Becks mussten es geschafft haben, Essen für achtzehn Leute zu organisieren. Beck rationierte unsere Lebensmittel, selbst die der Steckels. Jede Familie sollte täglich ein Kilo Kartoffeln und dreihundert Gramm Brot bekommen. Dreihundert Gramm würden uns so gerade vor dem Hungertod bewahren, doch ich war davon überzeugt, dass Beck jetzt, wo das Brot so knapp war, nicht einmal diese Menge auftreiben konnte.

Da immer ein Eisenbahner oder ein Soldat zu Hause war, konnten wir kaum noch unsere Eimer leeren. Deswegen waren die Männer gezwungen, ganz hinten im Keller einen Graben auszuheben und ihn mit einem Stück Holz abzudecken. Das war unsere neue Toilette. Garantiert würde der Geruch uns irgendwann verraten. Nach Tagen, Wochen, einem Monat – wer wusste das schon. Der Graben stellte eine zusätzliche Gefahr dar, aber wir hatten keine andere

Wahl. Seit Mitte April war es in unserem Versteck immer wärmer geworden und unerträglich feucht. Wir trugen nun wieder unsere Sommeruniform. Die Frauen Unterkleider mit ausgeschnittenem Rücken, die Männer abgeschnittene lange Unterhosen oder kurze Hosen. Es war so heiß, dass wir, wenn wir nicht gerade aßen oder schliefen, Stunde um Stunde damit zubrachten, uns mit Pappkartonstücken Luft zuzufächeln, bis uns Hände und Arme weh taten. Anfangs fächelten wir immer mit der Geschwindigkeit von Kolibriflügeln, doch schon bald fühlten sich die Kartons wie Eisenplatten an, obwohl sie nicht mehr als ein paar Gramm wogen. Früher hatten die Becks, wenn die Eisenbahner nicht zu Hause waren, die Luke geöffnet, um ein wenig Kühle hereinzulassen. Aber jetzt würde es nicht einmal mehr diese wenigen Augenblicke geben, auf die ich mich immer so gefreut hatte wie auf Essen und Wasser. Die Hitze war so drückend, dass man kaum noch atmen konnte.

Die wenigen Stunden, die wir schliefen, brachten uns kurz Erleichterung. Doch auch die wurden uns von den Soldaten geraubt. Wir hatten solche Angst, dass sie ein Schnarchen, ein Husten, ein Niesen hörten, dass wir auch unsere Schlafgewohnheiten ändern mussten. Die Steckels, Gedalo, Kuba, Artek und Lola schliefen direkt unter dem Zimmer der Soldaten. Wir hatten die Pfeiler nicht entfernt, die die Decke stützten, und der Bereich war nicht so tief ausgegraben wie der Hauptraum. Man konnte dort nur liegen. Lola hatte angefangen, zu schnarchen, und Kubas Asthma verschlimmerte sich, sobald es wärmer wurde. Er sagte, es liege am Schimmel. Was immer auch die Ursache war, Kuba hustete. Laut. Aus Angst, sein Husten könne die Soldaten wecken, beschlossen wir, dass diejenigen, die in diesem Bereich des Verstecks schliefen, das am Tag tun und nachts wach bleiben sollten. Solange wir wach waren, konnten wir wenigstens einigermaßen kontrollieren, was wir taten. In der

Nacht aber konnte ein Schnarchen, Niesen oder Husten unser Ende bedeuten.

Herr Patrontasch beriet sich mit Papa. Anschließend beugten die beiden sich zu mir, und Papa bat mich, den Platz mit Kuba zu tauschen. Ich schnarchte nicht, und es wäre für uns alle sicherer, wenn ich unter dem Zimmer der Soldaten schlief. Eins der wenigen Dinge, die mir Freude bereiteten, war, beim Schlafen die Kleinen im Arm zu halten. Aber selbstverständlich würde ich den Platz mit Kuba tauschen. Keiner von uns stellte je etwas in Frage, das uns zu überleben half. Sie brauchten jemanden, der dünn war und der nicht schnarchte. Sie fragten. Ich sagte ja. So einfach war das. Da ich nicht schnarchte, durfte ich zumindest nachts schlafen.

Schon bald nach Ankunft der Soldaten ging es mit uns bergab. Ich hätte nie gedacht, dass die wenigen Minuten, in denen die Luke offen gewesen war, so viel ausgemacht hatten. Wie eine Seuche kehrten die Hitzepocken zurück. Alle bekamen sie. Mama hatte es ziemlich schlimm erwischt und mich auch. Doch am schlimmsten erging es den Patrontaschs: Bei ihnen hatten die Hitzepocken den Rücken in einen Teppich roher hellrosa Pusteln verwandelt. Kein Zentimeter Haut war verschont geblieben. Bei allen war der Rücken am stärksten betroffen, so dass wir vor lauter Schmerzen nicht auf ihm liegen konnten. Um auf dem Bauch zu schlafen, reichte der Platz nicht, weil man die Arme in dieser Lage wenigstens ein bisschen ausstrecken muss. Und wenn wir uns entschieden, auf der Seite zu schlafen, war keine Bewegung mehr möglich, und wir spürten die ganze Nacht einen dumpfen Schmerz in Schultern, Hüften und Knien. Wir wagten es nicht, uns zu kratzen. Wenn die Pusteln zu bluten anfingen, würden sie sich wegen der Feuchtigkeit und der mangelnden Hygiene infizieren.

Doch wenn die Becks uns verließen, wären all die Planerei, all die Opfer, alles, was wir ertragen hatten, umsonst gewesen. Uns blieb nichts anderes übrig, als weiterzumachen. Hunger, Durst und Angst waren mein Leben geworden. So einfach war das. Ich befand mich auf einem Bahnhof, und alles hing davon ab, welcher Zug zuerst eintraf. Freiheit oder Tod. Das Jucken, die Erschöpfung, der Schmerz in den Armen vom Luftzufächeln waren bedeutungslos. Sie waren nur etwas, was mich und meinen Verstand beschäftigte, während ich darauf wartete zu sehen, welchen Zug ich besteigen müsste.

Die Soldaten und die Eisenbahner waren in die Stadt in den Klub der deutschen Soldaten gegangen. Die russische Luftwaffe bombardierte wieder Lemberg, und da keiner zu Hause war, ließ Beck uns in kleinen Gruppen nach oben kommen, damit wir die Lichter und die Explosionen sehen konnten. Der Nachthimmel war erleuchtet, wie ich es noch nie zuvor gesehen hatte. Nicht einmal das Feuerwerk, das die Russen jedes Jahr im Mai veranstalteten, konnte mit dem Bombardement mithalten, das die Nacht in Tag verwandelte. Dann hörte es plötzlich auf. Die Fensterscheibe, durch die ich schaute, zitterte nicht mehr, und der Himmel wurde wieder dunkel. Doch am Horizont war ein Feuerrand zu sehen. Ich betrachtete das Ende der Welt durch leicht geöffnete Damastvorhänge. Beck hatte uns nach oben kommen lassen, um uns Hoffnung zu schenken. So fürsorglich war er. Er rang sich ein Lächeln ab, als er uns versicherte, es könne nicht mehr lange dauern, weil die Russen den Dniester, der in den Karpaten südlich von Lemberg entsprang, überquert hätten.

Beck konnte die Deutschen belügen, nicht aber uns. Ich war an seine Augen und an seine Stimme gewöhnt wie ein Baby an das Gesicht der Mutter. Ich wusste auch, dass sich eine Lüge, wenn sie uns betraf, sich in Becks Mund wie ein

Stück verdorbenes Fleisch anfühlte, das er ausspucken musste, egal wie sehr er sich bemühte, es herunterzuschlucken.
Wieder unten in unserem Versteck erzählte er uns bei Kerzenlicht – der Strom war wegen der Bombardierung wieder
ausgefallen –, dass er kein Geld mehr habe und uns nicht
einmal die versprochenen Lebensmittelrationen beschaffen
könne. Und die Ukrainer, so sagte er, hätten ein neues Ulti-
matum gestellt. Alle Polen müssten Zólkiew bis zum 1. Mai,
also in wenigen Tagen, verlassen haben, sonst würden sie
ermordet.

Während er sprach, wurde er niedergeschlagener, als ich
es je zuvor bei ihm erlebt hatte. »Die Schweine fangen noch
immer Juden«, berichtete er. »Frau Bernstein und ihre drei
Kinder. Ein Informant hat der Gestapo verraten, dass sie
sich in der Scheune der Malachinskis versteckt hatten.«
Mama wurde ohnmächtig. Sie war eng mit Frau Bernstein
befreundet. Zu hören, dass sie sich so wie wir seit siebzehn
Monaten versteckt hatte, um jetzt, wo die Russen näher
rückten, ermordet zu werden, war einfach zu viel. Beck erzählte uns, wie sehr Ala ihn bedränge, zu gehen. Wie unsere
geliebte Mania wollte auch Ala leben. Sie hatte so viel für
uns getan. Wie viel konnten wir von ihr verlangen? Sie war
noch ein Kind, kaum drei Jahre älter als ich, und ich wollte
nicht, dass sie für mich starb. Ich konnte mir die Qualen
nicht vorstellen, die Beck Tag für Tag durchlitt, wenn er sich
zwischen uns, also Fremden, und seiner Tochter, der Liebe
seines Lebens, entscheiden musste. Es wäre ein Wunder,
wenn Herr Beck nicht mit seiner Tochter ging, auch wenn er
uns versicherte, dass er das nie tun würde.

Die nächsten drei Tage waren die Hölle. Die ewige Dunkelheit in unserem Versteck ließen jeden Moment endlos
erscheinen. Mit ein bisschen Licht, und wenn es auch nur
eine Kerze war, konnte ich lesen, die Kinder unterrichten,
nähen, irgendetwas tun, um mich abzulenken. Doch jetzt,

wo wir keinen Strom hatten und nur beim Essen oder wenn wir zur Toilette gingen, eine Kerze anzündeten, konnte ich wie alle anderen nichts weiter tun als den schmalen Lichtstreifen anzustarren, der aus dem kleinen Luftschacht zu uns hereindrang, und für das schnelle Ende des Krieges zu beten.

Und die ganze Zeit über lauschte ich den Soldaten. Norberts Stimme verlor ihren Charme. Ich hörte die Männer über ihre Frauen, Freundinnen und Kinder reden. Ich hörte Richards Zynismus, wenn er über den Krieg sprach. Ich hörte Hans schreien: »Ich kämpfe hier, und die Alliierten bomben meine Familie aus, verdammt noch mal!« Seine Frau und seine Kinder wohnten in Hamburg, und er war wütend über die Berichte von der Bombardierung der Stadt, die er im Radio hörte. Im vergangenen Jahr hatte eine alliierte Armada von fast achthundert Flugzeugen Brandbomben über Hamburg abgeworfen. Die Stadt war in den wenigen Wochen, in denen die Soldaten hier waren, dreimal bombardiert worden. Ich hasste Hans. Nicht nur für seinen Antisemitismus, sondern auch, weil er faul war. Wenn er nicht arbeitete, verbrachte er die meiste Zeit im Bett. Solange auch nur ein Deutscher im Haus war, konnten wir uns nicht bewegen, nicht sprechen, nicht kochen, nicht den Toiletteneimer benutzen. Und dieser Deutsche war normalerweise Hans.

Wir saßen im Dunkeln und lauschten dem Kartenspiel, das seit Stunden über unseren Köpfen im Gange war. Das Haus war voll. Hans, der Polizist, war betrunken und glücklich. Er hatte in Hans, dem Soldaten, einen Kameraden gefunden, der so wie er gern über seine Heldentaten sprach und sich der Anzahl der von ihm getöteten Juden rühmte. Hans, der Polizist, unterhielt die Gruppe gerade mit seinem jüngsten Triumph: den Bernsteins. Mama musste mit anhören, wie er, laut und ausgelassen wie ein Trauzeuge, der bei einer Hochzeit einen Trinkspruch ausbringt, zum Besten gab, wie die Bernsteins ihn angefleht hatten, sie am Leben zu lassen. Sie waren Flüchtlinge, die nicht weit entfernt von Tante Rosa im Westen Polens gelebt hatten und 1939 nach Zólkiew gekommen waren. Frau Bernstein war eine Verwandte der Familie Britwitz, die neben den Melmans in einem der Häuser gewohnt hatte, die später niedergebrannt waren. Sie stammte ursprünglich aus Zólkiew und kannte Mama schon seit ihrer Kindheit. Die drohende Ankunft der Russen brachte Hans schon ins Schwitzen, doch noch immer bereitete es ihm Vergnügen, Juden aufzuspüren und abzuschlachten.

Beck musste so tun, als höre er das alles zum ersten Mal, und gratulierte Hans herzlich. Seine Glückwünsche klangen überzeugend. Der Soldat Hans wollte hinter derlei Heldentaten nicht zurückstehen und erzählte von allen fünfundsiebzig von ihm höchstpersönlich begangenen Morden an Juden. Er hatte mitgezählt. Die Vernichtung eines Volkes war auf ein Stammtischgespräch bei Schnaps, Würstchen und Julias Piroggen reduziert worden. Ich saß neben Zosia und hielt sie im Arm. Sie weinte nicht mehr, wenn sie Hans' brutales Lachen hörte und seine Freude über das, was er geleistet hatte. Das Leben, so wie sie es kennengelernt hatte, bestand nur aus Verfolgung und dem Versuch anderer Menschen, sie umzubringen und sie zu diffamieren für etwas, was sie, klein, wie sie war, noch nicht einmal verstehen konnte. Jüdin zu sein bedeutete ihr nichts. Ich wollte schreiben. Ich wollte jedes Wort festhalten, aber wir hatten kein Licht, so dass ich ohne meinen blauen Bleistiftstumpf in der Hand zuhören musste. Ich hörte zu, im Dunkeln, und mein Gesicht durfte ungehemmt meinen Schmerz, wenn auch nur leise, und meine Wut, wenn auch nur stumm, zum Ausdruck bringen. Beck musste den beiden Mördern gegenübersitzen, die Karten austeilen, Getränke einschenken, Essen servieren, musste zuhören und lachen und den Männern in die Augen sehen. Wir mussten uns seit siebzehn Monaten nur verstecken, doch die Becks, und vor allem Herr Beck, mussten Tag für Tag, Augenblick für Augenblick ein Doppelleben führen – wie einer dieser brillanten Spione in einem brillanten Spionageroman. Wie Beck den Druck aushielt, war mir schleierhaft. Mein Mut war nichts im Vergleich zu seinem.

Sobald die Soldaten und die Eisenbahner am nächsten Tag zur Arbeit gegangen waren, kam Beck nach unten. Er brachte eine Flasche Wodka mit und schenkte den Männern ein. Lange Zeit sagte er nichts. »Es tut mir leid«, begann er dann. »Es tut mir leid. Bitte. Ich hoffe, Sie wissen, dass das, was ich gestern Abend gesagt habe, nicht ernst gemeint war. Ich hoffe, Sie wissen, dass ich nicht so denke.« Er entschuldigte sich bei uns. Er wollte, dass wir wussten, dass das, was er oben von sich gab, nicht seinem wahren Selbst entsprach, das er nur uns zu zeigen wagte. Ich hatte so viele Fragen an Beck. Wie schaffte er es, den Anschein zu wahren, dass er ein loyaler Volksdeutscher war? Wo nahm er den Mut her? Wie konnte er so ruhig und natürlich mit unseren Feinden umgehen? Ich wusste, dass er Krüger und Schmidt sehr mochte. Aber die anderen? Die zwei namens Hans? Hatte Beck Angst? Wie kontrollierte er seine Angst? Glaubte er an Gott? Vertraute er so sehr auf sein Glück? Aber vor allem, warum? Warum riskierte er sein Leben für uns? Manchmal sprach er über Ehre. Er schimpfte, dass die Ukrainer und die Deutschen kein Recht hatten, die Juden zu töten. Doch irgendwie glaubte ich, dass es einen anderen Grund gab, einen verborgenen vielleicht. Und ich hoffte, dass wir eines Tages die Möglichkeit haben würden, darüber zu reden, sollte ich je den Mut aufbringen, zu fragen.

Es geschah jetzt so viel, dass ich kaum hinterherkam, es in meinem Tagebuch festzuhalten. Beck hatte mir ein neues

Heft geschenkt, und während ich schrieb, tropfte mir unaufhörlich Schweiß vom Gesicht auf die neuen Seiten. Meine Einträge verschmierten, und es war fast unmöglich, leserlich zu schreiben. Verglichen mit dem, was um uns herum passierte, schien eine verschmierte Seite nebensächlich zu sein, doch das Heft war nun mein kostbarster Besitz. Und wenn wir umkamen und das Tagebuch gefunden wurde, sollten alle vom Mut der Becks erfahren, von jedem einzelnen Augenblick.

Mir wurde jetzt bewusst, dass wir uns in derselben Situation befanden wie am Tag des Feuers. Selbst wenn es ein anderes Versteck gab, wir würden es nie schaffen, dorthin zu gelangen. Damals war auf den Straßen ein Mob zusammengelaufen – Deutsche, Soldaten, Polizisten und Blaumäntel. Wenn wir versucht hätten, zu fliehen, hätte man uns innerhalb weniger Minuten geschnappt. Jetzt gab es nur noch wenige Zivilisten. In jedem Haus der Straße wohnten Soldaten. In Papas Fabrik lebten mehr als zwanzig Menschen und viele weitere in Zelten in der Nähe des Friedhofs, der seit dem großen Brand vom Haus aus zu sehen war. Wir befanden uns an der Hauptstraße nach Lemberg, so dass es ständig Militärpatrouillen und Verkehr gab. Es waren keine Polen mehr da, und damit gäbe es kein Versteck mehr und niemanden, der uns half, wenn wir versuchten, unser jetziges Kellerversteck zu verlassen.

Beck erzählte uns, dass die ukrainische Polizei Waffen einsammelte, Menschen nach Belieben festnahm und erschoss und den Polen willkürlich ihre Häuser und ihren Besitz wegnahm. Und da Ala jetzt tatsächlich nach Krakau versetzt werden sollte, wollte Beck in den Wald gehen und sich den Partisanen anschließen. Beck war ein Patriot, wollte ein Gewehr in die Hand nehmen und gegen die Feinde seines Landes kämpfen. Das verstand ich. Ich fühlte genauso. Wenn er gesagt hätte, wir sollten mit ihm zu den Partisanen gehen, hätte ich das getan. Ich wusste auch, dass Beck darauf hoffte, einer von uns würde sagen: »Gehen Sie nur. Wir kommen schon zurecht.« Doch keiner sagte ein Wort. Schließlich brach Klara das Schweigen. »Geh. Geh nur. Doch bevor du gehst, nimm bitte dein Gewehr und erschieß uns. Töte uns. Bitte.« Wir hatten Klara wegen ihrer Beziehung mit Beck verurteilt, doch nur diese Affäre erlaubte es ihr, so geradeheraus mit ihm zu reden. Und es war diese Affäre, die Beck hier bei uns hielt, so dass wir geschützt waren. Ich wusste nicht, ob er Klara liebte. Ich wusste nicht, ob er uns verlassen würde. Klara jedoch würde er nie verlassen. In ihm musste ein Krieg toben. Er war uns, seiner Familie und seinem Land gegenüber loyal. Aber er konnte nicht gleichzeitig kämpfen und uns schützen.

Er erklärte sich einverstanden, zu bleiben. Fürs Erste waren wir sicher. Beck versprach, dass er nur gehen würde, wenn von Pappen ihn dazu zwang. Außerdem erzählte er Herrn Patrontasch, dass die Russen Sewastopol und Odessa eingenommen und die restliche Krim zurückerobert hätten. Nun konnten sie nach Norden und Westen vorrücken. In mir keimte neue Hoffnung auf. Das Vorrücken der Russen nach Vinnytsia und die Bombardierung von Lemberg mussten das Vorspiel zu einer größeren Offensive in Galizien sein.

Die Becks und die Soldaten waren außer Haus, und Herr Patrontasch brachte die Eimer nach oben, um sie zu leeren. Als er zurückkam, wusste ich, dass etwas nicht stimmte. Was er uns berichtete, machte jede Hoffnung auf unser Überleben zunichte. Die Becks hatten all ihre Habe gepackt und im Gang aufgereiht. Der Mann, dem ich inzwischen so vertraute wie meinem eigenen Vater und auf den ich all meine Hoffnung für unser Überleben setzte, hatte uns in die Augen gesehen und uns belogen. Es gab nur eine mögliche Schlussfolgerung: Die Becks würden uns verlassen, ohne es uns zu sagen.

15
Ich verliere die Hoffnung

10. MAI BIS 6. JUNI 1944

Mittwoch, 10. Mai. Wieder Probleme. Lang, der immer gesagt hat, dass er bleibt, hat beschlossen, zu gehen … Herr Beck sagt, er geht nur, wenn sie ihn zwingen, aber wer weiß, ob er nicht eines Tages einfach weggeht, ohne es uns zu sagen. Von Pappen kann jeden Tag zurückkommen. Was sollen wir nur tun, wenn Beck sagt, von Pappen habe ihm befohlen, zu gehen?

Herr Patrontasch war wie immer derjenige, der mit Beck reden sollte.

»Wir machen uns Sorgen, Sie könnten Ihre Pläne geändert haben.«

Herr Patrontasch hatte eine bestimmte Art, mit Beck umzugehen. Er konnte die schrecklichsten Dinge herunterspielen. Jetzt sagte er ihm einfach, wir würden uns Sorgen machen, er könne seine Pläne geändert haben. Beck wusste genau, was Patrontasch meinte und welche Angst wir alle hatten.

Er beruhigte uns sofort: »Ich habe Ihnen doch gesagt, dass ich nicht gehe, also gehe ich auch nicht. Wir haben für den Fall, dass ein Feuer ausbricht, Sachen aus dem Keller nach oben geholt, das ist alles. Wenn sie Lemberg bombardieren, sind sie über kurz oder lang auch hier. Und wir wollen ja nicht alles, was wir besitzen, durch ein Feuer verlieren.«

»Danke, dass Sie uns das sagen«, erwiderte Patrontasch. »Wir wussten, dass es eine vernünftige Erklärung geben würde. Wissen Sie …«

Beck schnitt ihm das Wort ab: »Denken Sie nicht weiter darüber nach.« Dann ging er nach oben.

Seine Worte beruhigten uns nicht wirklich. Ich vertraute den Becks, aber Herr Melman ließ sich nicht überzeugen. Waren seine Ängste berechtigt oder nur das Ergebnis unserer Niedergeschlagenheit und Verzweiflung, die förmlich wie Schweiß an uns klebte? Wir lösten uns alle körperlich und mental auf. Die grauen Haare waren belanglos im Vergleich zu Melmans Haut, die sich ablöste wie Kartoffelschalen, den wunden Stellen an Mamas Brüsten, den ausfallenden Zähnen, dem blutenden Zahnfleisch, dem Rheuma und den Hitzepocken, die uns heimsuchten wie eine der zehn Plagen.

Fast jeden Abend waren bis zwei oder drei Uhr morgens Gäste im Haus, und fast jeden Tag kamen Leute zum Mittagessen, um Radio zu hören. Beck war sehr beliebt; all seine polnischen Freunde fragten ihn um Rat. Normalerweise drehte sich die Unterhaltung irgendwann um den Mord an den Juden. Hans, der Polizist, sagte, er wäre gerne in Ungarn, weil sie dort Juden töteten, so wie sie es zuvor hier getan hatten. Er sprach über Mord, als handele es sich um ein Steckenpferd wie Skifahren und die Suche nach dem frischesten Schnee. Hans, der Soldat, berichtete ausführlich von seinen Vorlieben beim Judenmord und den Vorzügen von Garrotte, Pistole und Messer. Dieter warf ein, er könne keine unbewaffneten Juden töten, würde es aber tun, wenn sie eine Waffe hätten. Ala und Julia servierten Essen, das die Polizisten mitbrachten, um es sich von ihnen zubereiten zu lassen. Norbert sagte: »Manchmal denke ich, dass eine Kugel viel zu gut ist für einen Juden. Viel besser wäre es, sie in Stücke zu hacken.« Ich wunderte mich, dass Julia und Ala nicht ihre Tabletts fallen ließen. Diese Worte aus Norberts Mund zu hören schockierte mich zutiefst. Ich hatte ihn so gerne singen gehört, doch nun brachte seine Stimme nur Bilder von einem Mann hervor, der Juden zu Tode hackte.

Als Hans gegangen war, fragte Norbert neugierig, wie lange die Becks schon in diesem Haus wohnten. Julia antwortete regungslos: »Zwei Jahre. Warum?« – »Ich weiß nicht. Ich lag auf meinem Bett und dachte, ich höre etwas rascheln, so als würde Stroh hin und her bewegt. Und ich hätte schwören können, dass ich dann gehört habe, wie unter meinen Füßen zwei Gläser aneinanderklirrten. Ich habe nämlich von Juden gehört, die sich mit Lebensmitteln in Bunkern verstecken, die sie unter den Häusern gegraben haben.«

Julia tat es mit einem Lachen ab. »Zwei Jahre, und ich habe nie irgendetwas gehört.«

Hoffentlich überzeugte ihn das. Wenn er einen Verdacht hatte, würde er Hans, dem Polizisten, davon erzählen. Ich wunderte mich, wie die Becks die Scharade Nacht für Nacht, Tag für Tag aufrechterhalten konnten. Ein falscher Schritt, ein falsches Wort, ein verdrießlicher oder geschockter Gesichtsausdruck – und wir waren tot.

Julia brach nach Lemberg auf, um Tabak aufzutreiben, den sie dann verkaufen konnte. Während sie weg war, begann der Boden zu zittern, und wir hörten, wie in Lemberg Bomben explodierten. Ein paar Tage lang hatten wir Strom gehabt, doch jetzt fiel er sofort wieder aus. Ich betete, dass Julia nicht von einer Bombe getroffen worden war. Sie kam heil nach Hause, konnte jedoch nicht zur Luke kommen, um uns etwas zu essen zu bringen. Dieter lag krank im Bett, und wir saßen die nächsten beiden Tage im Dunkeln ohne Essen und ohne Wasser. Armer Herr Patrontasch. Er wurde vor Hunger ohnmächtig, und wir hatten nicht einmal Wasser, um ihm die Lippen zu befeuchten. Papa flüsterte Mama zu: »Wenn er stirbt, müssen wir ihn hier unten begraben.« Noch nie hatte Papa, wenn es um die Gesundheit eines Freundes ging, so kalt geklungen. Wir konnten nichts dagegen tun, dass wir nichts zu essen hatten, und Mitleid war zum Luxus geworden. Hätten wir etwas gehabt, hätten wir Herrn Patrontasch eine Extraportion gegeben.

Es zählte nur noch das, was dem Überleben diente. Wir konnten die Eimer nicht leeren, und der erste Graben war fast voll. Die Männer müssten, sobald wir wieder Licht hatten, einen neuen graben. Der einzige Ort, wo das möglich war, lag nur einen halben Meter von Lolas Pritsche entfernt. Sie beklagte sich mit keinem Wort, als Papa ihr sagte, wo die Männer graben müssten. Wir mussten schnell etwas unternehmen, denn Norbert hatte Julia darauf angesprochen, dass das Abwasser stinke und er sich gerne darum kümmern könne.

Ala kam lachend und glücklich nach Hause und erzählte Beck, dass sie nun endlich nach Krakau gehen würde. Beck freute sich riesig. Es war eine wunderbare Nachricht für Ala und für uns. Wenn Ala in Sicherheit war, würde Beck mit höherer Wahrscheinlichkeit bei uns bleiben. Beck hatte auch gute Laune, weil es im Radio hieß, die russische Front rücke näher. Die Alliierten hatten Monte Cassino südlich von Rom eingenommen, und Lemberg war wieder bombardiert worden.

Über Nacht wurde es heiß in unserem Versteck. Wir stanken nach Schweiß, und die meisten von uns fächelten sich, so schnell sie konnten, Luft zu. Dabei sahen wir aus wie die Geiger eines Orchesters, die ein Allegro spielten. Die Eisenbahner und die Soldaten waren außer Haus, ebenso Herr Beck. Julia war allein oben und hatte die Luke geöffnet, damit ein bisschen Luft hereinkam, als es plötzlich an der Tür klopfte. Das Klopfen wurde zu einem Hämmern. Und dann war es begleitet von wiederholtem Schreien:

»JUDEN, JUDEN. Wo sind die Juden?« Wieder brach uns der Schweiß aus. Julia und Patrontasch schlossen schnell die Luke, beide in heller Aufregung. Zygush, der mit seinen Papier-und-Wachs-Puppen gespielt hatte, hielt mitten in der Bewegung inne. Wir alle hielten mitten in der Bewegung inne. Nur Lola nähte weiter, als wäre nichts geschehen. Meine arme Mama fiel in Ohnmacht, und wieder konnten wir nichts tun. Zosia schnappte sich ein Kissen und legte es sich über den Mund. Das tat sie nun immer, wenn sie Angst hatte. Sie fing an zu weinen, ein leises ersticktes Schluchzen. Die Steckels griffen nach ihren Giftfläschchen und spielten nervös damit herum. Ich spürte, wie sich Wut in meine Angst mischte. Die Steckels dachten immer zuerst an sich. Dafür hasste ich sie. Wir hatten jetzt ein Gewehr und, da Klara Herrn Beck darum gebeten hatte, auch Kugeln. Als Artek die Waffe jetzt in die Hand nahm, fragte ich mich, für wen er die Kugeln verwenden würde? Für sie oder für uns? Ich wusste nicht, wie viele Kugeln wir hatten, aber ich wollte lieber von Artek erschossen als durch die Straßen geschleift und gefoltert werden. Aber mir blieb keine Zeit, es irgendjemandem zu sagen.

Die ukrainische Polizei schwärmte brüllend ins Haus. Ich hatte keine Ahnung, wie viele Männer es waren, doch durch ihre schweren Stiefelschritte löste sich Erde von den Wänden unseres Verstecks. Sie stürmten durch die Zimmer. Ich hörte, wie Schranktüren geöffnet wurden, hörte, wie sie auf der Suche nach falschen Wänden mit den Fäusten herumhämmerten, auf der Suche nach Luken Möbel verrückten. Mehrere Männer stiegen in den Teil des Kellers hinab, in dem das Holz gelagert wurde. Er befand sich direkt neben unserem Versteck, aber wir hatten nie einen Durchbruch geschaffen. Es klang, als wären Tausende von Männern dort. Sie schrien Julia unentwegt an: »Wo sind sie? Sag es uns, und wir werden dich nicht umbringen. Du polnische Hexe. Jeder weiß, dass sie hier sind. Wir wissen, wie viele. Ihr habt vierzehn Juden! Die ganze Stadt weiß es!« Ich befürchtete, dass sie Julia schlagen würden. Ich hatte Angst, dass Julia uns verriet, oder schlimmer noch, dass die Männer sie umbrachten. Doch Julia schrie zurück: »Hier sind keine Juden! Bei uns wohnen Nazis!«

Dann die vertraute Stimme unseres antisemitischen Soldaten Hans, der aus vollem Hals schrie: »IHR SCHWEINE! Wie könnt ihr es wagen, ein Haus zu durchsuchen, in dem deutsche Soldaten leben?«

Der Ukrainer brüllte: »Sie sind hier! Wir haben Berichte!«

Hans musste seine Pistole gezogen haben: »Ihr verdammten diebischen Hurensöhne, sucht, so viel ihr wollt. Hier ist niemand. Doch wenn hinterher irgendetwas fehlt, dann finde ich euch und erschieße euch auf der Stelle.« In all seiner Arroganz hatte Hans keine Ahnung davon, wie nah er seinem eigenen Tod war. Die Ukrainer waren blutrünstig. Sie hätten ihn sofort getötet, wenn sie ungeschoren davongekommen wären.

»Du wirst schon sehen. Was wisst ihr Deutschen schon? Die verdammten Polacken lügen, wenn sie nur den Mund aufmachen, und sie ficken deine Mutter, wenn du dich umdrehst. Es gibt hier einen Bunker und einen in der Fabrik der Scheißjuden. Und einen Tunnel, der von einem zum anderen führt.«

Wir hatten tatsächlich einen Tunnel graben wollen. Aber wer hatte den Ukrainern davon erzählt? Abgesehen von einigen engen Freunden und Verwandten, von denen die meisten tot waren, befanden sich alle, die von diesem Bunker wussten, bei uns hier unten. Wir sahen einander an und überlegten. Seit Wochen hatte niemand mehr Becks Neffen Wladek gesehen. Es war die Rede davon gewesen, dass er bei uns bleiben sollte, um nicht von den Nazis eingezogen zu werden, die ihn als Deserteur betrachteten, weil er dem Einberufungsbefehl nicht gefolgt war. Wladek versteckte sich immer wieder hier im Haus vor der Gestapo und hatte seit jenem ersten Weihnachtsfest von uns gewusst. Er war ein netter Junge, doch bestimmt nicht stark genug, um ein Verhör durchzustehen. Aber wenn Wladek uns verraten hätte, dann wäre die Polizei von der Eingangstür aus in zehn Schritten an der Luke gewesen.

Hans folgte den Ukrainern zur Fabrik, wo sie den ersten Bunker fanden, den wir gebaut, aber nie wirklich benutzt hatten. Er war leer, und sie kamen zum Haus zurück. Lola hatte die ganze Zeit weitergenäht. Ich glaube, ihre Ruhe steckte uns alle an. Sie nähte weiter, als existiere nichts auf der Welt neben ihrer Nadel, ihrem Faden und ihren Socken. Patrontasch nahm sein Buch und rechnete mal wieder aus, wie viele Minuten wir bereits in unserem Kellerversteck verbracht hatten.

Ich dachte weiter darüber nach, wer uns verraten haben könnte. Wenn ich dieses Geheimnis löste, würde dieser Alptraum vielleicht enden. Konnte es sein, dass Kinder beim Spielen in der Fabrik den Bunker gefunden hatten? Erst gestern hatte Beck uns erzählt, dass Kinderbanden auf der Jagd nach Juden umherzogen. Einer der Jungen hatte eine verdächtige Öffnung in einer Wand entdeckt: einen Riss, durch den ein Lichtstreifen oder ein Luftzug dringen konnte. Die Jungen hatten die Polizei gerufen und zugesehen, wie sie Benzin auf die Wand goss. Als das Feuer sich ausbreitete, war eine Gruppe brennender Juden aus einer verborgenen Tür aufgetaucht. Die Nazis hatten keine Kugel an sie verschwendet. Sie hatten zugesehen, wie die Juden verbrannt waren.

Schließlich gingen die Ukrainer. Hans verfluchte ihre Mütter auf die übelste Weise. Er sagte Julia, sie solle ihn wissen lassen, wenn sie zurückkämen. Er und die anderen würden sich schon um sie kümmern. Ich spürte die Wut in seiner Stimme und wusste, dass er am liebsten jemanden töten wollte. Wenn schon keine Juden da waren, musste er eben mit Ukrainern vorliebnehmen.

Hans war nur zurückgekommen, weil er etwas vergessen hatte. Wieder einmal hatte das Schicksal es gut mit uns gemeint. Ich wusste nicht, was ich davon halten sollte. Wir waren dem Tod so oft von der Schippe gesprungen. Wie oft würden wir noch gerettet werden? Mir schien, als verspotte uns das Schicksal. Wir saßen in benommenem Schweigen da, als Hans das Haus verließ und dabei die Melodie pfiff, die er von Beck aufgeschnappt hatte. Unser Geheimcode »Ende gut, alles gut«. Wir würden ihn ändern müssen.

Kurz danach kam Beck nach Hause. Er musste von der Hausdurchsuchung erfahren haben. Zusammen mit Julia, die bislang noch nicht nach uns gesehen hatte, kam er nach unten. Ja, sogar Julia kam. Ich dachte, dies sei der Tropfen gewesen, der das Fass zum Überlaufen gebracht habe, und dass sie uns verlassen würden. Doch es fiel nicht ein einziges vorwurfsvolles Wort. Stattdessen versuchten sie, uns zu beruhigen, und brachten uns Brot. Nach allem, was sie durchgemacht hatten, dachten sie daran, uns Brot zu bringen. Manchmal kam ich auf sonderbare Gedanken. Ich flüsterte: »Mama, wenn jemandem das Leben zu langweilig ist, könnte er kommen und hier bei uns wohnen. Hier gibt's immer viel Aufregung.«

Ich dachte zurück an unser erstes Weihnachtsfest hier unten. Wenn die Becks damals gewusst hätten, was die Zukunft für sie bereithielt, hätten sie uns bestimmt nicht geholfen. Sie hatten viel erlitten, doch ihre Seele war nicht gebrochen. Ich dachte an ihren Brauch, auf ihre Weihnachtstafel ein Gedeck für einen uneingeladenen Gast zu legen. Sie hatten nicht nur einen zusätzlichen Gast. Sie hatten achtzehn. Als ich als Kind dabei zugesehen hatte, wie Julia in unserem Hinterhof unsere Teppiche klopfte, war mir nicht klar, wie stark ihr Glaube war. Jetzt wusste ich nicht, ob dieser Glaube ihr den Mut gab, uns zu retten, oder die Stärke, sich nicht von ihrer Angst unterkriegen zu lassen. Tag für Tag wurde ich Zeuge davon, wie diese bemerkenswerte Frau ohne zu zögern kompromisslos das tat, was die Heiligen und ihr Erlöser taten. Julia würde bestimmt im Himmel ihren Lohn erhalten. Ich hoffte, dass sie ihn auch auf Erden erhielt.

Wir standen wegen der Durchsuchung noch immer unter Schock, aber die Becks wollten trotz allem ein Fest zu ihrem zweiundzwanzigsten Hochzeitstag geben. Ich weiß nicht, wie sie es schafften, in diesen trostlosen Zeiten irgendetwas zu feiern, aber es war eine Erleichterung, etwas anderes durch die Bodendielen zu hören. Die Soldaten hatten einen ganzen Tag lang das Haus nicht verlassen und halfen bei den Vorbereitungen.

Das Haus füllte sich mit Gästen. Die Musik war laut, und der Boden über unseren Köpfen dröhnte von den Schritten der Tänzer. Beck sang mehrere Liebeslieder für Julia und erhielt für jedes einzelne von ihnen einen Riesenbeifall. Selbst von Pappen kam als Überraschungsgast vorbei und brachte einen Trinkspruch auf Beck, den stolzen und loyalen Volksdeutschen, aus. Wenn man dieser Feier lauschte, konnte man sich kaum vorstellen, dass draußen vor der Tür ein Krieg tobte, in dem die Gäste führende Rollen spielten.

Bis drei Uhr morgens wurde gefeiert, erst dann wurde es ruhig im Haus. Die Soldaten und die Eisenbahner gingen zur Arbeit, und Beck kam kurz danach zu uns nach unten. Etwas an seinem Aussehen erschreckte mich. Ich wusste nicht, warum, aber mir war vorher nie aufgefallen, dass er beinahe so gealtert war wie wir. Sein Haar war grau geworden, sein Gesicht wirkte abgespannt und hatte das ausgezehrte Aussehen einer verlorenen Seele. Die Soldaten wohnten jetzt seit fünf Wochen bei uns. War es ihre Ankunft gewesen, die Beck so hatte altern lassen? Er war in düsterer Stimmung.

Dann tat er etwas, was mich davon überzeugte, dass er das Ende herbeiführen wollte, so wie die Juden, die in den Elektrozaun rannten. Herr Steckel hatte ihm zwanzig goldene österreichische Kronen zum Verkauf gegeben und ausgerechnet, dass die Becks dann sieben Zloty pro Tag ausgeben könnten, was er für ausreichend hielt, jeden von uns einen Monat lang zu ernähren. Ich wusste weder, was den Sinneswandel des Apothekers herbeigeführt hatte, noch, worauf seine Rechnung basierte. Angesichts der in die Höhe schießenden Preise reichten sieben Zloty nicht einmal, um einen Schoßhund zu füttern. Dennoch war ich dankbar. Vielleicht führten der Anblick des ohnmächtig werdenden Patrontasch und der Kinder mit ihren unterernährten Körpern und mit Gesichtern wie denen der alten Hutzelweiber aus Grimms Märchen dazu, dass er nach zwölf Monaten ein Gewissen entwickelte. Vielleicht dachte er aber auch, es sei sicherer, uns am Leben zu erhalten, als eine Leiche nach der anderen hier unten vergraben zu müssen.

Beck verkaufte die Kronen dem Kommandanten der ukrainischen Miliz, eben dem Mann, der auf der Suche nach uns fast das Haus abgerissen hatte. Auf den Handel mit Gold stand die Todesstrafe. Der Kommandant hätte Beck auf der Stelle erschießen und dann das Haus auseinandernehmen können, Brett für Brett, Stein für Stein. Es war allgemein bekannt, dass Juden vor dem Krieg mit österreichischen Kronen gehandelt hatten. Doch Beck hatte seine eigene Strategie. »Machen Sie sich keine Sorgen. Zavalinsky hat mir gesagt, er würde das Gold für einen Ring schmelzen lassen.« Mit Beck ließ sich nicht streiten. »Sind wir noch am Leben oder nicht? Hat alles, was ich für Ihr Überleben getan habe, funktioniert oder nicht?«

Tatsächlich kam der Kommandant später am Abend vorbei, um mit Beck zu trinken. Und am nächsten Abend und am übernächsten. Er und Hans, die einander noch vor wenigen Tagen beinahe erschossen hätten, waren nun die besten Freunde und tauschten Geschichten aus. Beck hatte recht. Wer sollte auf die Idee kommen, dass sich unter dem Fußboden achtzehn Juden versteckten, wo ein halbes Dutzend Deutsche, ein Leutnant der deutschen Polizei und der Kommandant der Blaumäntel hier wohnten oder zumindest jeden Abend tranken und Karten spielten? Würden Beck und wir noch ein wenig länger so wahnsinniges Glück haben?

Norbert verließ uns und wurde sofort durch einen noch judenfeindlicheren Soldaten namens Georg ersetzt. Georg war unhöflich und kurz angebunden, bis Beck ihn unter seine Fittiche nahm und noch einmal ein Fest gab, dieses Mal, um den neuen Gast willkommen zu heißen. Ein Freund des neuen Soldaten brachte allen das Tanzen bei. Drei Stunden lang glaubte ich, der Boden über unseren Köpfen würde einstürzen, und hatte das Gefühl, mitten in einer großen Trommel zu sitzen.

Es war der erste Juni, und die Hitze war immer drückender geworden. Selbst nachts fühlte es sich an, als wären es über dreißig Grad. Nur in den frühen Morgenstunden gelangte ein wenig frische Luft durch die ziegelsteinförmige Öffnung, so dass wir ein paar Stunden schlafen konnten. Einen weiteren Sommer würden wir hier nicht überleben. So einfach war das. Ein paar von uns würden verhungern oder an Typhus, Cholera oder einer Infektion sterben, weil unsere Rücken aufgrund von Hitzepocken und unhygienischen Bedingungen bluteten. Hitzepocken! Vor dem Krieg waren sie nicht gefährlicher gewesen als ein Windelausschlag. Und jetzt konnten sie uns töten.

An der Front bewegte sich seit Wochen nichts mehr. Die Alliierten hatten Rom eingenommen, doch das war abgesehen von einigen Vorstößen nach Rumänien alles. Die Männer konnten es sich nicht erklären. Warum rückten die Russen, die sich von den Deutschen nirgendwo hatten aufhalten lassen, nicht weiter vor? Jeder kleinste Vormarsch war etwas, an das wir uns klammern konnten. Selbst wenn sie einen Ort von der Größe Kulikows einnahmen, der nur aus einer Kirche und einer Bäckerei bestand, reichte uns das.

Der Tanzlärm über unseren Köpfen, der durch den Dunst meiner Erschöpfung und durch die alles erstickende Hitzedecke gedrungen war, hatte etwas Makabres. Ein Totentanz, ein Tanz von Verrückten, die sich einfach drehten, weil die Welt unterging und man nichts dagegen unternehmen konnte. Als sie endlich aufhörten, dröhnten mir die Schritte noch immer in den Ohren, und die Tänzer hatten wie *Dybbuks* jeden Zentimeter von mir in Besitz genommen. Langsam verklangen die Geräusche. Ich bemerkte, dass mein Herz fast hysterisch hämmerte. Diese Hölle würde kein Ende nehmen. Doch sosehr mir auch nach Weinen zumute war, ich unterdrückte die Tränen. Irgendwie war Zosia trotz des Lärms auf meinem Schoß eingeschlafen. Als die anderen sich schlafen legten, beschloss ich, wach zu bleiben und auf Zosia aufzupassen. Ich wollte nicht, dass sie plötzlich aufwachte und zu weinen begann.

Hans, der Polizist, blieb noch, nachdem die anderen gegangen waren. Beck warnte uns, indem er scherzte: »Hans, ein so großer, starker Kerl wie du fürchtet sich, im Dunkeln nach Hause zu gehen?« Solange Hans da war, würde jedes Geräusch von unten Verdacht erregen, und ich fürchtete, dass sein Hass auf die Juden jedes Gefühl von Anstand verdrängen würde, egal wie sehr er die Becks auch mochte. Hans redete mit Beck, und jetzt, wo das Haus leer war, klang seine Stimme so nah, als würde er mir und nicht Beck ins Ohr flüstern. Dann schlich sich eine neue Angst in meine Gedanken. Was, wenn Hans Beck verdächtigte? Und was, wenn er die Nacht hier verbringen wollte? Doch wir waren nicht der Grund, warum er blieb. Der Grund war Ala. Man hatte sie nach Warschau statt nach Krakau versetzt, und sie würde in wenigen Tagen abreisen.

»Ala sollte hierbleiben«, sagte er seufzend. »Denken Sie darüber nach. Solange Ihre Familie in Zólkiew ist, kann ich auf Sie aufpassen. Sie werden in Sicherheit sein. Ala wird in Sicherheit sein.«

Beck versicherte, er würde darüber nachdenken, und dann gingen sie schlafen. Wenn die Becks in Sicherheit waren, waren wir es auch. Unser Feind, derselbe Mann, der uns abschlachten würde, wenn er von unserer Existenz erführe, hatte eine Schwäche für ein wunderschönes blondes Mädchen mit einem perlenden Lachen. Es spielte keine Rolle, dass sie ihn nicht liebte, ja vielleicht sogar einen anderen liebte. Es war wie in *Cyrano*, der Geschichte von einer edlen, unerwiderten aufopferungsvollen Liebe. Ich war entschlossen, wach zu bleiben, bis Hans ging. Gegen sieben Uhr morgens regte er sich. Er trug seine Stiefel zur Tür und zog sie erst an, als er schon aus dem Haus war, rücksichtsvoll genug, seine Gastgeber oder Ala nicht aufzuwecken. Als ich die genagelten Stiefel auf dem Fußweg hörte, schloss ich die Augen und schlief ein.

Ich schreckte auf, weil jemand gegen die Luke hämmerte. Das Hämmern war so laut, dass ich in Panik geriet und die Augen öffnete. Ich sah, wie Patrontasch die Luke öffnete und Becks Gesicht in der Öffnung erschien. Hinter ihm war Julia. Ich konnte ihren Gesichtsausdruck nicht erkennen. Patrontasch stand mir im Weg, und meine Augen hatten sich noch nicht an das Licht gewöhnt. Beck schrie fast: »Die zweite Front! Sie ist da! In Nordfrankreich. Ich hab's im Radio gehört. Sechzehntausend Flugzeuge. Hunderttausende von Männern! Viertausend Schiffe!« Dann zog er den Kopf weg, und Patrontasch schloss die Luke.

Die zweite Front. Unser Freudentaumel und die neu erwachte Hoffnung vertrieben zumindest für wenige Augenblicke alle Verzweiflung aus unserem Versteck. Doch die französische Küste war über tausend Kilometer weit weg. Ich sah keinen Zusammenhang zwischen unserem Überleben und dem, was Eisenhower in Westeuropa erreichte. Unser Überleben hing davon ab, was Beck über unseren Köpfen tat und wie bald die russischen Panzer an unserem Haus vorbeirollten. Ich wollte glücklich sein. Ich wollte sicher sein, dass wir überlebten. Doch ich konnte mich über die Nachricht nicht so freuen, wie die anderen, sosehr ich es mir auch wünschte. Ich würde erst an unser Überleben glauben, wenn die Deutschen flohen und wir nach draußen gingen und die olivgrünen Uniformen russischer Soldaten sahen. Bis zu diesem Augenblick konnte ich nur beten.

16
Der Auszug

Mittwoch, 28. Juni. Ich habe Hela Ornstein gesehen! Ich war oben zum Saubermachen und habe immer wieder kurz aus dem Fenster geschaut, ob die Soldaten auch nicht zurückkommen. Da sah ich plötzlich zwei junge Mädchen. Eine davon war Hela. Ich bewunderte ihren selbstsicheren Gang. Offensichtlich hat sie sich an ihre Rolle als Nichtjüdin gewöhnt. Innerlich fühlt sie sich wahrscheinlich nicht so wohl, wie es den Anschein macht. Sie hat auf so tragische Weise ihren Vater und ihre Schwester verloren.

Draußen ist es herrlich, jetzt im Juni, und mir tut das Herz weh, wenn ich sehe, wie die Menschen herumspazieren, in Freiheit, das schöne Wetter genießen und keine Angst haben. Wir vegetieren hier voller Angst dahin.

Mitten in der Nacht war ich von Verkehrslärm wach geworden. Stunde um Stunde fuhren Lastwagen und Panzer vorbei. Als Beck morgens nach unten kam, erzählte er uns, im Radio werde zwar nichts von einer russischen Offensive berichtet, aber irgendetwas sei im Gange. Vielleicht starteten die Nazis ihre eigene Offensive. Etwas lag in der Luft. Doch noch ließ man uns im Ungewissen. Die Vorstellung, dass es die Russen sein könnten, schmälerte unsere Angst nicht. Im Gegenteil, denn die bevorstehende Rettung brachte auch immer den Gedanken an den bevorstehenden Tod mit sich. Beides ging Hand in Hand, wie Zwillinge, die uns verhöhnten. Und so wie der donnernde Lärm der tanzenden Füße über unseren Köpfen keinen klaren Gedanken mehr zuließ, verdrängte auch diese Vorstellung alles andere.

Die Soldaten und Eisenbahner waren nicht zu Hause, so dass ein hektisches Treiben herrschte. Wir kochten alle Kartoffeln, die wir noch hatten. Patrontasch leerte die Eimer. Artek probierte eine neue Erfindung aus. Er nahm mehrere Ziegelsteine aus dem Kamin, der sich im Flur direkt gegenüber unserem »Fenster« befand. Am Tag mussten wir die Steine drinlassen, damit sich unser Versteck nicht mit Rauch füllte, wenn Julia kochte. Doch nachts wäre für Durchzug gesorgt. Es würde immer noch drückend heiß sein, aber selbst die kleinste Brise brachte Erleichterung.

Ala fuhr am Morgen weg, konnte sich aber nicht von uns verabschieden, weil die Soldaten zu Hause waren. Hans brachte sie mit einem Einspänner zum Bahnhof. Ich wusste nicht, ob ich sie je wiedersehen oder die Möglichkeit haben würde, ihr für alles zu danken, was sie für uns getan hatte. Aber daneben hatte ich auch selbstsüchtige Gedanken. Ohne Ala, die die Soldaten ablenkte, mit ihnen spazieren ging, sie unterhielt, würde es für Julia viel schwerer werden, die Luke zu öffnen, um uns Essen und Wasser zu bringen.

Hans kam auch weiterhin zu den Becks. Er und Georg hatten sich schnell angefreundet. Ihre Unterhaltungen drehten sich immer wieder um die Ermordung von Juden. Hans prahlte damit, dass er persönlich für die »Umsiedlung« von 32 000 Juden verantwortlich sei. Auch wenn ich Hans inzwischen kannte, diese Zahl machte mich sprachlos. Wenn ein Einzelner so viele getötet hatte, dann war es gut möglich, dass es in Europa bald keine Juden mehr gab. Vielleicht waren wir die einzigen. Es wäre ein Wunder, wenn in Zólkiew fünfzig überlebt hätten. Beck kam mit einem anderen Polizisten und dem ukrainischen Kommandanten nach Hause und gesellte sich mit ihnen zu Hans und Georg. Die Männer tranken bis zwei Uhr morgens. Normalerweise brachte Beck seinen Judenhass so deutlich zum Ausdruck wie die anderen. Doch an jenem Abend sagte er diesen Mördern, Gott würde das Töten verbieten. Richard, der jüngste und netteste der Soldaten, der die Becks »Mutter« und »Vater« nannte, erwiderte, im Krieg sei es nicht nur erlaubt, sondern auch notwendig, zu töten. Er glaubte noch immer, dass Deutschland den Krieg gewinnen werde; Beck solle die Nachrichten hören, dann würde er verstehen, warum.

Beck schaltete das Radio ein, in dem gerade berichtet wurde, dass die Nazis London mit V2-Raketen bombardierten. Große Teile der Stadt waren zerstört und unzählige Zivilisten getötet worden. Seit Wochen hatten wir nichts mehr von Truppenbewegungen in unserer Nähe gehört. Die Russen griffen Finnland und Rumänien an. Herr Patrontasch zeichnete die neue russische Front auf seiner Karte ein. Sie hatte sich westlich von uns bewegt. In unserer Nähe gab es keinerlei Bewegung. Auf der Karte sah die Front wie eine Linie mit einem dicken, fetten Halbkreis in der Mitte aus. Ich hatte gehofft, dass die Militärfahrzeuge, die noch immer durch unsere Straßen fuhren, eine Reaktion auf eine russische Offensive wären. Doch angesichts der Raketen über London musste es sich um eine Gegenoffensive der Nazis handeln. Die Soldaten reagierten auf die Nachricht mit Naziliedern und einem immer lauter werdenden »Deutschland, Deutschland über alles«.

Es hatte Zeiten gegeben, in denen wir glaubten, bald befreit zu werden. Es hatte Zeiten gegeben, in denen wir alle Hoffnung verloren. Doch ich hätte nie und nimmer gedacht, dass wir achtzehn Monate lang in diesem Loch bleiben würden. So oder so hatte ich geglaubt, würde nunmehr alles vorbei sein. Bis jetzt vergingen die Monate schnell, auch wenn mir jeder einzelne Tag wie eine Ewigkeit erschien. Der Krieg – das war wohl angesichts der neuen Nachrichten sicher – würde nicht so schnell vorbei sein. Die Lieder der Soldaten klangen für mich wie ein Widerhall der Bombardierung Londons. In den Nachrichten hatte es auch geheißen, dass die Briten manchmal bis zu drei Stunden in ihren Luftschutzkellern verbringen mussten. Ich holte mein Heft hervor und rechnete aus, dass wir inzwischen seit 13 000 Stunden hier unten waren. Ich war schon so verrückt wie Herr Patrontasch!

Nachdem die anderen gegangen waren, unterhielt sich Richard noch lange mit Beck. Die beiden flüsterten, so dass ich nicht die gesamte Unterhaltung mitbekam. Richard bat Beck, mit Julia nach Tschenstochau zu gehen, wohin die Nazis Ala am Ende geschickt hatten. Zusammen mit ihren Eltern wäre Ala dort sicherer. Wer wusste, was noch alles passierte? Vielleicht fanden sie einander nicht mehr, wenn der Krieg vorbei war. Oder es passierte noch etwas Schlimmeres. Auf alle Fälle schien es weiter westlich, wo Ala sich jetzt aufhielt, sicherer. Richard, ein Nazi und Patriot, war der großmütigste der Soldaten. Er war in Ala verliebt und dachte an nichts anderes als an ihre Sicherheit und die ihrer Eltern. Es diente unserer Sache nicht, dass die Becks seit über einer Woche nichts von Ala gehört hatten. Denn solange sie nichts von ihr hörten, würden sie unruhig sein und sich fragen, ob es die richtige Entscheidung gewesen war, sie alleine gehen zu lassen. Beck wusste, dass die Russen die Volksdeutschen abschlachteten; Richard schürte Becks Angst noch mit Zahlen und Städten. Seine junge, ernste Stimme klang besorgt, als er Beck immer wieder drängte, sich zu retten. Richard wusste nicht, dass sich direkt unter ihm der Grund befand, weshalb die Becks nicht im ersten Zug Richtung Westen gesessen hatten.

Als Beck am nächsten Morgen nach unten kam, war ihm deutlich anzusehen, wie sehr ihm diese Unterhaltung zugesetzt hatte. Seine Niedergeschlagenheit war so drückend wie die Hitze. Doch er hatte eine gute Nachricht für uns. Die Eisenbahner waren ausgezogen. Natürlich war ich froh, dass nun zwei Nazis weniger über unseren Köpfen lebten, doch angesichts des Mangels an Wohnraum würden sicher bald neue Deutsche bei uns einquartiert werden. Und wenn sie vom selben Kaliber waren wie der neue SS-Mann, wäre das eine Katastrophe.

Ohne die Becks von seinem Plan zu unterrichten, versuchte Richard, mit Ala Kontakt aufzunehmen. Die Soldaten hatten ein Feldtelefon im Zimmer. Sie arbeiteten für den Generalstab und mussten jederzeit erreichbar sein. Ich saß im Gang in der Nähe des »Fensters«, weil es dort zwei Grad kühler war, als ich das Telefon läuten hörte und Richard schrie: »*Mutter, Vater, Ala ist am Telefon!*« Mein Herz begann schneller zu schlagen. Richard hatte Ala anrufen können, weil sie bei der Post arbeitete. Nach dem Telefonat weinte Julia und nannte Richard immer wieder ihren Sohn. Ich selbst fühlte mich, als hätte ich von meiner eigenen Schwester gehört und als seien die Becks meine Eltern, meine Familie.

Die Folge des Telefonats war eine Katastrophe. Julia beschloss, Ala zu besuchen. Allein die Reise würde sechs Tage dauern, drei Tage hin und drei Tage zurück. Mindestens eine Woche lang könnte nur Beck sich um uns kümmern. Alles würde noch viel schwerer werden. Da wäre keine Julia, die für uns kochte. Keine Julia, die uns das Essen brachte, während Beck die Soldaten ablenkte. Als Beck mit der Nachricht nach unten kam, sagte er uns, dass er Julias Schwester Maria holen würde, damit sie für uns kochte. Seine Worte waren beruhigend, doch er sah schrecklich aus. Jedes Mal, wenn er herunterkam, schien er noch bedrückter zu sein.

Ihm lief so wie uns die Zeit davon, und die Trennung von seiner Frau und seiner Tochter raubte ihm seine Energie und seine Stärke. Ohne Julia und Ala war Beck nicht Beck. Zusammen hatten die drei etwas Magisches, Unbesiegbares.

Beck schloss die Luke und ging zur Arbeit. Während er weg war, kam Norbert zurück. Ich hörte freudige Begrüßung und das Lachen. Dann wurde das Radio eingeschaltet, und er begann zu singen. Inzwischen hatte ich Angst, dass Norbert, Hans und Georg, wenn die Becks weg waren, im Haus nach Juden suchen würden. Aus irgendeinem Grund trugen sie zu Hause nicht mehr ihre Stiefel, die es uns ermöglicht hatten, ihren Bewegungen zu folgen und uns dementsprechend zu verhalten, sondern Pantoffeln, in denen sie sich wie Geister über unseren Köpfen bewegten. Wir wussten nie, wo sie sich aufhielten. Ich bekam mehrmals mit, wie Georg das Licht und das Radio ausschaltete und einige Minuten lang direkt über unseren Köpfen einfach nur dastand. Er lauschte sicher, ob er etwas hörte. Wenn Georg oben war, atmeten wir nicht. Mehr als jeder andere stellte er unsere Nerven auf eine harte Probe. Sein Schritt, sein Schweigen, seine Stimme, alles an ihm war verdächtig und raubtierhaft. Mit der Geduld eines hungrigen Leoparden, der darauf wartet, dass sein Opfer sich mit einem Atemzug, mit einem Blinzeln oder einem Rascheln im Gebüsch verriet, schien er sich in der Dunkelheit an uns heranzupirschen. Ich hatte dann immer das Gefühl, schreien zu müssen. Selbst die Bestien Hans und Norbert waren nicht so gefährlich wie er. Sie sprachen immer offen über das, was sie taten.

Das Feldtelefon klingelte, und plötzlich liefen die Soldaten über unseren Köpfen hin und her, wie sie es noch nie zuvor getan hatten. Sie packten! Sie gingen an die Front! Richard klemmte das Feldtelefon ab. Ich konnte nicht glauben, dass der Moment gekommen war! Wenn die Soldaten gingen, würden sicher bald die Russen eintreffen. Wenn wir einander um den Hals hätten fallen und vor Freude schreien und tanzen können, hätten wir das getan. Doch wir mussten warten, bis die Soldaten das Haus verließen. Wir warteten und warteten. Sie begannen, auf und ab zu schreiten. Stunden vergingen, und sie waren noch immer da. Richard ging als Erster. Ich schrieb in mein Tagebuch, die Hände nass vom Schweiß, der mir auch in Strömen die Stirn und die Arme hinablief. Ich wartete auf den Moment, meine Hand bereit, ihren Auszug festzuhalten. Doch Richard kam zurück und erzählte den anderen, der Befehl, aufzubrechen, sei widerrufen worden. Ich wusste, dass sich niemand einen Deut um achtzehn Juden in einem Kellerversteck scherte und die Generäle in Berlin uns bei ihrer Planung nicht berücksichtigten. Doch angesichts des nicht enden wollenden, hoffnungslosen Wahnsinns unserer Situation konnte man auch auf gegenteilige Gedanken kommen.

Auch Beck war verzweifelt. Keiner der Soldaten gab ihm irgendeinen Wink, was los war. Plötzlich schwiegen sie sich über ihre Pläne aus. Nicht einmal Richard erzählte seinem »Vater«, was die in Zólkiew stationierten Nazis vorhatten.

Beck flüchtete sich in den Alkohol. Die Soldaten waren ausgegangen, und er rief Klara nach oben. Wir aßen gerade unsere Kartoffeln, als Norbert zur Tür hereinspazierte. Klara eilte hinab in unser Versteck, und Patrontasch schloss die Luke. Norbert hatte etwas vergessen und ging bald wieder. Vergeblich warteten wir darauf, dass Beck erneut an die Luke klopfte. Nach einer Weile begann Klara, sich Sorgen zu machen, ob mit ihm alles in Ordnung sei. Aber vielleicht war er vom vielen Alkohol ja auch einfach nur eingeschlafen. Wir öffneten unser winziges Fenster und legten uns schlafen. Die Blumen vor der ziegelsteingroßen Öffnung standen in voller Blüte, und die Nachtbrise trug ihren Duft zu uns herein. Es war fast angenehm, mit geschlossenen Augen dazuliegen, die Arme um die kleine Zosia geschlungen, und die süße Brise zu riechen. Natürlich brannte meine Haut abgesehen von den Hitzepocken auch von Wanzen- und Flohbissen.

Gegen Mitternacht klopfte es an die Tür, wieder und wieder. Aus dem Klopfen wurde ein lautes Hämmern. Wir waren alle aufgewacht, doch Beck ging nicht zur Tür. Wir hörten die Soldaten rufen, er solle sie reinlassen, aber er reagierte noch immer nicht.

Klara flüsterte mir zu: »Er hatte Kopfschmerzen … starke Kopfschmerzen. Ich habe gedacht, es sei nur der Wodka. Ihm muss etwas passiert sein. Ich kenne ihn.« Die Soldaten gingen zur Rückseite des Hauses, klopften an alle Fenster und riefen immer wieder seinen Namen – so laut, dass ein Toter davon aufgewacht wäre. Doch noch immer reagierte Beck nicht.

Schließlich bat Klara mich, mit ihr nach oben zu kommen. Sie musste verrückt geworden sein!

»Selbst wenn sie das Schlafzimmerfenster einschlagen, sie werden nichts weiter sehen als ihn mit zwei dunkelhaarigen Frauen! Sie werden es nicht wagen, ihn zu stören.« Nachdem ich mich über ein Jahr lang gefragt hatte, was Klara für Beck empfand, wurde mir jetzt klar, dass ihre Gefühle für ihn sehr tief waren. Ich willigte ein.

»Niemand öffnet die Luke«, schritt Papa da ein.

»Er könnte einen Schlaganfall gehabt haben. Oder er liegt in seinem eigenen Erbrochenen! Wir müssen nach oben.«

»Nein! Bist du verrückt geworden, Klara?«, fragte Patrontasch.

»Vielleicht würden sie uns erschießen wollen. Aber nicht ihn. Nicht einmal Norbert und Hans.«

Das Hämmern und Schreien wurde lauter und lauter. Laut genug, um Beck zu wecken, selbst wenn er ohnmächtig geworden war.

Wir mussten ihm helfen. Er hatte Tag für Tag sein Leben für uns aufs Spiel gesetzt. Wenn er im Sterben lag und wir nichts unternahmen, wären wir schlimmer als Feiglinge. Die

Soldaten klopften nun an das Fenster direkt über der Luke. Wir konnten sie jetzt nicht öffnen, ohne gesehen zu werden. Es war zu spät. Patrontasch versperrte Klara den Weg. Sie sah ihren Bruder an, Verachtung im Blick.

»Herrgott noch mal! Moment!« Das war Beck. Wir sprachen alle ein kleines Dankgebet. Morgens erzählte er uns, dass er auf die Nachrichten im Radio gewartet habe und dabei eingeschlafen sei. Er war so erschöpft gewesen, dass er dachte, das Hämmern an der Tür komme aus dem Radio. Die Soldaten, so berichtete er uns, würden im Lauf des Tages abreisen. Wir reagierten zurückhaltend. Noch einmal enttäuscht zu werden, wäre über unsere Kräfte gegangen.

Sobald Beck wieder nach oben verschwunden war, verkündete Steckel, dass er uns etwas Wichtiges zu sagen habe. Der Apotheker hatte nie mehr als zwei Worte mit uns gesprochen, so dass ich neugierig war und wusste, dass es etwas Ernstes sein musste. Er räusperte sich.

»Meine Pritsche befindet sich direkt unter dem Zimmer der Soldaten … In der ersten Woche, in der sie hier waren, hat Hans, der Polizist, Norbert gegenüber damit angegeben, er habe zweiundsiebzig Juden eigenhändig ermordet. Als Norbert am nächsten Tag nach Hause kam, hat er wie immer gesungen und gepfiffen, bis die Becks ins Zimmer kamen, um ihn zu begrüßen. Aber Norbert war aufgebracht und hat zu Beck gesagt: ›Vater, der verdammte Polizist Hans hat mich heute in meinem Büro besucht. Er hat mir die Hand gegeben. Ich musste mir sie zehnmal waschen. Sie hat sich so schmutzig angefühlt. Vater, ich habe es gut hier. Ich will nicht wissen, was in Ihrem Haus vor sich geht. Ich sehe nichts. Ich höre nichts, und die Juden in Pförten habe ich auch nicht verraten.‹ Er dachte, Beck als Volksdeutscher würde ihn verstehen. Aber das tat er nicht.«

Richard war auch im Zimmer gewesen, als Norbert diese Beichte ablegte. Ich wünschte, ich könnte sagen, die Neuigkeit, dass die Soldaten von Anfang an von uns gewusst hatten, hätte uns überwältigt. Aber wir waren so krank, so erschöpft von der Hitze, von Hunger und Durst und so nahe jener körperlichen und geistigen Apathie, die völliger Selbstaufgabe vorausgeht, dass wir nichts mehr fühlten. Es war einfach unbegreiflich. Deswegen waren die Männer so wütend gewesen, als die Blaumäntel das Haus nach uns durchsucht hatten. Deswegen hatte Norbert sie als »Schweine« beschimpft. Es war wieder eins dieser unfassbaren Wunder. Unser Leben lag in den Händen dieser Soldaten. Sie hatten uns beschützt, und wir hatten es nicht einmal gewusst. Wir waren uns so sicher gewesen, dass Norbert einer der schlimmsten Nazis war, dabei verdankten wir ihm unser Leben. War sein Antisemitismus so wie bei Beck nur eine List? Jedenfalls konnte es ihnen nicht darum gegangen sein, die Becks zu schützen. Sie waren erst eine Woche hier gewesen, als die Unterhaltung stattfand.

Ich war nicht böse auf Steckel, dass er uns nichts davon erzählt hatte. Nicht einmal seiner Frau hatte er es gesagt. Sie schien überraschter zu sein als jeder andere von uns. Wir begriffen instinktiv, dass Steckel versucht hatte, uns das Leben zu retten. Hätten wir von dieser Unterhaltung gewusst, wären wir vielleicht unvorsichtig geworden, was unseren Tod wie auch den der Becks hätte herbeiführen können. Es war wichtig gewesen, die ganze Zeit über wachsam zu sein. Dass Herr Beck die Zusicherung der Soldaten gehört, aber nicht verstanden hatte, überstieg unser Fassungsvermögen. Ich glaube kaum, dass sonst jemand so klug gewesen wäre wie Herr Steckel, nichts von der Unterhaltung zu verraten.

Selbst als die Männer endlich den Marschbefehl erhalten hatten und sich von Beck verabschiedeten, verrieten sie ihm nicht, dass sie von uns und unserem Versteck wussten. Hans, der Polizist, brach so eilig auf, dass er seinem lieben Freund

Beck nicht einmal auf Wiedersehen sagte. Er hupte nur, winkte ihm vom Auto aus zu und war verschwunden.

Als die Soldaten abgezogen waren, kam uns das Haus seltsam leer vor. Achtzehn Monate waren inzwischen vergangen, wir hatten die Durchsuchungen, die Eisenbahner, die Soldaten, die SS, die Blaumäntel überlebt und waren so oft nur knapp dem sicheren Tod entgangen, dass ich mich allein bei der Erinnerung wunderte, dass wir noch lebten. Ich konnte kaum mehr glauben, dass wir eines Tages unser Versteck verlassen würden. Selbst jetzt, wo in der Ferne die Artillerie und das Dröhnen der Bomben unsere bevorstehende Befreiung ankündigten, glaubte ich noch nicht an unser Überleben. Nicht einmal angesichts der Tatsache, dass die Luke offenstand und Kuba und Artek im Keller ohne Angst Holz hackten, dass das Radio lief und Beck und Patrontasch uns berichteten, die Russen würden Minsk, Pinsk, Baryssau, Wilna, Baranowice und vor allem Kowel einnehmen, welches Teil unserer Front war, wagte ich es, an unser Glück zu glauben. Erst als Julia, die ohne einen Platz zum Schlafen mehr als einen Tag in Lemberg festgesteckt hatte, spätabends erschöpft von ihrer Reise zurückkehrte, war wieder Leben im Haus.

Julia rief Lola und mich nach oben, um die Zimmer der Nazis zu putzen, ihre Betten abzuziehen und die Abdrücke ihrer Körper aus den Laken zu kochen. Und obwohl ich mit Julia in der Küche saß, ein großes Glas mit kühlem Wasser in den Händen, das neu gefüllt wurde, bevor ich den letzten Schluck getrunken hatte, unterdrückte ich meine Freude. Es war der 11. Juli: Manias Geburtstag. Der zweite nach ihrem Tod. Sie wäre fünfzehn geworden. Ich hatte in der vergangenen Nacht wie in so vielen Nächten von ihr geträumt. In meinen Träumen war sie lebendig. Ich sah sie immer vor mir, wenn ich aus unserem kleinen »Fenster« schaute. Sie wartete auf uns. Welches Recht hatte ich zu leben, wenn meine

Schwester tot war? Sollten wir überleben, würde alles, was ich für den Rest meines Lebens genoss, ihre Erinnerung, ihren Tod, ihren Mut und ihre Abwesenheit heraufbeschwören. Ich gelobte, mein Leben ihrem Gedenken zu widmen.

Als wir an diesem Abend ins Bett gingen, ließen wir die Luke offen, so dass die Hitze nach oben entweichen konnte. Vor dem Einschlafen dachte ich noch, dass es hier unten gar nicht so schlecht war. Es war beinahe kühl, und so verrückt das klingen mag, ich spürte, wie eine Brise durch mein Haar strich.

Ich wurde davon wach, dass Panzer und Lastwagen am Haus vorbeifuhren und Beck durch die Luke starrte und flüsterte: »Die Nazis! Sie sind zurück!« Patrontasch schloss gerade die Luke, als es gegen die Haustür hämmerte. Vier Soldaten verkündeten Beck, sie würden einziehen, und begannen, ihre Sachen hereinzuschleppen. Sofort wurde es in unserem Versteck wieder heiß. Ich war mir jetzt sicher, dass es in Berlin eine Verschwörung gab, uns zu quälen und mit der Hoffnung auf Freiheit zu verhöhnen, nur um sie uns gleich danach wieder zu entreißen. Wir verhungerten, saßen bei unerträglicher Hitze ohne Strom im Dunkeln und warteten auf den Tod.

Die Russen bombardierten die nahe gelegenen Städte. Als die SS-Männer das Haus endlich wieder verlassen hatten, eilten wir nach oben, um Vorsichtsmaßnahmen für eine mögliche Bombardierung zu treffen: Wir füllten Sandsäcke für den Dachboden und die Seiten des Hauses, packten für den Fall, dass ein Feuer ausbrach, alles Wertvolle ein, füllten Eimer, Waschbecken und Bottiche mit Wasser.

Herr Beck organisierte, gab Befehle, fluchte, so, wie wir es kannten, der alte Beck, der Mann, den ich wie einen Vater liebte. Selbst sein Fluch »*Nasry matry*, ich scheiß auf deine Mutter« war mir lieber als jede Süßholzraspelei.

Die Bombardierung war so nahe, dass die Wände erzitterten. Das Geschirr rutschte aus den Regalen, die Balken bebten. Meine Mutter fiel in Ohnmacht; die Becks kamen nach unten, um sich bei uns zu verstecken. Und die ganze Zeit über rumpelten Laster und Panzer durch die Straßen.

Am Morgen danach kam ein Konvoi von Nazitruppen vorbeigefahren. Das Haus füllte sich mit Soldaten, die von der Front flohen. Sie baten die Becks zu gehen. Die Russen standen nur elf Kilometer vor Zólkiew. Trotz der Hitze zogen wir uns Kleider an, Kleider, die wir für den Fall aufgehoben hatten, dass wir dieses grässliche Loch je verlassen würden. Die Bombardierungen gingen weiter. Die deutschen Soldaten saßen in dem Keller, in dem das Holz lagerte.

Julia weinte. Sie hatte gehört, dass flüchtende Nazis Juden gefunden hatten, die auf der Szerokastraße aus einem Versteck gekrochen waren. Sie hatten sie zusammen mit einer anderen jüdischen Familie erschossen, die bei einem polnischen Bauern untergeschlüpft war. Der Bauer hatte sich beschwert, dass Ukrainer Sachen stahlen (den Besitz der versteckten jüdischen Familie). Das war gegen das Gesetz. Während des Verhörs gab der Bauer zu, dass er seit achtzehn Monaten Juden versteckte, und wurde zusammen mit ihnen erschossen. Wir wussten, dass wir nicht in Sicherheit waren.

Die Männer des Generalstabs, die von der Front flohen, hatten von Beck und seiner Gastfreundschaft gehört und waren bei uns eingezogen. So erfuhren wir alles, was an der Front passierte. Wenn sie das gewusst hätten – dass sie von Juden belauscht wurden! Der Nazigeneral bereitete sich auf die Flucht vor. Wir hörten, wie er zu den Becks sagte, die Russen würden Zólkiew abends oder spätestens am nächsten Morgen erreichen.

Ich bin so durcheinander, dass ich mich kaum konzentrieren kann. Alles Mögliche geht mir durch den Kopf. Ich bin glücklich, dass ich noch lebe, doch dann frage ich mich, bin ich glücklich, dass ich noch lebe?

Wir hatten immer noch Angst, aus unserem Versteck zu kommen, bevor nicht der letzte Deutsche Zółkiew verlassen hatte. Die Bombardierung und das Granatfeuer begannen am Freitag, dem 21. Juli, und dauerten drei Tage. Nur nachts war für wenige Stunden Ruhe. Nicht weit von unserem Haus entfernt hatten die Deutschen ein paar Kanonen aufgestellt, so dass wir uns direkt in der Schusslinie der Russen befanden. Eine Granate traf das Haus, und die Hälfte einer Außenmauer wurde weggerissen. Eine andere ließ das Dach einstürzen. Die Becks hatten sich in einem von den deutschen Soldaten im Hinterhof gegrabenen Bunker versteckt. Bei jeder Granate, die über unsere Köpfe hinwegpfiff, fragten wir uns, ob sie das Haus treffen würde. Der Boden zitterte bei jedem Einschlag, und Erde rieselte von den Wänden. Die Fußböden über uns und die Stützpfeiler vibrierten. Oh Gott! Das Haus drohte, direkt über uns einzustürzen.

Die gesamten drei Tage hielt Mama Zygush im Arm und ich Zosia. Einmal am Tag kam Beck zur Luke gerannt und brachte uns Wasser. Die Hitze war brutal, und ich war vor Erschöpfung und Durst wie im Delirium. Die kleine Menge Wasser, die jeder von uns bekam, reichte nicht, um den Feuchtigkeitsverlust durch den Schweiß auszugleichen, der uns in Strömen am Körper herablief. Die Pritschen, das Stroh, das Bettzeug und sogar die Erde waren schweißgetränkt. Ich konnte nicht schlafen, lag aber völlig apathisch da und wusste nicht, ob es Tag oder Nacht war. Zosias Lippen waren so trocken wie eingerissenes Leder, und sie fragte mich, ob wir sterben würden. Ich antwortete ihr, dass alles gut werden würde, und bat Gott, mich nicht Lügen zu strafen. Obwohl die Explosionen so regelmäßig kamen wie unser Atem, verrieten Zosias Augen mir, dass sie mir glaubte. Ich konnte mich auf nichts mehr konzentrieren. Verrückte, völlig unsinnige Gedanken kreisten mir im Kopf herum. Ich war glücklich, noch am Leben zu sein. Aber glücklich? Wo doch nur wenige Meter von mir entfernt Bomben explodierten und mir das Herz in der Brust vor Angst zersprang? Ich war glücklich, noch am Leben zu sein. Doch wenn wir hier rauskamen, wie sollte ich dann ohne meine Schwester weiterleben? Welches Recht hatte ich dazu? Warum hatte sie nicht bei uns bleiben können? Warum hatte sie dem Urteil von Mama und Papa nicht vertraut? Wenn sie ihre Angst nur für wenige Minuten hätte kontrollieren können, wäre sie jetzt bei mir, würde mit mir in Gedanken die Russen antreiben und darum beten, dass die letzte Granate aus der letzten auf Zólkiew gerichteten Kanone nicht auf unseren Schoß fiel. Ich wusste nicht, welchen Sinn das Leben ohne Mania haben sollte. In unserem Versteck hätten wir alle Zeit der Welt gehabt, zu trauern, doch wir waren so mit unserem Kampf ums Überleben beschäftigt, dass wir noch gar nicht richtig damit begonnen hatten. Ich wollte jeden Moment festhalten, doch bevor ich mich auf einen Gedanken konzentrieren konnte, wurde er schon von einem anderen verdrängt. Es klang, als würde die Welt dort draußen untergehen und als wären wir die einzigen Überlebenden.

Und bald hatte ich nur noch einen Gedanken. Ich wollte, dass das Bombardement aufhörte. Das Nächste, woran ich mich erinnere, ist, dass Herr Beck gegen die Luke hämmerte und schrie, die Russen seien da.

Einer nach dem anderen kletterten wir aus unserem Versteck und gingen nach draußen. Ich hatte Angst ins Freie zu gehen. Mein Verstand sagte mir, dass alles in Ordnung sei. Die Nazis waren weg. Wir lebten, aber mich kostete es große Willensanstrengung, hinaus ins helle, überwältigende Sonnenlicht zu treten. Wir wurden vom Licht geblendet und fühlten uns völlig benommen. Mir tanzten Sternchen vor den Augen, als ich die surreale Szene betrachtete – die ausgebombte Straße, die verkohlten Häuser, die vielen toten

Nazis, die russischen Armeefahrzeuge und die russischen Soldaten, ausgezehrte, mit Gewehren bewaffnete Männer, die rauchten, lachten und winkten.

Wir umarmten einander und weinten, konnten gar nicht mehr aufhören zu weinen. Welche Erleichterung! Herr Beck brachte zwei Juden zu uns, auf die er gestoßen war. Die Brüder Bernstein lebten! Wir umarmten sie und weinten. Die beiden waren von ebenjener Frau Ornstein versteckt worden, die mit ihrer Tochter Hela aus dem Zug gesprungen war. Hela, die ich gesehen hatte, als ich zum Putzen oben gewesen war. Die Brüder konnten als Polen durchgehen und hatten sich, da sie aus einer anderen Stadt stammten, Papiere beschaffen können. Dann waren sie zu Frau Ornstein gegangen. Wir berichteten einander das wenige, das wir von anderen Juden wussten. So erzählten uns die Bernsteins von einem Freund, dessen fünfzehnjährige Tochter vor einer Woche nach draußen gegangen war, um Lebensmittel aufzutreiben. Die Nazis hatten sie erschossen. Wir weinten bei jeder Geschichte, um jedes verlorene Leben. Ich weinte erneut um Uchka und Mania. Warum war Mania nicht bei mir? Warum konnte Uchka ihren Kindern keine Mutter sein? Irgendwie ließ die Tatsache, dass wir draußen und in Sicherheit waren, ihren Tod umso schmerzlicher erscheinen.

Zygush, Zosia, Igo und Klarunia versuchten, den Soldaten hinterherzurennen, die an die Kinder Süßigkeiten verteilten. Doch nach wenigen Schritten fielen sie hin. Zygush half den anderen auf, und sie versuchten es erneut, doch ihre armen verkümmerten Beine waren zu schwach. Verwirrt und weinend betrachteten sie ihre Beine und wussten nicht, wie ihnen geschah.

Bei dem Versuch, zu Zygush zu laufen, versagten auch mir die Beine. Ich betrachtete unsere achtzehnköpfige Gruppe, unsere Familien: Wie viele andere Becks gab es, die achtzehn Juden gerettet hatten? Es war wie in einem Traum. Ich sah zu meinen Eltern, die abwechselnd einander, die Becks und die Patrontaschs umarmten. Lola umarmte Artek, Kuba und Frau Melman. In unserem Versteck waren mir die anderen beinahe normal vorgekommen, denn ich hatte mich an ihren Anblick gewöhnt. Doch hier draußen im Sonnenlicht wurde mir klar, wie nahe wir dem Tod waren. Unsere Haut war durchsichtig und hing an uns herab wie viel zu weite Kleidungsstücke. Wir waren Stöcke mit Lungen und Herzen und nicht viel mehr.

Die Steckels standen alleine da und wirkten verloren.

Ich stand auf, ging zu Zygush und den anderen Kindern hinüber und sagte ihnen, dass sie schon bald so viel würden laufen können, wie sie nur wollten. Einige russische Soldaten blieben stehen und gaben mir und den Kindern Brot. Wir verschlangen es wie kleine Tiere, und die Warnungen der Soldaten, nicht so schnell zu essen, fielen auf taube Ohren.

Die Soldaten fragten immer wieder, ob wir Juden seien. Wir hatten Angst, ja zu sagen, bis einer von ihnen, ein halber Junge noch mit einem freundlichen Gesicht, uns sagte, dass wir jetzt in Sicherheit seien. Ich nickte. Dann hörte ich etwas hinter mir und schaute zum Haus zurück.

Herr Melman stolperte durch die Tür, kaum in der Lage, die Thora zu halten. Er reichte sie Papa. Mein Vater wickelte sie aus, und das strahlende Weiß des Satinbezugs, das Gold und Silber der Griffe und der Goldfaden glitzerten in der Sonne.

Ich half den Kindern auf, und wir schlenderten zu Herrn Melman hinüber. Die Männer gingen nach drinnen und kehrten mit Kopfbedeckungen zurück. Wir begannen, die Dankgebete zu sprechen.

Aus dem Augenwinkel heraus sah ich, wie die unverheirateten Schwestern mit dem handgeschnitzten Holzkästchen, in dem sich unsere Fotos befanden, auf uns zukamen.

Unsere anderen Besitztümer hatten sie verkauft! Doch Mama umarmte sie und nahm das Kästchen entgegen. Es war alles, was uns von unserem alten Leben geblieben war, und natürlich enthielt es Bilder von Mania.

Ich wurde ohnmächtig; als ich wenige Augenblicke später wieder zu mir kam, starrte ich die Wolken an, die über meinem Kopf an einem strahlend blauen Himmel dahinzogen, etwas, was ich nie wieder zu sehen geglaubt hatte.

17
Zólkiew ohne Mania

Von fünftausend Juden sind nur noch fünfzig übrig. Wir sind die Einzigen, die noch Eltern haben. Ganze Familien sind umgekommen. Nur Einzelne haben überlebt. Wir sind alle stark abgemagert, haben nichts anzuziehen, keinen Platz zum Schlafen, kein Geld, um etwas zu essen zu kaufen ... Wir können kaum gehen, unsere Füße tun weh, weil wir nicht mehr ans Gehen gewöhnt sind ... Aber wir gehören zu denen, die Glück gehabt haben.

Die russischen Soldaten umringten uns, als seien wir kleine Engel. Sie wussten nicht, was sie mit uns anfangen sollten, hatten aber Angst, uns allein zu lassen. Sie teilten ihre Rationen mit uns und versorgten uns mit sowjetischen Armeedecken.

Papa ging über die Straße zu unserem Haus, in dem jetzt ein polnisches Paar wohnte. Wir kannten diese Leute nicht. Sie baten darum, bis zum nächsten Morgen bleiben zu können, womit Papa sich einverstanden erklärte. Die drei Familien beschlossen, eine letzte Nacht im Kellerversteck zu verbringen. Wir wussten nicht so richtig, was wir mit uns anfangen sollten, und schienen unfähig zu sein, irgendeine Entscheidung zu treffen. Die Welt über Tage war uns fremd, und wie eine Trollfamilie zogen wir uns in unsere dunkle, feuchte Höhle zurück.

Bis zum nächsten Morgen hatten wir Folgendes entschieden: Wir würden wieder in unsere Haushälfte ziehen, Lola und Klara in die Hälfte meiner Großeltern, und die Patrontaschs, deren eigenes Haus völlig vom Feuer zerstört worden war, zu den Melmans. Unsere drei Familien konnten es nicht ertragen, getrennt zu sein. Da Herrn Patrontaschs Schwester samt Familie während der *akcja* im März 1943 gestorben war, stand deren Haus auf der anderen Seite der Fabrik leer. Statt es selbst zu bewohnen, schenkten die Patrontaschs es den Becks. Und was die Steckels angeht: Nur wenige Stunden nach unserer Befreiung waren sie verschwunden. Kein auf Wiedersehen. Nichts. Es war, als hätte es sie nie gegeben.

In der ersten Nacht in unserem Haus wanderten wir von Zimmer zu Zimmer, suchten nach Dingen, die nicht mehr da waren, schauten aus Fenstern, atmeten frische Luft und konnten es nicht fassen, wirklich frei zu sein. Aber vor allem spürten wir die Leere des Hauses ohne meine Schwester. Alles, was sonst fehlte, war materieller Art. Nichts davon zählte. Nur Mania. Es war ein Schock, in dem Zimmer zu schlafen, das ich mit ihr geteilt hatte, seit sie zu groß für das Kinderbett geworden war. Die Spitzenvorhänge waren verschwunden wie alles andere, das nicht niet- und nagelfest war, oder auch viele Dinge, die es eigentlich waren. Als hätten wir nie dort gewohnt. Doch unsere Anwesenheit, unsere Erinnerungen, unsere Unterhaltungen hingen noch in der Luft. Waren irgendwie den Dieben und Plünderern, die sich immer wieder wie Heuschrecken über unser Haus hergemacht hatten, entkommen. Ich wusste nicht, ob sie in den Ecken oder Schränken oder den Mauerritzen saßen. Aber sie waren alle da, um uns willkommen zu heißen.

In der Enge unseres Verstecks, in dem wir unsere Aufmerksamkeit so sehr auf unser Überleben hatten richten müssen, war ich der Meinung gewesen, ich würde verstehen, welchen Verlust wir mit Manias Tod erlitten hatten, doch erst beim ersten Bissen der ersten Mahlzeit, die wir wieder zu Hause einnahmen, begriff ich die bittere Wahrheit. Als ich zu Mama und Papa hinübersah, wollte ich für meinen Vater Mania sein. Ich hatte Angst um Papa. Als Mania starb, war ein Teil von ihm mit ihr gestorben, und ich wusste, dass er sich nie vergeben würde. Ich wollte die Tochter sein, die er verloren hatte, aber ich war nicht Mania. Papa hatte Manias tiefsten und verzweifelten Wunsch erfüllt: Wir sollten leben. Und überlebt hatten wir nur wegen ihres Mutes. Ich wagte es nicht, darüber nachzudenken, was die Nazis mit ihr in ihren letzten Stunden getan hatten, aber ich konnte die Gedanken an sie und ihr Gesicht nicht aus meinem Kopf vertreiben. Sosehr ich auch die Freiheit und jeden Atemzug genießen wollte, alles erinnerte mich daran, dass meine Schwester nicht mehr auf dieser Erde weilte.

Obwohl wir von Schmerz betäubt waren und uns in der Welt über der Erde noch nicht zurechtfanden, wurde uns während der ersten beiden Tage unserer Freiheit langsam klar, dass wir in Lumpen gehüllte menschliche Wesen waren, dass wir keine Schuhe hatten, dass wir, da die beiden unverheirateten Schwestern behaupteten, all unsere Besitztümer seien gestohlen worden, nichts, aber auch rein gar nichts besaßen außer ein paar Messern, Gabeln, Löffeln und Emailtellern, dünnen, fadenscheinig gewordenen Handtüchern und Bettzeug. Wir wanderten durch die Stadt und ergatterten, was wir konnten. Ein altes Kleid hier oder da. Einen Mantel. Ein zerrissenes Paar Schuhe mit völlig abgelaufenen Sohlen war ein kostbarer Schatz. Wir gingen zurück in unser Versteck, um nachzusehen, ob es dort noch irgendetwas Wertvolles gab. Und fanden etwas: einen Schuh, den Rela zurückgelassen hatte, als sie an jenem ersten Dezember zurück ins Ghetto ging, um bei Josek zu sein. Es war ein halbhoher Lacklederschuh mit einer Schleife über dem Spann. Er passte mir. Wir brachten den einen Schuh zum Schuster und baten ihn, mir einen zweiten zu machen. Er bedauerte, dass er kein Lackleder habe. Lackleder! Wozu brauchte ich Lackleder? Ich brauchte nur einen Schuh. Der Schuster fand ein Stück kräftiges Leder, aus dem er mir einen Schuh formte. Als ich ihn abholte, schenkte er mir ein wenig Schuhcreme. Ich polierte meinen neuen Schuh ständig, aber er glänzte nie so wie Relas Schuh.

Da wir achtzehn Monate lang von Kartoffeln gelebt hatten, bekam Mama nach drei Tagen normaler Kost schwere Probleme mit der Galle. Artek und mein Vater trugen sie zum Krankenhaus, das auf der anderen Seite unseres Hinterhofs lag. Die Obstbäume hingen voll reifer Früchte und der Walnussbaum voller Nüsse. Das Gras stand kniehoch und musste unbedingt gemäht werden.

Mama war ausgezehrt und kaum bei Bewusstsein, und im Krankenhaus erfuhren wir, dass sie dem Tod ganz nahe war.

Dr. Lucynski, der gerade Dienst hatte, brach in Tränen aus vor Freude darüber, dass wir noch lebten. Doch als er meine Mutter untersuchte, zeigte sich auf seinem Gesicht wachsende Besorgnis. Er sagte, er könne nichts für sie tun, außer ihr Morphium gegen die entsetzlichen Schmerzen zu geben und Flüssigkeit, damit sie nicht dehydriere. Mamas Organe versagten. Sie wog vierzig Kilo, und es bestand nur eine geringe Chance, dass sich ihr Körper wieder erholte. Ich kann den mit Wut gepaarten Schmerz, der mich bei diesen Worten ergriff, gar nicht beschreiben. Ich schaute meinen Vater an und sah, dass er alt geworden war. Mir blieb keine andere Wahl: Ich musste stark für uns alle sein.

Wir hielten rund um die Uhr Wache bei meiner Mutter, die bewusstlos dalag. Entweder Papa oder ich waren bei ihr, oft auch wir beide. Ich hatte in unserem von Unkraut überwucherten Garten Blumen für einen Strauß für Mamas Zimmer gepflückt, aber sie bemerkte ihn nicht, und als sie es dann endlich doch tat, beschwerte sie sich nur, dass ihr von dem Duft übel werde.

Dr. Lucynski kam, und wir verließen das Zimmer, um uns seine Einschätzung anzuhören. Er hatte nicht viel Hoffnung und wollte, dass wir vorbereitet waren.

So bekamen wir auch nicht mit, wie ein Priester in Mamas Zimmer ging, während die Krankenschwester ihr eine neue Infusion anlegte. Der Priester trug eine schwarze Soutane und hatte einen violetten Schal sowie ein Glas mit der Salbe für die letzte Ölung dabei. Doch das bemerkte ich erst wenige Augenblicke später.

Wir beendeten unser Gespräch mit Dr. Lucynski, der uns erneut versicherte, dass er alles in seiner Macht Stehende für Mama tun werde, und betraten das Zimmer, gerade als der Priester das Kreuzzeichen machte und meiner Mutter den violetten Schal über die Brust legte. Meinem Vater und mir verschlug es die Sprache.

Der Priester tauchte den Finger in die Salbe und malte ein Kreuz auf die Stirn meiner Mutter. Ihre Lider flatterten wie Schmetterlinge, deren Flügel in Leim steckten und sich nicht bewegen konnten. Der Priester sagte zu ihr: »Mein Kind, du wirst dich bald auf eine lange Reise begeben ... wir müssen vorbereitet sein.«

Da öffnete meine Mutter die Augen, sah den Priester mit klarem Blick an und entgegnete völlig unbeeindruckt: »Vater, ich gehe auf keine Reise. Ich bin gerade erst zurückgekommen.«

In diesem Moment erkannte der Priester meine Mutter und begann, vor Freude zu weinen. »Frau Schwarz, Frau Schwarz, Sie leben.«

»Bis mich jemand vom Gegenteil überzeugt«, erwiderte Mama einfach.

Salka, die Kosakin, war in diese Welt zurückgekehrt. Ich

hatte meine Mama wieder. Mein Vater und ich küssten und umarmten sie, doch sie wusste gar nicht, was der ganze Wirbel sollte.

Während Mama sich in der darauffolgenden Woche erholte und endlich wieder nach Hause kam, tauchten die Überlebenden unserer Stadt aus ihren Verstecken in den Scheunen und Kellern auf, kamen aus dem Wald, in dem sie ohne Unterstand gelebt hatten, und dem Schweinestall, in dem meine Freunde, denen das Busunternehmen gehörte, wochenlang in gefrorenem Matsch verbracht hatten und in dem ihnen Hände und Füße erfroren waren. Papa saß auf den Stufen vor unserem Haus, als ein Mädchen, das ebenfalls in Lumpen gekleidet und so mager war wie wir alle, an ihm vorbeiging. Sie kehrte um und ging noch einmal an ihm vorbei. Dann noch einmal. Und starrte Papas große Nase an. Schließlich fragte sie, ob er auch Jude sei. Sie war eine Springerin, die sich mit einem Jungen im Wald versteckt hatte.

Herr Taffet, mein Hebräischlehrer, tauchte aus dem Wald auf, in Lumpen gekleidet und mit Füßen, schwarz vor lauter Frostbeulen. Ich wunderte mich, dass er überhaupt noch gehen konnte. In unserem Kellerversteck hatte Papa zwei Hemden gehabt: eins für den Tag, eins für die Nacht. Sie waren jetzt seine einzigen Kleidungsstücke. Mama schenkte Herrn Taffet das Hemd, das Papa nachts getragen hatte, und wir brachten ihn zum Krankenhaus, das sich jetzt in russischer Hand befand. Auch Dudio, der sich den Partisanen angeschlossen hatte, kam mit einem Maschinengewehr und Schultergurt voller Patronen aus dem Wald. Wir umarmten ihn wie einen Bruder. Zygush und Zosia waren selig, ihren Onkel zu sehen.

Ich hatte geschlafen, als ich Mama schreien hörte. Das sind sicher ukrainische Plünderer, dachte ich, lief in die Küche und erkannte, dass Mama nicht aus Angst schrie. Sie hatte die Hintertür aufgerissen, und auf den Stufen standen, wie zwei aus dem Grab auferstandene Geister, Giza Landau und ihre Mutter. Ich rannte die Treppe hinunter und umarmte sie. Klara Letzer, Genya Astman und so viele andere waren tot. Eine Freundin zu finden, die lebte, lächelte und Tränen in den Augen hatte, als sie mich sah, war ein Wunder. Wir nahmen die beiden mit hinein, und Giza erzählte uns, ein russischer Soldat habe sie in seinem Wagen mit nach Zólkiew genommen, wo sie sehen wollten, was von ihrem früheren Leben noch übrig geblieben war. Als sie an unserem Haus vorbeikamen, wollte Giza an die Tür klopfen, doch ihre Mutter meinte, sie solle sich keine Hoffnung machen, dass wir noch lebten. Giza ließ aber nicht locker, und sie gingen zur Hintertür, weil sie Angst hatten, an der Eingangstür zu klopfen.

Sie erzählte mir ihre Geschichte. Im März 1943 hatte ihr Vater, ein Mitglied des Judenrats mit einigen Privilegien, sie zum Bahnhof gebracht und einem Fremden anvertraut. Der Mann, ein Partisan und Waffenhändler, wie sie später herausfand, nahm sie mit in seine Wohnung in Lemberg. Dort befanden sich bereits Gizas beide Tanten. Zwei Tage später kam auch ihre Mutter. Ihr Vater jedoch starb während der März-*akcja*, als die SS den gesamten Judenrat ermordete.

Die Geschichten, die uns die Überlebenden erzählten, zeigten mir, dass wir es besser gehabt hatten als die meisten. Ich erfuhr von Freunden, die sich in den Häusern von Bauern versteckt hatten und in den letzten Tagen des Krieges verraten worden waren. Eine Frau verlor ihre Tochter nur eine Woche vor der Befreiung. Das Mädchen war nach draußen gegangen, um etwas Essbares zu suchen, während die Nazis sich darauf vorbereiteten, um ihr Leben zu laufen. Noch immer töteten sie Juden, obwohl die Russen Zólkiew bereits umzingelt hatten.

Und so fanden wir heraus, wer noch lebte. In den ersten

Tagen nach der Befreiung kamen sie in die Stadt, allein und zu zweit, erstaunt zu sehen, dass außer ihnen noch jemand überlebt hatte.

Von fünftausend Juden in Zólkiew waren nur noch fünfzig übrig. Klarunia, Igo und ich waren die einzigen Kinder, die noch beide Elternteile hatten. Unser Haus wurde zum Treffpunkt der Überlebenden. Wir fünfzig klammerten uns aneinander, als befänden wir uns auf einem Rettungsfloß mitten auf dem Meer. Artek war ständig bei Lola zu Besuch. Die drei Familien, die Becks und Lola aßen immer bei uns und gingen nur nachts zum Schlafen nach Hause.

Wir waren erst ein paar Tage aus unserem Kellerversteck heraus, als es an unserer Tür klopfte. Davor stand Pavluk. In der einen Hand hielt er das Federbett und die Kissen, die wir ihm zum Aufbewahren gegeben hatten, in der anderen ein Hühnchen, das er als Geschenk mitbrachte. Der frischgebackene Vater stand kerzengerade und stolz da und erschien mir noch riesiger als vor unserer Zeit im Kellerversteck. Die Tränen, die er zurückhielt, zeugten davon, wie dankbar er war, dass wir lebten. Vor unserer Zeit im Kellerversteck hatte man mich monatelang wie Dreck, wie ein Nichts, wie eine Krankheit behandelt, wenn ich nach draußen ging. Jetzt zu sehen, wie unendlich dankbar dieser Mann dafür war, dass wir nicht tot waren, bedeutete mehr als Essen. Pavluk kannte zwar Papa, doch ich war für ihn eine Fremde. Dennoch galten seine Tränen nicht nur meinem Vater, das sah ich daran, wie er uns anschaute. Er sagte Papa, dass er alles in seiner Macht Stehende für uns tun würde. Und ich wusste, dass er es ernst meinte. Er schüttelte Papa die Hand und verabschiedete sich. Mama kochte uns von dem Hühnchen eine Suppe.

In den nächsten Tagen entfernten wir uns nicht mehr als ein paar Meter von unserem Haus. Ich hatte noch immer Angst. Die Nazis waren zwar weg, aber es wimmelte in unserer Gegend nach wie vor von Ukrainern, Plünderern und Banditen. Beck hielt uns weiterhin auf dem Laufenden und berichtete uns von mehreren Pogromen, bei denen überlebende Juden brutal ermordet worden waren. Ich wollte in der Nähe von Papa und den Kindern bleiben. Ich wollte in der Nähe der russischen Soldaten bleiben, die vor unserem Haus die Straße auf und ab schlenderten. Zosia fragte ständig nach Uchka. »Wo ist Mama? Wann werde ich Mama sehen? Wann kommt sie zurück?« Sie saß auf der Treppe, beobachtete die Straße und wartete auf Uchkas Rückkehr. Niemand wusste, wie er es ihr beibringen sollte, und wir erzählten ihr weiterhin, dass sie irgendwann wieder mit ihrer Mutter vereint sein würde. Der arme Zygush wusste Bescheid und schwieg. Er erwähnte seine Mutter uns gegenüber nie, fragte nie nach ihr.

Als Mama sich wieder besserfühlte, beschloss sie, bei uns zu Hause eine Zusammenkunft aller fünfzig noch lebenden Juden zu organisieren. Ich war überglücklich, Menschen zu sehen, die so wie ich überlebt hatten, doch gleichzeitig erfüllte mich der Gedanke an die Familienmitglieder, die sie verloren hatten, mit großem Schmerz. Es war ein Fest der Geister. Ich dachte zwangsläufig an all die anderen Feste in unserem Haus, die im Lauf des Sommers wie neue Blumen ans Licht der Sonne gesprossen waren. Feiern mit der gesamten Familie und unseren Freunden, Dutzenden von Freunden, bei denen wir gelacht, gegessen und geredet hatten, als gäbe es kein Morgen. Jetzt brachte jeder mit, was immer er auftreiben konnte. Wir hatten die Rationen von den russischen Soldaten, und in den Gemüsegärten der Polen, die geflohen waren, gab es trotz des vielen Unkrauts noch Kartoffeln, Karotten, Zwiebeln und anderes Gemüse. Mama kochte uns daraus eine gute Suppe.

Und trotz der Tatsache, dass wir nur noch fünfzig statt fünftausend waren, fühlten wir uns doch wie eine Gemeinschaft. Wir waren noch immer die Juden von Zólkiew. Wir aßen in unserem Hinterhof und saßen wie in alten Zeiten auf der Treppe und unter den Obstbäumen.

Ich weiß nicht, wann mir auffiel, dass Zygush fehlte. Mama geriet in Panik und war wütend. Es war meine Aufgabe, mich um die Kinder zu kümmern, doch ich hatte keine Ahnung, wann und warum Zygush sich weggeschlichen hatte und wohin er gegangen war. Er wusste so gut wie jeder andere von uns, dass es noch immer Pogrome gab, dass Banden plündernder Ukrainer umherzogen und dass wir vorsichtig sein mussten. Alle fünfzig machten sich auf die Suche nach ihm. Ihn jetzt zu verlieren, hätte niemand ertragen. Wir suchten überall. In der Stadt. Bei den Melmans. In der Fabrik. Ein Stück weiter die Straße hinauf im Haus von Helen, mit der Zygush vor dem Krieg befreundet gewesen war. Vielleicht hatte er nach ihr gesucht, weil er nicht wusste, dass Helen und ihre Familie deportiert worden waren. Doch da war er nicht. Ich vermutete ihn im Park, und rannte los. Dabei betete ich, dass ihm nichts passiert war. Nicht nach allem, was er durchgemacht hatte. Ich rannte vorbei an ausgebombten Gebäuden, über Straßen, die übersät waren mit ausgebrannten Granaten der deutschen Artillerie, vorbei an Panzern, Schanzen und Barrikaden, die den Platz abriegelten. Auf halbem Weg dachte ich: *Oh mein Gott. Er ist nach Hause gelaufen.* Ich weiß nicht, wie ich darauf kam, aber ich war mir ganz sicher, dass ich ihn dort finden würde.

Auf der Obstplantage hinter dem Haus reiften Äpfel, als hätten sie schon keine Erinnerung mehr an den Krieg. Aber ich hatte keine Zeit, ihre Schönheit zu betrachten. Als ich zu Zygushs Haus gelangte, war dort eine alte *babushka*, die sich um ihren Garten kümmerte. Ich fragte nach Zygush, und sie erzählte mir, er habe eine Arbeit; er hüte für einen Bauern Kühe. Eine Arbeit? Er war acht. Und er hatte keinem von uns davon erzählt. Weder mir noch Mama noch

Papa. Ich rannte über das Feld und sah Zygush in etwa vierhundert Metern Entfernung. Er hatte sich das Hemd ausgezogen, und sein winziger Körper war bereits walnussbraun. In der Hand hielt er eine Gerte, mit der er Achten in die Luft zeichnete. Als er hörte, wie ich seinen Namen rief, drehte er sich um und winkte, erfreut, mich zu sehen. Er lächelte stolz. Dann war ich bei ihm, und noch bevor er etwas sagen konnte, machten sich meine Hand und mein Arm selbständig, und ich schlug ihn ins Gesicht. Ich war so fassungslos wie er. Doch ich konnte nicht aufhören, ihn zu schlagen. Ich weinte vor Erleichterung und Wut, und es dauerte mehrere Minuten, bis mir deutlich wurde, was ich da tat. Ich hatte noch nie jemanden geschlagen, konnte jetzt aber nicht damit aufhören. Und Zygush, der Junge, der nie geweint hatte, brach in Tränen aus. Er schlug nicht zurück, und sein Weinen ließ mich innehalten. Ich weinte hemmungslos und umarmte ihn. Zygush schlang seine braunen Arme um meinen Hals. Er hatte mir vergeben.

»Bist du verrückt geworden? Willst du, dass man dich umbringt? Wir haben uns solche Sorgen gemacht! Verlass nie wieder das Haus ohne mich! Nie wieder, verstehst du?« Ich war entsetzt über das, was ich getan hatte, und hielt ihn fest im Arm. »Es tut mir leid. Es tut mir so leid. Wir konnten dich nicht finden und hatten solche Angst.«

»Ich dachte, du wärst stolz auf mich. Wir hätten Milch gehabt. Und Butter und Käse«, sagte er nur. Ich war stolz auf ihn. Hier auf diesem Feld deutete nichts darauf hin, dass es einen Krieg gegeben hatte. Die Kühe waren zufrieden, und die Felder und Hügel waren mit Roggen, Weizen und Korn, ihrem üblichen Sommerteppich, bedeckt. Es waren die Felder, die man vom Paradieshügel aus sah, der kleiner wirkte als sonst, verloren im Dunst eines Sommertages. Zygush musste es nicht sagen, aber er war jetzt der Mann in seiner Familie und tat, was ein Mann tut: für seine Lieben sorgen. Ich wollte ihm sagen, dass er noch ein Kind war, wollte, dass er ein Kind blieb. Doch nach dem Verlust von Uchka und Hersch und der Zeit im Kellerversteck war er mit acht Jahren kein Kind mehr. Ich blieb mit ihm bis zum Abend auf dem Feld, und dann trieben wir die Kühe zu ihrer Scheune. Zygush nahm seinen Eimer mit Milch entgegen und trug ihn stolz nach Hause.

Die nächsten Wochen verbrachten wir wie alle anderen Überlebenden damit, Kraft zu schöpfen und in Erfahrung zu bringen, wo unsere Familienangehörigen begraben waren. Wir gingen nie alleine nach draußen, und so unternahmen alle drei Familien gemeinsam eine Pilgerreise zum Friedhof. Wir kamen zur Synagoge und schauten hinein. Außer verrußten Ziegelsteinen, kaputten Fenstern, altem Heu und Abfall gab es dort nichts. Auf dem Friedhof grasten nur ein paar Kühe, doch zu wissen, dass Mania dort irgendwo lag, machte ihn zu geheiligtem Grund. Wir fragten auch immer wieder nach Tilzer und Schitling, den Jungen, die Mania verraten hatten. Wir fragten Aberdutzende von Menschen, doch die beiden waren wahrscheinlich mit den Deutschen und den anderen Volksdeutschen geflohen. Wir wussten, dass es keinen Sinn hatte, aber wir fragten immer weiter.

Unsere Kraft gewannen wir einfach dadurch wieder, dass wir lebten und all die kleinen Dinge taten, die wir so vermisst hatten: im Haus herumzugehen, mit normaler Stimme zu sprechen, Essen zu kochen. Wir schrieben mehrere Briefe an Rosa, hatten aber noch keine Antwort erhalten. Dudio. Rosa. Manek. Babcia. Sie waren uns als Einzige noch geblieben.

Und Mama wurde wieder Salka, die Kosakin. Sie schickte mich mit Suppe für Herrn Taffet und die anderen Überlebenden zum Krankenhaus. In Osteuropa wimmelte es in jenen Tagen von Exilanten, die auf der Suche nach ihren Lieben von Stadt zu Stadt zogen. Sie hofften, wenigstens ein Familienmitglied zu finden, das überlebt hatte, oder kamen nur nach Hause, um zu sehen, ob von ihrem alten Leben noch etwas übrig geblieben war. Manchmal fanden sie nichts und niemanden mehr. Doch ich verstand, warum sie kamen. Ihnen war weiter nichts geblieben, und wo sonst hätten sie hingehen sollen? Erschöpft und halb verhungert kamen sie durch Zólkiew. Und irgendwie hatte sich Mama einen Ruf erworben: Wenn du nach Zólkiew kommst, geh zur Familie Schwarz, wo du eine Mahlzeit und ein Bett bekommst. Wir brachten die Reisenden, die alle Läuse hatten, auf einer Matratze im Wohnzimmer unter. Mama taufte das Zimmer »die Läusesuite«. Und sie nahm mir jetzt bei Zygush und Zosia die Mutterrolle ab, was gut war, denn Zygush stach manchmal wieder der Hafer und man brauchte nach wie vor die Peitsche, um mit ihm fertigzuwerden. Zosia, noch immer so lautlos wie eine Erinnerung, wurde in der Sonne braun und klammerte sich an Mama und mich. Sie ließ uns nicht aus den Augen, hielt sich oft am Rockzipfel fest oder nahm unsere Hand.

Die russischen Behörden baten meinen Vater und die anderen Männer, wieder die Fabrik zu übernehmen. Das war ein Geschenk des Himmels für Papa. Doch obwohl das Unternehmen blühte, kehrte das Funkeln in seinen Augen nie mehr zurück – im Unterschied zu Mama.

Es war Sommer, und obwohl noch immer Krieg herrschte, reifte auf den Feldern das Korn, das die Bauern mit ihren Karren einholten. Papa bot Beck eine Arbeit an, doch Beck lehnte ab. Er war erschöpft und freute sich, dass wir uns um ihn kümmerten, wie er sich um uns gekümmert hatte. Da Papa, Herr Melman und Herr Patrontasch Geld verdienten, sorgten sie dafür, dass die Becks keinen Finger mehr krümmen mussten. Doch die Becks wussten nicht, wo Ala war und ob sie überhaupt noch lebte. Im Westen Polens tobte noch immer der Krieg, und es gab keine Post und keine Möglichkeit, Ala zu finden. Wir durchlebten noch einmal die Situationen, in denen wir nur knapp dem Tod entgangen und die fast zur Legende geworden waren, doch wenn Beck davon erzählte, fehlte das Strahlen in seinen Augen. Der Mensch, mit dem er diese Kriegsgeschichten teilen wollte, war verschollen. Wann immer wir Geld verdienten, gaben wir einen Teil davon Beck, und er sagte stets dasselbe: »Das ist für Ala. Das ist für Ala.«

Seit dem ersten Tag unserer Befreiung war Konvoi auf Konvoi durch Zólkiew zur Front gefahren. Jeden Abend diente der Platz in der Stadt den Truppen als Lager. Manchmal errichteten mehrere tausend Soldaten dort ihre Zelte und Feuerstellen. Die Russen waren immer verrückt nach Musik.

Natürlich inspizierten wir und alle anderen Bewohner der Stadt die Truppen, die eher Pfadfindern als Soldaten glichen. Fast jeden Abend organisierten die verschiedenen Bataillone Gesangswettbewerbe an den riesigen Feuern. Jede Kompanie hatte ihre eigene Gesangsgruppe, die Balladen, Volkslieder, Liebeslieder, Klagegesänge, Arbeiterlieder, Armeelieder, Lieder von Borodin und Schostakowitsch zum Besten gab. Und so chaotisch dies auch klingen mag, die Lieder und Stimmen verschmolzen zu einem harmonischen Chor. Das war unsere Unterhaltung. Bei Anbruch der Dunkelheit spazierten wir zum Platz und von Truppe zu Truppe. Ich kannte einige der Lieder und sang hin und wieder mit, was die Jungs, die weit weg von zu Hause waren, manche von ihnen zum ersten Mal, mit einem breiten Lächeln quittierten. Ich hatte noch nie vor Fremden gesungen und bemerkte jetzt zum ersten Mal, wie schön meine Stimme klang. Abends verbargen sich die Kriegsschäden in den dunklen Schatten, und das Schloss, die Kolonnaden und die Kirchtürme waren so prachtvoll und tröstend wie eh und je.

Der Brunnen der Jungfrau Maria war restauriert worden, und die Kinder der Ukrainer tobten dort, lachend und jauchzend, herum. Es gab keine jüdischen Kinder mehr, und alle polnischen Kinder waren mit ihren Familien geflohen. Ich sang gerade mit einigen der Soldaten, als ich ein Mädchen aus meiner Klasse erkannte. Nina war ein bisschen älter als ich, hübsch und sehr ernst. Jeder wusste, dass ihr Vater Oberst war und der ranghöchste Offizier in Zólkiew. Deswegen scharwenzelte jeder Erwachsene, der ihren Vater kannte, um sie herum, als sei sie eine russische Prinzessin. Aber sie machte sich nichts daraus. Wir hatten nie viel miteinander geredet, doch ich betrachtete sie als Schulfreundin, auch wenn ich sie nie außerhalb des Klassenzimmers gesehen hatte. Ich weiß nicht, was sie dazu bewegte, aber sie kam zu mir herüber, und wir sprachen miteinander und wurden echte Freundinnen.

Die russische Armee regierte die Stadt nachlässig. Es gab keine Zentralbehörde. Nur Truppen, die kamen und gingen, uns aber freundlich behandelten. Ich verschwendete nie einen Gedanken an das NKWD, die russische Geheimpolizei. Wir waren frei, unser Leben wieder aufzubauen.

Ich freute mich darauf, Anfang September, also in einer Woche, wieder zur Schule zu gehen. Dass das NKWD zurückgekehrt war, erfuhr ich, als Genosse Dupak vorbeikam, um zu sehen, ob wir noch lebten. Ich weiß nicht, welchen Dienstgrad er hatte, doch sein Wagen und seine Kleidung zeugten davon, dass es ihm im Krieg gut ergangen war und dass er einen hohen Posten beim NKWD bekleidete. Er begrüßte uns herzlich und überreichte meinem Vater ein Geschenk: ein Fahrrad.

Am nächsten Morgen fuhr in den frühen Morgenstunden ein Wagen bei den Becks vor, die ganz in unserer Nähe wohnten. Ich schlief noch. Wir alle schliefen noch. Es waren

Männer vom NKWD, und bevor einer von uns an jenem Sommermorgen erwachte, hatte man die Becks festgenommen und ins Gefängnis der Stadt gebracht, wo sie bis zu ihrem Verhör in Lemberg bleiben sollten. Die Nachricht von ihrer Festnahme verbreitete sich in unserer Straße wie ein Lauffeuer. Das NKWD hatte mehrere Gewehre im Haus der Becks gefunden. Beck und Julia, die inzwischen in der ganzen Stadt als die Helden bekannt waren, die achtzehn Juden gerettet hatten, sollten deutsche Spione sein, zurückgelassen von den Nazis, um Sabotageakte zu begehen. Um eine volksdeutsche Untergrund-Partisanengruppe zu gründen. All das war blanker Unsinn. Außer den Waffen, die Beck nach unserer Befreiung unbedingt hatte behalten wollen.

Papa hatte Beck gebeten, sie loszuwerden. Die Behörden verkündeten unmissverständlich: Jeder, der mit einer Waffe erwischt wurde, war des Verrats schuldig. Die Vorstellung, dass die Becks nach allem, was sie für uns getan hatten, als Verräter erschossen oder nach Sibirien geschickt werden sollten, war die letzte, bitterste Ironie des Krieges. Wir waren fest entschlossen, sie aus dem Gefängnis zu holen, koste es, was es wolle. Papa und Herr Melman fuhren fast täglich nach Lemberg, um der Armee, dem NKWD und der Zivilverwaltung unsere Geschichte zu erzählen. Sie gaben all ihr Geld aus, um irgendwelche Leute zu bestechen. Doch es war hoffnungslos. Die Becks waren Volksdeutsche. Sie waren Verbrecher. Und man würde sie in ein Konzentrationslager bringen, damit sie dort auf ihren Prozess warteten. Wir wachten jeden Morgen voller Sorgen um die Becks auf und suchten nach Antworten, nach irgendjemandem, der uns helfen konnte. Jeden Abend gingen wir ins Bett, ohne etwas erreicht zu haben. Ich betete für die Becks, wie ich in unserem Kellerversteck für Mania, Uchka und die Kinder gebetet hatte. Selbst nach unserer Befreiung hatte ich mich in dem Wissen, dass Beck mit seinen listigen, lachenden blauen Augen und der unerschütterlichen Zuversicht nur ein paar Häuser von uns entfernt wohnte, sicherer gefühlt und war glücklicher, vertrauensvoller und optimistischer gewesen. Woche um Woche verging, und wir hatten noch immer keine Hoffnung auf Erfolg. Ich ging wieder zur Schule, auf die ich mich so gefreut hatte. Doch sie bedeutete mir nichts, solange die Becks nicht frei waren.

18
Das Tagebuch

Ich saß auf einer Parkbank am Fluss. Die Schlossmauern hinter mir waren unbeschädigt, und ich konnte die Fenster meines Klassenzimmers sehen. Das Gras war hoch gewachsen, der Park voller Abfall. Oberhalb des Bahnhofs und der Obstplantage blickte der Paradieshügel, unverändert und gleichmütig, noch immer hinab auf die Stadt. Ich konnte mir nicht vorstellen, ohne Mania und Uchka noch einmal dort hinaufzugehen. Auf der anderen Straßenseite stand Ninas Haus. Es war das größte in der Bahnhofstraße und wurde während der letzten drei Okkupationen stets vom ranghöchsten Offizier bewohnt. Hinter einem schmiedeeisernen Zaun gab es einen großen Garten mit rosafarbenen Pfingstrosen. Es war jetzt Herbst, Pfingstrosen und andere Blumen waren verblüht, und der Garten, voller vertrockneter brauner Stiele, musste gesäubert und für den Winter vorbereitet werden. In Ninas Haus hatte auch der deutsche Offizier gewohnt, dessen Frau die Rache der Juden voraussah, als unsere Familien und Freunde zum Bahnhof gebracht wurden. Ich konnte nicht aufhören, um die Becks zu weinen. Man hatte sie ins Brigitka-Gefängnis in Lemberg gesteckt und würde sie von dort aus in ein nahe gelegenes Konzentrationslager bringen.

Papa erfuhr, dass die Becks wegen Verrats vor Gericht gestellt und nach Sibirien geschickt werden sollten. Waren sie erst einmal dort, gab es für sie keine Hoffnung mehr.

Selbst wenn sie die Reise überlebten, wäre der Lohn für all ihren Mut und ihre Großzügigkeit nur ein kurzes hartes Leben in einem Arbeitslager.

Nina musste von ihrem Balkon aus gesehen haben, dass ich weinte, und kam zu mir in den Park. Als sie fragte, warum ich weinte, wusste ich nicht, wo ich anfangen sollte. Außer mit meiner Familie, die ja alles wusste und meine Gefühle teilte, hatte ich nie mit jemandem über die Becks und das Kellerversteck gesprochen. Wenn wir über das Versteck sprachen, waren Tränen nicht nötig, weil wir schon dort unten so viele vergossen hatten. Ich wollte einer Fremden nicht enthüllen, was wir durchgemacht hatten. Das konnte ich nicht. Es würde zu schmerzlich sein.

Doch als ich mit Nina sprach, sprudelten die Worte, unterbrochen von Schluchzern und stockendem Atem, nur so aus mir hervor. Mania. Uchka. Die Kinder. Die unzähligen Male – so unzählig wie die Blätter zu meinen Füßen –, die die Becks uns gerettet und dabei fast das eigene Leben verloren hatten. Und dass Papa und Herr Melman immer wieder vergeblich nach Lemberg gefahren waren, manchmal fast täglich, um für das Leben der Becks zu bitten und jeden zu bestechen, der ihnen vielleicht helfen konnte.

Nina saß neben mir, ohne etwas zu sagen. Sie war so einfühlsam, zu wissen, dass Worte des Trostes in dieser Situation nicht helfen würden. Nach einer Weile brach sie das Schweigen.

»Clara, bitte, was ich dir jetzt sage, darfst du niemandem weitererzählen. Mein Vater würde mich umbringen, und sie würden ihn vielleicht töten.«

»Natürlich.«

»Du weißt, dass der Prozess nur eine Formsache ist. Gestern war der neue Parteisekretär zum Abendessen bei uns. Er scheint sehr nett zu sein. Du solltest ihm dein Tagebuch bringen. Du musst es ihm persönlich geben. Du musst genau das tun, was ich dir sage. Er mag hübsche Mädchen. Zieh dein bestes Kleid an. Vielleicht liest er dein Tagebuch.«

Ich rannte nach Hause, um Mama und Papa zu erzählen, was Nina gesagt hatte. Ich beschloss, Lola mitzunehmen, weil sie noch immer sehr hübsch war, auch mit ihrem weißen Haar. Und auch Zygush und Zosia wollte ich mitnehmen. Ich wusste, dass die beiden selbst ein Herz aus Stein erweichen konnten. Lola nähte über Nacht für mich, Zosia und sich selbst neue Kleider. Als wir morgens aufstanden, wusch ich mir die Haare, und Mama kämmte und bürstete sie mir, wie sie es früher, vor unserer Zeit im Kellerversteck, immer getan hatte. Dasselbe tat sie mit Zosia. Als ich angezogen war, betrachtete ich mich im Spiegel. Ich sah aus, als sei ich nie im Kellerversteck gewesen. Ich hatte wieder mein altes Gewicht, und meine Haut war braun, weil ich seit unserer Befreiung Stunde um Stunde draußen verbrachte. Zosias Haare glänzten, und ihr Gesicht hatte den rosafarbenen Teint der Porzellanfigurinen in Frau Melmans Vitrine.

Lola kam mit Blumen in der Hand herein und lächelte. »Wie sehe ich aus?« Sie hatte irgendwo Lippenstift und Rouge aufgetrieben. Jeder Mann wäre stolz gewesen, sich mit ihr zu zeigen. Ich wickelte meine vier Notizbücher in braunes Papier, verschnürte das Päckchen mit Kordel und küsste meine Eltern. Und dann machten wir uns Hand in Hand zum Büro des Parteisekretärs auf, das gegenüber der Oper lag und während der regen Bautätigkeit unter Kaiser Franz Joseph errichtet worden war. Wie der Bahnhof und der Platz mit den Kolonnaden wirkte auch dieses Gebäude so einladend, dass man fast meinte, es würde lächeln. Junge Soldaten, einige nur ein oder zwei Jahre älter als ich, bewachten den Gehweg und hielten uns an, sobald wir zum Tor kamen. Sie hatten eindeutig ihre Befehle. Niemand durfte hinein.

Ich sagte ihnen, die Papiere seien allein für den Parteisekretär bestimmt und er müsse sie sofort sehen. Einer der Soldaten erklärte sich bereit, sie ihm zu bringen.

»Sie können mich erschießen, wenn Sie wollen. Aber ich muss zu ihm!«

Die Soldaten schauten mich an, dann uns vier, und überlegten, was sie tun sollten. Ich wusste, dass sie uns nicht erschießen würden.

»Bitte, ein Mann und eine Frau sollen getötet werden. Sie haben uns das Leben gerettet« – ich deutete auf uns vier – »und vierzehn anderen Menschen. Sie sind Helden.« Ich konnte die Tränen nicht länger zurückhalten, und die Soldaten sahen Lola und die Kinder an.

»Ich bringe Sie zu ihm.«

Bisher lief alles so, wie Nina es vorausgesagt hatte, und ich betete, dass der Parteisekretär so freundlich war wie die Soldaten. Ich spürte, dass dies der wichtigste Moment in meinem Leben war. Irgendwie musste ich die Worte finden, um diesen Mann davon zu überzeugen, sich über die schwerfällige Bürokratie der russischen Justiz hinwegzusetzen. Als ich in sein Büro geführt wurde, hatte ich Angst; nicht so sehr vor dem Sekretär und dem, was er mir antun könnte, sondern davor, Beck und Julia nicht retten zu können. Das Büro war in dunklem Holz getäfelt, und der Sekretär saß hinter einem riesigen Schreibtisch, eine Zigarre in der Hand. Nina hatte recht. Er schien nett zu sein, und zu meiner Überraschung fühlte ich mich durch den mächtigsten Mann, dem ich je in meinem Leben begegnet war, nicht eingeschüchtert.

»Also, was ist so wichtig, sich dafür erschießen zu lassen?«

Ich erzählte ihm von den Becks, von unserem Kellerversteck und davon, wie oft Herr Beck uns das Leben gerettet und sein Leben für uns aufs Spiel gesetzt hatte. Ich erzählte ihm auch, dass die Becks viele Möglichkeiten gehabt hatten, wegzugehen, stattdessen aber geblieben waren, weil sie versprochen hatten, uns nie im Stich zu lassen. Ich zeigte ihm das Päckchen und sagte ihm, ich hätte alles in meinem Tagebuch festgehalten. Ich reichte es ihm, und er legte es auf seinen Schreibtisch.

»Du weißt, dass die Becks Spione sind. Man hat bei ihm ein Gewehr gefunden.«

»Bitte, Sie brauchen mir nicht zu glauben. Lesen Sie nur das Tagebuch. Da steht alles drin. Alles.«

Mir standen jetzt die Tränen in den Augen. Ebenso Lola und Zosia. Zygush war gleichmütig wie immer, hatte aber den ernsten Gesichtsausdruck eines alten Mannes.

»Als wir in das Kellerversteck gegangen sind, hat meine Mutter mir gesagt, ich solle schreiben, um für den Fall, dass wir getötet würden, festzuhalten, was mit uns geschehen ist. Ich hätte nicht erfinden können, was die Becks getan haben, um uns zu retten. Beck wusste, was ihn erwarten würde, falls die Russen ihn verhafteten. Er wusste es und ist trotzdem geblieben. Bitte. Sie brauchen mir nicht zu glauben. Aber lesen Sie bitte das Tagebuch.«

Der Sekretär betrachtete das verschnürte Päckchen auf seinem Schreibtisch.

»Ich werde dein Tagebuch lesen«, sagte er. »Ich verspreche es.«

Er dankte uns, dass wir gekommen waren, und bat seinen Adjutanten, dafür zu sorgen, dass die Kinder auf dem Weg nach draußen einen Keks bekamen.

Es gab Hoffnung. Der Sekretär hatte uns darüber im Unklaren gelassen, ob oder wann er eine Entscheidung treffen würde. Wir konnten jetzt nichts weiter tun als warten. Papa und Melman fuhren noch immer jeden Tag nach Lemberg, um jemanden zu finden, der den Becks helfen konnte. Sie wussten, dass es sinnlos war. Sie wussten, dass man ihnen nur ihr Geld abnahm. Aber sie mussten etwas tun. Wir durften die Becks nicht verlieren. Wenige Tage später brachte der junge Soldat, der das Büro des Sekretärs bewachte, das Tagebuch zurück. Die Bücher waren wieder in braunes Papier eingeschlagen und mit Kordel umwickelt worden. Es gab keinen Begleitbrief, keine Botschaft. Der Soldat hatte nur den Auftrag, das Päckchen abzuliefern.

Wenn der Parteisekretär den Becks helfen wollte, hätte er geschrieben. Ich konnte nicht begreifen, dass ihn ihr Mut nicht beeindruckt hatte und dass er Beck für einen Spion hielt. Doch das war die einzige Schlussfolgerung. Wieso erwartete ich nach allem, was wir durchgemacht hatten, dass es mit den Becks ein gutes Ende nehmen würde? Warum sollte irgendetwas auf der Welt irgendeinen Sinn machen? Warum sollten Mut und Großzügigkeit, Loyalität und Selbstlosigkeit belohnt werden? Die Welt hatte sich verändert, und diese Eigenschaften waren, wie es schien, so selten, dass man Menschen, die sie zeigten, nicht vertrauen konnte. Die Freude, die ich bei unserer Befreiung empfunden hatte, schwand dahin wie eine verlorene Erinnerung. Ich wusste, dass ich leben musste, weil Mania es gewollt hätte. Doch wie sollte ich in einer Welt leben, die die Becks zerstörte, lebende Heilige, so großmütig und tapfer, wie man es nur sein konnte? Ich konnte es mir nicht vorstellen und wollte nur eins: dass die Becks nach Hause kamen.

Einige Tage später klopfte es abends, als ich gerade las, an unsere Tür. Ich schaute aus dem Fenster. Beck und Julia standen lächelnd auf der Treppe und warteten darauf, hineingelassen zu werden. Sie sahen fürchterlich aus. Erschöpft. Dünn. Blass.

»Mama, sie sind es!« Alle wussten, wer »sie« waren. Wen sonst hätte ich meinen können! Ich rannte zur Tür und öffnete sie, fassungslos. Becks Gesichtsausdruck sagte: »Was soll das ganze Theater?« Ich umarmte ihn und Julia, und Mama rief mir zu, ich solle die Männer holen. Sie führte die Becks ins Haus, während ich über die Straße zur Fabrik lief und schrie: »Sie sind da. Sie sind da!« Papa, Melman und Patrontasch hatten unsere Freudenschreie gehört und kamen mir schon entgegen. Innerhalb weniger Minuten hatte sich die Nachricht von der Ankunft der Becks wie ein Lauffeuer in unserer Straße verbreitet, und schon bald trafen auch die anderen von uns sechzehn ein, dazu die wenigen Freunde der Becks, die in Zólkiew geblieben waren, und viele andere Überlebende, denen Beck geholfen hatte. Aus dem Nichts tauchten Essen und Wodka auf, und das erste richtige Fest seit dem Verlassen des Kellerverstecks nahm seinen Lauf. Die Becks waren überwältigt und küssten und umarmten uns.

Als ich diesen Ausbruch von Liebe und Dankbarkeit sah, wusste ich, dass wir für immer zueinander gehören würden. Die Becks, die Schwarz', die Melmans und die Patrontaschs waren durch eine Ehe vor Gott miteinander vereint, die kein Mensch je auflösen konnte. Wie immer die Zukunft für unsere Familien aussah, wir würden miteinander verbunden sein wie Reben an einem Weinstock. Unser Weinstock waren die Becks. Julia lächelte nun, ohne sich ihrer Zähne zu schämen. Beck nahm mich etwas später beiseite: »Clarutschka, sie haben mir von dem Tagebuch erzählt. Du hast anscheinend doch ein paar gute Dinge über mich gesagt.«

Inzwischen bin ich einundachtzig Jahre alt und wohne in einem ruhigen grünen Vorort von New Jersey. Ich habe einen wunderbaren Ehemann, Sol, zwei großartige erwachsene Söhne, Philip und Eli, und fünf Enkel, Micki, Tracy, Brian, Jamie und Mindy. Ich wünsche mir, Mania hätte sie kennenlernen können. Ich vermisse meine Schwester noch immer sehr. Kein Tag vergeht, an dem ich nicht an sie denke. Ich frage mich, was für ein Mensch sie geworden wäre, wenn sie nur die Chance zu leben gehabt hätte.

Ich sehe mir oft die Fotos an, das einzig Wertvolle, das mir aus der Kriegszeit geblieben ist. Die Schulfotos von meiner Schwester und mir in Matrosenuniform. Mama und Mania in den Karpaten, hinter ihnen hohe Kiefern und ziehende Wolken. Mania, Zygush, Zosia und ich, zarte kleine Kinder, die versuchen, nicht in die Sonne zu blinzeln. Tante Giza, für die Bühne geschminkt und in grellem Licht, mit Waschbäraugen von zu viel Kohl. Die Verlobungsfotos von Uchka und Hersch Leib, auf denen die beiden wie Zwillinge aussehen. Meine Großeltern, die in ihren schwarzen Kleidern so ernst wirken, ganz anders als das ausgelassene Paar, das in meiner Erinnerung so oft lachte und ununterbrochen redete.

Und meine wenigen Bilder von den Becks. Julia, die ein Lächeln andeutet; Herr Beck nur wenige Jahre nach dem Krieg mit ergrautem Haar und um Jahre gealtert. Lola, die mit einem Pariser Hut die Straße entlangstolziert. Und Ala mit sechzehn, kurz vor dem Krieg, mit einem Lächeln auf dem Gesicht, das Dutzende Nazis bezauberte und uns unzählige Male das Leben rettete. Es ist leicht zu erkennen, warum sich alle in sie verliebten. Würde man die Fotos betrachten, ohne etwas vom Holocaust und dem Schicksal der meisten dieser Menschen zu wissen, könnte man nur eine Schlussfolgerung ziehen: was für eine reizende, glückliche Familie! Die Bilder zeigen über dreißig Familienmitglieder.

Zum engeren Kreis des Schwarz-Reizfeld-Clans gehörten über fünfzig Personen. Nach dem Krieg waren wir, zusammen mit Rosa und Manek, die in Aktjubinsk überlebt hatten, noch zu acht. Inzwischen sind aus den acht wieder über sechzig geworden, die erst vor kurzem bei einer Hochzeit in Tel Aviv zusammenkamen. Wenn ich an den Holocaust denke, denke ich nicht an die sechs Millionen, die damals umkamen, sondern an die fünfzig Millionen, die nie die Chance hatten, geboren zu werden.

Rückblickend kommt mir, vor allem auch durch die erneute Lektüre meines Tagebuchs, die Tatsache, dass acht Mitglieder unserer Familie überlebt haben, noch viel mehr wie ein Wunder vor als damals. Es gab keinen logischen Grund für unser Überleben. Es war nicht allein unser Wille, der uns rettete. Wie viele von denen, die denselben Überlebenswillen hatten, sind umgekommen? Wir hatten natürlich Glück, aber es war mehr als das. Wie viele waren immer wieder gerettet worden und kamen am Ende dann doch um? Man braucht nur ein einziges Mal Pech zu haben. Wenn ich mich frage, was uns von den anderen unterschied, dann lautet die Antwort: Wir hatten die Becks. Alles, was ich über Liebe, Ehre und Mut gelernt habe, habe ich von ihnen gelernt. Nach allem, was sie für uns getan haben, weiß ich, dass nichts im Leben unmöglich ist. Als ich vor über sechzig Jahren dieses Kellerversteck verließ, hatte ich das Gefühl, dass mein Leben nicht mehr mir allein gehörte. Ich wusste, dass ich ein Leben würde führen müssen, das der Tatsache würdig wäre, gerettet worden zu sein.

Der Krieg endete am 8. Mai 1945. Einen Monat zuvor waren die Becks nach Südpolen aufgebrochen. Die Ukrainer hatten dafür gesorgt, dass es für die Polen in Zólkiew keine Zukunft mehr gab, und die Russen taten nichts, um sie zu schützen. Die Becks mussten gehen, bevor man sie ermordete. Sobald das Reiseverbot aufgehoben war, verließen sie mit dem ersten Zug die Stadt. Wir gingen alle zum Bahnhof, um uns von ihnen zu verabschieden. Mehr als achtundzwanzig Monate lang hatten wir einander täglich gesehen. Die Becks waren unser Rettungsanker gewesen und gehörten inzwischen zur Familie. Ich hatte das Gefühl, als würden sie einen Teil von mir mitnehmen, aber es war uns klar, dass sie gehen mussten. Die polnische Regierung hatte ihnen einen wunderschönen Bauernhof versprochen, der einem der sechs Millionen im Krieg Umgekommenen gehört hatte. Wir beteten, dass die Becks dort in Sicherheit wären. Wie sagt man jemandem auf Wiedersehen, dem man alles verdankt? Ich versicherte ihnen, wie sehr ich sie liebte. Wie viel sie mir bedeuteten. Dass alles, was ich in meinem Leben erreichen würde, ihnen zu Ehren und im Gedenken an sie geschehen würde. Aber es wäre nie genug, um ihnen das, was sie für uns getan hatten, zu vergelten.

Im Verlauf des Winters wurde uns klar, dass es nichts mehr gab, was uns in Zólkiew hielt. Die Stadt, die wir liebten, existierte nur noch als eine gemeinsame Erinnerung. Es gab keine jüdische Gemeinde mehr. Die Ukrainer waren noch genauso antisemitisch wie früher. Wir konnten unsere Religion nicht ausüben und verdienten kaum unseren Lebensunterhalt. Deswegen beschlossen wir, Zólkiew zu verlassen und nach Südpolen zu den Becks zu ziehen. Die

Patrontaschs und die Melmans waren bereits dort. Als wir Zólkiew in denselben Viehwagen verließen, die einst nach Belzec und Auschwitz gefahren waren, standen mir die Nackenhaare zu Berge. Niemand sprach darüber, aber ich wusste, dass wir alle dasselbe empfanden. Niemand schaute zurück, als der Zug aus dem Bahnhof fuhr.

Endlich war ein Brief von Ala eingetroffen. Sie lebte und wohnte inzwischen in Krakau. Das Erste, was wir taten, war, Beck den Brief zu geben. Wir hatten es nicht gewagt, ihn zu schicken, denn die Post war unzuverlässig, und wir wollten nicht, dass der Brief verloren ging. Beck war uns zutiefst dankbar, als hätten wir seine Tochter gerettet.

Wir waren wieder alle zusammen, doch die örtliche Wirtschaft lag noch immer darnieder. Mein Vater konnte keine Arbeit finden, und schon nach wenigen Monaten mussten wir weiterziehen. Wir gingen nach Liegnitz in Schlesien, das an Deutschland grenzte. Als Ergebnis der Potsdamer Konferenz war die Stadt an Polen zurückgegeben und fünfundneunzig Prozent ihrer Bevölkerung nach Deutschland zurückgeschickt worden. Mein Vater konnte dort eine Ölmühle übernehmen und die Kinder und ich wieder zur Schule gehen. Nach der Schule liefen die anderen Kinder immer auf ihre Mütter zu und riefen »Mama, Mama«. Auch Zosia kam an ihrem ersten Schultag angelaufen und rief »Mama, Mama«, als sie meine Mutter sah. Vorher hatte sie immer Tante zu ihr gesagt. Doch von nun an war es offiziell: Meine Mutter war auch ihre Mutter. Es gibt gewisse Augenblicke im Leben, die man nie vergisst; einer von ihnen ist der, als Zosia meine Mutter zum ersten Mal Mama nannte.

Papas Ölmühle lief gut, und ich war eine gute Schülerin. Das Leben schien wieder normal zu sein, doch wir wussten, dass dem nicht so war. Angesichts der kommunistischen Regierung und der Pogrome gab es für Juden keine Zukunft in Polen. Anfang 1946 kamen junge Männer, ja eigentlich noch Jungen nach Liegnitz. Sie gehörten zur Bricha, einer Organisation, die sich aus jüdischen Partisanen, der jüdischen Brigade, die an der Seite der britischen Armee gekämpft hatte, und aus Überlebenden des Warschauer Ghettos zusammensetzte. Sie bereisten ganz Osteuropa und ermutigten zur Auswanderung nach Palästina. Hätte es 1939 einen jüdischen Staat gegeben, hätte die internationale Gemeinschaft die Ermordung von sechs Millionen Juden nicht tatenlos hinnehmen können. Die Vorstellung von einem eigenen Land war berauschend. Die jungen Männer machten keinen Hehl daraus, dass der Weg dorthin Jahre dauern könne; dass wir, wenn man uns schnappte, in Konzentrationslagern landen könnten; dass es keine Garantie gab, dass wir Palästina erreichten. Trotzdem war es nicht schwer, uns zum Mitkommen zu überreden. Wir regelten unsere Angelegenheiten und fanden uns im Sommer 1946 in einem alten, mit Segeltuch überspannten Armeelaster wieder, zionistische Lieder singend, um den Mut nicht zu verlieren. Zygush war völlig aus dem Häuschen. Für ihn war es das Abenteuer seines Lebens. Auch ich erinnere mich, dass ich genauso aufgeregt war wie er. Der Einzige, der unseren Enthusiasmus nicht teilte, war mein Vater. Ich machte mir Sorgen um ihn. Er war nicht länger der Mann, der er vor dem Krieg gewesen war. Ich hatte Angst, dass er nie wieder seinen Frieden finden würde. Manias Tod hatte ihn aller Freude beraubt.

Mitten in einem Wald an der polnisch-tschechischen Grenze wurden wir abgesetzt. Da es eine Quote für Immigranten aus Osteuropa gab, wies man uns an, unsere Ausweise und alles andere, was uns verraten könnte, zu vernichten. Wir waren angeblich türkische Arbeiter, unterwegs nach Deutschland. Als ich mein Tagebuch aus dem Koffer nahm, um es wegzuwerfen, hielt meine Mutter mich zurück: »Du schmeißt dieses Tagebuch nicht weg. Nur über meine Leiche.« Sie ging mit mir auf die Bahnhofstoilette, wo wir zwei der Notizbücher unter meiner Kleidung, die anderen beiden unter ihrer Kleidung versteckten. Dann bestiegen wir erneut einen Viehwagen und wurden in ein Vertriebenenlager in Österreich nahe der Grenze zu Deutschland gebracht. Die Geschichte der Juden in den Vertriebenenlagern, in denen sie jahrelang verweilten, oft hinter Stacheldraht, verdient es, separat erzählt zu werden, und ich hoffe, dass jemand diese Aufgabe übernehmen wird. Die Welt wusste einfach nicht, wo sie uns hinstecken sollte.

Die meisten Lager waren alte Fabriken mit großen Stockwerken, die uns als Unterkunft dienten. In jedem dieser Lager wurden wir von US-amerikanischen oder britischen Truppen bewacht. Und in allen gab es unzählige Schwarze Bretter mit Abertausenden Zetteln, auf denen um Informationen über verlorene Verwandte oder Familienmitglieder gebeten wurde. Wir lasen jeden einzelnen Zettel und hofften, wenigstens einen Überlebenden zu finden. Wir trafen Herrn Melmans wunderschöne entfernte Cousine Inka, die den Krieg in einem Nonnenkloster überlebt hatte. Die meisten Fußböden in den Lagern waren aus Stein, einer jedoch aus Holz. Wir sehnten uns nach einem normalen Leben, sehnten uns nach allem, was man uns genommen hatte. Und so knieten die jungen Männer sich hin und machten sich die unvorstellbare Mühe, den Boden mit Hilfe von Kerzen zu wachsen, damit wir einen richtigen Tanzboden hatten.

Sol Kramer forderte Inka zum Tanzen auf. Er war groß, stattlich und auf die unverblümteste Weise charmant. Nach ein paar Tänzen flüsterte er seinem Bruder, den ich zum Tanzpartner hatte, zu: »Kann die Dicke tanzen?« Sol und ich tanzten zusammen – und sind seitdem ein Paar.

Anfangs war es ungewiss, ob aus unserer Beziehung etwas werden konnte. Mein Vater fragte, ob ich es ernst meine mit Sol. Das sei doch egal, erwiderte ich, denn er gehe nach Amerika, während ich nach Palästina wolle. Wir hatten schließlich nicht alles dafür getan, den Krieg zu überleben, um dann letztlich doch von unseren Eltern und Geschwistern getrennt zu werden.

Wir mussten weiterziehen zu einem anderen Vertriebenenlager in der Nähe von München, von wo aus die illegale Einwanderung nach Palästina betrieben wurde. Ich verabschiedete mich von Sol, und dann wurden wir von der jüdischen Brigade über die österreichische Grenze geschmuggelt. Die Bricha hatte ein cleveres System entwickelt, damit die Fluktuation in den Lagern nicht auffiel. Wenn zwanzig Juden das Lager verließen, um nach Palästina zu gehen, schmuggelte die jüdische Brigade zwanzig neue Juden ein, und zwar mit den Papieren der Emigranten, die gerade aufgebrochen waren. Meine Mutter, mein Vater, Zygush, Zosia und ich, wir hatten Ausweise von drei unterschiedlichen Familien. Ich war eine Weiss, meine Mutter eine Rosenberg. An den Namen meines Vaters kann ich mich nicht mehr erinnern.

Sol war jedoch entschlossen, mich zu heiraten, und bezahlte professionelle Schmuggler dafür, ihn von Österreich nach Deutschland zu bringen, damit er mich sehen konnte. Wir waren verliebt, aber ich schätzte mich glücklich, noch Eltern zu haben. Ich wollte sie nicht verlassen und in ein zehntausend Kilometer entferntes Land ziehen. Weder Sol noch ich zweifelten auch nur im Geringsten daran, was unsere Eltern für das Beste für uns hielten.

Unsere Väter begannen, miteinander zu korrespondieren. Schließlich schrieb Sols Vater, sein Sohn habe seinen Segen, mit mir nach Palästina zu gehen, da ja der größte Teil der Familie bei ihm in Amerika sei. Mein Vater fragte, ob ich Sols Frau werden wolle – und dann wurden wir offiziell verlobt ... per Post durch unsere Väter.

Die Vertriebenenlager waren mehr als eine Brutstätte für Romanzen. Fast täglich wurde geheiratet. Im gesamten Lager gab es keine Bettwäsche, außer vielleicht einem Paar Bettlaken, welche frisch verheiratete Paare für die Hochzeitsnacht erlitten – nebst einem Zimmer für sich allein. Das waren unsere Flitterwochen. Sie können mir glauben, wir brauchten die Laken nicht. Am Leben zu sein, war uns Flitterwochen genug.

Wenige Monate nach der Staatsgründung Israels konnten wir dorthin auswandern. Die Melmans und die Patrontaschs, mit denen wir in Briefkontakt gestanden hatten, brachen fast zur selben Zeit wie wir nach Israel auf. Einige Monate lang lebten wir in Zelten, doch dann fanden alle drei Familien eine Wohnung in derselben Straße. Es war Klein-Zólkiew, und wir spazierten ständig zwischen den Wohnungen hin und her. Wir waren erfolgreich. Damals als Jude in Israel zu leben und sich nicht als Teil einer Nation zu sehen, die es aufzubauen galt, war unmöglich. Auf diese Weise konnten wir die Tragödie des Holocaust am besten verarbeiten. Jedes *Schtetl* und jede Stadt gründete Vereinigungen im Gedenken an ihre Heimatstadt. Wir bildeten da keine Ausnahme und verbrachten Jahre damit, Geschichten zu sammeln und etwas über das Schicksal aller fünftausend Juden von Zólkiew herauszufinden. Mein Sohn Philip kam 1950 zur Welt, Eli 1954.

Anfang der fünfziger Jahre pflegten wir noch einen regen Briefkontakt mit den Becks. Wir schickten ihnen Geld, weil wir wussten, wie schwer es war, im Nachkriegspolen etwas zu verdienen. Beck konnte uns nicht schreiben, wie er sich fühlte, aber ich weiß, wie sehr dieser Mann, der die Freiheit über alles liebte, jeden Augenblick hasste, den er unter den Kommunisten leben musste. Während des Kriegs war sein wahrer Kern zum Vorschein gekommen, und er hatte durch seine persönliche Rebellion achtzehn Menschen das Leben gerettet. Ich wusste, dass ihm die Sonne Israels und das leuchtende Blau des Mittelmeers gefallen hätten. Vor allem aber hätten ihm die Cafés gefallen, wo es immer interessante Diskussionen gab, entweder in seiner Muttersprache oder auf Hebräisch. Es tat mir weh, zu wissen, dass die Becks im grauen Winter des Kommunismus litten, und ich wünschte, sie hätten mit uns kommen können. Als wir einen freundlichen Brief mit der Bitte erhielten, kein Geld mehr zu schicken, war uns klar, dass wir sie damit in Gefahr brachten. Während der nächsten zwanzig Jahre kommunizierten wir deshalb nur kurz und sporadisch miteinander. Als Julia schrieb, dass Beck gestorben sei, hatten wir das Gefühl, die Welt habe einen der sechsunddreißig Gerechten verloren. Wir waren tief erschüttert.

Manek, Rosa und ihre Familie und alle anderen Verwandten, die noch lebten, hatten sich in Israel niedergelassen. Wir hatten vor dem Krieg als Rudel gelebt und waren in Israel wieder zu einem geworden. Als Zygush erwachsen war, ging er zur Luftwaffe, und Zosia heiratete recht jung. Sol wurde Versorgungsoffizier der israelischen Polizei. Wir waren glücklich in Israel, doch irgendwann begann Sol, seine Familie zu vermissen, und fuhr von dem bisschen Geld, das wir gespart hatten, nach Brooklyn. Nach seiner Rückkehr fühlte sich für ihn in Israel nichts mehr richtig an. Sol sehnte sich nach seiner Familie. Er beklagte sich nie und war zehn Jahre seines Lebens von seiner Familie getrennt gewesen, damit die Wunden meiner Familie heilen und wir ein neues Leben beginnen konnten. Seine selbstlose Liebe zwang mich zu der Entscheidung, nach Amerika zu ziehen … Es fiel mir sehr schwer, meine Familie zu verlassen, vor allem Zygush und Zosia, die mehr waren als Bruder und Schwester. Ich hatte geholfen, sie großzuziehen. Sie waren meine eigenen Kinder.

1957 erreichten wir Brooklyn, New York. Sol fand eine Arbeit als Manager eines der Lebensmittelgeschäfte zweier großzügiger Brüder namens Sam und Arie Halpern, die beide Überlebende waren. Sie stellten Sol ein, obwohl er damals noch kein Wort Englisch sprach. Sam heiratete meine Freundin und Cousine Giza Landau, die nun Gladys genannt wird. Ich weiß nicht, warum, aber so viele der Gizas und Genyas heißen heute »Gladys«. Niemand könnte Mania je ersetzen, doch Gladys versucht an jedem Tag ihres Lebens, mir die Schwester zu sein, die ich verloren habe. Sie ist die Erste, die ich morgens anrufe. Ich liebe sie wie eine Schwester.

1959 erhielten wir einen Brief von Ala, in dem sie schrieb, dass Julia gestorben sei. Wir trauerten um Julia und bedauerten sehr, dass wir nicht zu ihrer Beerdigung gehen konnten.

Als Sol und ich 1960 genug Geld gespart hatten, eröffneten wir in Brooklyn eine kleine Imbissstube mit fünf Nischen und einer Theke. Sol war von seiner Mutter schrecklich verwöhnt worden und konnte sich, als wir heirateten, nicht einmal selbst ein Butterbrot schmieren. »Wie sollen wir denn eine Imbissstube betreiben?«, fragte ich. »Ich habe gelernt, ein Lebensmittelgeschäft zu führen. Da kann ich doch wohl auch lernen, eine Imbissstube zu betreiben«, entgegnete er. Natürlich benannte er den Laden nach sich. Ich wünschte, ich hätte Fotos davon, wie er versuchte, die Spiegeleier zu wenden. Ich kochte das Essen, das Mama immer gemacht hatte. Ich kochte das Essen, das meine Kunden aus der Zeit vor dem Krieg kannten. *Petcha*, Kalbsfüße in Aspik, waren meine Spezialität. Die Leute schwärmten davon. Es war viel Arbeit, dieses Gericht zuzubereiten, aber das machte mir nichts aus. Da die Zutaten wenig kosteten, war die Gewinnspanne hoch. Dasselbe galt für Piroggen. Mehl und Kartoffeln. Ich mochte unsere Imbissstube, in der das Menü auf einer Kreidetafel stand, und die Kunden, die bei uns frühstückten und zu Mittag aßen und ans Telefon gingen, um Bestellungen entgegenzunehmen, wenn ich keine Hand frei hatte.

Als die Brüder Halpern Anfang der sechziger Jahre in New Jersey ihr Bauunternehmen eröffneten, nahmen sie Sol mit und machten ihn zu ihrem Partner. Die drei führen das Unternehmen jetzt seit zweiundvierzig Jahren. Wir haben viel Glück gehabt in unserem neuen Heimatland und sind dankbar, vor allem den Halperns, die inzwischen zur Familie gehören.

Nach dem Sturz des kommunistischen Regimes im Jahr 1990 nahmen wir sofort Kontakt zu Ala auf und organisierten ihren Besuch. Ala hatte zwei Söhne, und ich hatte zwei Söhne und fünf Enkelkinder. Auch Zygush und Zosia hatten Kinder. Unsere Familien waren wiedervereint. Als unsere Kinder Ala und ihrer Familie zum ersten Mal begegneten, weinten sie, von der Erkenntnis überwältigt, dass sie den Becks ihr Leben verdankten, ebenso sehr wie wir. Die Becks und wir standen uns näher als Blutsverwandte. Unsere Familien waren in einer entscheidenden Situation zusammengekommen und eins geworden. Bei jedem wichtigen Ereignis, jeder Hochzeit, Feier und Bar-Mizwa waren wir zusammen.

1995 wurden die Becks an der Gedenkstätte Yad Vashem in Israel geehrt. Ala reiste aus Polen an, und wir und der Rest der Familie aus den USA. Lola, die Artek geheiratet hatte, kam mit ihren beiden Söhnen aus Montreal. Ala pflanzte im Garten der Gerechten einen Baum. Mehr als der Baum und die Ehre, die er repräsentiert, sind die Generationen, die die Becks durch ihr Heldentum geschützt haben, ihr wahres Denkmal. Zu Ehren der Becks gab es ein Essen mit über zweihundert Menschen, den Überlebenden von Zólkiew und ihren Familien.

Wenn ich zurückblicke, bin ich stolz, dass ich versucht habe, ein Leben zu leben, das den Becks und meiner Schwester würdig war. Ich habe mein Leben der Aufklärung über den

Holocaust gewidmet. 1982 half ich bei der Gründung des Holocaust Resource Centre, das in Zusammenarbeit mit der Kean University pro Jahr 1200 Lehrern die Geschichte des Holocaust vermittelt und sie im Abbau von Vorurteilen schult. In den vergangenen Jahren haben wir gegen den Völkermord gekämpft, wo immer er auch begangen wurde. Ich spreche noch immer fünfzig- bis hundertmal pro Jahr über mein Leben und mein Tagebuch. Solange der Termin nicht mit einem Familienfest zusammenfällt, sage ich nicht nein. Ich habe das Tagebuch dem US Holocaust Museum in Washington D.C. vermacht, wo es im Archiv aufbewahrt wird. Es wundert mich noch immer, dass das gesamte Dokument mit einem blauen Bleistift geschrieben wurde, den Beck mir im Dezember 1942 geschenkt hatte.

Im Laufe der vergangenen fünfzehn Jahre bin ich dreimal mit Gruppen von Familienmitgliedern nach Zólkiew gereist, das heute Schowkwa heißt, der ukrainische Name. Die Enkel der Becks schließen sich uns bei diesen Expeditionen immer an. Die letzte Reise haben wir im Sommer 2005 mit dreißig Überlebenden samt ihren Kindern und Enkeln unternommen, die alle ihr Vermächtnis sehen und von ihm aus erster Hand erfahren wollten. Unser Bus steckte an der ukrainischen Grenze über sechs Stunden lang fest. Während der Wartezeit fragte jemand, ob ich mich noch an irgendeins der Lieder erinnern könne, die wir in unserem Versteck gehört hatten. Ich saß neben Rosas Tochter Mania, und wir begannen zu singen. Fünfundsechzig Jahre später – und ich hatte noch immer die Worte und die Melodie im Kopf. Die Lieder, die ich im Geiste mit Norbert im Duett gesungen hatte, waren in mein Gedächtnis eingebrannt. Mir wurde klar, dass ich sie nun zum ersten Mal laut sang.

Unser Haus steht nach fünfundsechzig Jahren noch immer dort. Die Fabrik wurde wieder aufgebaut. Meine Schule, das Waisenheim, die Stadtmauern, die Kirchen, das

Schloss, die Kirche, bei der Mania geschnappt wurde – alles ist noch da. Die Synagoge müsste dringend restauriert werden. Die Levitskystraße führt nach wie vor an unserem Haus vorbei, wurde aber inzwischen neu gepflastert und verbreitert. Den Garten hinter dem Haus gibt es auch noch, jetzt aber mit neuen Obstbäumen. Der jüdische Friedhof, auf dem Mania lag, wurde während der Herrschaft der Sowjets als Markt genutzt. Heute befinden sich darauf nur halb im Boden vergrabene Reifen (der Platz dient jetzt als Fußballfeld) und ein halbfertiges Haus. Der Besitzer hat es nicht zu Ende gebaut. Er erklärte, auf dem Feld spuke es, und hat sich für einen anderen Bauplatz entschieden. Draußen im Sumpf bei den Massengräbern haben die Überlebenden ein Denkmal errichtet. Dort hat sich nichts verändert. Die Weiden. Das hohe Sumpfgras und die Drosseln. An diesem Ort das Kaddisch zu sprechen, während die Brise die alten Worte auffängt, bevor sie sich in die Stille zurückziehen, ist ein Segen. In ganz Zólkiew gibt es keinen Juden mehr, der auch nur einmal im Jahr ein Gebet sprechen könnte.

Schräg gegenüber von unserem Haus und gegenüber der achthundert Jahre alten Holzkirche, deren Garten heute von den Ururenkelinnen der Frauen gepflegt wird, die sich um ihn kümmerten, als ich noch ein Mädchen war, liegt das Haus der Melmans. Die Risse und Löcher sind mit neuem Holz, Mörtel und Putz zugedeckt. Das Haus ist der wahre Grund für den Besuch Zólkiews. Es gehört nun einem ukrainischen Paar, das uns dort hineinließ und uns herzlich begrüßte. Wir wurden erwartet. Links hinter dem Wohnzimmer liegt ein Schlafzimmer. Auf der anderen Seite des Betts kniet der Hausherr sich hin und öffnet eine in den Parkettboden gebaute Luke. Das Kellerversteck ist immer noch da.

Danksagung

Es gibt viele, viele Menschen, ohne deren Hilfe und Inspiration dieses Buch nie geschrieben worden wäre. *Clara's War* entstand als Teil eines Filmprojekts, das auf Tagebüchern von Kindern basierte und vom Holocaust sowie zeitgenössischem Völkermord handelte. Artur Brauner erinnert im hohen Alter von neunzig Jahren noch immer an die Erfahrungen der Juden im Zweiten Weltkrieg. Mit ihm an seinem dreiundzwanzigsten Film zu arbeiten, war einfach inspirierend. Ich bin sehr dankbar für unsere gemeinsamen Holocaust-Filmprojekte. Dee Dee Witmans ständige Suche nach Herausforderungen brachte sie dazu, die Voraussetzungen sowohl für meine Arbeit in den vergangenen Jahren als auch für das Kinder-Tagebücher-Projekt zu schaffen. Auch ihrem Mann Dr. Gary Witman und ihren Kindern Samantha, Zachary und Amanda Rose möchte ich von Herzen für ihre Toleranz und ihre Zuneigung danken. Alan Hassenfeld war der Erste, der das Potenzial dieses Projekts erkannt hat, das ohne seine unglaubliche Großzügigkeit sowie überragende Führungsfähigkeit nicht hätte realisiert werden können. Mein Dank gilt auch dem Rhode Island Holocaust Education and Resource Center, insbesondere Selma Stanzler, Ellie Frank und Arthur Fixler. Ohne die Großzügigkeit der Gemeinde in meinem Heimatstaat Rhode Island wie auch die Großzügigkeit so vieler anderer Gemeinden im Land wäre unsere Arbeit nicht möglich.

Agnieszka Hollands Durchsicht der ersten Entwürfe von *Eine Handbreit Hoffnung* trug dazu bei, die Geschichte in der Wirklichkeit ihres Heimatlands Polen zu verankern. Und ohne die Hilfe und Freundschaft von Zlata Filipovic und Melanie Challenger und ihr hervorragendes Buch über die Tagebücher von Kindern, *Stolen Voices,* hätte ich nie unsere wunderbaren Agenten bei Susanna Lea Associates kennengelernt, allen voran Mark Kessler, Jon Broadbridge und Susanna Lea, die klügste, vorausschauendste und engagierteste Hirtin, die ihre Schafe immer auf die grünsten Weiden bringt. Und Katrin Hodapp, meine Muse und Freundin, die die Entstehung dieses Buches mit unermüdlichem Eifer, mit Talent und Integrität begleitet hat und bei vielen Gelegenheiten dazu gezwungen war, mich aus dem Gestrüpp gedanklicher Verirrungen zu ziehen. Bei Ebury Press möchte ich unserer Herausgeberin Charlotte Cole danken, deren Glaube *Eine Handbreit Hoffnung* zum Leben verhalf und deren sanfte Hand dieses Buch so wunderbar geformt hat. Ebenso Mari Roberts, unserer Lektorin, die so viele Bälle abgewehrt hat, dass sie bei Manchester United im Tor stehen könnte.

Mein Dank gilt auch Michlean Amir, Vincent Slatt, Caroline Wadell, Nancy Hartman und Andy Hellinger vom United States Holocaust Museum in Washington D. C.; Shimon Samet, dem Herausgeber von *Sefer Zolkiew,* sowie Joseph Rosenberg und allen anderen Überlebenden, die in diesem Buch, einem bewegenden, auf Tatsachen beruhenden Denkmal für die Stadt und ihre Einwohner, von ihren Erfahrungen vor und während des Holocaust berichtet haben; Gershon Taffet, Claras Hebräischlehrer während der Okkupation durch die Nazis und Autor von *The Annihilation of the Jews of Zólkiew,* einem Bericht über die Geschichte der Stadt vor und während des Krieges; Andrew Maximov, meinem Stadtführer in Lemberg und Zólkiew, der Geschichte lebendig werden ließ; Konbay Mykhajlo, dem Leiter der Zólkiew Historical Society, mit seiner umfassenden Kenntnis der Architektur und Geschichte der Stadt; Zygush und Zosia für ihre Erinnerungen; Lola Patrontasch, die uns großzügig ihr Tagebuch zur Verfügung stellte, so dass es uns leichter fiel, uns an wichtige Unterhaltungen und entscheidende Ereignisse in Zólkiew zu erinnern; ihrem Sohn Solly Patrontasch für die vielen Fotos; den Dobriks, dem Paar, das derzeit im Haus der Melmans wohnt und stolz jeden in ihrem Haus willkommen heißt, der sich das Kellerversteck ansehen möchte; Dr. Bruce und Reba Evenchik, Margo und Eric Egan, den Tooles, John und Dawn für ihre Freundschaft und dafür, dass sie immer für mich da waren; Ryan, Jena, Johnny, Justin, Nathan und Garret bei Lenox Coffee, wo ein Großteil dieses Buches geschrieben wurde, für ihre Gutmütigkeit und die über tausend Tassen perfekt aufgebrühten Kaffees, die nötig waren, um die Sache zu Ende zu bringen; Charisse Charbonneau, der Besitzerin von Lenox Coffee, die es mir liebenswürdigerweise erlaubt hat, meinen Glückstisch für so lange Zeit zu monopolisieren; Claras Mann Sol, der es ohne ein Wort des Protests geduldet hat, dass ich ihn in den letzten beiden Jahren fast jeden Abend beim Essen gestört habe; meiner Schwester Freyda Winick-Zeiff und ihrem Mann Norton sowie meinem Bruder Morton Glantz und seiner Frau Mary Ann für ihre jahrelange aufmunternde Unterstützung; und meinen Kindern Jack und Harper, die bei einem so alten Knochen das Staunen lebendig gehalten haben.

Und Clara. Mir fehlen die Worte. Sie waren für mich mehr als eine Inspiration. Ich fühle mich sehr geehrt, dass ich Ihnen dabei helfen durfte, Ihre Geschichte zu erzählen. Danke.

Stephen Glantz

Clara Kramer hat ihr Leben der Aufgabe gewidmet, über den Holocaust zu sprechen. Noch heute, im Alter von einundachtzig Jahren, vergeht kaum eine Woche, in der sie nicht öffentlich über ihre Erfahrungen berichtet. Zu ihren Zuhörern gehörten Rektoren verschiedener Universitäten und Politiker, doch Clara spricht am liebsten zu Kindern. Sie wohnt in New Jersey und ist Mitbegründerin des Holocaust Resource Center an der dortigen Kean University, das jährlich 1200 Lehrer ausbildet.

Das Tagebuch, das Clara während der Zeit im Kellerversteck geschrieben hat, befindet sich im Holocaust Memorial Museum in Washington D.C.

Stephen Glantz ist Schriftsteller und Drehbuchautor, dessen Interesse insbesondere dem Zweiten Weltkrieg und dem Holocaust gilt. Er ist als Wissenschaftler am Hadassah Brandeis Institute der Brandeis University tätig.

...stroju nie do opisania. Wrócił jednak o...
...ydostał gdzieś dubeltówkę, karabin ma,
...ne, takie broń mają. Postanowił zrobić u...
...kt o ruinach olejarni, na jakichś Towar...
...mocy i już się nie boi. Odezwał się też...
...osłiecło (wczoraj wieczór i dziś pred połu...
...byliśmy ber światła, bo był jakiś nalot w...
...jo- komunikat takie dodał nam otu...
...że pod koniec dnia ustyszeliśmy dobrą dl...
...wiadomości. Kolejarz, ten starszy, który w...
...ttosch odjeżdża na urlop. Ten młodszy...
...rzęsć dnia spędza pore domem, a to dla...
...ro korzystne. Co do tych napadów jeszcze
...e wrożenie że to czysto niemiecka robota...
...wszyscy Polacy uciekali do Kongresówki
...mtąd wierne ich do obozów. Nie mogą...
...ie żeby władze tolerowały takie napady
...y Ukraińców, przecież to poprostu zac...
...o anarchię. Przecież to niesłychane z...
...ycie" specjalnie na domach polskich u...
...ki kartki z rozkazem wyjazdu do 48 go...